投资交易笔记
（三）

2016～2018年
中国债券市场研究回眸

董德志 ◎ 著

中国财经出版传媒集团
经济科学出版社
Economic Science Press

图书在版编目（CIP）数据

投资交易笔记：三：2016~2018年中国债券市场研究回眸/董德志著.—北京：经济科学出版社，2019.6（2022.1重印）
ISBN 978-7-5218-0545-1

Ⅰ.①投… Ⅱ.①董… Ⅲ.①债券市场-中国-2016~2018 Ⅳ.①F832.51

中国版本图书馆 CIP 数据核字（2019）第 092220 号

责任编辑：周国强
责任校对：杨　海
责任印制：邱　天

投资交易笔记（三）
——2016~2018年中国债券市场研究回眸
董德志　著
经济科学出版社出版、发行　新华书店经销
社址：北京市海淀区阜成路甲28号　邮编：100142
总编部电话：010-88191217　发行部电话：010-88191522
网址：www.esp.com.cn
电子邮件：esp@esp.com.cn
天猫网店：经济科学出版社旗舰店
网址：http://jjkxcbs.tmall.com
固安华明印业有限公司印装
787×1092　16开　22印张　430000字
2019年7月第1版　2022年1月第3次印刷
ISBN 978-7-5218-0545-1　定价：60.00元
（图书出现印装问题，本社负责调换。电话：010-88191510）
（版权所有　侵权必究　打击盗版　举报热线：010-88191661
QQ：2242791300　营销中心电话：010-88191537
电子邮箱：dbts@esp.com.cn）

序　言

  时光荏苒，自 2002 年从业进入债券市场，至今已有 18 个年头，这也是我的第三本笔记了。

  2011 年与 2016 年先后出版《投资交易笔记——2002～2010 年中国债券市场研究回眸》《投资交易笔记（续）——2011～2015 年中国债券市场研究回眸》以来，蒙广大市场读者厚爱与不弃，笔者也始终未敢松懈，若干岁月的埋头辛苦，《投资交易笔记（三）——2016～2018 年中国债券市场研究回眸》与大家见面了。

  近二十年光阴，观察、思考与记录中国债券市场的变化、发展已经成为一种习惯。每日不论遇何事困扰，都不会耽搁复盘当日的变化与想法。

  从"笔记一"的青涩，到"笔记二"的执着，再到"笔记三"的淡然，三本书、百余万字也记录了我在这一领域所走过的路程与经历。

  如果说，笔者在这十几年的从业生涯中有何所知、所得，无论对错，都已经切切实实、认认真真地记录在了这三本书中，且不带丝毫的粉饰。

  在漫长周期变换中，与债券市场共同成长已经成为一种生活，看到数以千计个交易日中利率的起伏波动、各种思想逻辑的闪现与没落，这无法不令人感到心潮澎湃。

  虽然很多事情已经变成了历史的尘埃，但是在我眼里永远是一种宝贵的财富。有些事，你虽然没有了经历的可能，但是不要放弃了解的兴致。

  近二十年时间，中国债券市场有了天翻地覆的变化，交易机构、分析思路、投资品种……这一系列内容发生着巨大的变化。思路、方法不断创新求进，但是万变不离其宗，都深刻反映着中国宏观经济总量、结构的变化与发展，成为中国宏观经济进程中最"忠实"的"记录仪"。能深入到这一领域进行跟踪、观察、参与，是每一个市场投资者的"幸运"，也是每一个市场投资者的"机遇"。

  作为全球第三大市场，中国债券市场的厚度、深度与广度在飞速发生着变化，而且可以预期的是未来这种加速度依然还会持续，中国的债券市场必然是世界金融市场最重要的构成部分之一。

中国的债券市场从幼小到壮大，从青涩到成熟，已经成为一个五彩缤纷的世界，由万紫千红的色彩所构成。在这五颜六色中，希望红、蓝、黄这三原色能成为这一壮美画面的美妙构成，共同描绘斑斓美妙的债市宏图。

在成书的过程中，感谢国信证券经济研究所所长杨均明先生，是他给予了我广阔的发挥、探索空间，他的支持与帮助是完成本书不可或缺的基础。

感谢我的同事赵婧、李智能、柯聪伟、徐亮、金佳琦，在一定程度上，本书是我们智慧与汗水的合力之作，感谢他们！

还要感谢金融市场中的各位同仁，在与你们的交流探讨中，给予了我各种各样的灵感与思索，感谢你们！

感谢我的家人，在我繁忙工作之余，撰写本书之时，是家人给予了我支持和理解，由衷地感谢他们！

最后，依然引用英国前首相丘吉尔的名言："回顾愈深，思之愈远"，希望我们在对历史的不断回顾与反思中，能对未来看得更远一些！

本书中所有内容仅代表我个人观点，疏漏和错误之处敬请读者批评指正。

是为序。

董德志

2019 年 4 月 16 日于上海

目　　录

| 第一篇 | **2016～2018年利率市场变化回顾** / 1

　　第一章　2016年：债灾年——"箱体魔咒" / 2

　　第二章　2017年：亦真亦假的金融监管冲击 / 29

　　第三章　2018年："宽货币+紧信用" / 56

| 第二篇 | **2016～2018年重要逻辑线条反思** / 79

　　第四章　2016年重要逻辑线条反思 / 80

　　第五章　2017年重要逻辑线条反思 / 95

　　第六章　2018年重要逻辑线条反思 / 122

　　第七章　历年重要逻辑线条一览 / 151

| 第三篇 | **债券市场基本分析框架一览** / 155

　　第八章　由"增长+通胀"组合演化而来的"名义增速定利率" / 156

　　第九章　"货币+信用"风火轮 / 169

　　第十章　"Δ利率+Δ利差"组合下的配置策略选择 / 202

　　第十一章　"利率+波动率"组合下的策略分析 / 216

| 第四篇 | **超长期债券的分析** / 225

　　第十二章　从利率箱体的角度看待30年期国债利率 / 228

第十三章　从利差箱体的角度看待30年期国债利率 / 230
第十四章　从供需角度考察超长期债券的配置
　　　　　（市场分割理论）／ 232
第十五章　一种崭新的尝试方法：股债比较角度 / 236
第十六章　中国超长期债券与美国、日本超长期
　　　　　债券的比较 / 239

| 第五篇 | **长周期维度的利率决定 / 243**
第十七章　股债双牛与股债双熊 / 244
第十八章　趋势双牛与箱体魔咒 / 249
第十九章　中美两国长期经济驱动要素的变化 / 253
第二十章　中国经济的转型之路 / 257

| 第六篇 | **五轮牛熊转折的特征与比较 / 263**
第二十一章　"牛→熊"拐点之回溯 / 265
第二十二章　"熊→牛"拐点之回溯 / 272
第二十三章　其他金融资产是否可以领先变化于
　　　　　　债券？／ 279

| 第七篇 | **漫谈与随笔** / 287

第二十四章　CPI 的构成及其权重调整对预测造成的
　　　　　　干扰 / 288

第二十五章　房地产行业与债券市场 / 298

第二十六章　固定资产投资的领先意义 / 309

第二十七章　债市绕口令：曲线不陡，熊市不走；曲线
　　　　　　不平，牛市不停 / 314

第二十八章　工业需求总指数与工业需求调色板 / 318

第二十九章　近二十年间中国债券市场的发展与变迁 / 331

参考文献 / 341

第一篇

2016~2018年利率市场变化回顾

2016~2018年仅仅三年时间,并不长久,中国债券市场却经历了一轮完完整整的牛熊周期。2014年之后历时近三年的长牛周期超乎了投资者预期,但是2016年尾端的迅速转熊也同样超乎了投资者预期。

在这三年时间中,中国债券市场第一次经历了没有通胀(按照CPI水平是否超过3%为度量标准)背景下的债熊格局,其后也较为迅速地进入到2018年的牛市中。也正是在这轮牛市演进过程中,"货币+信用"的风火轮分析框架第一次用于了实践中,并完胜"增长+通胀"的美林投资时钟。

金融监管因素在这三年周期中被反复提及,一度成为牵动债券市场投资者的重要"神经线",但是影响逐渐淡化。中美贸易争端也一度成为债券市场投资者每天必须关注的焦点,但是预计热度也会烟消云散。

金融市场是一个求新求异之所,任何新鲜的词汇与看点都有可能迎来一波热议与关注,但是事后却往往发现,万变不离其宗。

相比于2011~2015年,在最近三年时间中,债券市场的新逻辑、新思路虽然也有出现,但是明显减少。2002~2018年十七年中,中国债券市场完成了五轮完整的牛熊周期更迭,但是遗憾的是,利率依然没有突破长期横亘的箱体区间。

与前四轮牛熊过程中宏观实体经济出现显著的周期波动不同,2016~2018年的牛熊变换可谓是一种"非典型周期",值得广大投资者记忆和回顾。

让我们重温这段"非典型牛熊周期"的更迭,回首这段刚刚过去、并非久远的中国债券市场历史画面!

第一章

2016 年[①]：债灾年——"箱体魔咒"

2015 年债券市场的再度"大牛"或多或少出乎广大投资者的预期，无论这个"大牛市"是否是被"股灾"所延长，但是它确实打破了以往"三年一周期（一年牛、一年平、一年熊）"的习惯性"套路"。

步入 2016 年初，虽然 10 年期国债利率已然不足 3%，处于历史周期的低位，但是既然三年一循环的旧有周期都可以被打破，谁又能说历史所构筑的箱体下限不能被突破呢？总而言之，2016 年是利率在历史低位区域上寻求突破下轨、打破箱体魔咒[②]的一次尝试。

虽然最终从结果而言，终未能突破历史箱体的下轨，但是从此开始，投资者对于中国利率是否会一直保持在箱体的思索却在不断持续与深化。

客观而言，2016 年债券市场的变化依然是以基本面变化方向为指引的。开年以后，经济走势依然难言乐观，更为重要的是 2015 年股灾对于投资者的警醒依旧历历在目，风险厌恶情绪居于主导，这些因素都有利于债券市场牛市的延续。

但是 2016 年也出现了不同于以往任何一个时期的新鲜事物，那就是供给侧改革。这一新因素的出现对于传统债券市场基本面跟踪线条做出了一定的修正，令投资者对于通货膨胀概念有了更为全面与深刻的理解。不可否认的是，供给侧改革所引发的一系列宏观变局成为后期债券牛市结束的主要催化剂。

第一节
2016 年基准国债利率运行轨迹综述

2016 年 10 年期国债利率的运行范围在（2.60%，3.40%），趋势上呈现先抑后扬

[①] 2016 年 2 月 7 日是除夕。
[②] 箱体魔咒：长期以来，中国 10 年期国债利率始终在（2.50%，4.50%）的箱体区间运行，没有体现出显著的上行或下行趋势，这种现象被称为"箱体魔咒"。

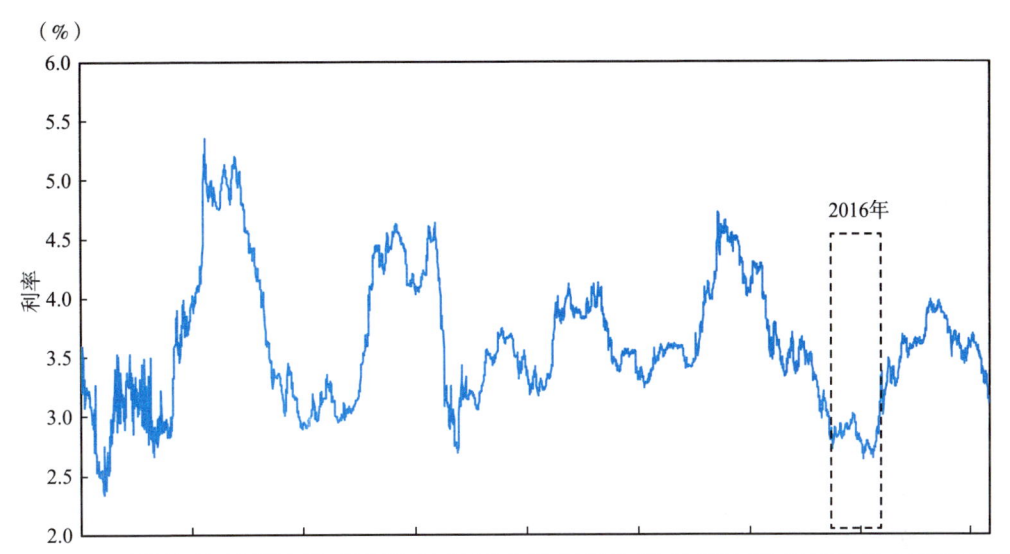

的态势,但是"先抑"部分较为平缓,"后扬"部分则相对剧烈,见图1-1-1。

图 1-1-1 2002~2018 年 10 年期国债利率变化一览

资料来源:中央国债登记结算有限责任公司(英文简称 CDC),www.chinabond.com.cn。

如果将历史迄今为止的 10 年期国债利率波动看作大致箱体,该箱体的上轨大致为 4.50%,下轨大致在 2.50%,均值为 3.50%~3.60%,那么 2016 年全年 10 年期国债利率均在下分位数区域运动。

2016 年,市场投资者对于资金宽松推动债牛的信心达到了巅峰,对于资金推动型牛市的痴迷在一定程度上也掩盖、淡化甚至忽略了对经济基本面走向的观察。

前三个季度债券市场虽有波动,但是利率方向依然持续下探,银行机构委外资金的大规模涌入令广大投资者产生了"资金牛"的强烈心理依赖,但是牛市的最终破灭也再度印证着"无论多么大型的投资机构,也并非是市场趋势的主导者"。

2016 年是一个典型的"牛熊转折"之年,也充满了很多值得回味的故事。始传于 2015 年 10 月的中央银行领导关注债券市场杠杆率的消息最终发酵于 2016 年,银行机构委外[①]资金疯狂进入债市亦顶峰于 2016 年,英国全民公决,意外的"脱欧黑天鹅"发生在 2016 年,国债期货历史上的第一次跌停也出现在 2016 年,围绕美国总统大选的世界金融交易"大反转"也出现于 2016 年……

---

① 委外也就是银行委外业务,它是指银行理财资金委托外部投资,基金公司资产管理计划、券商资产管理计划、信托计划、保险计划为委外投资的四大形式。

总之，在这个"牛熊转折"的年份中，各种预期外的"黑天鹅事件"不断发生着。最终，继2015年"股灾"年份之后，2016年被广大投资者称为"债灾"之年，见图1-1-2。

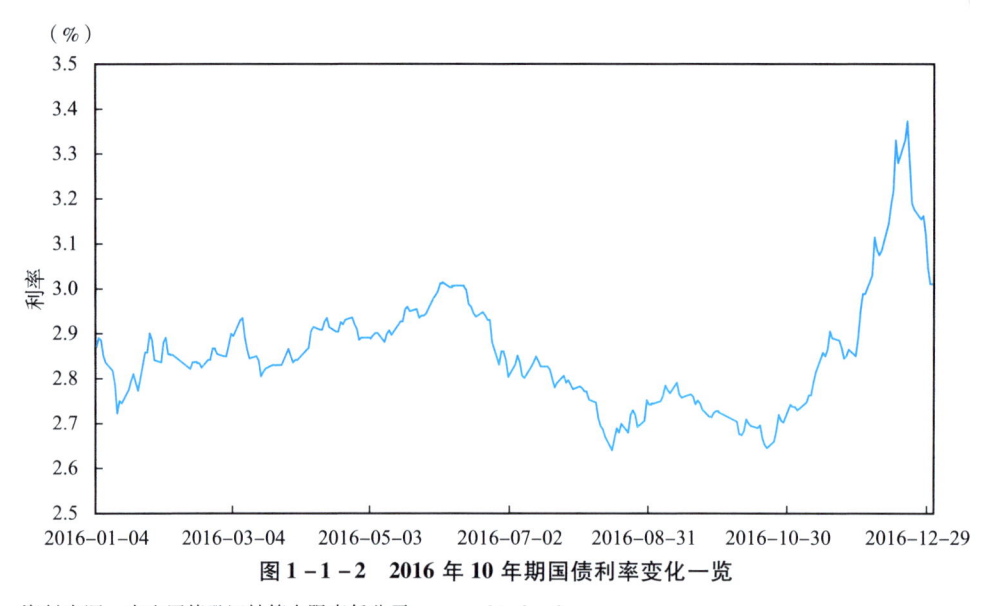

图1-1-2 2016年10年期国债利率变化一览

资料来源：中央国债登记结算有限责任公司，www.chinabond.com.cn。

第二节
2016年长期利率波动详解

如果按照回溯的方式将2016年市场利率走势划分阶段，大致可以划分为三个：

（1）1~4月份市场出现了"迷你版2009年"的刺激复苏、周期复辟的预期，叠加部分企业债券违约风险加剧，引发了投资机构赎回基金的操作，债券市场遭受了一波不小的冲击。

（2）5月9日"权威人士"在《人民日报》发声，否定了经济V型复苏之可能，强调了经济长期L型的判断。这"当头棒喝"导致了市场投资者的经济预期陡然转变，随后叠加经济增长数据再趋弱化，债券牛市再起，长期利率一步一步逼近历史箱体的下轨。在这一过程中，银行类机构委外资金的猛烈入市起到了推波助澜的作用。回首2016年5~9月份，债市多头热情再起，债牛奋进。

（3）10月份开始，"莫名其妙"的货币政策微调迹象显现，短期货币市场利率的波动性猛然加大，带动市场恐慌情绪产生，大量的杠杆资金出逃引发了债券市场的急速调整，这种调整被11月份美国总统大选导致的全球金融市场"特朗普交易"进一步放大，最终以"国海事件"为契机造成了国债期货上市以来的第一次跌停。

但是回首全部过程，需要格外注意的是，市场利率的运行方向依然是由经济基本面的方向所主导，而在这一方向上运行变化的幅度则可归因于银行委外资金涌入或撤出、杠杆增减等因素。

切忌用影响利率变化幅度的因素来解释利率变化的趋势与方向。

一、2016年初至4月25日："迷你版"的2009年"周期复辟"冲击波+违约恐惧所造成的基金被赎风波

（一）2016年1月4~15日：股指"熔断冲击波"引发的避险

2016年开始所发布的一系列经济数据总体向好、强于预期，主要包括了上年12月份的采购经理指数（PMI）数据、进出口数据以及金融数据，经济基本面并不存在对利率的进一步下拉作用。

出乎预期的事情发生在股票市场中。2016年开年，人民币汇率出现了显著的贬值走势，这种贬值走势引发了市场的恐慌，主要在于本次贬值并非美元指数走强所带动。整体1月上中旬，美元指数基本稳定在98.5附近震荡，但是人民币兑美元汇率却持续走贬，一举突破6.5关口，逼近6.6关口。见图1-1-3。

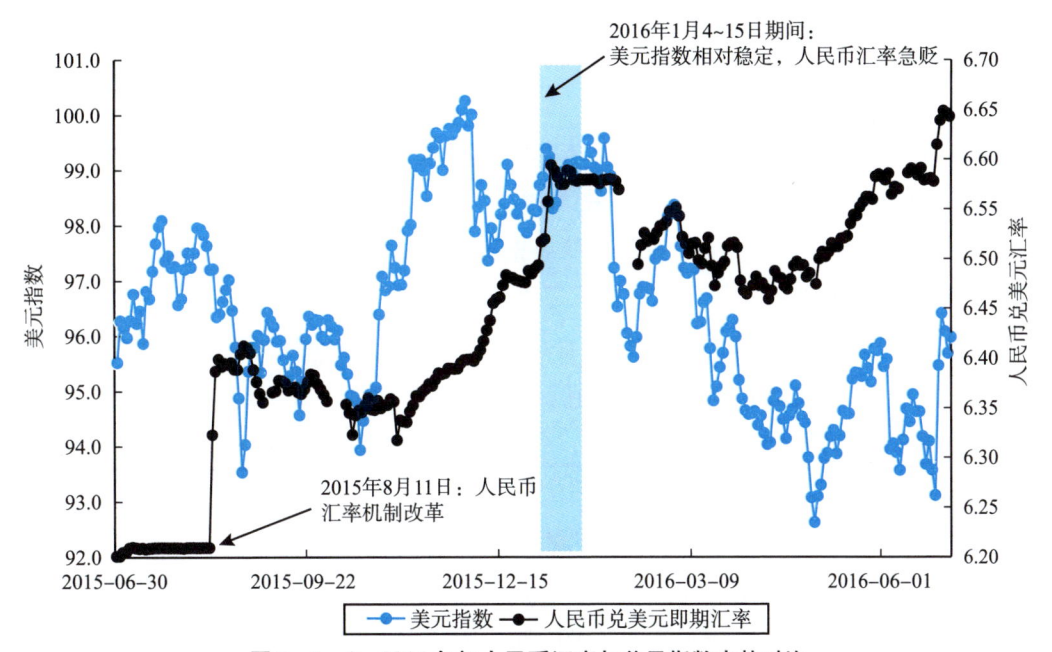

图1-1-3 2016年初人民币汇率与美元指数走势对比

资料来源：万得资讯（Wind）。

美元指数稳定的背景下，人民币汇率急速贬值，引发了资本市场投资者的恐慌预期：要么是中国主动贬值，要么是投资者主动看空人民币。总体而言，这成为引发股指大跌的"引子"，而无独有偶的是，中国股票市场刚刚开始实施"熔断机制①"，贬值诱发的担忧引发了股指走向下跌，而熔断机制在某种程度上又加剧了股指下跌的幅度。

1月4~15日期间，在经历了2015年两度"股灾"后长达4个月的小幅回暖之时，上证指数再度出现下跌，指数从3600点一路跌至2900点，这也被称为是第三轮"股灾"。

基本面数据的回暖在短期内无法抵御股指快速下跌带来的避险情绪升温，在此过程中，债券市场成为相对受益方。利率开年以来出现了下跌态势，10年期国债利率从年初的2.83%低位继续回落到2.73%附近。债市新年开门红！

（二）2016年1月16日~2月6日：年关资金波动与监管恐惧

伴随春节（2月7日是除夕）的临近，市场进入了春节资金面年关时期。每逢年关资金紧，这是惯例，但是2016年春节前期的资金面波动或多或少还是略超出市场预期，甚至有点"小型钱荒"的感觉。

资金面最紧张的时期集中在1月18~20日三天时间中。从1月20日开始，中央银行陆续通过常备借贷便利（SLF）、公开市场操作（OMO）、短期流动性调节工具（SLO）以及中期借贷便利（MLF）等短期货币政策工具向货币市场注入资金，帮助市场度过春节资金缺口时期，此后资金面忧虑有所缓和，货币市场资金利率也有所降低。

随后的市场变化触发因素始自一份人民银行"关于春节前后流动性管理工作的座谈会"的讲话内容。该份讲话内容显示会议发生于1月19日，但在1月21日才流传入市场中，会议由时任中央银行行长助理张晓慧主持，对于债券市场投资者而言，讲话稿内容中有三点被着重关注：

（1）中央银行针对春节期间的流动性缺口会妥善安排短期货币政策工具妥善解决（正面信号）；（2）强调了准备金工具的信号意义过强，对于人民币汇率会有干扰作用，因此不会轻易实施降准政策（负面信号，令市场投资者对于准备金率进一步下降的预期

---

① 熔断机制（circuit breaker），也叫自动停盘机制，是指当股指波幅达到规定的熔断点时，交易所为控制风险采取的暂停交易措施。具体来说是对某一合约在达到涨跌停板之前，设置一个熔断价格，使合约买卖报价在一段时间内只能在这一价格范围内交易的机制。2015年12月4日，上交所、深交所、中金所正式发布指数熔断相关规定，熔断基准指数为沪深300指数，采用5%和7%两档阈值。其于2016年1月1日起正式实施，并于2016年1月8日暂停。2016年1月8日，经中国证监会批准，上海证券交易所决定暂停实施《上海证券交易所交易规则》第四章第五节规定的"指数熔断"机制，以维护市场平稳运行。

淡化);(3) 针对 1 月上半个月信贷投放规模已经达到 1.7 万亿元的现实提出警告(负面信号)。

总体而言,该讲话内容虽然平缓了短期内的春节资金波动忧虑,但是"从汇率走势出发影响国内货币政策工具选择,进而影响国内利率走势"的看法以及"信贷投放过快"的现实令债券市场整体承压,长期国债利率持续小幅走高。

无独有偶的是,2 月 1 日市场传言,中央银行召集五大商业银行部门负责人会议,了解银行资金委外操作以及债券市场杠杆率情况,并明确点出"市场预期利率不断下行的预期是有问题的"。在此基础上,彭博新闻社甚至报道"监管当局要求存量委外规模减半"。这一信息引发了债券市场的恐慌,造成了利率的显著上行,2 月 2 日当天,10 年期国债利率甚至一举上行近 10 个基点。

无论是中央银行的流动性管理讲话内容,还是监管当局对于委外资金、债券市场杠杆率的关注,都在很大程度上冲击着债券市场投资者的情绪,造成了利率的持续上行。但是在此期间,另一则实质影响意义更为深远、重大的政策却很少被市场所探讨。

2016 年 2 月 1 日,中国人民银行、中国银监会印发了《关于调整个人住房贷款政策有关问题的通知》,明确了"在不实施'限购'措施的城市①,居民家庭首次购买普通住房的商业性个人住房贷款,原则上最低首付款比例为 25%,各地可向下浮动 5 个百分点",这是在经济下行背景下,继 2014 年 "930" 房地产放松政策以及 2015 年 "330" 房地产放松政策之后的再度放松与刺激。也许是由于地产政策多次松动,市场已然麻木忽略,但是这累积已久的松动效应势必会造成融资需求的回暖,也注定了债牛的尾声,不过这是在事后才被认识到的问题。

总体来看,春节前夕市场主要的关注焦点依然是资金面的波动和货币与监管当局对委外资金以及债券市场杠杆率的关注,这更多是从资金供给角度出发,而并不在意融资需求端的变化。在此期间,10 年期国债利率一举从 2.70% 回升到接近 2.90%,幅度达到 20 个基点。

(三) 2016 年 2 月 14 日~4 月 25 日:"迷你版"的 2009 年"周期复辟"

春节后,资本市场在长达两个月的时间中演绎了一段"迷你版"的 2009 年"周期复辟"故事。中间虽然一波三折,但是总体是以"周期复辟"的逻辑在进行演绎,股

---

① 自 2010 年开始实施"限购"政策到通知印发时,全国共有 46 个城市实施了楼市限购措施,涵盖了四大直辖市、五大计划单列市、大部分省会城市以及苏州、无锡、佛山、金华等沿海地区发达的二、三线城市。之后,限购政策开始土崩瓦解。目前除了"北上广深"四大一线城市和房价畸形的三亚共 5 个城市外,其他城市均已取消限购。

债均表现如此。

1. 2月14日~3月8日：信贷多增引发"周期复辟"萌芽

春节长假期间，海外风险资产的价格显著下跌，这带动了债券市场在春节过后的首个交易日出现了"开门红"。但是随后一段时间中，整体债券市场投资者被1月份全月以及传说预期中的2月份前半月信贷（在1月份信贷2.5万亿元的基础上，市场传言2月份上半月已经超过2万亿元新增信贷）大量投放信息所困扰。

开年以来天量信贷资金的投放造成了债券市场的持续下跌，同时股票指数和黑色大宗商品价格持续大幅度上涨，引发了投资者对于2009年"周期复辟"的回忆。在此期间，即便2月29日中央银行宣布降低准备金率的政策，表明货币政策态度依然宽松，也没有逆转市场长期利率的上行势头。

周期类股票的强势上涨，叠加以螺纹钢、铁矿石类黑色大宗商品的价格上涨，不断强化了市场投资者"周期复辟"的预期。

举一个有趣的例子，面对"周期复辟"的强烈预期，资本市场中的投资者不乏"段子高手"，在2016年3月2日，有一篇回顾周期复辟的短文被盛传，读罢确实令人热血沸腾。特引入本书中，以助投资者理解当初预期之热度。

/ 网文："天道循环，周期复辟！" /

在硝烟和弹坑的满目疮痍里，周期研究员三三两两地从尸堆里爬起，互相搀扶着，默默地、自觉地、艰难地列队，一排、两排……稀稀疏疏的队伍里，每个人都在无言地擦着自己那杆老枪，拔剑四顾，敌人已经没有了，战友，也已经不多了……一声苍凉的老腔从极渺远处响起，天光如血，壮怀激烈。

站在队伍最前端的，是一名2010年入行的基助，藉着双拐艰难地支撑起只剩一条左腿的身躯，他威严地扫视着这一队残兵，目光如箭：

"现在点名！地产！"

"有！"

"建材！"

"有！"

"钢铁！"

"有！"

"化工石化！"

"有！"

……

"有色！"

"有色！"

……

"有色！看有色的都去哪儿啦！"

"报告首长，有色于今年2月初已作为全军敢死队开赴黄金岭，全团失联，恐已报国！"

基助沉默了。

良久，一颗豆大的眼泪从他布满血丝的眼角流下。

他蓦地转身，弃开双拐，单腿独立，向默默负手而立的将军敬了一个军礼，大声地，仿佛发泄般怒吼：

"报告首长，A股周期研究员集合完毕，军旗未倒，铁甲尚在，请指示！"

2005年入行，作为老基金经理的将军从身后默默伸出"右手"——在不知哪场剁手战役中，他的右手已经被换成了铁钩——用力回礼。

"孩子们！"

"在你们还小的时候，周期，曾经是这片土地上最荣耀的名字，五朵金花的旗帜，曾经照耀整个大陆……"

无人回应，整个战场死一般的沉寂。

"后来，世界变了"将军默默地抬起头，"也或许，是我们老了。"

"无数的战友死去，无数的战友离开了我们，我们被漠视，被抛弃，被羞辱……"

……

疏疏落落的队伍里，人人流血，无人流泪，战士们互相扶持着艰难地站立，度尽劫波，眼神依旧清亮。

……

"但今天，危急存亡，拯救这片热土的，依然是我们！被漠视，被抛弃，被羞辱的我们！"

"A股虽大，已无退路，背后就是2000点！今日一追，十死无生，然以身报国，有死而已！"

"去吧孩子们，让这个世界知道，老兵不死！五朵金花旗帜永远飘扬！"

"我命令你们，目标2800，全军出击！"

从 4 月中旬开始，CPI 引发的通胀预期出现了缓和，但是经济增长回暖的预期并没有消散，只能说基本面条件对于债券市场的利空压力有所缓和，但没有逆转。随之而来的监管当局检查银行委外投资债券、"中国铁物事件"引发信用债券违约担忧并造成基金被赎回、税收制度改革将营业税改为增值税可能对债券投资收益造成不利影响等等事件接踵而来，长期利率反而从 4 月中旬开始进入了加速调整时期。恐慌性抛售的顶峰发生于 2016 年 4 月 25 日，从 3 月 17 日至此，10 年期国债利率从 2.80% 再度回升至 2.95% 附近。

综合回顾春节后至 4 月底的市场驱动线条，开年的信贷多增引发了周期复苏预期是一个主要的利率方向决定因素，期间的辅助性基本面验证指标包括了 CPI、地产投资以及信贷增长数据，而资本市场所对标的验证指标则体现为周期类股票和黑色系大宗商品价格的持续回升，基本面的方向决定了利率的方向。在这一大背景下，监管当局对债券委外投资的态度传言、"中国铁物事件"所造成的信用风险冲击、基金被赎回以及营业税改增值税可能对债券投资收益造成负面影响等事件，成为驱动利率上行幅度加大的"助推剂"。基本面驱动了方向，风险事件驱动着在该方向上的变化幅度，导致在这两个多月的时间中，长期利率出现了一定幅度的回升，2 月 14 日~4 月 25 日期间，10 年期国债利率从 2.80% 回升到 2.95%。

自 2014 年经济下行周期展开以来，长达两年有余的时间没有再经历过经济复苏的故事，市场投资者似乎都淡忘了经济需求复苏的样子。而 2016 年开年之初，这一故事的出现让投资者再度领略了周期复辟的威力，就像著名经济学者周金涛所言：周期品的魅力就在于，你明知道他有来临的时候，但真正来临的时候依然让你心潮澎湃。

二、2016 年 4 月 26~6 月 30 日："5·9"权威人士讲话，"周期复辟"梦断

2016 年 5~6 月份的债券市场总体恢复了上涨的势头，其中一个重要的因素在于"周期复辟"梦灭，而这一触发因素则来自 2016 年 5 月 9 日《人民日报》上刊发"权威人士"谈中国经济的文章。

但是这里需要注意的是，在此期间出现了国债与金融债券走势的显著差异，从利率方向的决定因素而言，"周期复辟"梦断，基本面数据也再度回归下坠，利率的下行主方向是确定的，但是在此期间，由于国债和金融债券领域各自有一些微观影响因素，则导致两者的利率走势短时期内出现过相背，但是最终殊途同归。

其中，对于金融债券的主要微观干扰因素在于营改增负面影响的消失，对于国债利率走势的干扰因素在于国债期货的不振和对于 10 年期国债发行预期的不利，但是微观干扰因素总归是微观干扰，最终还是服从于宏观的基本面走向。我们依然以10年期国债利率为分析跟踪基准，见图1-1-4。

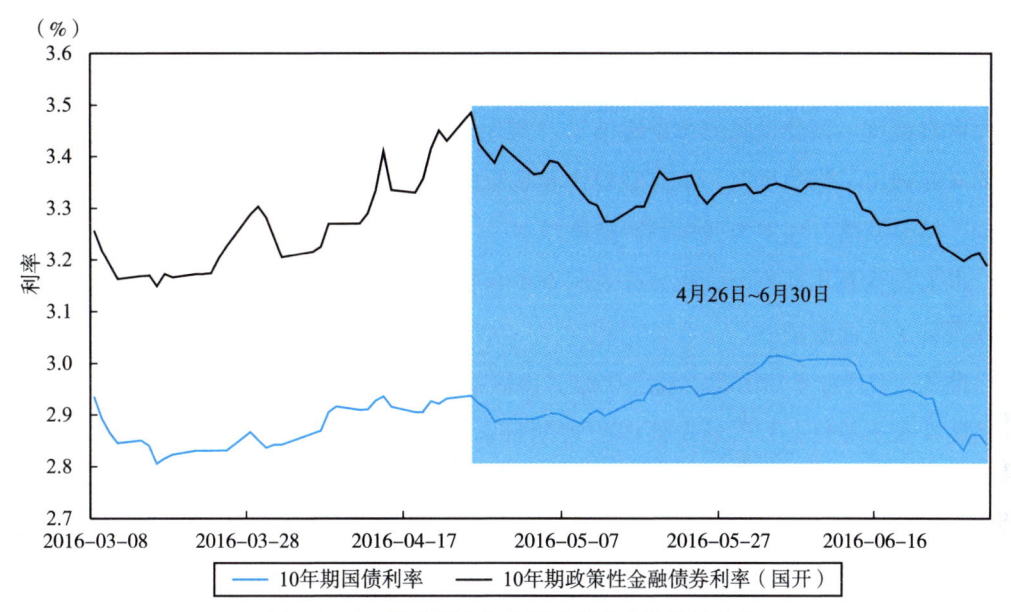

图1-1-4 国债利率与金融债券利率阶段性分化

资料来源：万得资讯（Wind）。

（一）2016年4月26日~6月12日："权威人士"发声，周期梦断+各类微观干扰因素也纷纷瓦解

4月25日是市场恐慌情绪的顶峰，随后的若干交易日中，市场横盘震荡，但是谨慎气氛未消。这期间市场聚焦点在于一个微观干扰因素的出现：营业税到增值税的改革措施[①]，会对货币市场回购融资收益以及金融债券投资收益产生什么样的影响？

营改增税制改革从5月1日开始实施，对于金融市场中的货币回购收益与金融债券投资收益均会产生折损影响，这导致了部分商业银行在资金融出过程中为保持最终收益不变，提高了融资利率，进而对市场融资成本产生了上行拉动，对债券市场可谓利空冲击。

该事件被市场认识到是从4月中旬就开始了，只是在5月1日正式实施前夕，这个担忧被显性化，货币市场回购利率也因此做出反应，出现了明显抬升。终于，在中央银

---

① 2016年3月24日，财政部、国家税务总局向社会公布了《营业税改征增值税试点实施办法》。经国务院批准，自2016年5月1日起，在全国范围内全面推开营改增试点，建筑业、房地产业、金融业、生活服务业等全部营业税纳税人，纳入试点范围，由缴纳营业税改为缴纳增值税。

行以及财政部门的协商沟通下，4月29日晚间宣布质押式回购和金融债券免收增值税，解除了市场的担忧情绪，但是这主要是对金融债券构成利空消退的正面激励作用。

真正的大变局发生在5月9日，当天一早，《人民日报》刊发"权威人士[①]"谈中国经济的访谈认为，"不能也没必要用加杠杆的办法硬推经济增长。综合判断，我国经济运行不可能是U型，更不可能是V型，而是L型的走势"。

可以说这一振聋发聩的言论终结了"周期复辟""V型复苏"的预期，所有资本市场均对此做出了强烈反应，最典型的代表是股票市场，股指终止了年初以来的强势上行格局，转而回落，周期类股票则调整剧烈。

以L型为基本面判断，也意味着利率不存在持续上行的空间和动能，因此整体债券市场受到了正面激励。

此外，4月中下旬困扰市场已久的"中国铁物事件"也出现了转机。5月10日，中国铁物发布了兑付公告，最先到期的短期融资券（5月17日到期兑付）将按时兑付。这在很大程度上缓解了中国铁物系列债券的信用违约风险。紧接着，5月13日，彭博新闻社报道，国务院国资委要求部分国企尽快偿还对中国铁物欠款，以尽量保证债券到期正常兑付要求。欠款逾期部分要在5月中旬前全部偿还，以维护国企债券市场信用和形象。这进一步缓解了"中国铁物事件"引发信用违约风险的担忧，也平息了基金公司产品被赎回的操作行为。

总体而言，无论是营改增忧虑的解除还是"中国铁物事件"的平息，最大的受益主体是政策性金融债券，因此在该期间，政策性金融债券的利率始终呈现小幅下行态势，而国债由于受益程度有限，叠加国债期货表现乏力，其利率依然在回升中，国债与金融债券的利率走势出现了显著反向。

1~3月份以来的通胀数据回升、投资数据回暖、信贷数据多增均结束于4月份，5月中旬所发布的CPI、金融数据以及经济增长数据均出现了回落，"权威人士"的政策与经济判断，叠加基本面数据回暖势头的戛然而止，终结了"周期复辟"的预期。至此，基本面环境变得有利于债券市场了。

至此，高悬于债券市场头顶的最大忧虑——周期复苏已被消除。如果说市场投资者

[①] 2015年5月25日，《人民日报》头版头条和二版头条，专访了一个叫"权威人士"的人，五问"中国经济形势"；2016年1月4日，《人民日报》再次在同样的位置和篇幅，刊登了对于"权威人士"的"独家专访"，七问最近火热的"供给侧改革"；2016年5月9日，时隔四个月，《人民日报》再度刊发"权威人士"谈中国经济的访谈。"权威人士"认为，"不能也没必要用加杠杆的办法硬推经济增长。综合判断，我国经济运行不可能是U型，更不可能是V型，而是L型的走势。"

心里依然存在谨慎情绪，无非是从如下几个方面来进行考虑：（1）持续放松两年有余的货币政策不会再边际放松了，这可能会导致资金面的波动预期强化；（2）对于监管政策的担忧（5月中旬，投资者对于债券杠杆的监管担忧有所升温，这一担忧的触发因素是市场传言监管部门对于资管以及基金子公司的管理规定在征求意见过程中。此外，从年初以来，一直忧虑的监管当局对于委外业务的态度也迟迟未能明确落地，成为悬在债券市场头上的一把"剑"）。

总体来看，4月份各类负面于债券市场的信息在5~6月份中都被颠覆反转，利率也基本结束了年初以来持续上行的势头，转为平盘震荡，虽然在此期间国债利率有所上行，但是金融债券利率则有所下行，整体市场逐渐恢复了多头的气氛。

4~5月份（6月中旬发布5月份指标数据）宏观经济基本面数据的持续下行也给出了基本面的方向，为债市回暖增强了最大的信心支撑。

（二）2016年6月13~30日：英国脱欧"黑天鹅"

基本面指标的下行给出了利率运行方向，利率开始脱离上行轨道步入下行方向，但是市场也基本形成了一个预期共识：货币政策可能不再宽松了，虽然谈不上收紧，但是边际宽松的可能性降低了。政策稳定叠加基本面出现走弱，市场依然保持了多头氛围。

5月份中国的固定资产投资增速出现了断崖式下跌，这是经济基本面弱化的数据验证，也是助推债券市场的方向性指标之一。但是，谁也没有想到6月底的英国全民公投出现了"英国脱欧"这一"黑天鹅"事件，这直接动摇了货币政策不再松动的预期，导致了利率在6月下旬出现了速降。

"脱欧"公投于英国当地时间2016年6月23日上午7点（北京时间6月23日下午3点）开始。此次投票将持续15小时，公投结果将直接影响英国未来是否留在欧盟。

从常规理解角度，多数人认为英国不会脱离欧盟，因此资本市场起初对此并没有过多的关注，但是正是在这一主流预期中，"黑天鹅"却真的发生了。

6月24日北京时间接近中午时段，伴随公投结果日渐清晰化，公投的结果竟然是"脱欧"。该结果清晰化后，全球资本市场出现了大幅动荡，中国利率也迅速做出反应，快速下行。6月24日当天，10年期国债利率从2.93%回落到2.86%，大幅下行了7个基点。

客观而言，英国公投意外退出欧盟只是一个事件性冲击，市场将其映射到基本面传导的线条是：英国"脱欧"可能会引发欧元区瓦解的危机，进而造成欧洲经济衰退，从而影响中国的外需，甚至产生全球性的经济动荡。但是在短期时间内这只是一个构思线条，资本市场在当时更多是一种情绪冲击。

面对这一"黑天鹅"事件的发生,各国中央银行也密切对待,其中,中国人民银行迅速做出回应。6月24日晚间6点48分,中央银行发布公告宣称:"中国人民银行密切关注英国脱欧公投情况。我们已注意到英国脱欧公投结果公布后金融市场的反应,并已做好应对预案。我们将继续实行稳健的货币政策,综合运用多种货币政策工具,保持流动性合理充裕,维护金融稳定。进一步完善人民币汇率市场化形成机制,保持人民币汇率在合理均衡水平上的基本稳定。进一步加强与有关央行、货币当局以及主要国际金融组织的政策沟通和协调。"当天晚间(北京时间),欧股收跌逾6%,创2008年以来最大单日跌幅。

英国脱欧后所预期的那一系列经济基本面影响线条是否能够兑现暂且不知,但是中国人民银行的公告引发了货币政策再趋宽松的市场预期(之前,市场的主流预期认为中国的货币政策已经不会再继续边际放松)。在当时中国债券市场投资者心中的两大"空方利器"(一为货币政策不再继续放松;二为监管)被动摇其一,导致了利率的持续下行。

基本面的弱势叠加货币政策松动空间有望再度被打开,双重因素牵引中国长期利率再度进入了下行,并且速度加快。截至6月底,10年期国债利率已经回落至2.80%。见图1-1-5。

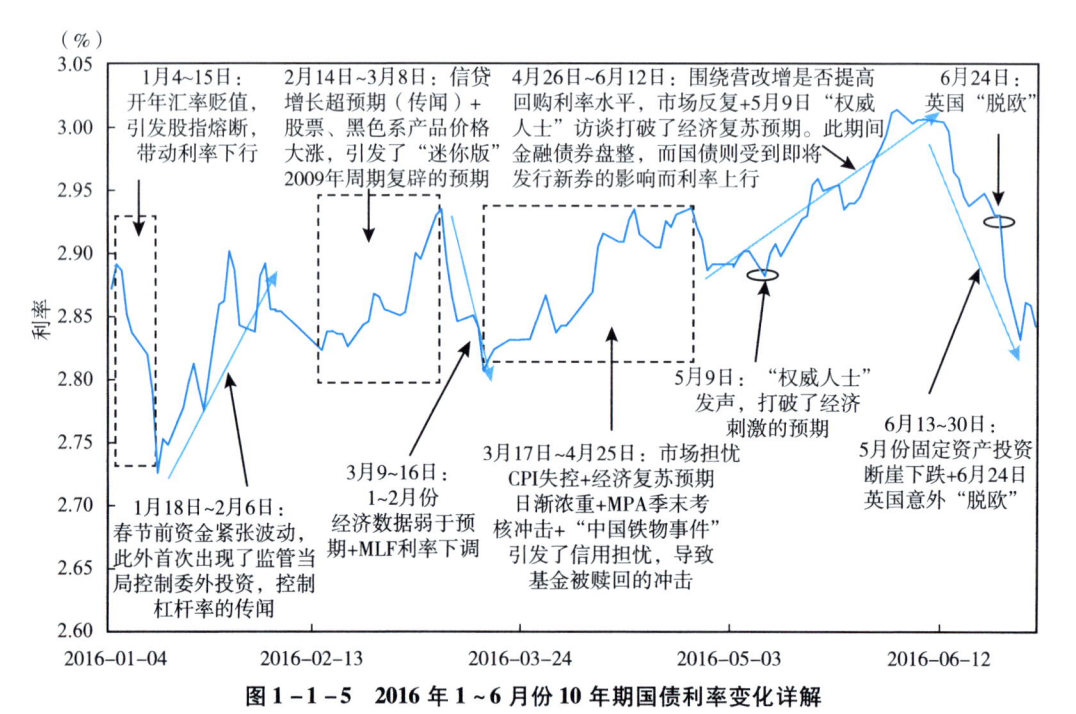

图1-1-5 2016年1~6月份10年期国债利率变化详解

资料来源:中央国债登记结算有限责任公司,www.chinabond.com.cn。

三、2016 年 7 月 1 日～10 月 21 日：委外资金驱动的利率"双重底"

（一）2016 年 7 月 1 日～8 月 15 日："黑色系"价格与债券齐舞

英国"脱欧"的预期影响依然在持续中，该事件对于全球资本市场会产生多大的冲击，市场投资者在随后的时间里处于密切观察中。在随后的交易日中，全球资本市场的变化与波动在很大程度上影响着国内债券投资者的心态与预期。

7 月上旬的市场存在着一个奇怪的并存组合：黑色系大宗商品价格和债券市场价格同步上行。这是一种较为罕见的组合。一般而言，国内三大主流市场：股票市场、债券市场与大宗商品市场，股与债的相关性并非那么严丝合缝，但是商品与债的负相关性要远高于股债的负相关性。但是 7 月份至 8 月中旬期间，确实出现了黑色系大宗商品（以螺纹钢为代表）价格与国债期货价格的同步上行状况。

在此阶段，债市上涨的主要驱动力一方面在于宏观经济基本面依然不振，6～7 月份宏观基本面数据，无论是 GDP、工业增加值，还是固定资产投资或金融数据均处于低位或下行过程中，基本面走向对于债券市场无负面压力；另一方面，海外资本市场受到英国"脱欧"的预期影响处于不稳定状态，10 年期美债利率在 7 月上旬甚至创出了有史以来的最低水平——1.37%。可以说，针对英国"脱欧"所形成的预期冲击波一直持续到 7 月 15 日附近，此后，国内投资者对于海外风险资产波动的关注度才逐渐降低下来。

而此阶段，主导黑色系大宗商品价格上涨的主体逻辑依然是供给侧改革，以代表品种螺纹钢价格为例，其变化主要是在供给与需求作用下的结果，需求是以房地产开发投资增速为衡量指标，供给端则受到供给侧改革去产能政策因素影响。2016 年开年以来，房地产开发投资增速脱离了 2015 年下半年以来的颓势，从 1% 附近逐渐回升到 6%～7%，需求因素保持稳定，甚至预期向好，而供给侧去产能政策频出，导致供给端受到压抑。两方面因素合成，导致了螺纹钢价格一路上行。

当时的市场对于债券与黑色系大宗商品价格同步上涨现象出现过较为热烈的讨论。一个相对占据主流的解释是：利率盯住的是名义增速，是价格和产量合成的效应。供给侧改革、行政化去产能政策一方面在削弱产量，另一方面在推升价格，产量与价格合成的"名义增长"保持稳定，甚至有所下行，这和利率下行的趋势并不相悖，因此出现了债券与黑色系大宗商品价格共舞并存的现象。

如果说 7 月 15 日前的债券市场主要受到海外资本市场的影响（英国"脱欧"诱发），那么 7 月 15 日后的债券市场主要体现为一种惯性上涨了。在这段时间中，海外风险预期因素逐渐淡化，各种消息面都较为平淡，但是债券市场从 7 月下旬以来出现了一轮较为强势的上涨，而且当期的债券市场强势的结构化特征较为明显，具体体现为：超长期债券（20～30 年品种）表现异常活跃，利率下行幅度显著；凡是构成收益率曲线"凸点"位置（指平滑收益率曲线的凸起部分）的期限品种均被修正抹平。

在此期间，整体收益率曲线日渐平坦化，而面对长期利率的不断下行，短期利率始终稳定不动，主要是受到公开市场操作利率始终维持在 2.25% 水平的影响。

7 月份以来一直到 8 月中旬，长期利率不断回落，短期利率相对稳定，整体债券市场呈现"牛市变平"态势，10 年期国债利率从 6 月底的 2.83% 回落到 8 月 15 日的 2.63% 附近，日渐逼近历史最低水平——2.50% 附近。

（二）2016 年 8 月 16 日～9 月 12 日："地王"频出与资金面预期生变

大概从 8 月中旬开始，关于房地产的信息频频见于报端，二手房销售火爆、土地拍卖市场中"地王"频出，一时间房地产市场的温度似乎明显上升，这给予债券市场以一定的基本面预期压力，面对前期的上涨，市场出现了一定的回调。

另一显著冲击来自货币市场预期生变。8 月 22 日开始，货币市场流动性骤然紧张起来，8 月 23 日市场纷纷传言中央银行将在公开市场中推出了 14 天逆回购操作，最终该操作于 24 日落地发生。

从本身来看，面对货币市场流动性的紧张局面，中央银行在流动性提供方面延长资金供给久期，是一种正常的行为，但是这一举措在当时被赋予了如下含义：中央银行不喜欢货币市场资金的融资结构集中在短期品种上（比如隔夜品种），更希望融资久期适当延长一些，更多以 7、14 天等期限进行，因为过于短期的融资会导致期限错配的风险加剧，从而导致货币市场结构的不稳定性。因此 14 天逆回购品种"重出江湖"，一方面可以引导融资结构久期的延长；另一方面，由于 14 天品种利率相对高于 7 天品种，这一行为也被市场分析者赋予了"隐性"提高融资成本的含义。

无独有偶，8 月 25 日路透社消息报道称："中国央行于 24 日召集主要大型银行开会讨论有关流动性管理问题。中国央行要求大型银行合理搭配资金的融出期限，鼓励分期限融出。会议上，中国央行表示货币政策的总基调不变，并表示，希望各行认真对待流动性管理的问题，如果到期后的 14 天期逆回购需求不佳，不排除继续推出更长期限的逆回购，以引导市场"。这一信息似乎坐实了前期市场分析的猜测，导致市场的资金面预期生变，进而造成了市场利率出现了一定幅度的调整。

屋漏偏逢连夜雨，8 月 30 日《21 世纪经济报道》刊发了如下信息："监管层于 30

日召开有关'新八条底线'[①]的会议,并就当前资管业问题、新政执行情况以及下一步监管思路进行传达。根据会议信息,监管层下一步将根据资管业务定位,分类处理现有多类业务,主要包含以下四点:一是要禁止产品刚性兑付和结构化配资业务,禁止资金池;二是要限制通道业务和非标融资业务;三是要加大对投顾类产品和结构化产品的规范力度;四是鼓励有能力的机构拓展主动投资管理类业务"。监管来袭,进一步冲击了债券市场投资者心理,造成当日长期利率回升幅度可观。

总体来看,伴随着英国"脱欧"对全球资本市场的冲击色彩淡化,以地产市场热度提升为契机,债券市场经历了获利回吐的压力。在此过程中,中央银行对融资期限等问题的看法进一步改变了投资者对货币资金面的预期,再叠加以监管信息,上述三个事件(其中资金面预期生变和监管信息产生了较强冲击)造成了在该阶段长期利率出现了一定幅度的回升,10年期国债利率从8月16日的2.63%附近再度回升到了2.80%水平。

(三)2016年9月13日~10月21日:地产调控政策与海外买盘共筑利率"二重底"

在经过了近20个基点的调整后,由于资金面再度回归到宽松状态,也没有出现中央银行进一步的收紧措施,债券市场逐渐淡化了前期的担忧。

特别是从9月下旬开始,杭州、南京等地陆续出台了一系列对房地产市场的收紧调控政策,这在一定程度上缓解了地产升温对债券市场的冲击担忧,这一政策出台密集期是2016年的"十一"国庆长假期间。在"十一"长假期间,近20个城市密集出台了限购、限贷类房地产紧缩政策。这导致了债券市场的正面预期陡然升温。

资金面的再度转宽化解了前期对于货币政策变化的担忧,多地限购、限贷政策将地产市场的预期热度明显降温,而在该期间也没有出现更进一步的金融监管信息。因此,9月中旬以来的三大压制因素均有所缓解,这导致了牛市氛围再度浓重化。

特别是"十一"长假过后,国内以及海外机构纷纷再度入场购债,拉长久期,这其中特别需要提及的就是海外央行投资者。大概在10月中旬以来,人民币加入SDR[②]的信息落地,这意味着人民币资产将会被作为权重资产而进行被动化配置,债券则成为首当其冲的购入品种,这激励了以海外央行为主体的外部投资者大举进入中国债券市

[①] 中国基金业协会对《证券期货经营机构落实资产管理业务"八条底线"禁止行为细则(2015年3月版)》进行修订。此次协会结合市场和行业的最新发展变化,对细则进行了修订。

[②] 特别提款权(special drawing right,SDR),亦称"纸黄金"(paper gold),最早发行于1969年,是国际货币基金组织根据会员国认缴的份额分配的,可用于偿还国际货币基金组织债务、弥补会员国政府之间国际收支逆差的一种账面资产。

场，成为 10 月份以来购买债券的主要机构之一。

多重利空的化解催发了牛市热情再起，而此期间基本面因素被淡化了，传统所关注的基本面数据（比如投资、工业增加值、金融数据、CPI 等）线条也确实平淡无奇。在当期的市场中，主要的热点在于资金面的充裕、银行委外资金的陆续不断涌入、海外投资的新生力量等，资金面的充裕与配置力量的壮大成为主导债券投资者预期的主体部分，基本面色彩明显淡化了。

这段时期是基本面完全被淡化的时期，甚至很多投资者玩笑称，债券市场不要看什么基本面了，看银行委外配置力量的大小即可。

当时也有一些零星的观点感慨："资金面不算异常宽松、经济数据也尚可，没有再度明显下坠，通胀数据也有所走高、汇率还在贬值，可是为什么债券就是涨涨涨？"对此疑问的主流回应则是："无他，唯银行委外资金配置意愿强大尔！"

9 月 13 日~10 月 21 日，10 年期国债利率从 2.80% 再度回归到 2.63% 附近，与 8 月 15 日所构筑的低点位置一致。

市场利率两度下行至 2.60% 附近，市场投资者的热情洋溢。该水平已经跌破了 2008 年世界金融危机时期构筑的低点（2.70% 附近，更早时期在 2003 年 5 月份 10 年期国债利率也曾达到过 2.70% 低位，而 2002 年 5 月份 10 年期国债利率更低至 2.40%~2.50%），看多的热情让市场投资者期待着本轮利率下行能够突破历史利率区间的下轨。

当时有分析预测认为后期的 10 年期国债利率会跌至 2.0%，更有甚者认为 10 年期国债利率将跌至 1.70%，中国将追随欧美发达国家行列进入到彻底的低利率环境中，以往 10 年期国债利率围绕 3.50%~3.60% 为中轴波动的箱体将被打破。

诚然，从经济基本面比较来看，无论是融资总量增速、实际经济增长速度，还是 CPI 数据都已经跌至最近十几年以来的新低。在此对照比较效应下，长期利率突破利率新低似乎也无可厚非，而且在当时的市场中流行着这样一张比较图，世界各个国家进入零利率、低利率的个数在不断增多，众多的经济体都日渐坠入了超低利率区域，中国跟随这一大势似乎也是人心之所向。

乐观的预期在不断蔓延、膨胀中。

四、2016 年 10 月 24 日~12 月 31 日：债灾

在利率出现双重底后，一片乐观预期，但是谁也没有想到，在短短的两个月时间内，中国债券市场竟然出现了"债灾"。牛熊转折之快确实令投资者失色，而更为重要

的是在这一过程中还叠加着令全球金融市场走势大反转的"特朗普交易"行情。

（一）2016年10月24日~11月18日：莫名其妙的资金波动和令人惊叹的"特朗普交易"

在一片乐观声中，债券市场却悄然发生了变化，而这种变化的触发因素又是资金面的波动。事实上，回溯至10月17日，货币市场资金面已经开始有所紧张了，但是初期市场并没有重视这一现象，更多是将其作为阶段性波动而看待。

这种局面一直持续到了10月底，进入11月份，才略有改善，资金面脱离了10月17~31日资金面异常紧张的时期，货币市场的利率波动性也明显放大，国债期货率先以几根大阴线作出了回应。

直至市场连续调整数日后，市场的负面分析才不断涌现，主要的几个担忧点迅速集中如下：

（1）担忧中央银行在主动性地主导债市去杠杆的操作。10月份的资金波动强化了这个预期，虽然11月份以来资金面有所改善，中央银行也提供了MLF等操作工具来平缓资金波动，但是大家依然心有余悸，担忧MLF的投放仅仅是取代逆回购的投放，整体货币资金面改善的可能性有限。

（2）2016年10月份以来，以螺纹钢、动力煤等黑色系产品为代表的大宗商品价格大幅上涨，并一举突破了4月中旬"周期复辟"行情以来的高点，这引发了投资者对于未来通货膨胀的担忧。

（3）对于美国总统大选后全球货币政策的不确定性担忧。

（4）9月份的经济表现虽无惊艳，但是也无再度下坠，总体来看，经济处于低位稳定的状态中，市场开始修正房地产紧缩政策引发经济再度下坠的悲观预期。

种种担忧油然而生，但是从笔者角度认为当时最重要的担忧因素是前两点。特别是对于货币市场利率波动性加剧引发了货币政策紧缩的预期，而最令人忧虑的则是，这种预期中的货币政策紧缩是意欲何为，市场并没有形成一致共识。主流的看法是，中央银行在去除债券市场的杠杆行为，但是债券市场的杠杆是否应该作为货币政策的针对目标，这一分歧探讨在不断进行中。

正是由于无法确定货币政策因何目标而动（有很多人并不认为债券市场杠杆率是一个需要被货币政策工具所针对的目标），所以导致了对于当前货币资金面紧缩、波动的可持续性存在疑问，即便面临着现实中的流动性收缩，债券市场的多空分歧依然强烈。

对于货币政策紧缩的担忧在很大程度上淡化了长期以来点点滴滴的对于金融监管政

（6）12月14日被曝光的"国海证券萝卜章事件"①，引发了12月15日国债期货上市以来的第一次跌停。12月15日当天，国海证券作为上市公司，也宣告其股票临时停牌；

（7）2016年12月16日中央经济工作会议定调货币政策为稳健中性，增加了中性一词，确认了货币政策的正式转向，市场将其视为货币政策收紧的标志；

（8）传言称，银行理财将纳入MPA②考核，并在明年一季度实施。

这一系列负面因素不断涌现，造成了在此期间，长期利率大幅度走高。

国海证券"萝卜章"事件

在上述一系列负面冲击事件中，特别需要重视的则是国海证券"萝卜章"事件，该事件自12月14日发酵，并不断升级，巅峰影响出现在12月20日，随后在中国证监会等各个部门介入下方得以解决。

在这短短的五个交易日中，差点酿成了类似2008年金融危机中"贝尔斯登事件"性的风险。主要原因在于事件曝光后，引发了银行类机构、中介机构对于非银类机构的不信任情绪。以往的债券代持操作、债券交易过户操作甚至银行机构针对非银机构的融资交易纷纷受到质疑，市场流动性的主要提供方——商业银行开始对经手的各类非银机构交易操作进行检查，质疑其中是否也存在类似的虚假交易、假章操作行为。

这在很大程度上对非银类（券商、基金、私募基金等）机构的流动性操作行为造成显著冲击，银行与非银机构之间的相互不信任感空前浓重，而金融流动性一旦受到信任质疑，则会迅速枯竭，非常容易引发大规模的流动性冲击。

在12月19日中，市场的负面传言纷纷，例如：传言不能给非银机构进行资金融出的机构有工行、农行、上海银行等多家银行；传言农发行给非银机构的拆借到

---

① 国海证券原团队成员张杨、郭亮等人以国海证券名义与其他交易对手方进行债券代持等交易，后来张杨失联，郭亮投案，代持机构要求国海证券接盘，国海证券则宣称纯属离职员工个人行为，相关协议所用印章系伪造，进而产生纠纷。12月21日国海证券公告称"认可与与会各方的债券交易协议"之后，市场情绪已经开始缓解，但对于具体涉案金额和解决方案，各方仍在猜测中。针对此前的"萝卜章"事件，国海证券在12月22日发布公告称，债券交易协议涉及债券金额不超过165亿元人民币。其中80%以上为安全性和流动性高的主流国债、国开债品种；信用债占比不到20%，且总体信用风险可控。

② 宏观审慎评估体系（macro prudential assessment，MPA）的主要构成是：资本和杠杆情况、资产负债情况、流动性、定价行为、资产质量、外债风险、信贷政策执行七大方面，其中资本充足率是评估体系的核心。

期被违约，农发行因此中止了对其承销团外非银机构的融出资金行为；很多中小型银行为保自身流动性也减少了对非银机构融出资金。

另外，还有传言称，华夏基金、嘉实基金等大型基金都遭遇了银行的大量赎回，几家大型基金公司的货币基金规模近两周以来缩水幅度达到每家1000亿元以上；光大银行、北京银行等多家银行甚至还遭遇了赎回基金操作被违约执行的事件。

各种流动性冲击的事件似乎在频频发生着，这已经不止是在影响着债券市场的走势，而更像是在影响着中国金融体系的安全性，因此有分析认为当时的情况非常类似于2008年时期的"贝尔斯登事件"的冲击。

/ 2016年底货币基金遭遇巨大冲击 /

在公募基金的产品线中，货币基金是一类较为特殊的产品，特殊性主要在于其具有实质意义上的"刚性兑付"特征。

对于货币基金产品的估值定价一直存在两条线：一为成本估值定价，一为市值定价（影子价格）。投资者购入货币基金产品，享受的是成本估值定价。但是伴随持有途中申赎活动不断发生，而这些申赎活动都以当时市值定价反映在货币基金组合中，因此原基金持有者的收益会产生波动风险。

从监管规则来看，一者要求货币基金的成本估值与市价估值所形成的偏离不能过大，二者还要求即便出现申赎活动，但是货币基金的万份收益[①]不能为负。这两个约束条件就造成了货币基金成为一种实质意义上的"刚性兑付"产品。

一旦出现了成本价格和影子价格偏离过大，货币基金公司则必须以自有资金垫入，保证安全性；而当"偏离度"过大，且遭遇赎回压力需要被动按照市值变现时，又极容易产生剩余基金持有人的万份收益变负，当发生这种情况，也同样需要基金公司以自有资金垫入，以保证持有人的收益为正。

当货币基金持有品种为回购、同业存款类资产时，由于这些资产并不具有市值定价，因此不会产生偏离度问题，但是对于货币基金的变现能力会形成制约；当货

[①] 万份收益一般是来表示货币基金的收益水平。基金公司通常每日公布当日每万份基金单位实现的收益额，也就是万份基金单位收益。万份单位收益通俗地说就是投资1万元当日获利的金额。简单来说，万分收益是真正落到你口袋中的收益，和七日年化收益率不同，七日年化仅供参考。例如，某货币基金2017年7月3日的每万份基金份额收益是0.9887元，则代表若客户在2017年7月2日持有10000份该货币基金，2017年7月3日当天可产生0.9887元的收益。

币基金持有的品种为债券类、同业存单类资产时，虽然可以通过市场买卖达到迅速变现、保证流动性的目的，但是很容易产生偏离度问题。

2016年以来，货币基金的资金来源多为商业银行巨量申购，而货币基金的资金运用渠道多配置在同业存单为代表、具有市值波动的品种上。当四季度面临市场利率大幅波动时，商业银行为主体的同质化赎回行为叠加持有资产市值的大幅度波动，终于导致了一场较为罕见的"货币基金流动性危机事件"，也引发了如下的市场传言：

"传言称，多家大型基金都遭遇了银行的大量赎回，几家大型基金公司的货币基金规模近两周以来缩水幅度达到每家1000亿元以上；光大银行、北京银行等多家银行甚至还遭遇了赎回基金操作被违约执行的事件"。

2016年11月下旬，某家大型商业银行集中大规模（上千亿元规模）的从基金公司赎回货币基金，其时正值市场利率大幅上行时期，同业存单等资产的利率显著上行，货币基金产品的影子价格已经显著的偏离了成本价格，这时进行变现操作，必然造成了剩余基金持有人的万份收益出现大幅折减，甚至为负，为此不得不令基金公司以自有资金垫入，保证安全性，这对于各个基金公司经营均产生了巨大影响。

更为可怕的是，一家商业银行的巨量赎回会导致货币基金净值产生波动，而这种波动又会引发其他商业银行的循环赎回，这必然将风险进一步扩大化。

债券型基金可以通过市值波动来迅速实现资产变现，并支付给赎回客户，基金公司在这一过程中仅仅起到的是一个中介作用。但是货币基金由于存在隐形、实质意义上的"刚性兑付"约束，在面临这个冲击时，则成为明显的受损主体。

正是由于货币基金的持有客户主体属性趋同（多为商业银行），其申购、赎回的行为具有相对一致性，同时叠加了市场利率大幅上行，这两个因素碰头，造成了2016年底货币市场基金遭遇了一场明显的"危机"。

这段时期可谓债券市场中最黑色的时刻，市场投资者称之为"债灾"。

11月21日~12月20日期间，各种利空叠加影响，长期利率出现了飙升走势，10年期国债利率从2.87%大幅度上行至3.37%位置，上行幅度高达50个基点。在短短一个月的时间中，长期利率出现了如此大幅度的调整，从历史比较来看，也是令人惊讶的。

(三) 2016年12月21~30日：国海事件被解决，债市修复性上涨

国海事件所形成冲击的缓解曙光发生在12月20日。12月20日晚间，据财新网报

道，中国证券业协会20日连夜召集涉事机构协商，双方就责任划分僵持近5个小时，中国证监会副主席李超亲临现场主持协调。最终国海认下伪造公章签下的所有相关协议，与几十家机构共担责任。

该信息在12月21日被确认，在很大程度上缓解了债券投资者的恐慌心理。此外，银行机构拒绝向非银行金融机构融资的行为也得以缓解，12月21日下午路透社报道：中国国有银行中已至少有一家周三通过回购向基金公司提供数十亿元人民币的流动性支持。

国海事件曝光后，几乎被冻结一周的市场流动性开始解冻，债券市场在12月21日也出现了久违的修复性上涨。截至当天收盘，相比上一交易日，30年国债利率下行10个基点，20年金融债券利率下行17个基点，10年国债利率下行15~17个基点，10年金融债券利率下行17~20个基点。而在12月15日出现跌停的国债期货在一周之后于12月21日又出现了其上市交易以来的首度涨停。

自12月20日监管当局首度介入国海事件后，该事件的进展也有所波折，但是整体上处于改善、解决的轨道中。

12月22日，国海证券发布公告："伪造印章私签债券交易协议涉及债券金额不超过165亿元；信用债风险收益由国海证券全部承担"。

12月26日晚间，国海证券发布公告称："已与7家与会机构分别签订了相关协议。此外，公司将尽快与其他与会各方完成协议签订，早日解决问题。目前，公司经营管理一切正常，财务状况良好，流动性风险可控"。

12月29日据财新网报道："12月28日，国海证券代持违约案再次戏剧性反转，在有关部门的督战下，与主要机构签约，方案与12月26日先行签下的七家券商大为不同。国海证券与17家机构谈判，最终达成一致：国海与有关机构按比例买断债券。基本而言，利率债按四六分账，信用债按三七分账，国海证券占大头，其他机构占小头，各自负责买断的券种盈亏和资金成本。财新网确认，国海证券代持违约事件涉及的债券总量达208.5亿元，涉及的24家机构中有19家券商、4家银行和1家信托，共设21个券种，其中信用债占到17%左右。国海证券则需要融资安排买回相应的债券并进行处理。据财新网记者了解，广西当地的银行为国海证券安排了短期融资，未来国海证券还可以将债权做质押来获得后续融资"。

国海事件始发于2016年12月14日，高潮于2016年12月20日，最终全部解决于2016年12月29日。这一事件无论从风险管理角度，还是市场影响角度均可称为"重大事件"。笔者也相信，在此事件的影响下，监管当局对于债券市场的风险监管开始日渐重视，这对于未来债券市场生态环境的重构形成了重要影响。

国海事件的负面冲击峰值为12月20日，其后伴随监管的介入，国海事件得以缓解，并最终得以妥善解决。在其缓解、解决过程中，债券市场也出现了修复性的上涨，10年期国债利率从12月20日的3.37%高位回落到了2016年末的3.02%附近，幅度也达令人咋舌的35个基点，但是该阶段的主要驱动依然是国海事件解决后的修复性上涨，见图1-1-6。

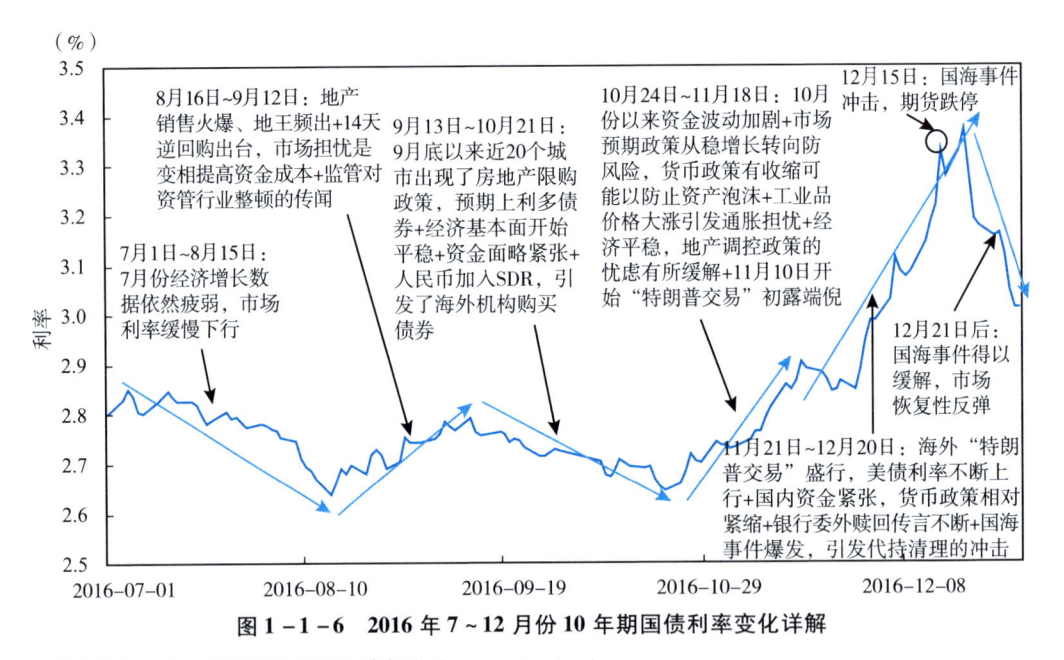

图1-1-6 2016年7~12月份10年期国债利率变化详解

资料来源：中央国债登记结算有限责任公司，www.chinabond.com.cn。

| 第二章 |

2017 年[①]：亦真亦假的金融监管冲击

经过 2014～2016 年近三年的长牛，笔者曾以为再也不会经历大型的熊市了，2017 年让这种认识颠覆了。从漫长周期来看，2017 年是中国债券市场的第五次大熊市。

在几乎经历了每一个熊市后，2017 年的大熊市其实并不特殊，但是身在其时、其中，最让人莫名的是，2017 年几乎是在用一个似是而非的逻辑推演着整个熊市，那就是金融监管。

面对这样一个说不清、道不明，而且无法量化、无法预测的线条，让预测和把握熊市进程与转折变得异常困难。虽然时间证伪了这一逻辑线条，但是其间市场所遭遇的种种磨难，依然值得回味。

"金融监管去杠杆"几乎成为主导 2017 年债券市场的唯一逻辑，但是在这种众口铄金的喧嚣中，事实上传统逻辑也可以做出贴切的市场解释，只不过在那时的喧嚣中，无人理会。

"如果你看基本面，就输在了起跑线上"这种论调再度涌现市场，基本面分析在 2017 年处于显著的弱势中，而金融监管作为一个崭新的内容成为众人关注的焦点，虽然这一线条在进入 2018 年后被悄然证伪。

几乎喧嚣了一年的金融监管以"金融去杠杆"为目标，可叹的是在经历了这么长时间的讨论、争论后，"金融杠杆率"指标竟然无从定义，这也是令人啼笑皆非的一段往事。

走过一年，最终发现"返璞归真"，一些新的线条确实值得探讨、关注，但是切莫轻易定论"基本面无效"的说法。

[①] 2017 年 1 月 27 日是除夕。

第一节
2017年基准国债利率运行轨迹综述

2017年的10年期国债利率走势几乎呈现"一根筋"式的单边上行走势，从年初的3.00%起步，几乎一路贯穿到年末的4.00%收盘，中间虽然也有波动，但是均不及20个基点幅度。按照债券市场的交易习惯，20个基点以内的波动均可归结为技术性调整或情绪波动干扰，因此总体可以说，2017年的债券市场几乎找不到做多的机会。见图1-2-1。

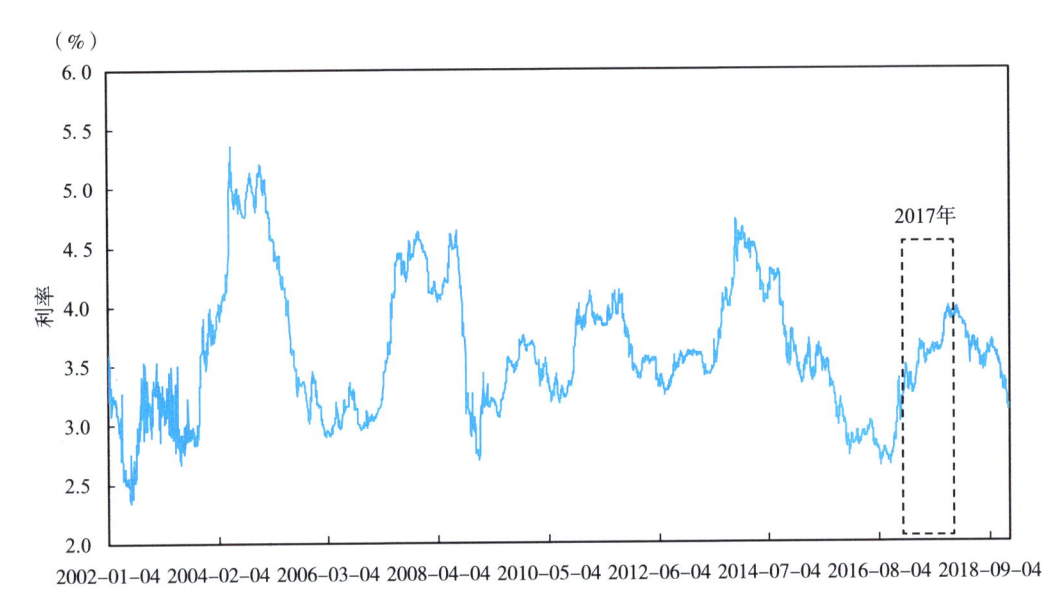

图1-2-1 2002~2018年10年期国债利率变化一览

资料来源：中央国债登记结算有限责任公司，www.chinabond.com.cn。

2017年中国债券市场所面临的国际大背景确实不利。在年初继续遭遇"特朗普交易"冲击之后，又持续受到美联储加息政策的考验，但是在美联储加息背景下，美国10年期国债反而韧性有余，中国债券则"熊冠全球"。因此可以说，驱动主因在于内部。

2016年底的中央经济工作会议将货币政策基调更改为"稳健中性"，货币政策明示转"鹰"，"金融去杠杆"一词成为全年的热点词汇。各类债券分析文章的针对点在于去杠杆，而去杠杆的针对点又在于金融去杠杆。

曾记得一位投资经理在年初说过："在一片热议监管去杠杆，特别是降低金融杠杆的氛围中，我想知道的是，观察什么指标能够衡量这一过程进展到了什么阶段？"。这一问题也是当时所有分析者的立足出发点，善其事必先利其器，如何构建可供投资者观察的金融杠杆率指标成为一时热点，探讨纷纷，可惜争论了近一年，却从没有一个指标被市场所公认为权威或有效。

与此同时，基本面线条的重要性也逐渐再度被市场所挖掘清晰，但是可叹的是，就在投资者似乎摸索到了基本面信号给出的光明后，债券市场在四季度经历了一轮惨痛的杀跌走势。熊市尾端的情绪杀跌似乎成了一种定律，2017年的债券熊市也没有"免俗"。见图1-2-2。

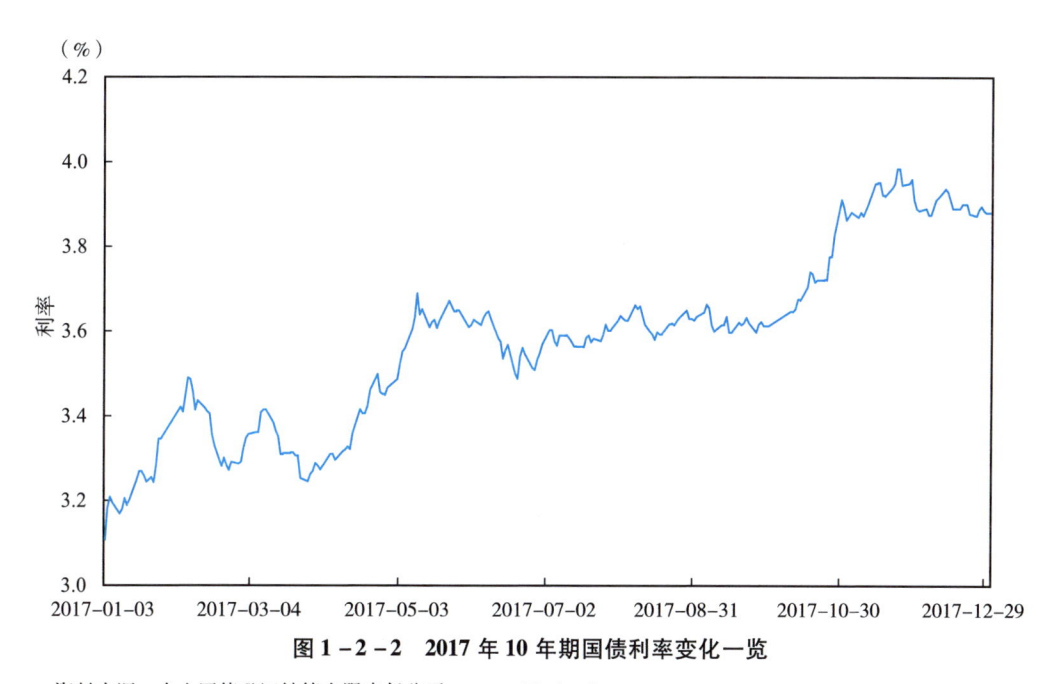

图1-2-2　2017年10年期国债利率变化一览

资料来源：中央国债登记结算有限责任公司，www.chinabond.com.cn。

第二节
2017年长期利率波动详解

划分2017年10年期国债利率的变化节奏，大致可以划分为三个大的阶段，1~5月份、6~9月份以及10~12月份。

1~5月份，中国债券市场经历了诸多的冲击与磨难，经受着美国加息、中国货币政策显性紧缩、基本面数据回暖以及监管风暴预期的种种冲击，长期利率持续走高。

6~9月份期间，中国债券市场迎来了久违的平稳，虽然其间上述利空均未消失，且平添诸如经济新周期的争论与预期，但是债券市场在倍受冲击后，保持着难得的平稳。

10月份后，伴随宏观经济基本面数据的走弱，债券市场却意外地迎来了2017年最惨烈的一波杀跌浪潮，利率快速上行，熊市恐慌心态在光明即将来临之时展现得淋漓尽致。

一、2017年初至5月10日：诸多冲击集于一身

几乎在2017年上半年时间中，诸多的负面因素集中于一身，冲击着债券市场，这其中包括了明示的国内货币政策紧缩、美联储加息的"补刀"、基本面数据的超预期回暖以及监管预期的落地和强化。

（一）2017年1月3日~2月7日：货币政策基调转换后的紧缩措施"明牌"

2017年开年，货币政策出现了明示收紧变化，这一变化的萌芽则发生在2016年12月16日召开的中央经济工作会议，在该次会议上中央明确提出了两点要求，引发了债券市场投资者的关注：（1）将长期以来货币政策的定位基调从"稳健"调整为"稳健中性"；（2）明确指出，要把防控金融风险放到更加重要的位置，下决心处置一批风险点，着力防控资产泡沫，提高和改进监管能力，确保不发生系统性金融风险。

特别是第一点定性基调的转换，为货币政策的开年紧缩埋下了伏笔。

延续2016年四季度以来的熊市心态，2017年开年债市下跌。2016年末数个交易日中，10年期国债利率曾出现过不小的回落幅度，不排除存在部分机构为了年底考核而虚估市值的情况存在。2017年开年第一个交易日，以前期回落幅度最显著的10年期国债为代表，其利率出现了显著上行，也揭开了熊市延续的"盖头"。

应该说，开年的全球金融市场依然笼罩在"特朗普交易"的热潮中，但是相比于前期，"特朗普交易"的热度是有所降温的，众多的全球投资机构开始逐渐怀疑"特朗普交易"的可持续性。总体来看，开年的中国债券市场虽然依然难以摆脱"特朗普交易"的负面冲击影响，但是主要驱动还是在于内因。

首先，2017年春节临近，货币市场资金面从1月16日开始出现了异常紧张的局面，这本是一种常见现象，但是根本担忧在于货币政策紧缩，从而会导致这种惯例中的资金面紧张变化的更超预期。

其次，市场投资者对于金融监管变得格外注意，每天每个交易员都被"监管、资管产品、同业监管"这些词汇环绕，任何一个传闻中的监管信息都会引发风吹草动。

在1月18日，春节前的资金面紧张程度几乎达到了峰值，面对这种阶段性的流动性偏紧状况，中央银行于2017年1月20日通过央行微博宣布："为保障春节前现金投放的集中性需求，促进银行体系流动性和货币市场平稳运行，人民银行通过'临时流动性便利'操作为在现金投放中占比高的几家大型商业银行提供了临时流动性支持，操作期限28天，资金成本与同期限公开市场操作利率大致相同。这一操作可通过市场机制更有效地实现流动性的传导。"

这种所谓的"临时流动性便利"即中国五大商业银行获准阶段性下调存款准备金率一个百分点，以应对春节期间流动性紧张，此次下调举措，将于春节后相机恢复正常。

在此临时性政策措施下，市场度过了最为担忧的流动性冲击阶段，但是1月24日中央银行正式揭开了货币政策紧缩的"明牌"。2017年1月24日下午3点时分，中央银行宣布："为维护银行体系流动性基本稳定，结合近期MLF到期情况，人民银行对22家金融机构开展MLF操作共2455亿元，其中6个月1385亿元、1年期1070亿元，中标利率分别为2.95%、3.1%，较上期上升10bp"。

这是自2014年以来中央银行首次上调三大传统货币政策工具之一的公开市场政策指引利率，虽然这只是中期借贷便利工具（MLF）的指引利率。这一调整的伏笔埋于2016年12月中旬的中央银行工作会议（货币政策基调从"稳健"转化为"稳健中性"），"明牌"于2017年1月24日的公开市场操作，从此时开始，正式宣告了中国的货币政策宽松周期结束，从而步入了货币政策紧缩时期。

伴随MLF利率的调整，其后发生在2月3日（春节长假后首个交易日）的OMO公开市场操作7天回购利率调整、SLF[①]利率调整，都是顺其自然的事情，货币政策转向被彻底确认。该时期中虽然也夹杂了诸多不利因素，例如："特朗普交易"依然如日中天、开年天气寒冷，市场担忧CPI水平异常、监管忧虑以及春节前的流动性紧张，但是主体驱动应该来自货币政策的明示转向。

10年期国债利率从3.00%附近开年起步，截至2月7日，冲高至3.49%，幅度高达50个基点，可谓调整惨烈。

（二）2017年2月8日~5月10日：监管冲击+经济回暖

如果回溯该时期的债券市场驱动因素，大致有两个，其一是监管冲击在此时变得异常重要，其二则是基本面的超预期回暖。相比而言，前者更是被市场交易者重视的因

[①] 常备借贷便利（standing lending facility，SLF），是全球大多数中央银行都设立的货币政策工具。

素，后者虽然重要，但只是在发挥着潜移默化的基石性作用。

进一步细致分拆，该时期可以划分为两个阶段：2月8日~4月10日为一个时期，市场整体表现为横盘整理；4月11日~5月10日为又一时期，市场利率突破上行。

1. 2月8日~4月10日："特朗普交易"的质疑与经济回暖

经过前期的大幅调整，债券市场步入了一个震荡盘整的状态中，2~4月份，10年期国债利率总体盘整，中间虽然也一波三折，但是没有选择明确的方向。

事实上，该期间债券市场所面临的零星利空因素不断，监管一词也首度浮出市场层面，开始发挥其影响力。

2月8~23日期间，虽然债券市场持续面临国内黑色系大宗商品价格强势上涨、国内PPI增速高企、国际"特朗普交易"依然热度不减、美债利率上行的多重冲击，但是资金面的一些缓解性政策对冲了上述不利因素，再配合以前期过高的利率，长期利率反而出现了一定幅度的下探。

曾记得，1月20日附近，为了应对春节时期的流动性偏紧局面，中央银行推出了"临时流动性便利"（TLF①）工具，春节过后，2月16日，市场正式确认了该工具到期不再续作，因此市场机构对于未来的货币市场流动性充满了担忧，但是与此同时，市场也纷纷传言中央银行在通过其他工具向市场注入流动性，以防资金断流。

这一传言最终在2月23日被路透社所报道的消息所证实："据市场人士透露，上周央行将以定向七天期逆回购操作方式，弥补临时流动性便利（TLF）到期和节后现金回笼的时间缺口。上述定向逆回购资金将于本周四和周五到期"。此外，中央银行于上周三开展了3935亿元的中期借贷便利（MLF）操作，远多于当日到期的1515亿元，也大于2月全月2050亿元的到期量。

虽然春节过后，TLF到期未续，但是中央银行的定向逆回购操作以及超额MLF投放操作在很大程度上稳定了市场的信心，即便面临着诸如上述因素的负面冲击，长期利率在经过1月份的急速冲高后，反而出现了一定幅度的下行，从前期最高点3.49%回落到2月23日的3.28%附近，回落幅度近20个基点。

在此期间，需要格外注意的一个事件发生在2017年2月21日，当天市场流传出一份"资管新规征求意见稿"。资管新规一直被市场认为是监管行动的重要文件，该征求意见稿的流出，引发了市场机构的恐慌，而且多数市场分析机构认为该文件的出台对于债券市场构成利空冲击。在2月21日当天，受到该文件流出引发市场恐慌的影响，长

---

① 临时流动性便利，亦即TLF（temporary liquidity facilities，TLF）工具。

期利率上行幅度可观。

站在后视镜角度来看，围绕"资管新规"这一文件而引发市场变化的起起伏伏在 2017 年乃至 2018 年中反复不断地呈现。

大概从 2 月 23 日开始，国际金融市场对于"特朗普交易"开始产生质疑。起源于 2016 年底的"特朗普交易"核心依据在于美国将展开大规模的基础建设投资，从而引发通货膨胀以及经济上行的预期。但是 2 月 23 日左右，美国政府开始考虑推迟大规模基础建设投资的实施日期，意图将其推迟至 2018 年，而认为当前的核心政策在于进行税收改革。

国际市场对于美国进行大规模基础建设投资的预期显著降低，虽然总统特朗普还一度反复提及基建刺激，但是国际市场中的"特朗普交易"开始显著降温了。这种降温首先体现在了风险资产的变化上，股票资产、石油价格出现了大幅度波动，而美债收益率则依然受到美联储加息预期的影响，在高位横亘。

总体来看，2 月下旬以来国际市场对于"特朗普交易"的降温在一定程度上是有利于国内债券市场表现的，但是由于美联储加息预期浓重导致美债利率持续上行，而且更为重要的是，国内投资者纷纷预期中国央行将跟随美联储加息步伐而再度上调国内公开市场利率，但中国长期利率反而表现平平，出现了一定幅度的震荡回升。10 年期国债利率从 2 月 23 日的低点 3.28% 附近再度回升至 3 月 10 日的 3.41% 附近，幅度有限，但是市场气氛偏弱。

3 月 16 日，美联储如期加息，较为出乎预期的是，在当天中国央行也跟随上调了公开市场操作利率 10 个基点，虽然这一举措从发生时点来看，确实是超乎预期的，但是由于前期市场经过了一些调整，部分投资者也曾担忧过这种情况的发生，所以当这种"跟随式加息"出现后，并没有对市场产生过于持续的冲击。

当时 1~2 月份的经济数据强于市场预期，而且中央银行再度提高 OMO 操作利率，这些对于债券市场都构成了负面冲击，但是 3 月中旬以来，各地出现了对于房地产市场的调控措施，限购、限贷类的政策纷纷而至，这在很大程度上对冲了那些负面冲击因素，因此从 3 月 10 日以来，债券市场 10 年期国债利率不升反降，再度回归到阶段性低位 3.20%~3.30% 区间。

总体来看，2 月 8 日~4 月 10 日期间，10 年期国债利率最高是 3.49%，最低是 3.25%，在这个狭小的 20~30 个基点区间内反复震荡。而且驱动市场波动的因素非常凌乱复杂，很难遵循一条主线而持续展开。

笔者试图从国内经济基本面、资金面、监管动向、海外四个角度来回溯那个时期，同时标注市场的变化，但读者可能会发现，很难找到一一对应、贯彻始终的主线逻辑。见表1-2-1。

表1-2-1　　　　2017年2~4月份市场利率变化驱动因素梳理

日期	10年国债利率（%）	国内经济基本面因素	资金面因素	监管动向	海外因素
2月8~23日	3.49→3.28	通胀担忧浓重	资金面有缓和预期	"资管新规征求意见稿"流出	"特朗普交易"热度不减
2月23日~3月10日	3.28→3.41	基本面信息稳定	资金面稳定	平稳	"特朗普交易"受到质疑，但是美联储加息预期浓重
3月10日~4月10日	3.41→3.30	经济数据好于预期，但是地产调控升温	资金面紧张波动	平稳	"特朗普交易"降温，美联储加息带动中国央行加息

需要关注的是，在该时期中，市场充斥着大量的逻辑、理由，其中不乏噪声。在一个熊市氛围中，投资者总是会将更多的关注焦点集中在负面因素上，比如在此阶段中涌现而出的种种看空理由：

（1）同业存单利率居高不下，冲击债券市场；

（2）对于每次MLF或TLF续作或不续作的传言和预期，对定向降准的猜测等；

（3）天气冷暖引发投资者对于食品价格是否稳定的担忧；

（4）对MPA政策变化的担忧；

（5）出现了贸易逆差，联想到会引发通货膨胀的担忧；

（6）设立河北雄安新区，市场由此引发对刺激投资、利空债券的担忧；

诸如此类，虽然这些问题从事后来看，显得微不足道，甚至显得牵强，但是确确实实在当期影响了投资者的心态，在当时的市场分析评论中竟然还占据着一席之地。

2. 4月11日~5月10日：监管行动密集出台，引发债市大震动

"资管新规征求意见稿"的意外流出只是个序曲，2017年的监管行动大幕却是从4月中旬拉开的。

在短短的一个月时间内，各类监管文件、征求意见稿纷沓至来，引发了市场的极大恐惧，进而引发了银行类机构急速赎回债券委外投资的连锁反应，"债灾重现"这是当期每个投资者的心理感受。在这短短的一个月内，10年期国债利率从3.30%附近上冲

至3.70%附近，甚至中途都没有过任何短暂的休整。

当然不可否认的是，在此期间所公布的3月份中国经济增长数据全面超越预期，经济回暖向好的信号也很明显，不过这在当时的市场中无人多谈，所有人的聚焦点只有一个：监管！

笔者试图梳理一些在当时被投资者密切关注的监管文件及传言，这些都曾重创当时的债券市场：

(1) 4月10日晚间，市场流传这样一份文件"附件1：银行业金融机构'监管套利、空转套利、关联套利'专项治理工作要点"。

(2) 4月12日，《21世纪经济报道》："银监、证监双管齐下摸底银行委外投资"，深圳证监局近期正对辖内机构接受银行委外业务进行调研。根据通知，辖内证券、基金及子公司要报送银行委外业务总体规模及产品明细，分类包括主动管理的定制类资管产品、通道类资管产品和投顾业务三类。

(3) 4月13日，《第一财经》独家报道：4月6日，中国银监会已经向银行下发了《关于开展银行业"不当创新、不当交易、不当激励、不当收费"专项治理工作的通知》（银监办发〔2017〕53号文），对银行"四不当"进行专项整治。45号、46号、53号文，纷纷出台落地。就在短短一周之内，中国银监会已经发布了多个重磅监管文件，并且还披露了对多个金融机构的监管罚单。

(4) 4月20日，据财新网报道：工商银行、建设银行、中信银行、兴业银行是委外赎回大户，很多银行甚至从年初就开始赎回。券商研报认为，委外如果赎回，必然先对债券市场形成冲击。同一天，《21世纪经济报道》："某国有大行赎回巨额委外资金"，多位机构人士指出，某国有大行正在着手赎回部分委外资金，不仅包括公募、专户，还有券商资管，其中仅从某家基金公司处赎回的委外规模就达到近百亿元。机构人士指出，近期监管层对银行下发的多份监管指导文件，均指向银行同业业务，这对委外业务的影响将持续发挥效力。而随着银行赎回委外动作的开展，将对债券市场带来一定压力。

(5) 4月21日，中国证券网报道：今日银监会召开一季度经济金融形势分析会，据相关人士透露，在该次会议上提到的众多问题中，比较值得关注的问题之一是整治金融乱象。据称，对金融乱象的整治要求不仅来自监管层面，甚至还有更高层面的要求。近期银监会已点明要重点对股权和对外投资、机构及高管、规章制度、业务、产品、人员、廉政风险、监管行为、内外勾结违法、非法金融活动等十大金融乱象进行整治。

(6) 4月24日，《金融时报》报道：中国以金融去杠杆带动实体经济去杠杆的举措还会陆续亮相。该报道称，部分金融机构热衷当通道、做过桥、加链条、放杠杆，造成部分资金在金融机构内部空转，提高了资金成本。

同一天，《人民日报》报道：金融领域去杠杆强监管，要拿捏好度、引导好预期。稳健中性的货币政策，在操作过程中根据市场需求和预期变化相机而动、张弛有度，可有效对冲压力，保持流动性基本稳定的大局，为进一步推动去杠杆、强监管、防风险创造必要的外部环境。相关监管的新举措，很多也预留了缓冲期、过渡期，也不必过度担忧。

（7）4月25日，市场出现传言：马凯副总理主持"一行三会"会议，要求出政策不能叠加。

（8）4月26日，新华社报道：习近平总书记在中共中央政治局第四十次集体学习时强调，金融活，经济活；金融稳，经济稳。要做好金融工作，维护金融安全。

（9）5月4日，《21世纪经济报道》：近日监管层再次要求清理资金池类债券产品。近期证监会约谈了各大券商，要求清理资金池类债券产品。多家券商人士向记者确认了消息的真实性。"目的就是加强各类风险，不得错配资金池，严惩违法违规，禁止监管套利。"一位券商人士向记者表示。记者了解到，此次清理整治将由各地证监局督办。

面对如此密集的文件出台以及媒体报道，债券市场出现了大幅度下跌，一度引发"债灾重现"的担忧。在4月26日《中国证券报》曾援引不具名分析人士文章《钱荒与债灾不会再现》。该分析人士称，"当前平稳的经济和金融形势给监管政策出台创造了契机，二季度可能成为金融监管政策集中落地的窗口期，但既然金融监管加码了，货币政策就更没有必要大幅收紧了。当前央行不大可能继续主动大幅收紧流动性，至少会保持流动性总量的稳定，而为降低监管对金融市场和经济运行的短期冲击，进行适当的对冲也是可能的。因此，当前及今后一段时间，'钱荒'与'债灾'都不会重现。"从这一文章来看，当时市场对于债灾的恐惧情绪确实已升至高水平。

笔者始终认为，当期的债券利率方向上行的根本基础是经济基本面超预期，这是决定利率方向的最根本因素，而在这一根本取向下，连续不断的监管行动将利率调整的幅度加剧化，最终造成了债券市场的大幅度调整，短短一个月时间内，10年期国债利率走高了40个基点，这也是非常罕见的。

二、2017年5月11日~6月30日：协调监管+流动性预期改善，舒缓债市紧绷的神经

密集的监管动作下，中国资本市场出现了股债双杀的局面，4月11日~5月10日期间，10年期国债利率上行近40个基点，10年期国债期货主力合约下跌近3元，上证综合指数大跌近200点。市场一片恐慌与惨淡。

在这种恐慌氛围中，市场终于在5月11日迎来了转机。上文中提及的一则市场传言："4月25日，市场出现传言：马凯副总理主持一行三会会议，要求出政策不能叠加"。由于该传言在当时没有得到进一步佐证与证实，因此被匆匆忽略，但是在5月11日一早，中国人民银行主管的《金融时报》报道了一则新闻："央行正在召集'一行三会'加强监管政策沟通协调"。报道内容如下：

"记者从监管人士处获悉，央行近期正在召集'一行三会'加强监管政策的沟通协调、统筹推进。从近期市场的表现来看，过度的市场预期以及过快的调整，给市场带来的流动性超调压力已经有所缓和。不过，这并不意味着'金融去杠杆'、资金'脱虚向实'导向告一段落，可能只是市场步伐赶超了监管步伐后短时期呈现出的缓冲。事实上，为应对监管的趋严和对未来同业等业务更加规范的要求，还有较多金融机构的资产负债业务配置需要进一步调整，往往调整初期对于市场的影响也是较大的，随后则逐渐趋缓。"

虽然该表态总体上依然坚持了严监管的方向，但是清晰地传递出了需要政策协调配合、平稳有序的意味，在一定程度上缓解了市场机构的恐慌情绪。随之在次日5月12日，中国银监会官员也公开表示："对银行达到监管要求预留了充足的时间，安排4~6个月的缓冲期，不同银行可根据自身情况自由裁量达标时间，不是一刀切；监管政策实行新老划断，新增部分按照新的监管标准进行，对存量业务允许存续到期后实行自然消化。"

更强的稳定情绪信号发生在度过周末后的第三个交易日（5月15日），新华社发表了文章《资本市场不能发生处置风险的风险》。该文称："过去一周，资本市场在调整，监管在出手，银监会、证监会、保监会等部门出台了不少政策。同时一个理念渐渐明晰：防风险、治乱象是健康市场的需要，但不能因处置风险而发生新风险。金融市场的发展离不开监管，监管可以更好为发展护航。但一阵风、运动式监管往往难以达到预期监管效果。金融市场的发展不是一日之功，监管也不可能一役而休，需要统筹考虑、协调推进，需要久久为功。"

无独有偶的是，于5月15日同期发布的中国4月份经济增长数据出现了全面下行，弱于市场预期。经济的反复以及中央银行、中国银监会以及新华社的三次表态（更重要的是三者的文章表态）很大程度上稳定了市场情绪，让大家开始觉得监管协调配合、有序进行是未来的主基调，市场利率从高位逐渐回落下来。5月11、12、15日三个交易日中，10 年国债利率从 3.69% 回落到 3.61% 附近。

但是需要注意的是，监管政策叠加而出的情况可能会有所改善，但是严监管的大方向却不会动摇，因此这种利率的下行并没有可持续性，暂时的波动只是在反映情绪因素的舒缓，而在此期间，银行类机构赎回基金、赎回委外的操作依然在进行中，这是市场抛售力量的驱动力。

在市场情绪稍有缓和的背景下，国际市场中的一件大事暂时吸引了投资者的眼球，那就是发酵爆发于北京时间 5 月 17 日凌晨的"特朗普泄密门事件①"，该事件导致了全球资本市场进入了紧急避险模式。美债利率大幅下行、黄金价格大涨、美股暴跌，在随后的 2~3 个交易日中，中国国债市场也暂时受到了正面刺激，利率小幅度下行。

但是如以往的经历一样，这种政治性事件对于资本市场的影响更多是短期情绪的波动，很难呈现持续性，中国的债券市场始终是以内因为主驱动的。虽然监管造成的严重情绪冲击在 5 月中旬以来有所缓解，但是总有反复。例如，5 月 22 日，《人民日报》发文谈金融监管——《"猫冬"过关行不通》，文章表示：面对持续的监管重拳，一些金融机构仍存在侥幸心理，认为躲过这一关后，还能"重操旧业"。然而，市场规范化的大趋势不会变，如果抱有幻想，就会贻误良机，错过转型的最佳时间窗口。金融机构要想走得远、做得大，就得坚守稳健审慎底线，正本清源，回归主业。

市场情绪被各类媒体言论所主导左右，市场波动也反反复复，在 5 月 22 日当天，中国资本市场呈现股债双杀的局面。

总体来看，5 月 11~25 日期间，市场情绪虽有反复，但是总体处于修复时期，市场利率在高位反复震荡，变得相对平稳起来。

在该时期，除了对于监管的恐惧外，市场还对于即将到来的半年末货币市场资金面波动怀有严重恐惧心理，从当时的统计数据来看，进入 6 月份以来，会出现大量的公开市场工具到期，将导致大量市场资金回流中央银行，仅以 MLF 中期借贷便利工具来看，6 月份密集到期规模将超过 4000 亿元。受到中国银行业季末、半年末、年末这些关键性时点资金面惯常波动的预期影响，再附之以当前货币政策基调从紧的现实情况，市场投资者对于即将到来的 6 月末充满了不确定性。

---

① 据《华尔街邮报》5 月 15 日报道，特朗普上周会见了俄罗斯外长拉夫罗夫和俄罗斯驻美大使，可能向他们泄露了有关"伊斯兰国"组织（ISIS）的"机密"情报。对此特朗普发布推特（Twitter）回应称"在关于与俄罗斯官员分享有关恐怖主义的信息这个问题上，他拥有'绝对权力'"，民主党人和一些资深共和党人对此提出质疑，"泄密门"持续发酵，联系上周特朗普突然解雇前 FBI 局长科米，市场对特朗普可能遭遇弹劾的担忧持续升温，未来美国税改政策和基建计划的推进面临更大不确定性。

这一紧张情绪的缓解信号来自 5 月 26 日，当天晚间，《金融时报》记者报道：央行关注 6 月份资金面并拟作相关安排。记者从市场利率定价自律机制秘书处了解到，在 5 月 25 日自律机制座谈会上，央行表示已关注到市场对半年末资金面存在担忧情绪，考虑到 6 月份影响流动性的因素较多，拟在 6 月上旬开展 MLF 操作，并择机启动 28 天逆回购操作，搭配好跨季资金供给，保持流动性基本稳定，稳定市场预期。

这一权威的报道较为有效地缓解了投资者对于半年末时间点的资金波动恐惧。监管恐惧舒缓，叠加对于半年末流动性紧张预期的缓解，两大因素造成了债券市场展开了 2017 年全年屈指可数的一次具有一定幅度的反弹做多行情。

继而，6 月 12 日，财新网报道：资管新规仍在各部委博弈之中，出台时间不确定。该报道称：在近期银监会的大检查中，多家股份制银行因非标资产超限额严重，已经暂停或放缓业务。伴随着对混乱的银行通道业务的清理，大资管也需要回归本质。"资管的差异，应该体现在管理能力和风控能力的差异，而不是交易所资格门槛之类的差异。"一位大行资管部总经理表示。据了解，目前由央行牵头起草的统一资管办法，对此事留下了较大的回旋余地，拟要求金融监管部门等应当对各类金融机构开展资管业务实行平等准入，给予公平待遇。如果监管基于风险防控考虑，确实需要对其他行业的资管产品采取限制措施，应当充分征求相关部门意见并达成一致。

资管新规的征求意见稿自年初流入市场以来，一直被认为是监管行动的总纲，也一直被广大市场投资者认为是"重磅文件"，从上述报道情况来看，资管新规可能在短期内难以出台落地，这在很大程度上继续舒缓着投资者对于监管强化的恐惧预期。

抛开监管主线，货币政策也似乎在发生着一些微妙变化。以公开市场操作利率为代表，截至 5 月份，公开市场操作利率共计出现过两次上调，第一次中国是独立上调，发生在 2 月 3 日，第二次发生在 3 月 16 日，是在美联储加息背景下的一次跟随上调。但是变化出现在 6 月 15 日，在美联储继续加息条件下，市场也习惯了中国央行公开市场利率跟随上调，但是意外的是本次公开市场操作利率竟然没有跟随调整，而是保持了平稳。

5 月 26 日中央银行主动提及半年末资金投放安排的声明，叠加上 6 月 15 日中央银行没有跟随美联储而进行再度加息操作，两大信号开始让市场投资者出现了乐观积极的预期，当时有一篇分析研报，名称为《货币政策正在发生着微妙的边际变化：从中性名义下的"偏紧"到"不紧不松"》，较为恰当地反映出当时的市场心态与预期变化。

市场对"严监管政策+紧货币政策"的担忧逐渐化解，监管方向虽无改变，但是节奏与力度缓和，货币政策则从"紧"变化为"不紧不松"，这成为该时期投资者预期观看多黑色系大宗商品价格。

跨入7月份，债券市场的主要影响因素有三个：（1）黑色系大宗商品价格继续强势上行，引发了市场对于通货膨胀的担忧（2017年中，CPI弱于预期，但是PPI多数时期强于预期）；（2）德国国债收益率显著走高，并带动了发达经济体的债券收益率普遍走高；（3）资金面宽松。

上述三者要素基本多空相抵，但是权重分布上以通胀预期的忧虑为主，债券市场在此综合因素交织作用下，总体波幅有限，但是重心略上移，10年期国债利率从6月底的3.55%附近上行到8月7日的3.66%。

（二）2017年8月8~15日：黑色系大宗商品期货价格监管叠加"朝美紧张"

在日常交易中，以螺纹钢为代表的黑色系大宗商品期货价格与国债期货价格形成了显著的负相关性，两个品种通过通货膨胀预期这一逻辑相连。在现实的市场操作中，很多机构通过"做多黑色+做空国债期货"或"做空黑色+做多国债期货"这一增强型策略来进行交易布局，使得两者间的负向联动关系更为显著。

针对一段时间以来黑色系大宗商品期货价格和钢铁上市公司股票价格"异动"，推动钢材现货市场价格走高的现象，8月9日中国钢铁工业协会邀请部分钢铁企业、期货交易所、期货公司、钢铁电商及信息咨询公司等代表共同研究分析"异动"原因。

参会代表一致认为，当前钢材期货价格大幅上涨并非市场需求拉动或是市场供给减少所致，而是一部分机构对去产能、清除"地条钢"和环保督查以及"2+26"城市大气污染防治计划进行了过度解读，甚至是误读，特别是广泛传播下半年受环保影响将造成钢铁产品供应量的大幅减少，钢材价格还要"飞涨"的极端判断结论。这类市场形势判断无疑放大了环保等有关政策对于市场供给的影响，是片面的，是危言耸听的炒作行为，难免存在从中渔利之嫌疑。

类似的情况在2017年初就已经出现过。2017年初，因为彻底取缔"地条钢"，市场上曾出现一波炒作行情，借以推高钢材现货、期货价格和进口铁矿石价格。中国钢铁工业协会及时召开了部分长材企业座谈会，鼓励企业通过正确判断稳定住市场。上半年钢材市场供需基本平稳的事实也进一步验证了并未因为取缔"地条钢"而出现供应紧张和钢价飞涨，而是通过合规企业合理释放产能，满足了国内需求，维护了市场稳定。

现在，市场上又出现拿环保政策说事的论调，以严厉的环保政策为依据虚拟出钢铁企业将大面积停产限产，从而引发供需双方对下半年钢材供需平衡的担忧。往深处想，这种炒作或将给化解钢铁过剩产能带来负面影响。行情炒作者一是对环保政策缺少应有的透彻理解，"2+26"城市大气污染防治计划是在雾霾天气对区域内企业采取停产限产措施，并不能等同于直接影响50%的钢材产量；二是对钢铁行业、钢铁企业环保现状不了解，当前大多数会员企业总体上实现环保达标排放没有问题；三是不相信地方政府能够科学、公平地执行环保政策。

与会的钢铁企业代表一致表示，考虑到市场供需关系以及下游用户的承受能力，不会任意抬高价格，也不愿意钢材价格大幅波动。近些年钢铁行业生产经营经验表明，钢材高价格并不意味着钢厂高利润，因为原燃料、辅料价格会随着钢材价格的上涨而大幅上涨，通常会超过钢材价格的上涨幅度，钢铁行业受这样的"剪刀差"之苦已经不止一次了。钢铁企业对本行业平稳运行的渴望与期待超过其他相关各方行业，将会积极维护自身行业的平稳运行。

上述会议精神给狂热的黑色系大宗商品期货价格以一定程度的降温作用，随后在8月11日，路透社消息亦称，上期所近日对螺纹钢期货进行窗口指导，拟采取更多风控措施。据称如果市场交易量过大，可能会提高螺纹钢期货合约的保证金。

一路狂奔的黑色系大宗商品价格出现了停歇迹象，从而现货利率也摆脱了连续多日的上行态势。无独有偶，8月10日附近，美国与朝鲜关系再度紧张，这也导致了全球资本市场出现了避险情绪，美债利率出现了较大的回落，在情绪方面安抚了国内的债券投资者心态。

在这短短的一个星期内，以监管层试图调控黑色系大宗商品期货价格为主驱动，以美朝关系紧张引发国际资本市场避险情绪为辅助因素，中国疲弱的债券市场气氛得以一定程度的恢复，10年期国债利率从前期高点3.66%回落到8月15日的3.58%附近，暂得喘息。

（三）2017年8月16日~9月5日：如火如荼的"新周期"争论

事实上，整个三季度债券市场缺乏相对清晰的主线驱动逻辑，基本面数据稳定，时而高于预期，时而低于预期，但是摆脱了上半年名义增速持续走高的上行态势，更类似于平台震荡走势；金融数据始终表现为M2弱于预期，但是社会融资总量增长超越预期的态势；通货膨胀类数据的焦点集中在PPI走势上，其背后又是与黑色商品价格密切相关。

因此，可以说，整体三季度债券市场的变化始终以黑色系大宗商品价格的波动走势为主线索，期间叠加了监管信息的零星散布以及朝美关系冲突事件的不定时爆发，因此利率总体呈现盘整态势。

这里笔者特意介绍当期资本市场中一个引发热烈争论的话题：新周期争论。

"新周期"争论

这一话题对于当时的股票市场（特别是周期股）、黑色系大宗商品市场以及债券市场都产生了潜移默化的影响，其影响力不可谓不大。

大概从6月份经济数据发布后（7月初以来），资本市场就掀起了一股新周期是否到来的争论。自从2009年以来，中国经济基本长期处于下行周期中，这一特征在2012年以来更为明显，2016年三、四季度以来，特别是进入2017年以来，各类经济数据表现的相对超出预期，增长类数据稳定，势头有所好转，而价格类数据更是一路高涨，同时叠加以股票、大宗商品为代表的资本市场表现强势，有部分经济研究者认为中国已经走出了长达数年的经济下行周期，正在进入一个新的经济增长周期，所谓"新周期"到来了。

坚持新周期的人士观点认为：

"改革开放以后，我们大致经历了四轮产能周期。2017年前后，我们正站在第五轮产能周期的起点上。"

"2012~2017年黑色、有色等上游采掘行业产能投资大幅下滑，部分年份出现负增长；钢铁、有色、建材等中游行业产能投资大幅下滑，部分年份负增长；化工、造纸等中下游行业产能投资大幅下滑，部分年份负增长。"

从更微观的角度看，"化工、造纸、玻璃、水泥、有色、钢铁、煤炭等传统行业在过去六年中，大量中小企业退出，落后产能被淘汰。除此之外，甚至商贸零售、互联网、家电这些不需要清理产能的行业，也出现了行业集中度的大幅提升。"

"银行对'两高一剩'行业限贷、环保督查、供给侧改革。我们甚至看到了这几年少有的供求缺口，因为每年需求有10%左右的增长，但是供给在不断下滑。2017年上半年，房地产投资增长8.5%，出口增长8.5%以上，消费增长10.4%，基建投资增长17.5%，但是产能投资只增长5.5%。怀疑到2019年前后，如果我们政策不调整，将会看到部分原材料短缺的情况，就像2004年出现过的电荒，也是跟当时的背景有关。"

总体而言，该观点认为："新周期靠供给推动。"

当然，针对此类观点看法，与之相悖的看法更多，质疑声音也更盛，其争论焦点集中在两个方面：一是供给侧改革能否具有延续性，二是产能出清就能带来一个"新周期"吗？

比如，有观点就认为：

"仅靠供给侧约束是不能带动需求的，无需求就无周期。而目前国内消费仍显不足，要增加消费需求，需要提高中低收入群体的收入水平，这不是一蹴而就的事情。"

"始自去年的供给侧结构性改革，所产生的去产能效果非常明显，这很类似于管理层稳定股市的通常做法——暂停新股发行。这种举措可以起到缓和市场下跌幅度的作用，但在历史上被无数次证明，这改变不了下跌的趋势。只有当市场见底之后，才会出现所谓的反转。"

这些争论从6月份经济数据发布后开始发酵，争论的顶峰时期在8月中下旬出现，正好叠合着中国股票市场的强势格局。

当然，从事后评价角度而言，这些争论都成为了历史的小浪花，甚至在后期很多投资者都似乎忘记了这场争论，而且有的观点被彻底的证实或证伪。但是站在当时来看，还是对资本市场起到了很显著的影响，这特别体现在股票市场运行中，面对股指的持续走高，每一个股票投资者都期待能为这种上涨找到一种坚实的逻辑基础，自然新周期理论在此时此刻成为了市场关注的焦点。

而始终站在外面冷眼旁观的债券市场，虽然多数投资者并不相信新的经济增长周期已经来临，但是这种舆论争论以及引发的风险资产的变化，还是给债券市场带来了潜移默化的压力。

债券市场充满了对于长期趋势的忧虑：如果新的经济增长周期已经启动，而且这种周期都是以数年的时间跨度来计量的，那么债券市场又将走向何方？

（四）2017年9月6~30日：不是货币政策信号的"定向降准"

尘归尘，土归土，无论理论争论如何，现实的投资市场走势总是要循着踏踏实实的实际信号而亦步亦趋地进行摸索。

正像笔者在以前记录中所描述：无数的微观浪花最终汇总为宏观之流，但是不可能因为尚未被发觉、证实的所谓宏观之流而忽略正在事实中发生的微观浪花。可以预期与假设所谓的宏观之流，但是必须要亦步亦趋地以日常的微观浪花来校验、修正、证实。每一个脚踏实地的交易者都脱离不了对日常微观浪花的观察与指引。

9月份的债券市场依然延续着老的套路：黑色系大宗商品价格是重要的指引，中间也叠加着美朝关系紧张以及监管信息的零星作用。

但是在9月份有一个事件值得关注，那就是始发于9月27日晚间的定向降准事件。

9月27日晚间，国务院常务会议宣布：推动国有大型银行普惠金融事业部在基层落地，对单户授信500万元以下的小微企业贷款、个体工商户和小微企业主经营性贷款及农户生产经营、创业担保等贷款增量或余额达到一定比例的商业银行实施定向降准，并适当给予再贷款支持。

这引发了市场对于定向降准的猜测，参照2014年初货币政策由紧转松的那次县域农商行定向降准经验，市场自然开始怀疑这是一种货币政策转向的信号。

9月30日晚间，中央银行宣布定向降准的细则内容：中国人民银行决定对普惠金融实施定向降准政策。

根据国务院部署，为支持金融机构发展普惠金融业务，聚焦单户授信500万元以下的小微企业贷款、个体工商户和小微企业主经营性贷款，以及农户生产经营、创业担保、建档立卡贫困人口、助学等贷款，人民银行决定统一对上述贷款增量或余额占全部贷款增量或余额达到一定比例的商业银行实施定向降准政策。凡前一年上述贷款余额或增量占比达到1.5%的商业银行，存款准备金率可在人民银行公布的基准档基础上下调0.5个百分点；前一年上述贷款余额或增量占比达到10%的商业银行，存款准备金率可按累进原则在第一档基础上再下调1个百分点。上述措施将从2018年起实施。

曾记得，6月底，市场投资者对于货币政策基调的认识从"紧缩"转移至"不紧不松"，而事实上确实在整个三季度，货币资金市场也保持了相对平稳，资金面没有成为三季度债券市场的重点关注焦点。而本次定向降准政策是否意味着货币政策基调在由"不紧不松"转移至"偏松"呢？

从事后判断来看，这种预期是过于乐观了。

事实上，中国人民银行于2014年开始就引入了定向降准考核机制。通过对满足审慎经营要求且"三农"或小微企业贷款达到标准的商业银行实施优惠存款准备金率，建立正向激励机制，引导商业银行改善优化信贷结构。定向降准考核于每年2月份进行，根据商业银行上一年度"三农"或小微企业贷款投放情况，对其存款准备金率进行动态调整。所有商业银行都属于定向降准考核范围，严格采用人民银行已有统计数据进行评估，无需另行上报数据或申请。

而本次定向降准政策是在原有政策基础上的一个改进和改良，并无本质差异。

因此可以说，这并非是货币政策变化的信号（一般情况下，准备金率的升降都代表着货币政策松紧的信号），而是常规意义上的考核制度奖惩安排政策。

当然，这是在后期事实检验后所得出的经验与教训，但是无论如何，站在当期时点，这个政策的推出还是给市场情绪增添了暖意。

最终三季度末，10年期国债利率以3.61%而收官。回顾整体三季度，10年期国债利率起步于3.60%，最高至3.66%，最低至3.56%，收盘于3.61%，三个月时间内，利率基本是处于一个非常狭窄的箱体、平台运行，市场主体矛盾是黑色系大宗商品价格波动引发的通货膨胀预期起伏，经济增长暂时脱离了上半年的持续回暖态势，进入了平台波动状态。监管信息与海外风险事件也零星地作用在市场中，但是整体影响幅度有限。

虽然新周期等争论在此时如火如荼，但是更似乎是一种对前期经济状态的事后回顾，恰恰当这种争论至热潮之际，也是经济热度至顶冷却之时。

毫无波澜的三季度过去了，但是对于上半年饱受冲击的债券投资者而言，这也蕴含了一些希望和期待。也许转机就是三季度，不少投资者存在着这种美好的预期，在些许美好预期中，债券市场走入了四季度，竟然迎来了一轮摧枯拉朽式的冲击。

四、2017年10月9日～12月31日：惨烈四季度，莫名杀跌期

至三季度末，2017年是一个熊市，已经没有什么太大分歧，但是从幅度而言，如果10年期国债利率只是从年初的3.00%上行到三季度末期的3.60%附近，只是算一个小型熊市，幅度有限。

况且，经历了上半年加速调整，三季度相对平稳之后，市场对于熊市渐行渐远已经怀有了一定的预期，但是确实超乎预期的是，在情绪气氛逐渐回暖的时期中，熊市冲击最严重的杀跌阶段悄悄走近了。

2017年四季度是一个典型的大熊市杀跌阶段，以10年期国债利率为例，在集中冲击的10～11月份中，利率从3.60%附近一举冲高至4.00%附近，中间都没有出现过反复和震荡。

市场情绪极度恐慌，如果说上半年的利率冲高还能用经济走势超预期、货币政策紧缩以及监管恐惧所解释，最为可怕的是四季度的熊市杀跌一直没有找到令人信服的具体原因，一些当时市场所描述的逻辑解释只能用牵强或莫名其妙来理解。

四季度的利率表现大致可以划分为两个阶段，第一阶段是集中冲击期，以三大典型事件为触发点，引发了10年期国债利率持续、快速的上行，市场出现了大量的止损杀跌行为；第二阶段则是市场艰难的修复时期，虽然依然面临着情绪低落，曙光难觅的背景，但是市场显现出些许稳定的迹象，而在此阶段中，国债与政策性金融债券的走势出现了一定分化，从事后观察来看，国债不愧其"金边债券"的美名，在历史的大转折时期率先表达出了清晰的折点信号。

（一）2017年10月9日～11月23日：三轮莫名其妙的连续剧烈冲击

稳定的三季度债券市场走势，在度过了"十一"长假后，被莫名其妙的打破了。

长假后的第一个交易日，债券市场就出现了明显的下跌，当时直观意义上的理解是由于节后第一个交易日中的资金面紧张格局超乎了市场主流预期（一般情况，度过季末考验后，季初交易日都会呈现资金面宽松的格局）。

随后的交易日中，债券市场的调整竟然越走越烈，在10月9日~11月23日期间，10年期国债利率从3.60%一路上行至3.98%~3.99%，其中三次集中的大调整、大冲击至今令人记忆犹新。

1. 10月16~17日：一篇演讲发言稿引发的债市惊魂

第一轮集中冲击引导着国债利率冲高至3.75%附近，集中发酵在10月16~17日期间，触发导火索是源于一篇演讲发言稿。

2017年10月16日，中国人民银行网站登载了周小川行长一篇演讲发言稿，其中有内容为："过去几年来中国经济增速持续放缓，自此前高于10%降至2012年的8%左右以后，继续降至2016年的6.7%。但今年以来经济增长动能有所回升，上半年GDP增速达6.9%，下半年有望实现7%。推动经济增长的动力主要来自家庭部门消费的快速增长，1~8月社会消费品零售总额同比增长10.4%，消费对象逐渐从传统的商品转向服务，因此服务业发展加快，第三产业增加值占GDP比重从15年前的约40%上升为当前的55%。经济增长促使就业整体保持稳定，1~8月新增城镇就业约1000万人。这也是中国庞大的人口规模需要保持的就业增长速度。同时，CPI同比增长1.8%，PPI增长6.3%，名义GDP增速达9.5%。"

2017年以来，市场几乎形成了一致性的经济走势预期，即冲高后而回落，只不过在回落折点方面，实际情况屡超预期。年初主流预期认为一季度经济增速冲高，二季度即会回落，实际情况则是，二季度依然平稳，且暖意显著。随后市场预期再度修正，认为回落时点为三季度。在三季度过后，从月度经济数据而言，基本可以断言，三季度数据确实出现了回落，这已经成为一致性预期，债券市场虽然面临着种种负面压力考验，但是对于基本面下行拐点已经显现的大背景下，市场投资者并没有彻底绝望，而是默默等待。

但是这篇发言稿彻底打碎了这种一致预期，"上半年GDP增速达6.9%，下半年有望实现7%"，这意味着三季度以来不仅没有出现增长速度的回落，反而出现了超乎预期的上行。在三季度经济数据公布前夕，这篇演讲发言稿已经将市场投资者的心理防线击溃了，甚至市场当时传言三季度的GDP增速可能不只是7%，而是7.3%。

这似乎意味着经济运行趋势变化了，对于债券市场将造成致命的打击。在该文发布后的短短两个交易日中，10年期国债利率上冲至3.75%附近，一举突破了横盘震荡了一个季度的平台。

但 10 月 20 日国家统计局发布的三季度 GDP 增速只有 6.8%，不仅没有达到 7% 或 7.3% 的传言标准，而且还低于二季度的 6.9% 增速，市场之前的预期没有错误，但是市场却在一篇发言稿或市场传言面前经历了显著的调整。

2. 10 月 25~31 日："新时代"催生风险偏好抬升，股强债弱

2017 年 10 月 24 日，中共十九大胜利闭幕，新一届领导班子亮相在世界面前。针对这一重大历史事件，资本市场也洋溢着"新时代"的欢呼与雀跃。

10 月 26 日，沪深 300 指数一举突破 4000 点大关，10 年期国债利率也一举突破了 3.80% 关口，整体资本市场的风险偏好持续高涨。从情形上看，非常类似于 2016 年 11 月份特朗普当选总统后的局面，市场信心的乐观远远超越实际的宏观局面，风险偏好情绪不断走高。

10 月 27、30 日两个交易日，债券市场投资者心理崩溃，市场出现了大幅杀跌止损的行为，10 年期国债利率在短短的 5 个交易日时间内，连续上冲攻克 3.80%、3.90% 两道整数关口，市场情绪极度恐慌。

中共十九大闭幕后，乐观的预期在催生资本市场的风险偏好情绪，这是宏观大背景，而具体到债券市场而言，还有一丝"独特"的担忧，即大会后，也许暂停已久的监管政策将陆续出台了。

众所周知，二季度是监管政策密集发布的时期，而三季度则在监管政策方面较为平淡。有市场分析认为，当前的重中之重是中共十九大，而在十九大闭幕后，预计监管政策的冲击将会卷土重来。

3. 11 月 17~23 日："资管新规"征求意见稿正式落地，利率冲顶

金融市场监管政策的核心文件"资管新规"终于在 11 月 17 日正式发布，并征求市场意见。这一文件的正式发布，再度引出投资者对监管的恐惧回忆，而从当时各个研究机构的分析来看，"资管新规"对于债券市场具有利空效应。虽然从事后回顾来看，这一结论是多么的荒唐，但是在当时还是引发了债券的集中抛售行为。

以资管新规征求意见稿发布为触发因素，辅之以当时美国通过税改法案造成美债利率显著走高以及在 11 月 17 日中央银行货币政策执行报告中对于"滚隔夜"[①] 行为的警告，债券市场利率显著走高，10 年期国债利率一路上行、"兵临城下"直逼 4.00%

---

① 2017 年 11 月 17 日发布的货币政策执行报告中，央行明确提出，市场主体应不断增强流动性风险意识，科学规划流动性特别是前瞻安排跨季资金来源，"滚隔夜"弥补中长期流动性缺口的过度错配行为和以短搏长过度加杠杆的激进交易策略并不可取。

大关。

上述三大事件引导了10年期国债利率从三季度末的3.60%大幅上行至11月23日的3.98%~3.99%附近，一举上行近40个基点，市场屡屡呈现出杀跌止损的行为，一片惨淡。

就在11月23日，针对2017年以来屡屡坚定看多债券市场的×××分析师，一些自媒体微信平台也发出了《活捉×××，打破4.0》的文章，也算是一桩笑谈往事。

（二）2017年11月24日~12月31日：一步之遥，筑利率大顶

10~11月份的债券市场是投资者感受最差的时期，并不是因为其下跌过多或过快，而在于面对这种大幅下跌，竟然没有找到常规性的基本面解释。

首先经济基本面没有出现起步上行态势，其次当时的货币政策也是温和有序的，也没有出现显著的收缩迹象，但是债券市场确实出现了显著性的抛售，至今为止2017年的10年期国债利率已经上行幅度近百点，已经是名副其实的"大熊"之年。

"基本面已经失效了""谈基本面就输在了起跑线上"，如此种种的言论也开始蔓延。在笔者印象中，这不是第一次，也绝非是最后一次。

10年期国债利率距离4%只有一步之遥，空头大军兵临城下。当时的市场机构几乎一致的认为，4%只是一层窗户纸，一点即破，市场预期10年期国债利率将进入4.20%~4.50%范围运行。

就在这种一致的悲观预期下，长期利率竟然奇迹般的稳定了，而谁也没想到，这仅仅距"4.0%"一步之遥的国债利率竟然成为未来市场的一个大顶！

总体来看，笔者也找不到11月下旬以来利率上行趋势止步的合理解释，11月24日以来，10年期国债利率没有再度继续攀升，而且出现了些许的震荡回落。

回顾当时，其实市场情绪依然悲观，也没有什么好的信息提振情绪，甚至都是一些负面信息冲击。

比如，北京时间12月14日凌晨美联储如期加息，当日中国人民银行也"跟随式"在公开市场操作中上调了5个基点。事实上这一行为是超乎市场预期的，因为在上次美联储加息中，中国人民银行就没有再度跟随式加息，而市场普遍预期本次不会再做跟随式上调加息。但是即便面对这种超预期行为，债券市场也依然表现淡定。

在此期间，另一个有趣的新事物是发生在12月29日，当天中央银行公告称："为满足春节前商业银行因现金大量投放而产生的临时流动性需求，促进货币市场平稳运行，支持金融机构做好春节前后的各项金融服务，人民银行决定建立'临时准备金动用安排'。在现金投放中占比较高的全国性商业银行在春节期间存在临时流动性缺口时，

可临时使用不超过两个百分点的法定存款准备金,使用期限为30天。"

"临时准备金动用安排"工具简称为CRA,需要指出的是,其属性类似于考核性质的准备金奖惩制度,并不具有货币政策信号传递的意义,只是一种临时性的操作工具。

11月24日至年底,依然在一片谨慎悲观氛围中,10年期国债利率却缓慢回落,终未能跨过那一步之遥的4.0%关口,至年底反而回落到3.88%附近。

但是,无人认为这是反转发生,更多人认为这是剧烈大跌后的一种简短的情绪修复反弹,并不具有可持续性。国债利率破"4%",跃入4.2%~4.5%区间依然是主流预期。

在这个阶段中,政策性金融债券成为市场热点,而且此阶段中,针对政策性金融债的融券做空甚至裸卖空行为较为盛行,笔者在此对融券做空行为进行简要介绍。

/ 融券做空 /

2014年以来,国家开发银行发行了不少被市场称为"神券"的品种,这些品种中尤以10年期品种为典型代表,其代码尾号基本是以205、210、213、215、218等为显示。比如2016年以来典型的"神券"代表就是160210、160213、170210和170215。

2017年后期的神券代表品种就是170215。

大概从2017年11月份开始,在整体市场中呈现出"神券"长袖独舞的局面,很多时期中,其他债券的交易量显著萎缩,甚至一天也成交不了几笔,只有170215独撑大局,日内反复成交。

2016年8、9月份,也出现过这种现象,当时其他品种的利率都已相对稳定,只有神券——160210不断地交易波动,刷新着利率的"底线",最低利率出现在3.0%附近(2016年10月20日)。当时笔者印象很深的一句话是微信群中一个交易员的抱怨:"每天只有160210在折腾……"。

2017年10月份中旬以来,市场对于神券的主力操作是抛空,甚至是主动性抛空。其融券来源大致可有四个渠道:(1)债券借贷;(2)买断式回购;(3)开放式回购;(4)日内裸空,日终或次日回补。

2017年8月份以来针对170215的债券借贷余额变化如图1-2-4所示。

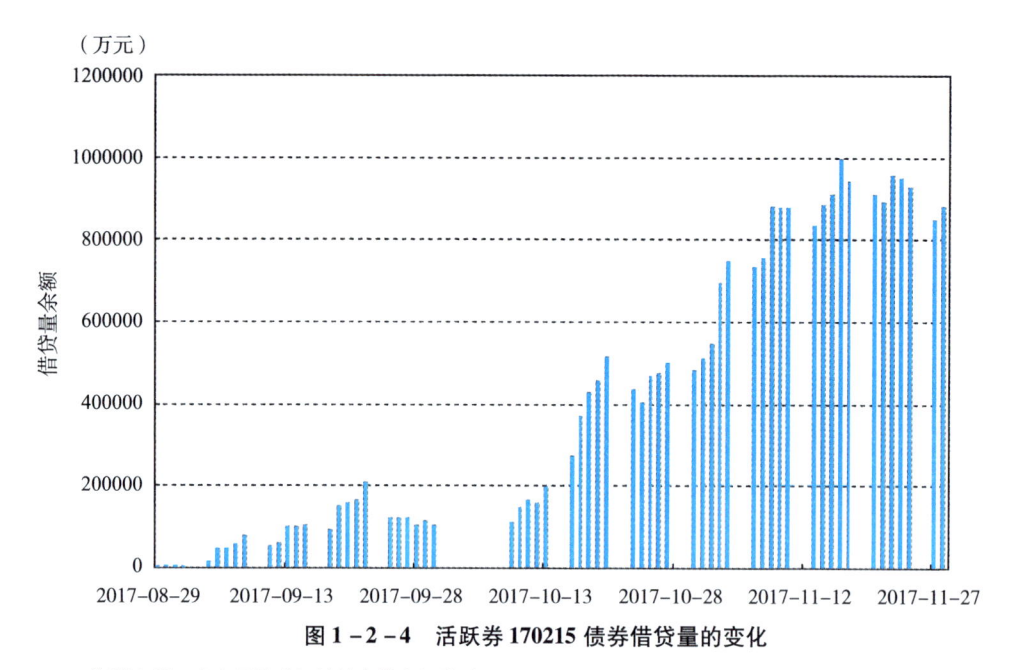

图 1-2-4 活跃券170215债券借贷量的变化

资料来源：中央国债登记结算有限责任公司，www.chinabond.com.cn。

从170215的债券借贷规模来看，其激增起步于10月份（正是债市"莫名"调整起步日），11月份以来，加速度进一步上行，在2017年11月16日达到峰值（100亿元），其后有所回落。虽然很难说这些借贷量全部用作了主动性抛空行为（也许有对冲行为），但是笔者相信这里一定含有了不少的主动性融券抛空行为。

虽然100亿元附近的规模相对于市场并非很大，但是需要注意的是，二级市场本身就是边际定价的市场，在一个信心不足、疑虑重重的市场环境中，主动性做空的力量会产生重要影响，否则很难想象，170215在多个交易日中的利率波动幅度超过10个基点。

那么是否能说借贷余额的规模上涨是主动性的抛空行为呢？这个很难断言，但是从另一个指标的变化来看，可以充分怀疑这是一种主动性抛空，而非被动型防御对冲，这个指标就是新老债券之间的流动性溢价。

投资者都知道，新老债券之间存在流动性溢价，比如170215和170210，前者为新券、神券，后者为老券，170215的收益率应该低于170210，这个利差称为流动性溢价。

这个溢价的正常变化规律是：债券熊市，利率上行中，利差溢价扩大，表现为新券比老券更为抗跌，即170215比170210跌的少；在债券牛市，利率下行中，利差溢价缩小，表现为新券比老券更为领涨，即170215比170210涨的多。

但是2017年11月份以来，"怪相"出现了，特别是11月份以来的利率上行中，170215始终比170210领跌，在这一轮熊市过程中，两者的利差没有像往常那样扩大，反而是保持不变或干脆缩小了。

这说明什么？说明了170215由主动性做空力量主导，而170210缺乏主动性抛空力量的打压。

结合债券借贷规模、新老券流动性溢价的变化，可以看出，2017年底、2018年初针对于神券170215的主动性抛空力量是不小的。这也是造成金融债在后期远弱于国债表现的一个重要原因。

这就是在当时阶段，其他品种黯淡、神券170215长袖独舞的故事。这也体现出市场中的投机交易盘在积极地创造着波动性。

债券借贷这一工具在2017年底发挥了较为重要的作用，促成了债券市场做空力量的强大。但是事实也证明，做空工具不能改变利率趋势与方向，市场曾有一段时间将焦点放置在对融券做空行为的跟踪与观测上，事后反思，这种分析方法是过于短视化了一些。见图1-2-5。

图1-2-5　2017年7~12月份10年期国债利率变化详解

资料来源：中央国债登记结算有限责任公司，www.chinabond.com.cn。

| 第三章 |

2018 年[①]:"宽货币+紧信用"

债券市场在一片惨淡中结束了 2017 年,几乎全市场的投资者带着"股强债弱"的预期跨入了 2018 年。

只是谁都没有想到,这种强烈的一致预期在 2018 年被打的"粉身碎骨",其实这种一致预期的反向并不罕见,几乎在每一个转折年份都会出现,但是并非是"一致预期"造就了市场转折,而是市场的转折造成了"一致预期"的反向。

2018 年是中国债券市场史上的第五个大牛市,利率下行的态势几乎可以用摧枯拉朽来形容,全年利率极少见到超过 20 个点以上幅度的波动,以最为典型的政策性金融债券为例,10 年期金融债券利率从 1 月份高点 5.10%~5.20% 降至年底的 3.60% 附近,几乎下降了 150 个基点,更为令人称奇的是,以利率的月 K 线衡量,10 年期政策性金融债券利率的月 K 线 2~12 月份竟然走出了 11 根阴线,这是 2014 年以来所没有见过的情况。

在利率债大牛市延续的过程中,债券市场也显现出与历史往年不同的一些结构化特征,比如低等级信用债券与利率债、高等级信用债券的走势分化,这也被市场赋予为"局部流动性陷阱"的现象依据。

2018 年的牛市逻辑第一次完整演绎了"货币+信用"风火轮,无论是在股票市场还是在债券市场,"宽货币+紧信用"成为各个投资者耳熟能详的词汇,而"美林时钟"则由于诸多宏观基本面数据口径变化的影响,在 2018 年的指导作用黯然失色。

2018 年也是资本市场密切关注中美贸易争端的一个重要年份,中美之间的任何对话、谈判与事件在这一年中都变得那么敏感,那么引人关注。

此外,2017 年监管造成"债熊"的逻辑也在 2018 年被显性证伪,如果说 2017 年投资者是"闻监管严厉而丧胆",那么在 2018 年则戏剧性的变化为"闻监管放松而心慌"。

[①] 2018 年 2 月 15 日是除夕。

2017年底市场投资者在感叹:"谈基本面就输在了起跑线上",这一"感叹"只仅仅维持了三个月就被彻底的粉碎掉,"基本面为王"在2018年又成为债券投资者的第一信条。

第一节
2018年基准国债利率运行轨迹综述

与2017年恰好相反,2018年的10年期国债利率走势也几乎呈现单边下行走势。从年初的3.90%起步,短暂性的逼近过4.00%位置,至年底回落到3.20%附近,全年下行幅度为70个基点,中途虽然经历过波动与调整,但是幅度均有限,驱动逻辑也几乎都是心理波动冲击。

回首2017~2018年,一个较为奇怪的现象是:国债的基准指标意义被体现得淋漓尽致。虽然在市场实际运行中,国债的流动性偏低,但是其拐点指示意义却非金融债券可比拟。2017年11月23日所创出的3.98%高点领先于金融债券近两个月宣告了利率走势的转折(10年期政策性金融债利率的高点5.135%发生在2018年1月19日)。因此无论如何,国债依然当之无愧于"金边债券"的称谓。见图1-3-1。

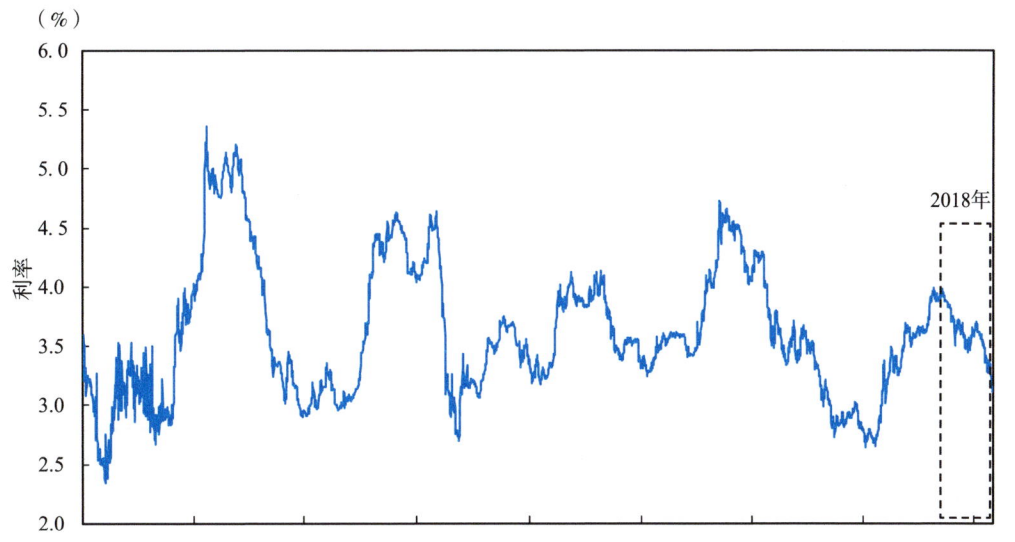

图1-3-1 2002~2018年10年期国债利率变化一览

资料来源:中央国债登记结算有限责任公司,www.chinabond.com.cn。

客观而言，虽然回首 2018 年，债券市场走的顺畅淋漓，但是当身处其中的时候，也会感受到莫大的纠结与反复。毕竟在跨入年初之际，几乎所有的市场预期都是"股强债弱"，而开年半月有余，也似乎印证着这种预期的正确性。

2018 年以来，在供给侧改革、行业龙头企业聚集效应影响下，中国的经济增长数据也出现了口径调整的现象，这令利用经济增速指标来判断利率运行的传统方法变得异常困难，也令"货币＋信用"风火轮的逻辑框架变成了市场关注焦点。

内因之外，不少的投资者还将爆发于 2018 年的中美贸易争端作为了利率市场变化的主驱动。一时间，内因意义上的"宽货币＋紧信用"与外因意义上的"中美贸易争端"究竟何为主线，分歧不断。最终，事实检验还是确定了内因为主驱动的结论。见图 1－3－2。

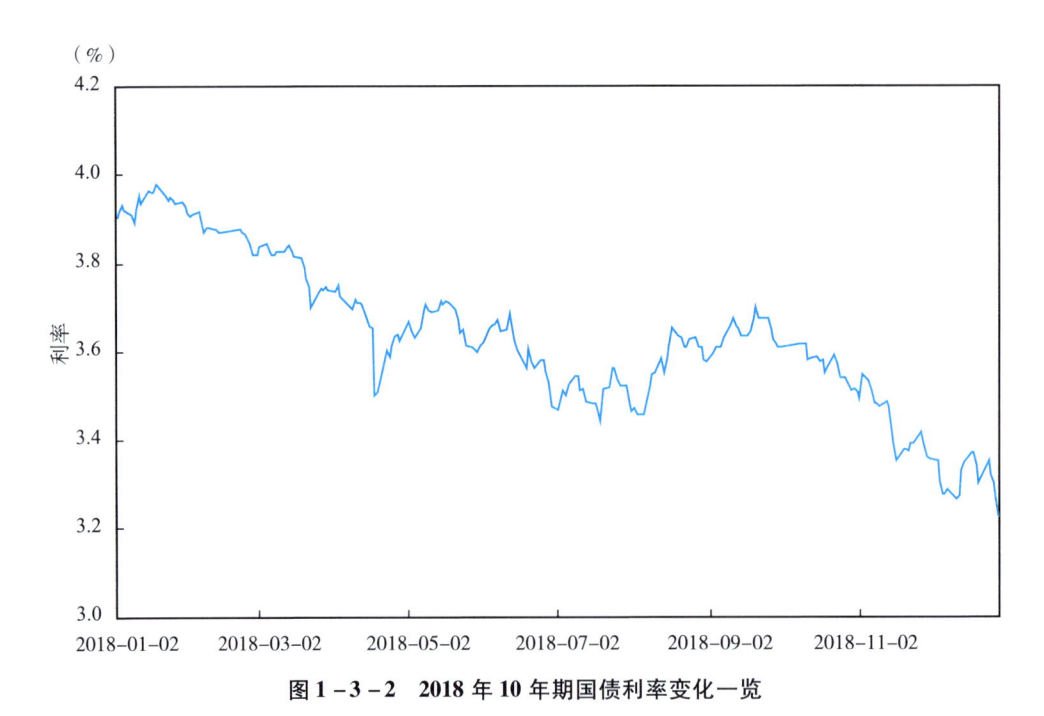

图 1－3－2 2018 年 10 年期国债利率变化一览

资料来源：中央国债登记结算有限责任公司，www.chinabond.com.cn。

第二节
2018 年长期利率波动详解

2018 年 10 年期国债利率从 3.90% 起步，至年底回落到 3.22%，下行幅度为 70 个基点，其间并非一帆风顺的坦途，如果按照主驱动线条切换，大致可以划分为四个阶段：

1~4月份，在一片悲观预期中，市场却事实上经历着"莫名其妙"的宽松。与2014年初几乎如出一辙，市场投资者面对这种宽松感到"莫名"，不断用"春节维稳""两会维稳"来解释，最终却迎来了具有显著信号意义的政策放松，令"宽货币"政策得以确认，而在连续三个月的社会融资总量增速回落后，"宽货币+紧信用"的格局基本确立。在此期间，中美贸易争端开始引发投资者关注，但是并没有演绎得如火如荼。

5~6月份，面对前期过速下行的利率，同时资金面出现了些许波动，市场用了近两个月的时间来消化整固。

7~9月份，市场出现了一波相对显著的调整反复，多重忧虑爆发于此时期，主要围绕着"宽信用见效的预期""滞胀的预期"而展开，期间也掺杂着诸如"中美利差保汇率""债券供应冲击"等边际冲击因素。

10~12月份，整体四季度是"债牛"演进速度最快、最顺畅的时期，利率几乎呈现无波动反复的持续下行局面，股、债、商品三大类资产在整体四季度的走势完美阐述了衰退的结论，长期横亘震荡的实体经济增长数据也终于显现出加速转折下行的态势。

一、2018年初至4月19日："莫名其妙"的宽松

2017年底的大幅杀跌令所有的投资者心灰意冷，2017年股票市场的"白马行情"也令广大投资者印象深刻。"股强债弱"的预期自然成为新一年的主流预期。

但是历史却像一个顽皮的小孩，在众人方向一致的前进途中，悄悄拐弯了。

（一）2018年1月2~18日："债熊余威"

10年期国债利率是以3.90%跨入2018年的。笔者犹记得，2018年初的众多市场分析预期中，认为10年期国债利率将至少向4.20%一线逼近，更甚者认为会站上4.50%。

开年以来，债券市场也不负"众望"，以国债期货为代表，债市出现了连续下跌态势。此期间10年期国债利率从3.90%再度上行逼近了4.00%，几乎重返回了2017年11月23日创出的高点位置——3.99%。而金融债券更是在可以融券做空机制的鼓励下，利率突破了2017年前高位，最高冲至5.13%~5.14%，比2017年11月23日所创出的高点4.95%高出了近20个基点。

期间驱动债券市场走势偏弱的因素按照影响程度强弱来分，大致有三个：

（1）依然是监管恐惧。开年头三个交易日中，国债期货几乎大跌了两天，这一现

象终于在1月4日晚间被两个监管文件的出台所理解。其一是同业存单备案新规，这引发了投资者对于银行流动性短缺的担忧；其二是"一行三会"发布的《关于规范债券市场参与者债券交易业务的通知》（简称302号文），此文意图整顿债券市场的代持现象，引发了投资者对于代持债券会被集中抛售的担忧。随后的1月13日，银监会还发布《关于进一步深化整治银行业市场乱象的通知》（简称4号文）。

（2）股、商俱强，债券失色。开年以来的股票市场表现出"异常"的强势，以上证综指为例，从1月2~12日，上证综指竟然连续走出了"九连阳"的态势，令"股强债弱"的预期更为浓重化，债券市场因此而越发悲观。

（3）隐隐的通胀忧虑。2018年开年以来，国际油价显著走高，无独有偶的是，1月2~4日，我国中、东部地区出现入冬以来最强雨雪天气过程。据中央气象台介绍，这轮雨雪过程，雨雪覆盖面积约420万平方公里，积雪覆盖面积约110万平方公里。从历史印象来看，2008年初、2016年初，都曾出现过大范围雨雪天气引发了全国蔬菜价格异常上涨的现象。对于油与菜的担忧进而引发着投资者对于通货膨胀再起的担忧。

三大因素造成了2018年债券市场的开局不利，10年期国债利率从年初的3.90%起步，至1月18日再度重返3.97%~3.98%位置，距离2017年11月23日的3.99%仅仅一步之遥，破前高、创新高，几乎是当时所有人的预期。

（二）2018年1月19日~3月23日：莫名其妙的"宽货币"+被市场关注到的"紧信用"

开年以来的利率上行进入1月下旬后有所缓和，但是没有什么很显著的正面支撑因素，唯一可以宽慰的只是货币市场资金面较为宽松。资金面的宽松缓释了债券市场的悲观心态，在某种程度上稳定了持续上行的利率走势，但是没有人认为这种宽松是持续性的，因此也并不对债券市场的反转抱有预期。

进一步推动债市人气缓和的事件发生在1月底2月初，也是来自股票市场的变化。

整个1月份期间，股票市场几乎都是强势表现，出现相对大幅的调整发生在1月29日，但是正常的强势后整固是几乎所有股票投资者的想法，并没有引发关注。真正引发关注的是从2月5日开始，美股率先出现了超过500点的大幅度调整，其后连续出现近1000点的震荡，中国A股则从2月6日开始，连续三个交易日出现大幅度下探，并呈现出股指跳空下行态势，这终于引发了前期强烈看多股票市场投资者的担忧。

基本上从2月1~14日（春节前），债券市场是联动于中美股票市场的，其中美股市场又是相对领先，在此期间股票市场大幅度震荡，重心显著下行，在避险情绪作用下,10年期国债利率也跌破了3.90%。

始发自1月底2月初的全球股票市场调整,并没有看到较为清晰的触发、解释原因,而对于中国A股票而言,还零星存在着"国家监管层指导信托公司降低杠杆,降低给股票配资比例"的传言,但是这似乎也无法解释全球股票市场的同步调整。

避险情绪永远只是资本市场变化的一个表象,也根本无法作为趋势因素的主导线条。虽然2月份前期市场交易情绪的焦点集中于股债跷跷板效应,但是一些真正主导2018年资本市场的线条也开始初露苗头,日渐清晰起来。

首先,第一点就是每一个债券市场投资者都感受到的"资金面"的缓和现象。在经历了2017年紧缩货币政策考验后,没有人会觉得资金面能持续宽松,但是进入2018年以来,每天市场投资者对于货币市场资金面"战战兢兢",但是现实却是"日日宽松"。

这虽然有些"莫名其妙",但是多数人还是倾向于用季节性来解释:2月中旬就是春节了,为了春节期间的和谐美好,中央银行会暂时的维持资金面的稳定性,保证市场过一个祥和的春节。这一论调和2014年春节前期几乎一致。

即这是一种实际上"宽货币"感受,但是却无人将其视为"实质性"的改变。

再者,市场投资者开始意识到了"紧信用"的环境。2017年中,代表中国信用扩张总量的社会融资总量增速持续上行,幅度虽然有限,但是方向很明显。

这一数据见顶发生在2017年10月份,随后11月、12月以及2018年的1月份(2月12日发布数据),连续三个月的增速水平出现下行,且下行速度有所加快。面对这一数据连续三个月的变化,先行的投资者开始关注"紧信用"的逻辑。

应该说截至2月中旬,市场朦朦胧胧地形成了"宽货币+紧信用"的逻辑线条,但是被认可程度相对有限,因为更多的疑虑在于"宽货币"可能仅仅是一个春节维稳的季节性现象(不少投资者认为:中央银行只是用暂时的CRA工具来度过春节期间的流动性波动时期,春节过后,伴随CRA的到期以及维稳意图终结,货币资金面依然会面临相当大的紧缩考验),没有信号意味着货币政策的基调发生改变。相对而言,"紧信用"的市场认可程度要更高一些。

2月22日春节结束,市场的关注焦点自然是货币资金面的边际变化,可是连续数日中,货币市场资金面依然保持着宽松,这令不少投资者感到"茫然",长期利率也跟随着这种意外的宽松,而选择持续回落。

现实虽然如此,但是空方依然在寻求新的寄托:3月4日两会临近,在两会前货币政策保驾护航货币资金面,无可厚非,因此这种宽松依然是一个短暂的季节性现象。

面对资金面的超预期宽松,"事出有因找春节因素,春节过后看两会因素",这个思维也和2014年同期毫无二致。即便是经历过2014年的证伪，这种思维依然是2018年初市场投资机构的主流预期。

市场虽然疑虑，但是面对现实的货币资金面宽松，长期利率还是选择了缓步走低，但是这种走低似乎只是对当前资金面宽松亦步亦趋的跟随，并非具有主动预期性。

3月4日全国"两会"拉开帷幕，与中国两会几乎同步发生的还有一件事情，那就是美国新任总统特朗普宣布对全球钢铁行业征收关税。事后来看，这就是贸易争端的苗头，但是在事出之初，却并没有引发过于广泛的关注和严肃对待，全球资本市场也是以震荡格局对待，并没有显现出过于担忧的情绪来看待该事件。

国内债券市场的核心焦点依然是资金、资金，还是资金。市场投资者在煎熬地等待一个又一个的关键时间点来检验资金宽松的可持续性。

2月22日春节后，资金依然宽松，可解释为CRA尚没有到期；3月13日CRA全部到期，资金面依然宽松，可解释因素是为了两会期间的维持稳定；3月16日，中央银行超额续作了中期借贷便利（MLF），这令债券市场投资者心态显著好转；3月20日全国两会结束，货币资金面依然保持稳定；即便在3月22日面对美联储的加息措施，中国央行如市场预期般的再度跟随上调5个基点的公开市场操作利率，这一举措也没有引发市场的恐慌。

市场尚没有足够的时间来检验两会后资金面的宽松能否持续，在3月23日，中美贸易争端正式拉开了帷幕。

3月23日，美国总统特朗普正式签署所谓针对中国"经济侵略行为"的总统备忘录，并将对价值600亿美元的中国进口产品征收关税。美国对中国打响贸易战第一枪。中国商务部作为回应，几乎同时宣布："针对美国进口钢铁和铝产品'232措施'的中止减让产品清单暂定包含7类、128个税项产品，按2017年统计，涉及美对华约30亿美元出口"。

中美贸易争端正式拉开帷幕，面对这一突发冲击，债券市场利率一举下行，10年期国债利率一举跌至3.70%。

总体来看，1月19日~3月23日期间，以全球股票市场波动为契机，债券市场得到了暂时的喘息，随后市场开始朦胧形成了"宽货币+紧信用"的逻辑线条，但是当期的主要关注点在于检验"宽货币"是否成立。

在连续超预期的货币资金面宽松感受中，长期利率出现了持续下行，并于3月23日以中美贸易争端爆发为契机，形成了近30个基点的下行幅度，10年期国债利率从3.98%附近回落到3.70%。

在此期间，一个逻辑线条的矛盾现象出现了：实体数据与金融数据的背离。如果从传统的实体经济数据来看，2018 年开年的实体经济增长数据相当不错，3 月 14 日发布的开年 1～2 月份合并经济增长数据，无论是固定资产投资增速还是工业增加值增速均表现为大超预期。但是自 2017 年 11 月份至今，连续 4 个月，信用扩张数据——社会融资总量增速持续下行。

"紧信用"与"强增长"并行，"美林时钟"与"货币＋信用"风火轮相悖，何去何从，这是一个令当时分析研究人员异常头疼的现象，直至后期，伴随经济增长统计数据口径调整被揭秘，这一矛盾方被解决。

（三）2018 年 3 月 26 日～4 月 19 日：确认货币政策转向信号

3 月 23 日的中美贸易争端拉开帷幕，这确实引发了全球股票市场的波动，但是仅仅是波动，当时没有人觉得这个情况会越发糟糕起来。

从随后几个交易日的变化来看，债券市场乃至股票市场并没有给这个事件赋予过高的权重影响力，股票市场仅仅是在 3 月 23 日跳空低开后，维持了稳定盘整。债券市场投资者的焦点依然是在观察资金面的变化，以希望确认货币政策的基调变化。

中美之间针对贸易问题的表态反反复复，市场也在盘整观望。

而临近一季度末，货币市场资金面相比前期宽松也出现了一定收敛，且中央银行暂停了多日的公开市场操作，令投资者担忧"宽货币"局面发生变化。

4 月 4 日开始，货币市场再度恢复宽松，中央银行也再度重启公开市场操作，令投资者心态再度缓和。

最重要的变化发生在 4 月中旬，4 月中旬发布的一系列经济数据均弱于预期，社融增速显著下行，工业增速以及投资等前期强劲的数据也纷纷回落，终于在 4 月 17 日晚间，中国人民银行令全市场投资者意外地宣布：降低法定存款准备金率！

这一意外政策的宣布导致了利率飞速下行，4 月 17 日晚间，在降准政策宣布前后，10 年期金融债券在债券市场夜盘交易中，一举下行了 15 个基点。

至今我们无法去断定这个预期外的降准政策是针对国内基本面走弱还是国际贸易争端这一"黑天鹅"事件，总体来看，也许内外交织因素导致了政策的调整，正如后期（2018 年 10 月份）中央银行行长易纲所表示的：面对贸易摩擦，中国"在货币政策工具方面还有相当的空间，包括利率、准备金率以及货币条件等"。这曾被视为是 2018 年国内货币政策的宽松取向与中美贸易摩擦具有一定关联的证据。

但是无论如何，降准政策的落地正式确认了货币政策转向的信号，中国货币政策正式跨入了"宽"的基调中。

/"此"降准与"彼"降准的意义截然不同/

法定存款准备金率的调整一直是货币政策三大基本工具，其变化反映出货币政策基调的变化。

2018年法定存款准备金率曾出现过两次变化，一次发生在1月25日，一次是此次，但是彼次不同于此次。上次是一种惯例性的制度改革手段、对于局部业务的奖惩制度工具，而本次才具有了宣示货币政策基调变化的内在含义。

1月25日实施的准备金率调整起源复杂，带有深刻的制度改革或激励色彩，而不具有政策转向的信号含义。该制度措施的先后变化经历了如下几个阶段：

（1）2017年9月28日，国务院常务会议决定：推动国有大型银行普惠金融事业部在基层落地，对单户授信500万元以下的小微企业贷款、个体工商户和小微企业主经营性贷款及农户生产经营、创业担保等贷款增量或余额达到一定比例的商业银行实施定向降准，并适当给予再贷款支持。

（2）2017年9月30日晚间，为贯彻执行国务院常务会议精神，中国人民银行决定对普惠金融实施定向降准政策。

根据国务院部署，为支持金融机构发展普惠金融业务，聚焦单户授信500万元以下的小微企业贷款、个体工商户和小微企业主经营性贷款，以及农户生产经营、创业担保、建档立卡贫困人口、助学等贷款，人民银行决定统一对上述贷款增量或余额占全部贷款增量或余额达到一定比例的商业银行实施定向降准政策。凡前一年上述贷款余额或增量占比达到1.5%的商业银行，存款准备金率可在人民银行公布的基准档基础上下调0.5个百分点；前一年上述贷款余额或增量占比达到10%的商业银行，存款准备金率可按累进原则在第一档基础上再下调1个百分点。上述措施将从2018年起实施。

（3）2017年9月30日，人民银行发布《中国人民银行关于对普惠金融实施定向降准的通知》指出，"目前，有关金融统计工作正在抓紧进行，预计普惠金融定向降准可于2018年1月25日全面实施。"

（4）2018年1月25日，普惠金融定向降准正式实施。此次降准可覆盖全部大中型商业银行、约90%的城商行和约95%的非县域农商行。

从上述的节奏变化可见，从2017年9月份开始制定规则、考核，最终实施于2018年1月25日的准备金率下调操作，其本质是一种考核制度的奖惩配套措施，是以考核普惠金融为依据，进行的奖励或惩罚手段，本身并不具有传递货币政策方向信号的内涵。

而4月17日宣布的准备金率下调措施则不然。中国人民银行决定，从2018年4月25日起，下调大型商业银行、股份制商业银行、城市商业银行、非县域农村商业银行、外资银行人民币存款准备金率1个百分点。虽然夹杂了MLF置换的部分因素，但是整体并不带有约束前提条件，是一种全面性的法定准备金率下调。因此其本身是一种具有货币政策信号的转向标志。

此外，1月25日，基于普惠考核条件的降准发生，3月22日中央银行还跟随美联储出现了加息5个基点的公开市场操作。因此在当时的市场中产生了一种"加息＋降准"的政策组合预期。

事实上，这个看法可能是偏颇的。"加息＋降准"本身传递的货币政策信号就非常模糊、凌乱，再考虑到1月25日的降准只是一种制度考核的奖惩工具和手段，因此不宜将其属性与提高OMO利率相提并论。

而从事后观察来看，自4月17日宣布全面降准后，中国的政策基准利率也没再发生过提高，因此货币政策转向的信号意义可见一斑。

二、2018年4月20日～6月29日：意外的资金面波动

4月17日宣布降准，从本质上宣示了货币政策方向的正式转换，始自2017年以来的货币政策紧缩基调，终于转化为货币政策宽松基调。从年初以来，市场感受到的莫名其妙的宽松也终于找到了确认性解释。

此后，4月23日晚间的中央政治局经济工作会议也进一步明确了政策的转向，并再度明确提出了降低企业融资成本的说法。

按道理而言，市场本应对于货币政策转向放松达成一致性看法。但是现实中，一直保持宽松的货币市场却恰恰在4月中下旬以来出现了意外的紧张局面。这令本已形成共识的货币政策宽松判断产生了些许松动、怀疑的情绪反复。

（一）2018年4月20日～5月17日：资金波动与悲观经济预期的小幅修正

4月17日宣布降准，4月25日实施降准，但是市场资金面却迎来了一次久违的波动，自4月下旬开始，受到季末次月税收上缴因素影响，资金面变得趋于紧张，且一直持续到5月初。这一局面令市场偏于乐观的心态有所修正。

此外，由于前期降准导致的长期利率降幅过大，一些交易属性机构也出现了获利了

结的操作。降准后超预期的资金面收紧，叠加降幅过大的利率修正，导致了市场心态越发谨慎，甚至对于货币政策转向的前期结论也出现了怀疑的情绪。

这期间尤其值得关注的是 4 月 27 日，始终悬于投资者头顶之上的"资管新规"终于落地实行。与以往不同，该文件的正式落地，没有引发投资者的恐慌，市场在很淡定的氛围中迎来了这一所谓重磅文件的落地。

5 月中上旬，虽然资金面紧张的局面得以缓解，但是由于中美贸易谈判进行中出现一些缓和的迹象，而且在 3 月份中国经济数据显著走弱后，4 月份的贸易增长数据以及部分行业高频数据有所修复，这导致了中国的股票市场和黑色系大宗商品价格再度走强，美债利率也持续不断走高，突破了 3.0% 关口。

国际市场乃至中国资本市场的风险偏好情绪有所回头，造成了债券市场承压，降准之后的一个月时间中，10 年期国债利率从最低的 3.50% 附近一举回升到 5 月 17 日的 3.71% 附近，甚至还高于 4 月 17 日降准前的水平，银行间市场投资者惊呼："这准算是白降了"！

（二）2018 年 5 月 18 日 ~ 6 月 12 日：贸易争端忽起忽落，货币资金忽紧忽松，长期利率窄幅盘整

5 月 18 日开始，美债利率、油价均出现了反复震荡，脱离了前期强势冲高的趋势。虽然中美贸易争端的消息此起彼伏，有喜有忧，但是没有进一步刺激全球资本市场的风险偏好继续回升。

而国内投资者最为关注焦虑的货币市场资金面进入 5 月中下旬后则出现了显著改善，这种改善甚至是超预期的。面对每年 5 月份的汇算清缴，资金面总会出现明显收紧，但是 2018 年 5 月下旬资金面却表现的相对淡定。直至 5 月底 6 月初，银行间市场资金面才稍有波澜，但是总体依然平稳。

5 月 18 日 ~ 6 月 12 日期间，在此不足个把月的时期内，债券市场缺乏主导线条，政策放松的预期有所降温，一方面降准后资金面的波动反而有所加剧，令投资者心生疑虑；另一方面，6 月 1 日中央银行宣布中期借贷便利（MLF）扩大抵押品范围的政策，一度令投资者猜测：中央银行是否再度放弃降准的政策工具，转而用 MLF 来替代降准工具？是否改变了 4 月 17 日降准政策中用准备金率工具来替换 MLF 工具的初衷？

虽然上述担忧在事后来看是多么的无聊可笑，但是这一思维的弥漫恰恰反映了在政策转折时期，市场思维的混乱与摇摆。

总之，在此期间，债券市场的波动缺乏主线，围绕着全球的股市、油价、美债利率的波动而上下波动，10 年期国债利率始终维持在 3.60% ~ 3.70% 这一狭窄区间内震荡。

（三）2018 年 6 月 13～29 日："紧信用"再度引发关注，股票加速下跌

盘整反复近两月有余的债券市场突破点发生在 6 月 12 日。当天公布的 5 月份社会融资总量增速再度出现显著下行，市场的"紧信用"担忧再起，随后 6 月 14 日面对美联储的再度加息，中央银行终于选择了不再跟随，公开市场利率暂停跟随美联储加息而上调，再度显示了中国货币政策的转向宽松。而同一天发布的 5 月份经济增长数据也较为惨淡。

在政策信号持续向好，而宏观经济下行压力不减的背景下，长期利率横亘已久的局面终于出现了改观，10 年期国债利率重返下行态势，逼近 3.60%。

面对"紧信用"格局以及经济增长数据的下行压力加大，中国股票市场从 6 月中旬开始，持续承压，终于在 6 月 19 日上证综合指数跌破 3000 点，并进入加速下行态势中。6 月 19～21 日连续三天的大幅度下跌，一度令市场投资者再度产生了"股灾"的感觉，三年前这个时候的惨痛经历再度回归到资本市场投资者的脑海中。

面对经济数据的回落以及股票市场的连续下跌，政策层面的松动再度出现。6 月 20 日晚间，国务院常务会议明确指出：运用定向降准等工具增强小微信贷供给。并且首次改变了对于货币流动性的措辞描述，由前期一直坚持的"合理稳定"改变为"合理充裕"，松动的意图显著。

综观对于"流动性"的货币政策措辞变化，可以看出一个清晰的轨迹变化过程，大致可以描述为："基本稳定（去年）—合理稳定（年初）—合理充裕（目前）"。

6 月 24 日周日，中国人民银行再度宣布降低法定存款准备金率，这是继"417"降准之后的二度降准。如果说"417"降准后，市场对于货币政策松紧态度依然还有所犹豫怀疑，那么"624"二度降准政策的推出则彻底打消了市场预期的反复犹疑。

面对政策显著放松、经济数据的持续低迷以及股票市场的大幅度下跌，债券市场投资者再无犹豫，入场热情高涨，10 年期国债利率终于突破了前期的横亘平台，持续下行。截至 6 月 29 日（半年末），10 年期国债利率终于跌破了前期低点（4 月 19 日，10 年期国债利率为 3.50%），收盘至 3.47%。

总体回顾来看，4 月 20 日～6 月 29 日半年末，10 年期国债利率呈现震荡反复格局，从低点起，再度回归突破前期低点，10 年期国债利率从期初的 3.50% 最终回落到期末的 3.47%，其中在 5 月 17 日达到高点 3.71%，振幅在 20 个基点范围内。

客观而言，回顾 4 月中旬的降准政策，在当时，笔者也很难与当期的经济基本面相联系，站在当时来看，经济增长确实没有见到显著的下行压力，实体经济运行数据尚处于良好状态，只是信用增速出现了连续下行。因此在当时，不少投资者质疑"417"降

产受到"资管新规"的约束而出现显著收缩;三者反映为信用债券市场违约风险不断爆发,以民营企业为主体代表的信用债券发行遭遇"寒冬"。

拓宽信用渠道的首选之战落定在对中低评级信用债券的发行疏通机制上。这一"苗头"首现于2018年7月18日,当天中国银保监会召开"疏通货币政策传导机制,做好民营企业和小微企业融资服务座谈会。"

几乎于同一天,《21世纪经济报道》消息:"央行近日窗口指导银行,将额外给予MLF资金,用于支持贷款投放和信用债投资。对于贷款投放,要求较月初报送贷款额度外的多增部分按1∶1给予MLF资金,多增部分为普通贷款,不鼓励票据和同业借款。对于信用债投资,AA+及以上评级按1∶1比例给予MLF,AA+以下评级按1∶2给予MLF资金,要求必须为产业类,金融债不符合"。

7月19日,《21世纪经济报道》再出消息:"资管新规执行通知即将出台,明确公募可投非标(应该指银行理财的公募产品),符合条件的类货基产品可采用摊余成本法,整改不设硬性指标。银保监会正在制定的银行理财细则这两天有望落地,最快或将于今日出台,同时央行近期会下发执行通知,对指导意见中的部分在执行过程中的问题做出了明确。"

上述传言信息虽然随后被正式颁布的"理财新规"、《关于进一步明确规范金融机构资产管理业务指导意见有关事项的通知》所证伪,但是在当时依然引发了债券市场投资者对于非标监管放松的担忧,从而进一步强化了"信用复苏""宽信用"的预期。

紧接着,7月23日晚间,国务院常务会议要求:"保持宏观政策稳定,积极财政政策要更加积极;不搞大水漫灌式强刺激,根据形势变化相机预调微调,定向调控;稳健货币政策松紧适度,保持适度融资规模,保持流动性合理充裕;疏通货币政策传导机制,引导金融机构利用降准资金支持小微企业等,引导金融机构保障融资平台公司合理融资需求;加快今年1.35万亿元地方政府专项债券发行推动早见成效。"

投资者关注到"引导金融机构保障融资平台公司合理融资需求",臆想到信用扩张,纷纷讨论宽信用将再度降临。

7月25日,财联社讯:"知情人士表示,部分银行周三收到央行下发的通知称,为支持地方法人金融机构满足有效信贷需求,央行下调宏观审慎监管框架(MPA)中的结构性参数,初步定为下调0.5个点左右。知情人士称,根据此前MPA中的宏观审慎资本充足率计算方法,结构性参数下调后,宏观审慎资本充足率要求将相应下降下调自二季度MPA审核开始实施。"

7月18~25日期间，不断有涉及疏通信用传导的会议、信息出台，引发了市场投资者对于宽信用再度降临的担忧。如果紧信用局面发生改变，债券市场将面临重归熊途的可能，一时间债券市场投资者心态浮躁不安，10年期国债利率也在这种谨慎预期中出现了回升。

这其中较为重要的是7月23日的国务院常务会议公告内容，这令资本市场投资者产生了再度进行放松刺激的预期，从而在随后的几个交易日中引发了"股强债弱"的走势。

这一预期随后被7月31日政治局年中经济工作会议公告内容所改变。政治局年中经济工作会议公告依然强调了严控房地产和坚决去杠杆的内容。在一定程度上淡化了前期市场所蔓延的"走老路、强刺激"的预期。随后几个交易日中，股强债弱的格局得以被修正。

2. "正回购"的冲击：8月7~13日

"宽信用""强刺激"预期的尘埃尚未落定，债券市场却莫名其妙遭遇了一轮正回购操作的冲击。

8月7日，市场传言，中央银行针对商业银行进行了定向正回购操作，以吸收回笼资金，这个传言越传越盛。8月10日，市场传说的结果是，这次正回购主要针对大型商业银行，规模高达5000亿元。

从事后来看，这与前述货币市场加权平均利率走势是密切相关的，由于流动性暂时性过剩，导致了货币市场加权利率水平脱离了公开市场操作利率的"锚"基准，不断下行，从而引发了中国人民银行利用短期货币政策工具调节平滑流动性的操作。但这在当时依然引发了市场投资者对于货币政策态度的犹疑和不安，从而带动了长期利率的调整反复。

3. 地方债集中供给冲击+保汇率担忧：8月14~20日

一波未平，一波又起。8月14日，财政部发布《关于做好地方政府专项债券发行工作的意见》，要求加快地方政府专项债券发行和使用进度，更好地发挥专项债券对稳投资、扩内需、补短板的作用。各级财政部门应当会同专项债券对应项目主管部门，加快专项债券发行前期准备工作，项目准备成熟一批发行一批。省级财政部门应当合理把握专项债券发行节奏，科学安排当年后几个月特别是8、9月份的发行计划，加快发行进度。2018年地方政府债券（以下简称地方债）发行进度不受季度均衡要求限制，各地至9月底累计完成新增专项债券发行比例原则上不得低于80%，剩余的发行额度应当主要放在10月份发行。

动、北京房租租金上涨严重等现象显现，都令投资者产生了担忧。

上述因素如果按照影响债券市场的权重来划分，滞胀担忧和"宽信用"担忧居于主导地位，而正回购、汇率制约以及地方债券供应等因素居于从属因素。

在整体三季度中，10年期国债经受了各种利空因素的负面冲击，起步于3.47%，最高冲至3.70%（9月20日），收盘于3.61%。

四、2018年10月8日~12月29日：牛市汹涌

2018年四季度是一轮酣畅淋漓的"债牛"行情，长期利率几乎没有回调的持续下行，三季度的重重负面因素都在四季度被意外的粉碎、消散，股、债、商品三类资产均表现为明显的相关联动，共同指向了经济衰退的统一结论。

在整体四季度行情中，几个重要的事件需要被读者关注，这些事件的爆发不断在证伪或粉碎三季度的种种忧虑。

（一）2018年10月7日：背道而驰的货币政策，坚定了以内为主的预期

"债牛"爆发的导火索起步于2018年10月7日，在"十一"长假的最后一天，中国人民银行宣布再度降低法定存款准备金率1个百分点。

这是年内以来的第三次降准，这次降准的重要意义要结合"十一"长假前的美联储加息操作来共同看待。

9月27日，美联储如预期般再度加息。针对这次加息，中国央行继续保持稳定，当天市场中暂停了公开市场操作。而在随后中国央行就很快宣布了降准政策。

美国加息，中国降准，且在短时间内完成这种连贯操作，充分显示出中国的货币政策是和中国的经济基本面挂钩的。那种"美联储打喷嚏，全球央行跟着感冒"的历史时期不复存在了。

这种感受和预期起到了两个效果：

（1）颠覆了中美利率联动的固有认知。客观而言，2018年的"债牛"成型是最为困难的，因为以往的牛市是在和外部环境同样牛市背景下而形成的，极少出现内外分化的利率走势格局。美债与中债的联动性一直被认为是合乎情理的，而2018年美债利率不断走高，这在很大程度上影响了国内投资者的预期，而"美国加息＋中国降准"的现实将上述固有认知打碎了。

（2）如果中美利率不再固有联动，那么用中美利差去看待人民币汇率则变得没有基础了。在三季度中，一个利空因素就是：中国的货币政策是否要在"保汇率"还是"保利率"中做出选择？很显然，这个担忧不存在了。

曾记得，在 2018 年 4 月 11 日，中国人民银行行长易纲在博鳌论坛中曾表态："关于利率，中国和美国之间的区别，我觉得现在是在一个舒适的区间内，您可以看到我们中国的十年政府债券收益是 3.7%，美国是 2.8% 左右。我觉得这种利率的差异，这种十年期政府债券的差异，在短期可以看这种利率差异是比较合理的，在合理的区间内。"

这一说法曾长期的困扰着中国债券市场投资者，按照必须保持中美合适利差的原则，中国债券市场面对美国加息环境很难走出牛市格局，而中国货币政策面对美联储的紧缩政策也很难进行放松的操作。

这一困扰在此时被彻底粉碎了。

（二）2018 年 10 月 8 日至 11 月初：全球风险资产暴跌，"胀"的担忧消散

跨过"十一"长假，全球股市经历了一轮迅速大幅的暴跌走势，以美国道琼斯指数为领头羊，一进入 10 月份即出现了大幅下挫，中国 A 股自然也未能幸免，10 月 8～19 日，上证综合指数从节前的 2800 点附近一举下挫到 2450 点附近。

如果说 6 月中旬的 A 股下跌只是"零零星星"具有了股灾的感受，10 月份的股票大跌则构成了"切切实实"的股灾感受。

面对股指的连续破位下行，10 月 19 日，三大监管机构负责人纷纷对媒体表达看法，鼓励市场投资者信心。同一天，中国国务院副总理刘鹤就当前经济金融热点问题接受了人民日报记者、新华社记者、中央电视台记者的联合采访。高层密集喊话股市，期待振作投资者信心。

这没有改变股票的颓势，此后的股票市场处于弱势震荡的格局中，波动率显著加大起来。

除去股票市场外，全球大宗商品价格也没有幸免，10 月份以来，在全球一片乐观看待油价上冲 100 美元的背景下，国际油价出现了连续下跌，跌幅巨大，而中国特有的黑色系大宗商品代表品种螺纹钢价格也显著回落，中国南华工业品种指数进入 10 月份后就出现了连续大幅度的回落。

风险资产价格全线覆灭，彻底的粉碎了横亘于债券投资者头顶的滞胀担忧，"滞"未消失，"胀"已不复存在。

风险资产的调整是触发因素，滞胀担忧的消除是本质因素，这极大的提振了债券市场投资者的信心，在整个 10 月份期间，债券与风险资产形成了显著的"跷跷板"现象，10 年期国债利率在短短一个月的时间内先后攻克了 3.60%、3.50% 两道整数关口。

（三）2018年11月13日：社融断崖，利率再下一城

风险资产纷纷大跌，滞胀担忧消散，衰退预期日盛。11月13日，中国央行公布了10月份中国信用扩张数据，市场密切关注的社会融资总量增速显著下行。

备受关注的社会信用收缩问题不仅没有缓解，反而愈演愈烈，这导致债券市场利率出现了加速下行态势，10年期国债利率一举跌破了3.40%关口。

无独有偶，11月下旬以来，面对不断下行的风险资产价格，一直以来以鹰派自居的美联储主席鲍威尔也初露鸽派面孔，美债利率顺势跌破了3.0%，这在一定程度上也提振着国内债券市场投资者的信心。

（四）2018年12月6日至年底："华为事件" + 央行创设 "TMLF"

11月2日以来，中美贸易争端显现出缓和迹象。中美两国领导人相互协商，贸易争端恶化的预期被显著淡化下来，终于在12月3日中美两国领导人于阿根廷布宜诺斯艾利斯经过双方谈判，取得一定共识。中央电视台报道了"特习会"成果：美国冻结原定明年1月1日出台的新增关税计划，双方继续谈判。

事态似乎在向好的方向转化，但是12月6日一则媒体信息将资本市场投资者的情绪再度打入谷底。12月6日一早，据新浪、网易、财新网等多家媒体报道，华为CFO孟晚舟在加拿大遭拘押（孟晚舟是任正非的女儿）。此消息传出后美股期货开盘大跌，当天中国股票市场也以大跌而收盘。

这令缓和的紧张情绪再度绷紧，资本市场避险情绪再度抬头。

此外，12月19日，为加大对小微企业、民营企业的金融支持力度，中国人民银行决定创设定向中期借贷便利（targeted medium-term lending facility，TMLF），根据金融机构对小微企业、民营企业贷款增长情况，向其提供长期稳定资金来源。支持实体经济力度大、符合宏观审慎要求的大型商业银行、股份制商业银行和大型城市商业银行，可向中国人民银行提出申请。定向中期借贷便利资金可使用三年，操作利率比中期借贷便利（MLF）利率优惠15个基点，目前为3.15%。

这本质上属于一种隐形降息的操作，货币政策宽松预期再度涌现。

在市场避险情绪抬头、经济数据依然低迷以及货币政策依然宽松可期的综合作用下，债券市场利率持续下行，最终在年底收于全年最低点，10年期国债至3.22%。见图1-3-5。

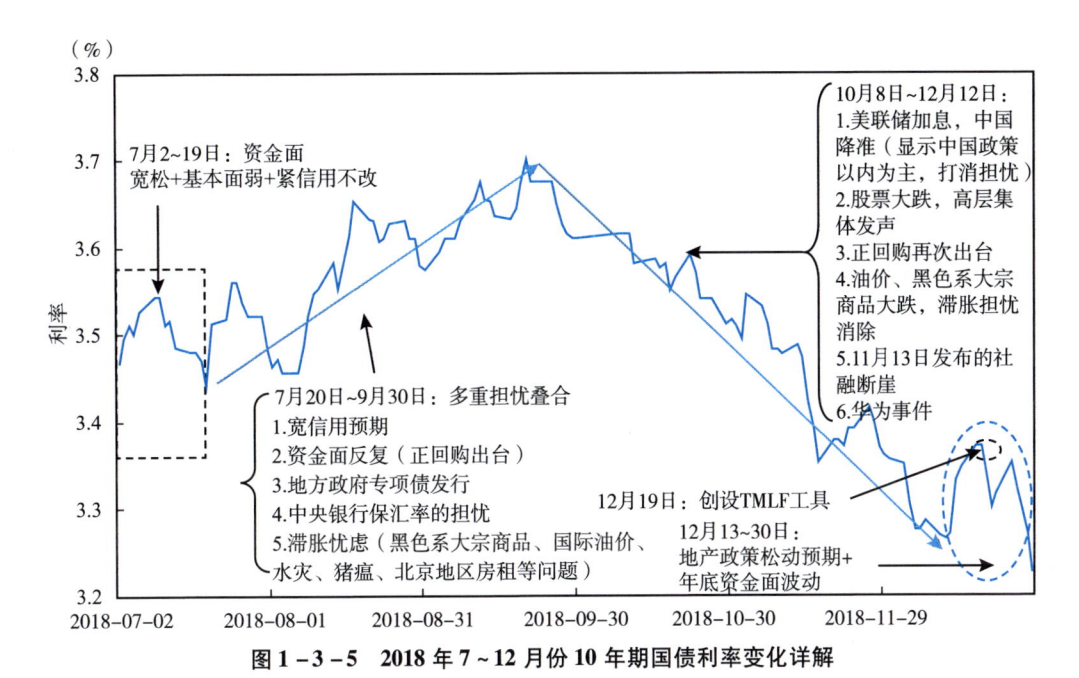

图 1-3-5 2018年7~12月份10年期国债利率变化详解

资料来源：中央国债登记结算有限责任公司，www.chinabond.com.cn。

第二篇
2016～2018 年重要逻辑线条反思

债券市场是一个以机构投资者为主体的市场，投资机构多以逻辑分析见长，并不侧重于直觉与感受。2011～2015 年期间，债券市场的投资逻辑线条极为丰富，各类解释逻辑、预测框架层出不穷。

相比于上述时期，2016～2018 年的逻辑线条拓展相对有限，但是面对所走过的"非典型牛熊周期"，面对一些新事物、新变化，债券市场投资者也不断在完善、改进以往的一些分析思路和分析方法，特别是经历了供给侧改革、中美分化以及金融监管冲击后，债券市场的分析思路变得更加成熟了。

在本篇中，笔者试图按照时间演进的顺序将每一年度中分析思路、分析方法的完善与改进历程做一反思归纳，权当一份参考。

| 第四章 |

2016 年重要逻辑线条反思

对于 2016 年债券市场牛熊转折的反应迟钝是笔者所犯下的一个严重"错误",面对 2016 年四季度以来的债券剧烈调整,笔者始终不得其"奥妙"。

2017 年痛定思痛后,方发现固有的分析思路导致了市场判断上的错误。所谓"固有思维"主要体现为两点:

(1) 长期以来习惯于以居民消费价格指数(CPI)来度量通货膨胀概念。供给侧改革引发的通胀价格指数变迁给予这种固有思路以重创。

(2) 长期以来习惯于以广义货币供应量(M2)来度量融资需求概念。影子银行所造成的表内外分割局面给这种固有思路以重创。

因此,在 2016 年的逻辑线条反思过程中,笔者将以此"惨痛代价"作为案例,详细描述供给侧改革与影子银行发展这些"新事物"对于传统债券分析思路的修正。

第一节
综合通货膨胀指数

对利率走向影响最为显著的有三大宏观变量,分别是实际经济增长、通货膨胀因素和债务杠杆率水平。

其中,前两者共同构成了名义经济增长率,从实体经济运行角度来理解利率的走向;后者的典型代表是货币供应量(M2)或社会融资总量,均是从信用扩张、融资需求角度来理解利率的运行。

前者为"实",后者为"虚"。虚、实对应类似于一个硬币的正、反两面,相对独立又可相互印证。

在以往周期中,为了从高频同步指标观察,对应上述三个宏观变量的指标分别是规模以上工业增加值(近似表达 GDP 实际增长)、CPI(近似表达通货膨胀指标)和广义货币供应量 M2（近似表达社会信用扩张速度，进而代表债务杠杆水平）。

上述三个宏观变量的代表指标在很长一段时期内都是有效的、合理的。但是从 2016 年以来，情况发生了变化，由于种种新兴事物、事件的出现，令经济增长、通货膨胀以及债务水平的内涵发生了改变，进而导致了用上述三个高频数据来衡量三大宏观变量产生了偏差。

这种偏差直接导致了 2016 年债市的判断分歧：以老思路看待，2016 年债券市场的牛熊逆转没有基本面支撑；但是以新思路看待，2016 年债券市场的牛熊逆转是存在坚实的基本面支撑的。

2016 年以来，以规模以上工业增加值、CPI 以及 M2 衡量三大宏观变量出现了局限性。

其中，2016 年供给侧改革的推进、去产能的展开，令 CPI 与 PPI 的走向出现了巨大分化，单纯用 CPI 指标来衡量全社会的通货膨胀水平出现了巨大偏差；也是在 2016 年，伴随影子银行的兴起发展，表外非标资产作为信用扩张的主力开始显现，这时单纯的依赖于广义货币供应量 M2 来衡量全社会的信用扩张状况也已经失之偏颇。

而到了 2018 年，伴随连续两年的供给侧改革推进，各个产业的集中度出现了显著变化，不少企业由于规模收缩，直接跌出了"规模以上"这一统计口径，这时的"规模以上工业增加值"增速更多反映的是大型规模企业的产值变化，所涵盖的统计样本数已经明显降低了。因此在某种程度上看，"规模以上工业增加值"指标的代表性也有所减弱了。

这样来看，整体驱动债券市场利率方向变化的逻辑线条并没有发生改变，依然表现为"名义增长率"和"货币+信用"两大逻辑框架。但是在实践应用中，其代表性指标的内涵则可能发生了变化。

当这一情况发生后，如果固守原有的分析思路与指标内涵，对于投资分析而言，无异于"沿着正确的思路，但是采用了错误的工具"，依然难以得出正确结果。

在本节内容中，先谈谈衡量通货膨胀的核心指标的变化，即如何从传统的 CPI 指标拓展到更为精确一些的综合通货膨胀指标。

首先需要指出的是，2016 年之前用单一的居民消费价格指数（CPI）来衡量通货膨胀的方向是没有问题的。

中国经济中涉及价格类的指标变量一为 CPI，一为 PPI。2016 年之前，CPI 与生产价格指数（PPI）均主要受到需求端因素影响，在变化方向上是同步的，利用 CPI 来衡量通货膨胀的变化的方向，在结论上不会出现错误。

在传统思路上，市场中常使用"规模以上工业增加值同比增速+居民消费价格同比增速"来近似衡量高频意义上的经济名义增速方向，其变化方向与 GDP 名义增速保持一致，且频率上能提高到月度水平。

因此以往利用"IP（规模以上工业增加值增速）+CPI"来衡量利率变化方向，整体效果不错，虽然会存在背离，但是背离时期有限。

但是 2016 年开始，这个衡量指标出现了长期显著的背离，以"IP+CPI"衡量的经济名义增速长期以来维持平台变化，而长期利率则在此期间大幅起落，见图 2-4-1。

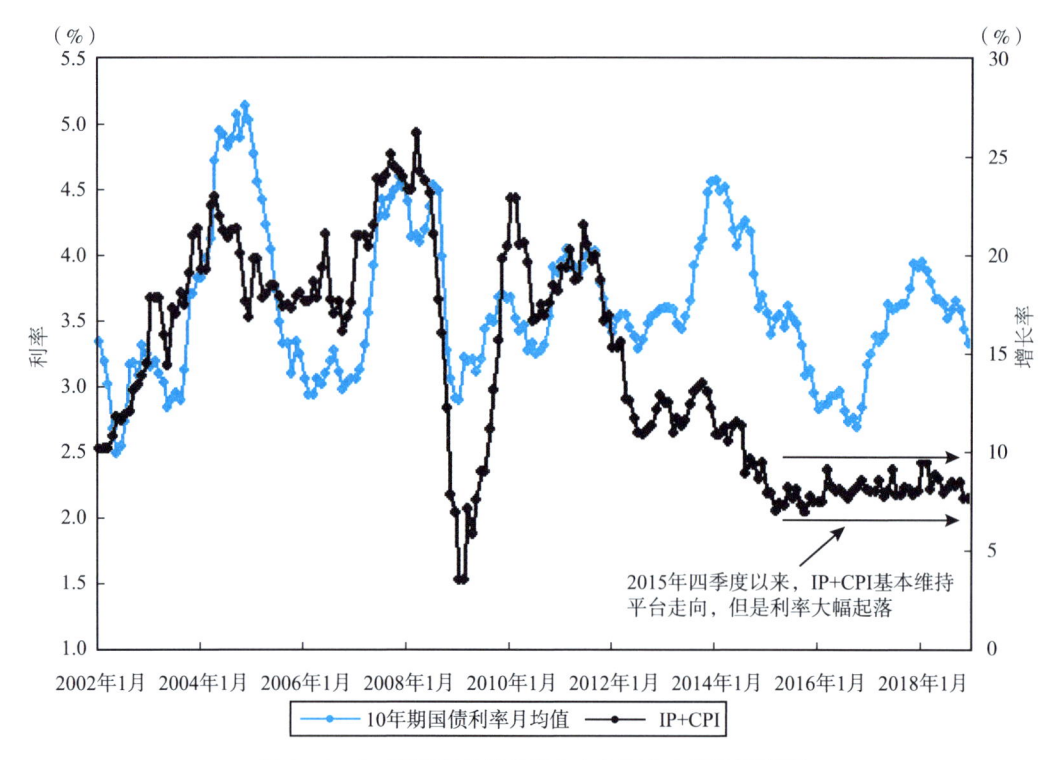

图 2-4-1 高频名义增长率在方向变化上产生了背离

资料来源：万得资讯（Wind）。

2016 年四季度以来，伴随着货币政策收紧，债券市场利率显著大幅走高，当时市场上一致存在一个疑惑就是：这是否符合基本面？

这一疑虑的出现就是单纯只考虑了 CPI 作为通货膨胀衡量指标，没有考虑到供给侧改革、去产能以来 CPI 与 PPI 的分化表现。

2015 年四季度以来，CPI 依然是受到需求端影响，但是 PPI 更多是受到了供给端影响，两者的走向出现了显著的分化，这时综合的通胀率如何，就不能再以单一的 CPI 来进行衡量了。

从最为全面、综合的通胀指标——GDP 平减指数来看，2015 年四季度以来，一直持续到 2017 年上半年，通货膨胀的压力确实在不断加大，GDP 平减指数呈现明显的上行态势，并带动了 GDP 名义增速的走高。从这一角度来看，2016 年四季度以来的债券熊市是具备充分的基本面支撑的。

综合通胀指标——GDP 平减指数的走高，带动了名义 GDP 的走高，这是 2016 年债券市场由牛转熊的根本，在这一基本面支撑下，利率的方向自然选择上行，而具体到上行多少幅度则在一定程度上被货币资金面因素、金融监管因素等所影响。见图 2-4-2。

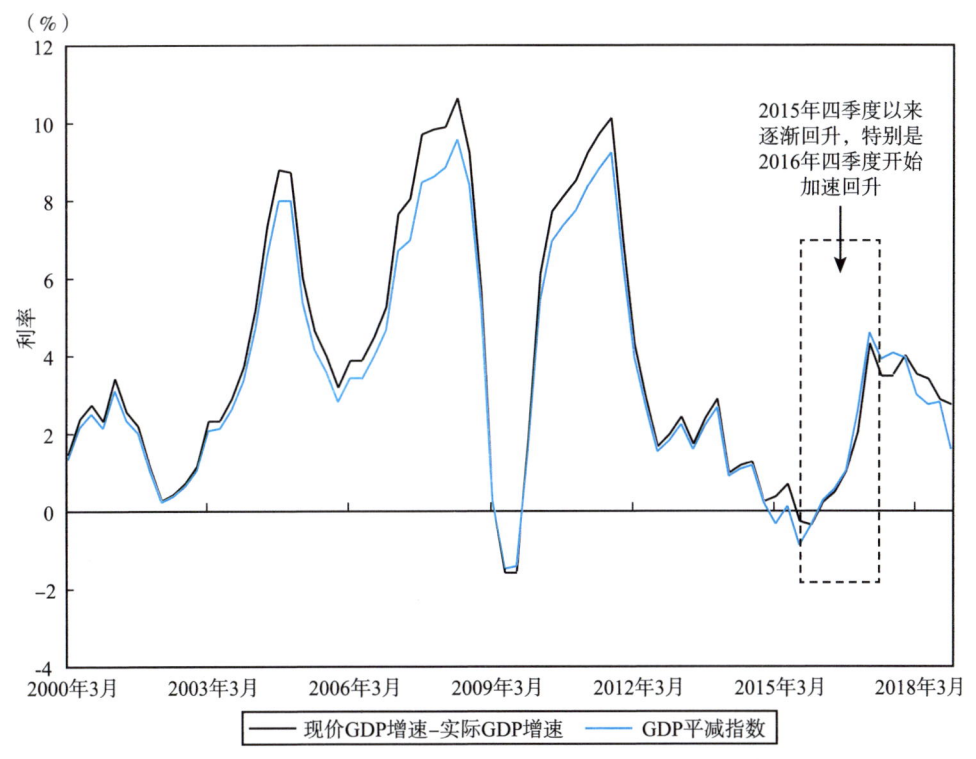

图 2-4-2 最综合、全面的通胀率指标——GDP 平减指数

资料来源：万得资讯（Wind）。

这样来看，最为综合、全面的通货膨胀指标是 GDP 平减指数，但是其缺点在于频率过低，每个季度才会公布一期数据。

当前使用频率较高的价格类指标主要还是 CPI 和 PPI，可以考虑用两者合成高频率的综合通货膨胀指数，近似地去模拟反映 GDP 平减指数的变化。

具体可采用每个季度的 CPI 平均值、PPI 平均值以及 GDP 平减指数同比增速来进行历史数据拟合，拟合出相关系数。

笔者采用的历史周期是 2002～2018 年，分别对应 CPI 与 PPI 的拟合系数是 1.244 与 0.351，即：

综合通货膨胀指标 = 1.244 × CPI + 0.351 × PPI

这个数据在变化方向上能够较为准确地反映 GDP 平减指数的变化，如图 2-4-3 所示。

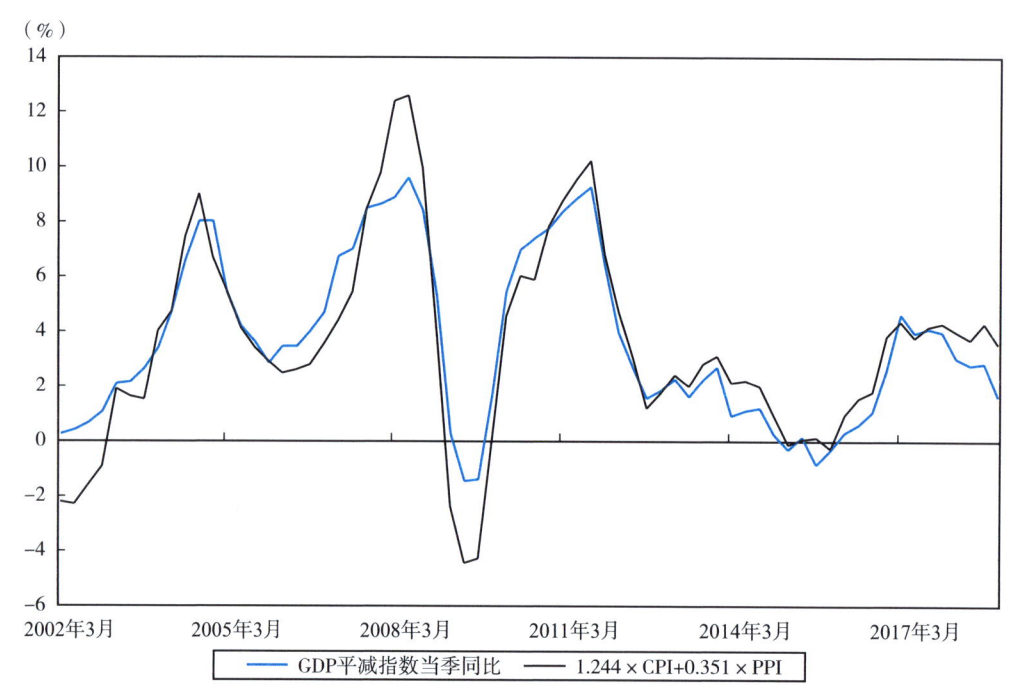

图 2-4-3　CPI 与 PPI 加权合成可模拟 GDP 平减指数方向

资料来源：万得资讯（Wind）。

读者也可以自行选择取样周期，这样可能会得出不同的拟合系数，这都无伤大雅。此外为了更方便、快捷地记住这两个拟合系数，可以大致将其转化为 8∶2。即八成的 CPI 加两成的 PPI，可以合成近似的 GDP 平减指数。

如果用这个综合的通货膨胀指数叠加规模以上工业增加值，合成近似的经济名义增长速度，则可以更好理解 2016 年以来的债市牛熊转化，如图 2-4-4 所示。

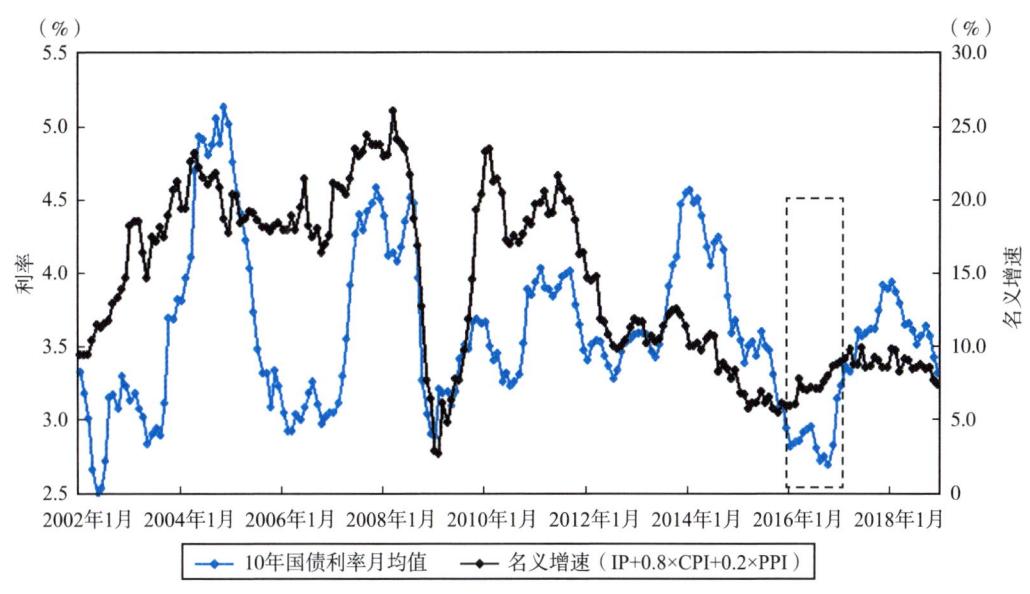

图 2-4-4 2016 年下半年名义增速回升带动了利率回升

资料来源：万得资讯（Wind）。

关于 PPI 向 CPI 传导的争论

2016 年以来，伴随供给侧改革的展开与推进，并叠加环保限产等政策落地实施，在上游部分领域出现了去产能的现象，主要是集中在钢铁与煤炭领域。

供给侧改革去产能在很大程度上改变了上游工业产品的价格走势，并直接影响了 PPI 的走向。2016~2017 年两年时间中，受到供给侧影响的典型产品就是螺纹钢，其价格变化持续了两年的牛市格局。

2015 年开始，中国的两大价格指标（CPI 和 PPI）出现了显著的走势分化，甚至两者是反向的，如图 2-4-5 所示。

2016 年以来，市场对于 PPI 向 CPI 的传导展开了多次争论，其核心争论点就是：面对上游价格的不断走高，为什么成本抬高后，PPI 没有向下游的 CPI 进行传导，CPI 却始终保持在低位？

对于 PPI 与 CPI 的关系，笔者想做如下几个归纳：

1. PPI 与 CPI 之间很难看出有什么领先性关系，并不存在"PPI 是 CPI 先行指标"的说法

从历史数据序列图也能够看出，在转折点时期，有时候是 CPI 略领先于 PPI，

产品的竞争格局中。

银行理财产品的收益率事实上构成了银行自身的成本负担，理财产品的收益率高低取决于资产收益率的高低，取决于市场中债券、非标、信贷等资产收益的变化，同时也受到同业间竞争的影响。

面对持续不断回落的资产收益率，银行理财产品的收益率本应该跟随降低，但是由于同业间竞争的影响，造成了"谁家理财收益率走低，谁家存款资源面临流失"的尴尬局面。为了维护保持自家的存款资源，各家银行逆资产收益率回落的趋势，而强行维持自家的理财产品收益率高企，这对于每家商业银行而言，都是一件"苦不堪言"的事情。

这种局面演变的持续，自然造成部分银行无法忍受这种"亏损"，最终被动的退出理财产品市场的竞争，从而最终形成理财产品市场被若干几家银行垄断的局面。

当若干几家银行实现了相对垄断后，其对于终端消费者（即理财产品购买者）的定价话语权将明显增强，可以更好地引导理财产品的收益率向合理方向回归（更好地与资产收益率变化相吻合）。

可以进一步展望，如果社会中各个行业都展开了这种产业集中度的提高进程，则整体经济将从自由竞争格局向垄断竞争格局演进。

那么，自由竞争的经济格局和垄断竞争的经济格局谁优谁劣，这是另一个需要探讨的话题，并不在本书的探讨范围之内。

而从国际比较角度来看，美国市场早已经在 1990～2010 年时期就展开了这种产业集中度提高的进程，其宏观经济也越发由自由竞争格局走向垄断竞争格局。

第二节
"信用"指标内涵的变化：从 M2 到社会融资总量

如果说误判 2016 年债券市场由牛转熊的第一个教训在于供给侧改革将通货膨胀内涵指标改变，造成了对于名义经济增速变化方向的判断失误，那么第二个深刻教训则是影子银行的蓬勃兴起改变了中国信用扩张衡量的内涵指标，从而在当年令笔者对于社会信用变化的方向产生了误判。

通货膨胀与实际增长构成名义增速，其是从实体角度来衡量经济的变化；而从虚拟金融角度，上述名义增速则化身为信用扩张增速，因此利用信用扩张增速则是从另一角度（虚拟）来衡量经济的变化。这两者本身就是一个硬币的两个面，可以相互印证。

观察经济的信用扩张速度是债券市场投资者一个重要的工具，其重要意义甚至超越了观察名义经济增速，因为利率本身就是信用资本的价格，信用扩张的松紧甚至比名义增速更为直接地影响利率。在某种程度上说，是在假定名义经济增长主要借助于信用扩张方式来实现的前提下，才令名义经济增长对于利率产生了牵引作用，因此相比名义经济增速，信用扩张的变化会更为直接地作用于利率本身。

"工欲善其事，必先利其器"，以什么指标来表征衡量信用的变化呢？

2012年之前，投资者更多地将广义货币供应量（M2）定位为描述中国信用变化的衡量指标。

M2虽然被称为广义货币供应量，但是如果从"资产决定负债"的基本原理出发，其事实所反映的是资产的变化。如果更为形象一些描述，可以狭义理解为银行信贷的增减变化引发了M2的变化，而银行信贷则是一种典型的信用扩张工具。

在现实的交易市场中，人们往往会观察到这样一种自然而然的"应激式"反应：每当金融数据发布日，如果公布的广义货币供应量指标走高，则市场抛售力量强化；如果公布的广义货币供应量指标走低，而市场购买意愿增强。

对于为何会出现这种反应，有着不同的解释。一者认为，鉴于中央银行有M2的目标规划，走高的M2更可能意味着其会超越目标值，从而会引发中央银行的紧缩干预，在外部政策紧缩干预的预期下，利率有走高的冲动；反者，反之。另一者则认为，走高或走低的M2本身意味着信用扩张速度的上升与下降，本身意味着社会对于资本需求程度的上升或下降，自然而然地对应了资本价格——利率的升或降。

两个看法均有道理，是利率决定理论中两个重要分支的体现：利率决定外生性和利率决定内生性。对此，笔者会在后面详细论述。

在此，笔者采用内生性理论，将广义货币供应量M2视为信用扩张的衡量指标。这一指标的重要性在2012年前极大，2012~2014年期间依然重要，因为方向准确度依然可靠，但是从2015年开始出现了失效。这一进程的变化是伴随中国影子银行的不断蓬勃、兴起、壮大而发生的。

2012年前，中国的信用扩张渠道只有两个：银行信贷与信用债券，且两者均在银行资产负债表的资产项体现，遵循"资产决定负债"的基本原理，广义货币供应量M2（银行资产负债表的负债端）就是"信贷+信用债"所创设，如果说还有多出的一部分，即体现为外汇占款。即：广义货币供应量M2基本体现为信贷、信用债以及外汇占款的变化。

由于前两者占据绝对多数，则M2更多的是资产端信贷、信用债的体现，即M2表征和衡量了中国的信用派生。

2012年之后，中国的影子银行蓬勃兴起，信用派生的渠道被拓宽，信用扩张已经不仅体现为银行资产负债表上的信贷与信用债券，还表现为表外的非标资产扩张。

这时，中国信用内含指标已经不能再用单纯的广义货币供应量M2来衡量了，因此中央银行创设出了更为广义的信用扩张衡量指标——社会融资总量。

在非标资产扩张初期，由于信贷与信用债占据着信用扩张总量的绝大多数，因此M2方向的准确性依然可靠。M2与社会融资总量虽然有差异，但是在变化方向上表现一致，因此2012~2014年，利用M2的升降来衡量信用扩张的方向并不会出现方向性差异或误判。

伴随表外非标资产的不断壮大，其对于信用扩张总量的影响越来越大，自2015年开始，M2与社会融资总量增速在变化方向上出现了"分道扬镳"的现象，继续用M2来表征信用扩张的方向则必然导致误判。

对于广义货币供应量M2与社会融资总量两者之间的关系，在2012年市场曾出现过一个探讨热潮。探讨的主要焦点是：非标资产的变化是否会体现在M2的变化中？从当时的市场探讨结论来看，似乎有一部分非标资产的变化会自发体现在M2的变化中，但是还有一部分非标资产的变化无法体现在M2的变化中。

这一基本问题的探讨也决定了广义货币供应量M2与社会融资总量之间存在差异，如果说广义货币供应量M2更主要反映的是银行表内资产的信用扩张状况，主要包含了信贷资产和信用债券资产的变化，则社会融资总量在此之外，还包含了表外非标资产的扩张，后者比前者的内涵更为广泛。

2012年之前，M2与社会融资总量的差异主要反映的是外汇占款；2012年后，伴随外汇占款的消失，两者之间的差异则主要反映的是非标资产。

2015年以来，M2与社融增速两者出现了显著背离。从事后回溯角度来看，2014年以来，中国信用的增速出现持续下行，典型代表指标——社会融资总量的存量同比增速从2013年中期开始筑顶回落，一直到2015年6月份，都是一个加速下行的态势，2015年6~7月，社会融资总量存量（又称社会融资规模存量）同比增速保持在一个平台震荡的态势中，从2016年8月份开始，社会融资总量增速才开始出现持续性的小幅上行态势，并一直持续到了2017年第三季度末期。

2014~2017年中，以社会融资总量为衡量指标的中国信用扩张速度总体呈现"加速下行—平台震荡—小幅回升"的三段节奏变化，但是以广义货币供应量M2为衡量标准却截然不同，在很多时候，广义货币供应量M2的变化方向甚至与社会融资总量的增速方向截然相反。2017年里,社会融资总量增速持续呈现小幅上行态势,但是M2增速则持续不断创出新低。如果以M2为中国信用扩张状态的衡量指标,很容易形成信用收缩的结论,这对于利率方向必然会形成误判。见图2-4-6。

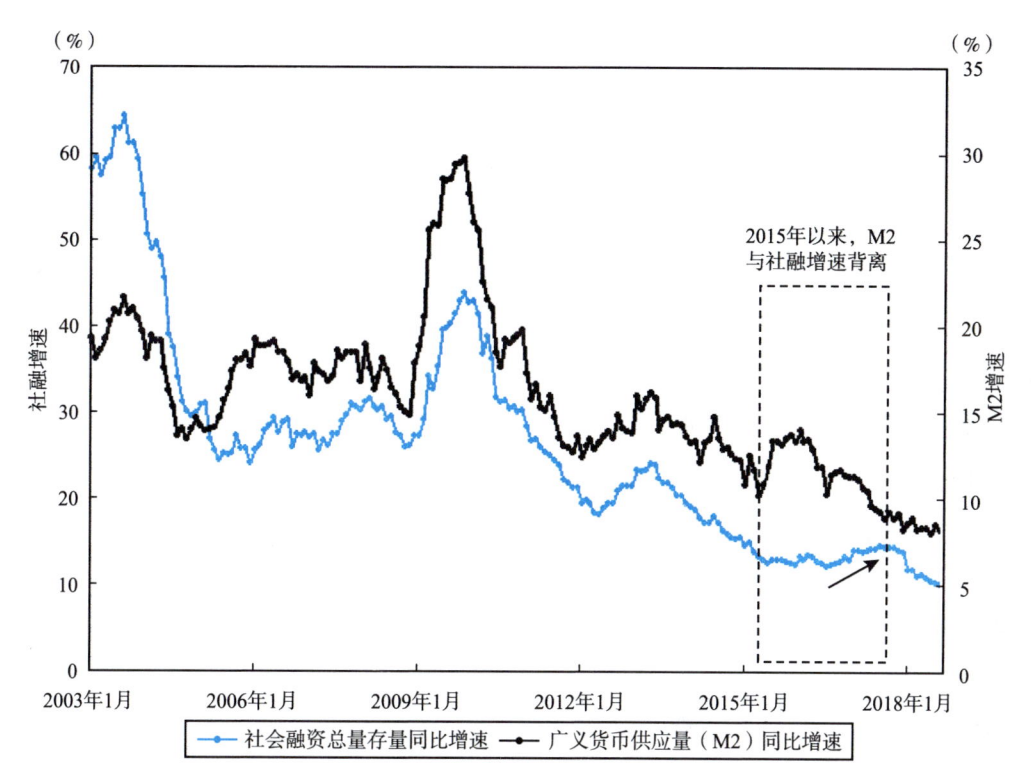

图 2-4-6 2015 年以来 M2 增速与社会融资总量增速走势背离

资料来源:万得资讯(Wind)。

/ M2 - 社会融资总量 /

大概从2017年开始,债券市场投资者开始流行一种从资金供需看待利率升降的逻辑。选择什么样的指标表征资金的供给、什么样的指标表征资金的需求,至关重要。

从名词角度理解,市场一度将"广义货币供应量(M2)"表征为资金供给的指标,将"社会融资总量"表征为资金需求的指标,利用"M2-社会融资总量"表征资金的供需缺口,与长期利率建立关系。

若"M2-社会融资总量"缺口增大,表示资金供应量超过需求量,对应着利率下行；若"M2－社会融资总量"缺口变小，则表示资金供应量不及需求量，对应利率上行。

这种判断逻辑一度非常流行，但事实上这是一种错误的逻辑线条。无论是从实证角度检验，还是从理论角度剖析，都是一种错误的认知。

首先，从实证角度检验，将考察周期延长，如图2－4－7所示，可以看出"M2－社会融资总量"（同比增速相减）这一指标与利率的变化并非是趋势意义上的负相关。

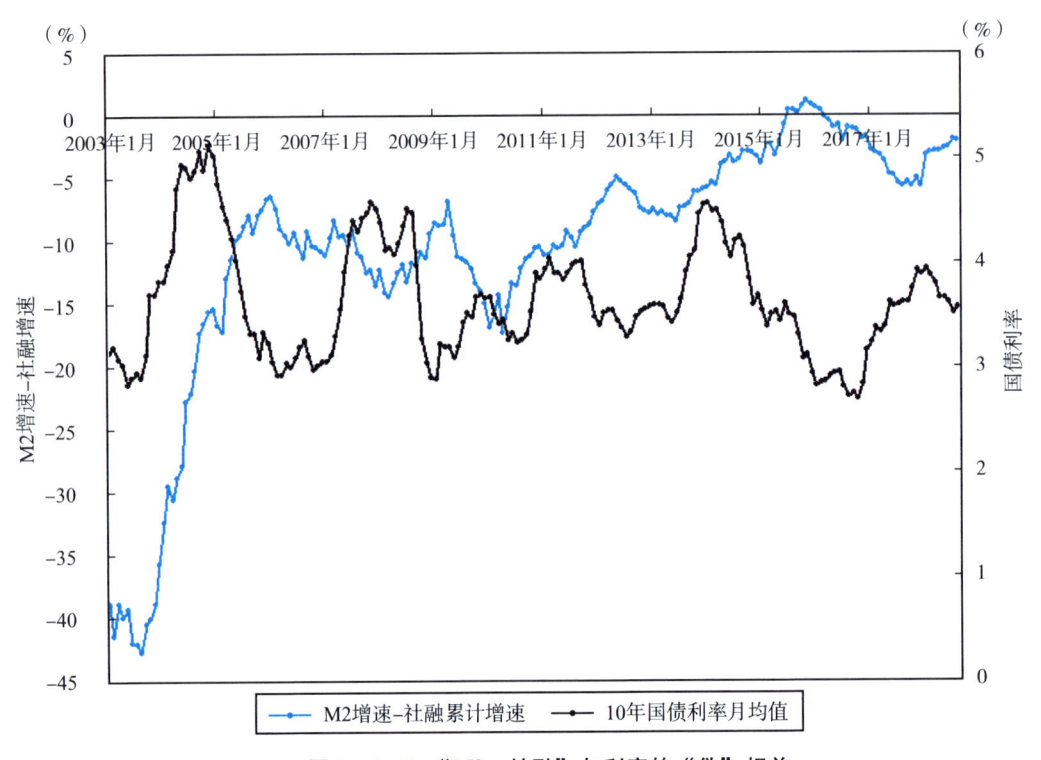

图2－4－7 "M2－社融"与利率的"伪"相关

资料来源：万得资讯（Wind）。

虽然从图2－4－7来看，2012年以来，两者的负相关性似乎较为显著，但是纵观整个历史周期，也存在很多时期，两个指标在方向变化上呈现正相关关系，总体来看，从实证意义考察上，相关性有限。

其次，从逻辑理论角度剖析，这一指标从根本上背离了"资产决定负债"的基本原理，只是从表象出发，顾名思义地将M2定位为资金供应指标（"广义货币供应量"这一称谓的字面引申）。而如笔者之前论述，广义货币供应量 M2 只是在"资产决定负债"理论意义上的一种"代理性"指标，其根本表达的是银行表内资产扩张变化的内涵。

如果理解了 M2 本质是表达资产变化的内涵（表达融资需求的变化），则可以发现所谓的"M2－社会融资总量"只不过是"用一种融资需求在减去另一种融资需求"，这一缺口反映的只是两种需求的轧差。这种需求层面的轧差自然不会和利率有什么必然的关联性。

更进一步，如果将 M2 理解为表内融资需求（信贷、信用债券），将社会融资总量理解为总的融资需求（信贷、信用债以及表外非标资产），则"M2－社会融资总量"这一轧差缺口更多反映的是表外非标资产的变化。在现实中，表外非标资产更多对应的是以地方政府融资平台或地产公司为主体的融资需求。

因此有一些较为牵强的解释表述为：（1）轧差后的非标资产代表一种类固收产品，其收益率要显著高于债券类资产，构成了一种事实上的无风险回报，其高企会对标准化债券产生挤出效应，因此负相关性成立；（2）轧差后的非标资产主要体现为地方政府融资平台或地产公司的融资需求，其高低变化对于经济的敏感度更强，影响度更大，因此负相关性成立。

从笔者角度来看，上述解释线条均较为牵强。总体来看，"M2－社会融资总量"缺口与利率之间的负相关性无论从实证角度还是从逻辑角度，均不成立。

/ 美国经验：信用"量"的概念最终会消失 /

信用总量一直是一个很重要的概念，如何构建准确、全面的信用量衡量标准也是理论界、投资实务界最为关注的话题。中国的信用派生形式从简到繁，经历了不断地扩充与发展，从信贷到广义货币供应量，再到社会融资总量，其内涵不断丰富、扩大。

以当前较为权威的指标——社会融资总量为例，其内涵也先后进行过若干次修订与改进。但是需要提出质疑的是，经过这若干次的修正、改进后，是否现有的社会融资总量内涵就全面、有效呢？对此，笔者依然心存疑虑。

比如 2017 年以来流行的 P2P 模式、股权质押融资模式，这些都是未能被统计体现在社会融资总量之中的内容，但是笔者认为这又都是一种信用融资模式。虽然这些融资工具由于种种原因没有被统计在官方权威口径中，但是依然发挥着其事实上的效用。

毕竟金融是一种"实质重于形式"的活动，投资市场也不会因为现有统计口径中没有统计，就会去忽略其存在的价值和意义。

从发展的角度去看，信用的变迁模式会千变万化，伴随未来金融活动的复杂化，笔者相信越发无法用单一的统计来涵盖全面的信用派生活动，美国的发展历程也许就是我们未来的发展现实。

美国的融资结构与其他国家有很大不同，在美国金融市场中，直接融资占据了较大比重，而相比而言，中国、日本、欧盟等经济体中主要还是以银行为主导的间接融资模式为主。

1996年之前，美国也非常重视"量"的指标，一度将广义货币供应量M2视为货币政策的中介指标，但是伴随其融资模式的多样化发展，特别是直接融资规模的扩大，单纯以银行表内融资模式为主的衡量统计方法已经无法准确度量社会信用的变化，因此美联储将货币政策中介指标由"量"转化为"价"，直接以利率的升降变化来度量社会信用总量的变化，至今在美国的金融市场分析中很少见到以"量"的指标来进行描述分析。

相比于美国融资形式多样化，无法构建"量"型指标，欧盟与日本在很大程度上依然是以银行信用扩张为主体，因此还存在着M2等"量"型指标。

从融资形式与结构来看，当前的中国市场无疑更接近于日本、欧盟模式，银行间接融资为社会信用扩张的主体。但是伴随金融市场的发展与变迁，融资工具、融资形式的多样化发展，也可能会出现美国当年所面临的"困境"，即无法精确、全面地统计出"量"型指标，这时"利率"作为更加精确、综合的度量指标将变得更为重要。

| 第五章 |

2017 年重要逻辑线条反思

2017 年的债券市场是一个大熊市，但是是一种"非典型"意义上的熊市。回顾 2002 年以来的若干轮大型熊市，均出现了通货膨胀走升的现象，居民消费价格指数 CPI 上行破"3%"几乎是必然的，但是唯有 2017 年是在经济稳定，CPI 指数平稳的背景下出现了罕见的大熊市。

"去杠杆"，特别是"金融去杠杆"一词成为 2017 年每个投资者耳熟能详的关键词，"金融监管"成为牵动每个投资者神经的敏感内容。

回顾历史，2013 年的"钱荒"以及当年大熊市的出现也与"去杠杆"有密切关系，只不过 2017 年的"去杠杆"更聚焦于"金融杠杆"。这似乎是一个"新"的概念和内容，但是过后比较发现，2013 年和 2017 年却有着本质上的"神似"之处。

第一节
金融监管是与非

回顾 2017 年，对于各位投资者而言，印象最为深刻的是金融监管。几乎贯穿全年，每一位投资者对于接踵而至的监管文件、传言以及监管措施都是历历在目。在当年投资者几乎是众口一词地认为监管政策是影响当年债券市场运行的核心逻辑线条，也认为严监管是导致 2017 年债券熊市的根本原因。

但是，真的如此吗？

在本节内容中，笔者想探讨两个问题：

第一，假如严监管是造成 2017 年债券熊市的根本，那么监管因素是通过什么样的渠道和线条影响了债券市场？

第二，从事后回溯角度来看，监管是影响债券市场的逻辑线条吗？

2016 年 12 月 14~16 日于北京召开的中央经济工作会议明确提出了："要把防控金

融风险放到更加重要的位置，下决心处置一批风险点，着力防控资产泡沫，提高和改进监管能力，确保不发生系统性金融风险。"

自此便拉开了金融监管的大幕，而伴随2017年债券市场的不断走熊，且在走熊的过程中又陆续不断地涌现出监管政策以及事关监管的传言，因此令市场产生了恐惧。每当一个监管政策出台或传言显现，债券市场都会面临打击与下跌，因此全市场的关注焦点集中于金融监管与债券市场的联系中。

从年初开始，市场一直在探索一个问题：假如金融监管是影响债券市场的根本逻辑，投资者的焦点是金融监管，那么金融监管的目标与方向是什么？

在一番探讨后，市场普遍认为金融监管的目标是去杠杆，特别是金融去杠杆。事实上，这是一个非常令人困惑的答案。在众多的经济、金融类教科书中，从来没有一个定义涉及金融杠杆（率），而笔者在查询了众多的公告文件中，也发现凡是部委（含）以上级别的文件描述中，只描述过经济杠杆或（国有）企业杠杆，从未出现过"金融杠杆"一词。但是众多的市场研究机构却均以金融（去）杠杆为研究焦点。

假设确实存在金融（去）杠杆一说，那么问题的焦点就是如何来衡量金融杠杆率？政策希望把此杠杆率降低到何种程度，才会放缓严格监管，方可平抑其对债券市场的压制与冲击？

针对这一问题，市场上诸多的分析机构归纳整理出如下一系列金融杠杆率的观测指标，希望借助于对这些指标变化的观察来度量监管政策对债券市场的冲击以及影响进程。

1. 将"非银金融机构的债权增速"视为金融杠杆率

2017年4月份，债券市场流行这样一张图，以此来显示最近一年时间以来，金融杠杆率是如何快速攀升的，如图2-5-1所示。

这张图的含义是这样的：

其他存款性公司大致对应商业银行，其他金融性公司大致对应着券商、基金公司这些非银类金融机构。净债权表示"其他存款性公司对其他金融性公司债权"与"其他存款性公司对其他金融性公司负债"的轧差值。

"其他存款性公司对于其他金融性公司的债权"就是商业银行对券商、基金这些公司进行的具有贷款属性的操作，比如拆借、回购等。对于委外投资，是否也可计入其中？很多委外投资是以表外形式体现，是否会反映在资产负债表上，对于这点笔者并不确认。

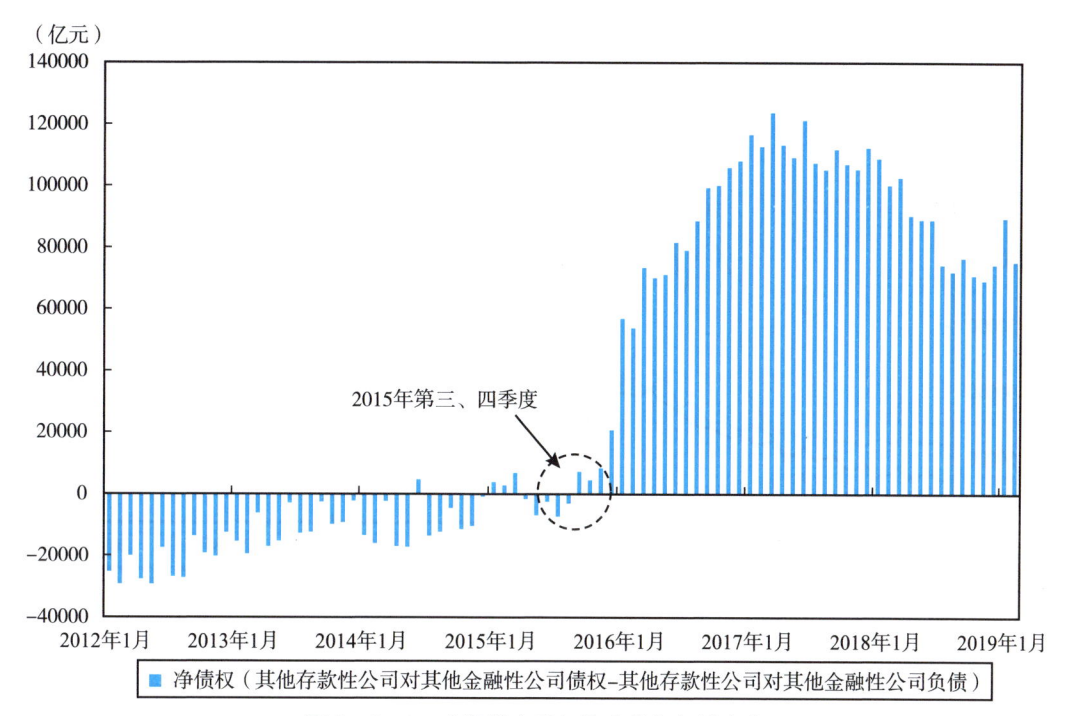

图 2-5-1 非银类金融机构净债权规模变化

资料来源：万得资讯（Wind）。

"其他存款性公司对其他金融性公司的负债"就是商业银行从基金、券商这类机构中取得的存款或拆入款，例如典型的证券公司保证金存款等。

图 2-5-1 出现了明显的变化，主要是从 2015 年下半年开始的，轧差后的净债权突然猛增，这引发了市场的猜测纷纷。无独有偶，从定性印象中，理财业务中的委外业务也大致是从 2015 年开始蓬勃发展的。

因此，在市场分析中，想当然的可以将这种净债权的激增归因到了银行通过委外等模式将资产转移到了非银机构手中，这就是所谓金融杠杆激增、风险变大的依据。

这是在 2017 年 4 月份市场中较为流行的看法与依据。

但是，笔者针对此指标做如下的分析：

"其他存款性公司对其他金融性公司的净债权 = 其他存款性公司对其他金融性公司的债权 - 其他存款性公司对其他金融性公司的负债"。

净债权的变化是总债权与总负债轧差的结果，那么需要分别观察总债权和总负债是如何变化的。

首先从绝对值角度来进行观察分析，参考如图 2-5-2 所示。

轧差后,"其他存款性公司对其他金融性公司的净债权"激增。

所以,这个所谓净债权的激增并不是什么委外等资产业务扩大的结果,而是负债业务收缩的结果,将其作为金融杠杆增速恶化指标确实是不合适的。

2. 将广义货币供应量 M2 中的金融机构存款视为金融杠杆率

M2 中的金融机构存款是指非银行类金融机构的人民币存款,是 M2 的构成部分之一。将 M2 中的非银金融机构存款数量变化作为金融去杠杆的指标变化,这一说法来自中国人民银行自身。

2017 年 5 月份中国的 M2 增速大幅度下行,从 4 月份的 10.5% 一下降低到 9.6%,对此,人民银行有关负责人就 5 月份货币信贷数据答记者问中描述如下:

"近期 M2 增速有所放缓,5 月末 M2 同比增长 9.6%,比上月末低 0.9 个百分点,这主要是金融体系降低内部杠杆的反映。近些年部分金融机构通过资金多层嵌套进行监管套利,在体系内加杠杆实现快速扩张,累积了一定风险。随着稳健中性货币政策的落实以及监管逐步加强,金融体系主动调整业务降低内部杠杆,表现在与同业、资管、表外以及影子银行活动高度关联的商业银行股权及其他投资等科目扩张放缓,由此派生的存款及 M2 增速也相应下降。5 月份商业银行股权及其他投资科目同比少增 1.42 万亿元,下拉 M2 增速约 1 个百分点。货币持有主体的变化对此也有所印证:5 月末金融体系持有的 M2 仅增长 0.7%,比整体 M2 增速低 8.9 个百分点;与此同时,非金融部门持有的 M2 增长 10.5%,比整体 M2 增速高 0.9 个百分点。总的来看,金融体系控制内部杠杆对于降低系统性风险、缩短资金链条有积极作用,对金融支持实体经济也没有造成大的影响。此外,5 月份财政性存款增加 5547 亿元,较上年同期多增 3928 亿元,也暂时性地下拉 M2 增速约 0.3 个百分点。"

在这个描述中,将 M2 的走低归结于金融体系持有 M2 的低增长,并以此为依据归结为金融体系控制内部杠杆的结果,因此市场再度怀疑,这即为金融监管、金融去杠杆的标志性指标。

笔者依此思路加工整理了非银行业金融机构存款余额的增速,如图 2-5-4 所示。

从图 2-5-4 可以清晰地看到,如果以非银行业金融机构存款增速为金融杠杆标志,则该"杠杆率"最低的是时期是 2016 年 7 月份和 2016 年 11 月份,而绝非 2017 年 5 月份,事实上,2017 年以来,该指标增速是在一个回升的通道中,这作为金融去杠杆见成效的体现让人很难信服。

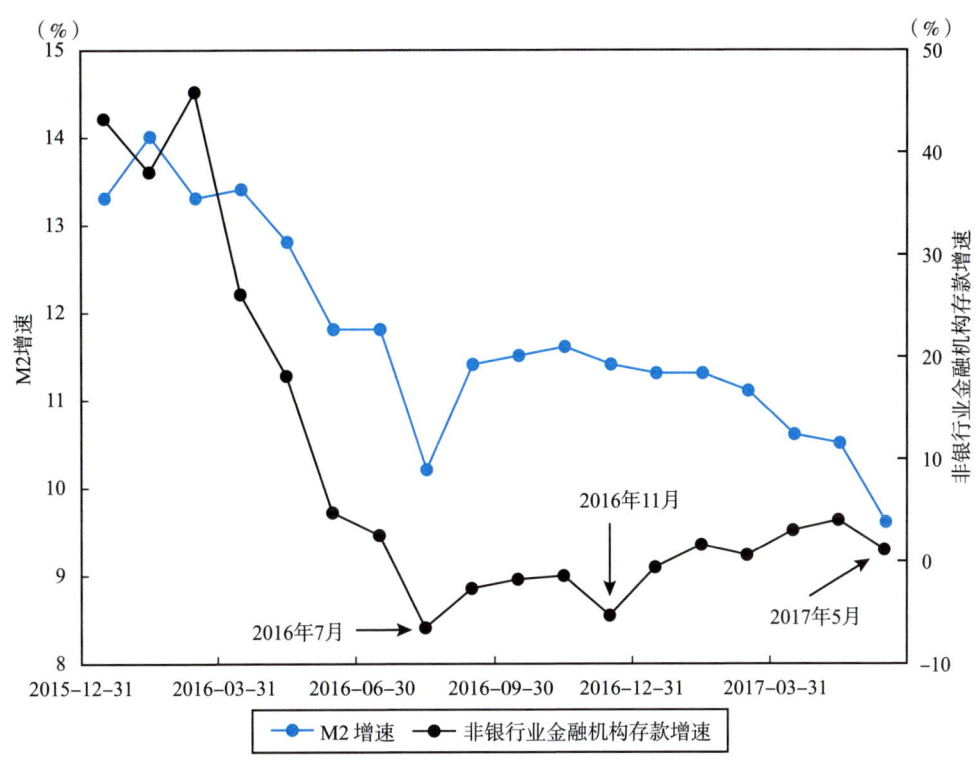

图 2-5-4　M2 与非银行业金融机构存款增速的变化

资料来源：万得资讯（Wind）。

3. 将同业理财规模或同业负债规模作为金融杠杆指标

还有分析思路将焦点对准了同业负债（资产）的变化，认为同业负债或资产只是形成金融机构与金融机构之间的资金往来，与实体经济无关，在"脱虚向实"的主导思想下，控制金融杠杆率就是控制金融机构同业之间的资产或负债。

该观点认为 2017 年货币政策的收紧是由于银行体系同业负债规模的急速膨胀所导致，由于同业负债之间牵连诸多金融机构，其规模过速膨胀时，会出现"一家出问题、牵连系统出问题"的风险。

假如上述假设成立，那么用什么样的指标来衡量同业负债的规模变化呢？

首先同业负债分为表内和表外层面，表外层面体现在理财中，具体可参考同业理财规模。截至 2016 年底的理财报告数据，表外理财中的同业理财规模只有不足 6 万亿元，规模有限。

6 万亿元的规模无碍大局分析，那么笔者专注于表内同业负债规模，根据其他存款性公司资产负债表，和同业负债相关的科目有三个：对其他存款性公司的负债（近似表达银行之间借贷的规模)、对其他金融性公司的负债(近似表达银行与非银机构之间的借贷)和债券发行(其中含有同业存单规模,还含有政策性金融债券等规模)。

三者相加,计算增速,可以近似地衡量同业负债增速变化,虽不精确(例如:债券发行中含有政策性金融债券规模),但是趋势变化依然具有可参考性,如图2-5-5所示。

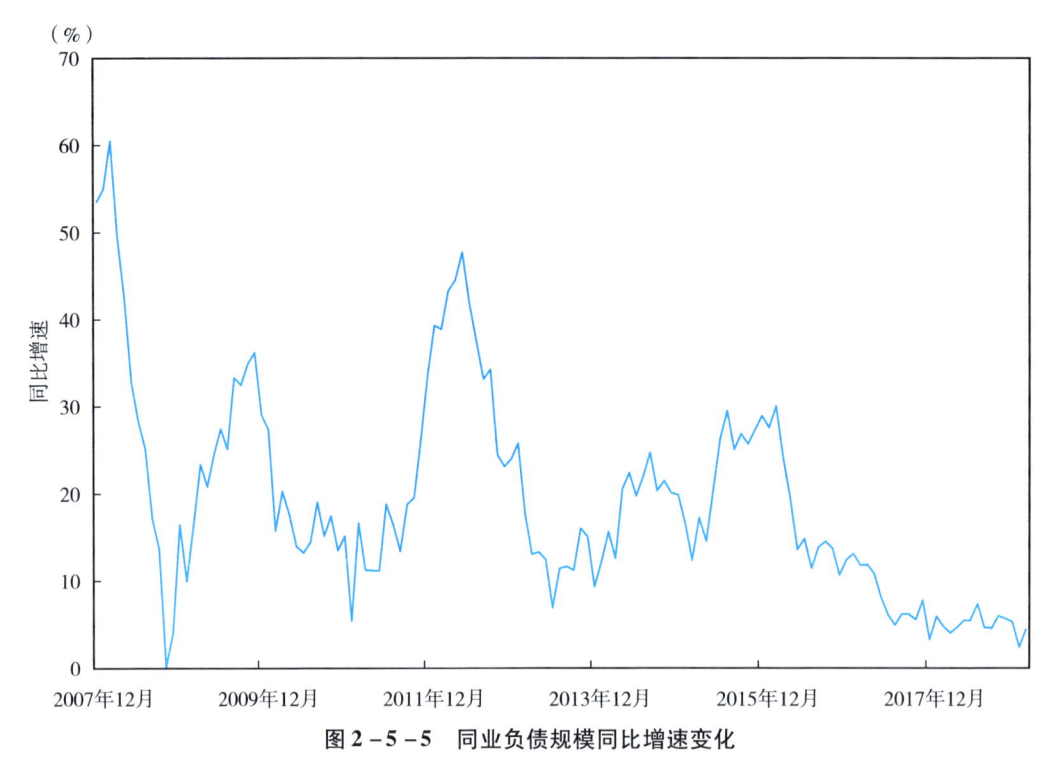

图2-5-5 同业负债规模同比增速变化

资料来源:万得资讯(Wind)。

从图2-5-5来看,如果说这是金融杠杆率的指标,那么其从2015年底以来已经处于持续回落的通道中,很难说明金融杠杆率持续走高、恶化,并导致了货币政策的收缩以及监管政策的从严。

以同业为分析焦点,市场还衍生出一些类似的分析指标,比如:同业资产/(同业资产-同业负债)。这曾被银行业内部称为一种金融杠杆率指标。

而根据其他存款性公司资产负债表,可以取得如下数据:

"其他存款性公司对其他存款性公司的债权"——同业资产(银行对银行的同业资产);

"其他存款性公司对其他金融机构的债权"——同业资产（银行对非银金融机构的同业资产）；

"其他存款性公司对其他存款性公司的负债"——同业负债（银行对银行的同业负债）；

"其他存款性公司对其他金融机构的负债"——同业负债（银行对非银金融机构的同业负债）。

根据上述定义，可以构造出这个指标的宏观变化情况，即：（其他存款性公司对其他存款性公司的债权+其他存款性公司对其他金融机构的债权）/（其他存款性公司对其他存款性公司的债权+其他存款性公司对其他金融机构的债权−其他存款性公司对其他存款性公司的负债−其他存款性公司对其他金融机构的负债）

其历史序列变化如图2-5-6所示。

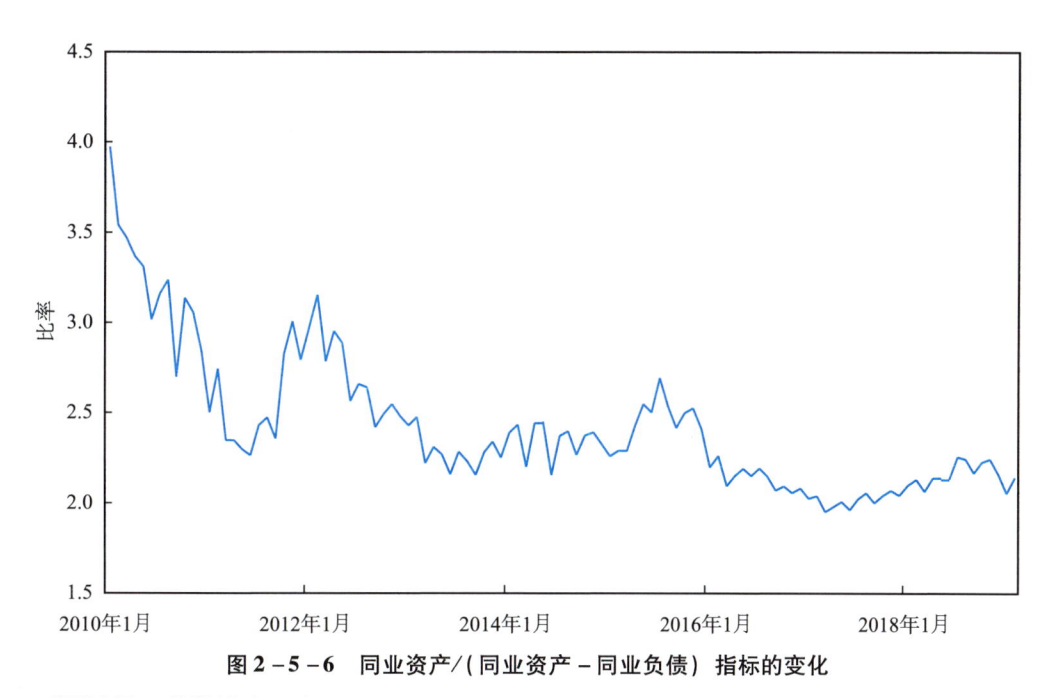

图2-5-6 同业资产/（同业资产−同业负债）指标的变化

资料来源：万得资讯（Wind）。

从数据的变化上来看，所谓的"杠杆率"指标［同业资产/（同业资产−同业负债）］事实上从2015年7月份以来不断降低。截至2017年3月份已经跌到了1.95，这显然与金融杠杆率恶化、不断走高的观点相悖。

4. 将其他存款性公司总资产增速与 M2 增速之差视为金融杠杆指标

还有一种分析思路，是观察银行机构的总资产增速（即其他存款性公司总资产增速）与广义货币供应量的缺口。

这一观察指标的内在逻辑性笔者也并不清晰，总体感觉是认为其他存款性公司的资产扩张都应该反映在 M2 变化中，如果其脱离 M2 过多，则反映出"虚增成分"过大，必然会引发货币监管当局的关注与约束，造成政策收缩。

而巧的是 2007 年以来，三轮大型熊市期间，均出现了其他存款性公司总资产增速显著超越广义货币供应量增速的现实，因此一些债券市场分析者认为，该指标可能反映出金融杠杆过重，导致了政策收紧，见图 2-5-7。

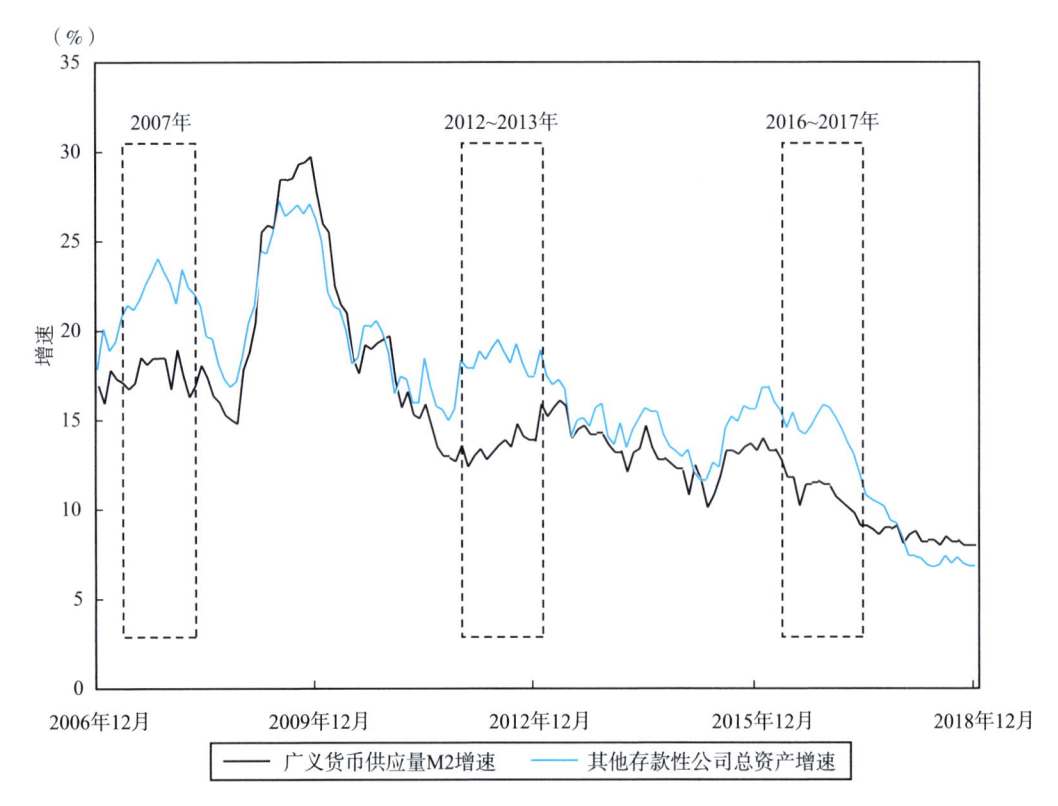

图 2-5-7 货币供应量与其他存款性公司总资产增速的变化

资料来源：万得资讯（Wind）。

笔者无法评论该指标的合理性与否，只是认为单纯的数据耦合并不代表其具有合理性，在设计或推出一个指标之前，必须要找到其内在的逻辑依据。

5. 以"M2/名义 GDP"或"社会融资总量/名义 GDP"作为金融杠杆率指标

以"M2/名义 GDP"或"社会融资总量/名义 GDP"作为杠杆率指标是一个通行常见的做法，但是需要指出的是，这并不是所谓的金融杠杆率，而是国际上所通行使用的经济杠杆率指标。

一般而言，宏观杠杆率通常用债务和名义 GDP 之比来表示，也即债务杠杆率或债务比率，并将杠杆率分解为政府部门、非金融部门、金融部门、居民部门 4 项指标。

债务指标也可以换成其他金融指标，比如说广义信贷、M2。分子是金融指标，分母是实体经济指标，在某种程度上反映了金融服务实体经济的情况。

作为国际通行采用的宏观经济杠杆率指标，事实上假如以此作为政策变化的触发点，其本质上并没有脱离政策驱动的三因素（通胀、增长与债务）。

如此看来，2017 年以货币政策、监管政策为代表的各类政策的收紧，只是 2013 年的一个"翻版"，其本质并无差异，均是在社会债务杠杆率过高的背景下所采取的一种正常应对行为。

这样来看，M2 或社会融资总量则具有重要的指示意义。在名义 GDP 保持稳定的前提下，控制杠杆率即意味着分子部分（M2 或社会融资总量）必须得到有效控制，其过高、过快的变化会导致货币政策的收缩，而当其不断降低则意味着政策收紧的力度也将有所缓和。

根据最传统的定义，社会经济杠杆率是指广义信贷资产与名义 GDP 的比值，又可以划分为存量经济杠杆率（广义信贷资产存量/名义 GDP 总量）和增量杠杆率（广义信贷资产增量/名义 GDP 增量）。

那么什么是广义信贷资产？以往是可以用广义货币供应量 M2 来衡量的，但是由于 2017 年以来，M2 与社会融资总量出现了分化，因此用社会融资总量来进行替代衡量更为合适。

可近似地定义中国市场中的经济杠杆率：（1）存量经济杠杆率 = 社会融资总量存量/名义 GDP 总量；（2）增量经济杠杆率 = 社会融资总量年增量/名义 GDP 年增量。

在一定程度上，可以将增量杠杆率理解为存量杠杆率的加速度。而且经过简单的公式变形处理，可得到如下结果：

$$存量杠杆率_{第n年} = 存量杠杆率_{第(n-1)年} \times \frac{1 + 社融增速_{第n年}}{1 + 名义\,GDP\,增速_{第n年}}$$

$$增量杠杆率_{第n年} = 存量杠杆率_{第(n-1)年} \times \frac{社融增速_{第n年}}{名义\,GDP\,增速_{第n年}}$$

象，屡屡产生信贷、社融超预期的局面。

纵观2017年，虽然货币政策基调从紧（以三大货币政策工具之一公开市场利率上调为标志依据），但是对于信用扩张并没有显著限制（信贷额度依然不少），反而走出了社会融资总量增速和信贷增速重心抬高的局面，这是典型的"紧货币（目标）+ 宽信用（现实）"组合，因此债市深受冲击。

总体来看，2017年的降杠杆成效显著，归因于供给侧改革、环保限产等因素带动了GDP平减指数的攀升（PPI为主因），从而促成了GDP名义增速的显著走高，进而降低了增量杠杆率，保证了存量杠杆率的稳定。其间货币政策基调虽然从紧，但是对于信用融资的扩张并无显著的限制。

再回归到债市运行逻辑，无论从名义增速回升角度，还是从"紧货币（目标）+ 宽信用（现实）"角度理解，都可以看到名义利率水平的回升，这是2016~2017年的故事。

6. 以金融业GDP变化或金融行业增加值增速变化作为金融杠杆率指标

还有一种观点认为，既然是金融去杠杆，那么必然要反映为金融业增加值增速要显著降低下来，具体为金融业GDP增速要明显下行，这样才是金融去杠杆的目标。

这个观点恰好与2014年市场主流看法——"第三产业增速提高"截然相反，认为经济增长中的虚拟部分为金融行业，因此去杠杆成功与否的标志则为金融业GDP增速下行，有些还甚至举例比较中美两国的金融业GDP增速，认为中国显著过高，是一种"脱实向虚"的表现。

对此，笔者实在不敢苟同，历史上有两次出现过金融业GDP增速显著走高的时期，分别为2007年和2015年，这两次走高分别对应着股票的大牛市，见图2-5-10。

在《投资交易笔记（续）》蓝皮书中笔者曾经介绍过金融业GDP增速的核算方式，其确实与股票市场的成交量兴衰密切相关，因此金融业GDP的高低更多的是反映于此，和什么"虚"与"实"并无直接关联。

上述六类指标是2017年市场探讨较为集中的观测指标，其中有真有假，笔者较为认同的是第五个指标。

除此之外，还有一些观点从定性化角度去理解去杠杆，比如严监管的目标就是为了达到金融业务全口径监控、增强透明度和可观测性，避免"黑箱操作"等。也有一些观点只是单纯从债券市场出发，认为金融去杠杆可以狭义理解为债券市场去杠杆，将各个机构的债券操作杠杆率降低下来，但是笔者认为以一个单纯的债券市场为目标，动用货币政策以及监管政策等工具似乎"大材小用"了。

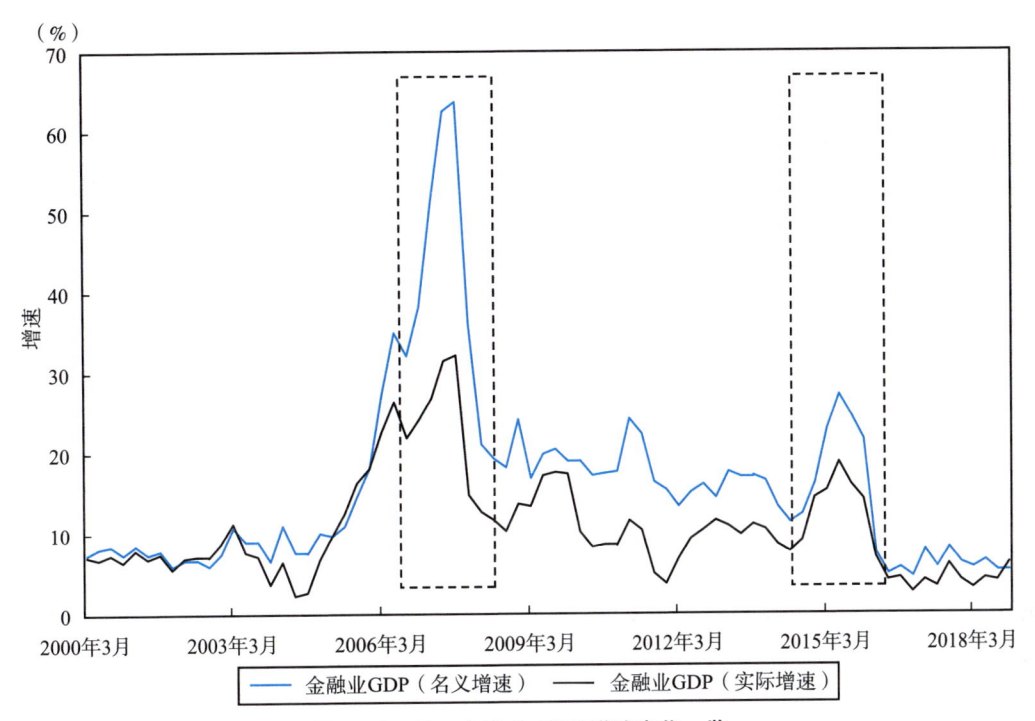

图 2-5-10 金融业 GDP 增速变化一览

资料来源：万得资讯（Wind）。

笔者认为，2017 年的所谓去杠杆和 2013 年的去杠杆从本质而言，并无显著差异。前提背景均是经济出现了稳定迹象，与此同时，信用扩张过快，整体经济杠杆率走高，导致了货币政策收缩，并导致了债券熊市。

笔者还认为，所谓的金融去杠杆或者说金融杠杆率本身就是一个伪命题，并不存在如此的一个定义，在探讨所谓去杠杆时，其本质就是在谈论经济杠杆率。

将上述命题结论进一步深化，如果说金融去杠杆或者金融杠杆率本身就是一个伪命题，那么金融监管还是不是影响债券市场走势的驱动因素呢？难道在整个 2017 年中牵动债券投资者神经的金融监管都是伪命题？

承认这点很难，也很残酷，这意味着市场的逻辑焦点可能犯了错误，虽然结论依然是对的（债券市场是熊市），但是逻辑线条错了。

笔者从三个角度来剖析这个论述：严监管并不是驱动债券市场牛熊的逻辑线条。

1. 从 2017 年的现实市场运行节奏来看，无法得出监管政策密集出台与债券市场剧烈调整之间的相关性

笔者共统计了 2017 年出台或传闻出台的 22 项政策或事件传言，这些事件或传言当

初都被市场投资者所关注,并在当期引发了市场波动,其中一季度有4项、二季度有11项、三季度有3项、四季度有4项。

但是从10年期国债利率的表现来看,调整最剧烈的时期发生在二季度和四季度,基本从利率走势来看,5~8月份是一个横盘时期,市场调整的剧烈程度和传闻以及政策事项出台的频度并不密切相关,如图2-5-11所示。

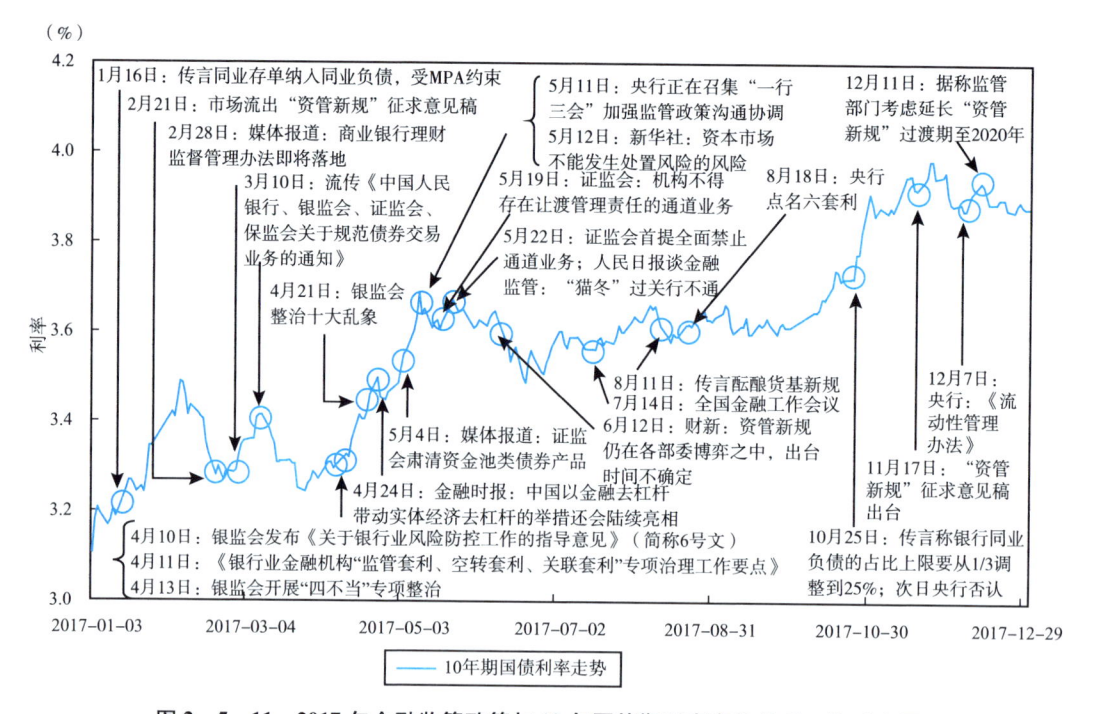

图2-5-11 2017年金融监管政策与10年国债期利率变化关系一览(中国)

资料来源:万得资讯(Wind)。

2. 从2018年事后追溯来看,放松的监管取向反而成为阻碍债券市场走牛的因素,这与2017年的市场逻辑是截然相反的

2017年整体市场投资者惧怕严监管,但是进入2018年后,则出现了反转"剧情"。每当出现监管放松的传闻或政策,债券市场则出现下跌走势,这种现象和2017年形成了显著的反差。

最为典型的一个例子出现在2018年7月19日。当天21世纪经济报道发布信息:"资管新规执行通知即将出台,明确公募可投非标(应该指银行理财的公募产品),符合条件的类货基产品可采用摊余成本法,整改不设硬性指标。中国银保监会正在制定的银行理财细则这两天有望落地,最快或将于今日出台,同时央行近期会下发执行通知,对指导意见中的部分在执行过程中的问题做出了明确。"

相比于严监管立场,上述信息呈现明显放松的态势,这一信息在当天引发了债券市场投资者对于"宽信用"复苏的担忧,从而导致在19~20日利率呈现显著上行的态势。

如果说监管逻辑对于债券市场的影响是一脉相承的,那么债券市场从2017年恐惧严格监管到2018年恐惧放松监管,这一截然相反的态势则让分析逻辑无法自洽。

3. 美国的经验

美国的金融监管历史很长,但是距今最近、影响也最大的发生在2009~2010年期间。

在经历了2008年的金融危机后,美国金融业认识到了金融监管的重要性,从2009年开始展开了一系列的金融监管立法活动,最终在2010年7月21日,美国总统奥巴马签署金融监管改革法案,使之成为法律,标志着历时近两年的美国金融监管改革立法完成,从此拉开大萧条以来美国最大规模金融监管改革的序幕,华尔街正式掀开新金融时代序幕。

因此笔者倾向于将2009~2010年定义为美国金融市场中的"监管年",在此期间一系列金融改革以及监管法规陆续出台。

如果从标志性事件来看,在2009~2010的监管年中有如下一些标志性事件依次呈现:

(1) 2009年3月10日,时任美国联邦储备委员会主席伯南克说,必须对美国金融监管体系进行改革,以加强对银行、共同基金和大型金融机构的监管。

(2) 2009年3月26日,美国政府公布金融系统全面改革方案,改革重点主要是强化集中监管、扩大监管范围和内容,以避免再次发生系统性的金融危机。这一方案堪比美国大萧条时期出台的《格拉斯-斯蒂格尔法案》。

(3) 2009年6月17日,美国政府正式公布全面金融监管改革方案,从金融机构监管、金融市场监管、消费者权益保护、危机处理和国际合作等方面构筑安全防线,期望以此恢复对美国金融体系的信心。

(4) 2009年12月11日,众议院以223票赞成、202票反对的结果通过了金融监管改革法案。根据该法案,美国金融监管体系将全面重塑,美联储将成为"超级监管者",全面加强对大型金融机构的监管。同时,新设消费者金融保护局,赋予其超越目前监管机构的权力。

(5) 2010年5月20日,参议院以59票赞成、39票反对的结果通过了金融监管改革法案。与众议院版本相比,参议院版本法案在监管措施方面更为严厉。两院需协商出息不是使用资本的代价，而是人们放弃流动性偏好的报酬。如果人们的流动性偏好增强，愿意保持货币的数量大于货币的供给量，利率就要上升；反之，利率则会下降。于是，利率就取决于货币领域中货币供给和货币需求的均衡，利率也就自然地由政策因素而非真实因素所决定。

无论是古典学派所崇尚的内生性还是凯恩斯所崇尚的外生性均是从单一角度来考察利率的决定，以此两者为基础，希克斯和汉森先后提出了 IS-LM 模型，其综合了两派的研究成果，既从货币领域也从真实领域分析了利率的变化，即认为利率是内生性和外生性兼而有之的辩证统一体。①

上述各派理论均有其合理性也有其局限性，这可能并不是众多市场投资交易人员所关注的重要内容。众多投资者所核心关注的问题只有一个：在日常的交易投资中，是应该更为关注中央银行的行为还是应该更为关注实际经济运行的状态？

如果你更为关注前者，认为利率的升降是中央银行所主导，那么你就是一个利率外生属性的拥护者；如果你更为关注后者，那么你就是一个利率内生属性的拥护者。

事实上，在现实市场运行中，中央银行的行为也是依据于实际经济运行而做出的，因此政策因素与真实经济运行因素多数时期并不相悖。但是也确实存在着这样一种可能：政策行为会脱离当前实体经济运行的变化，令两者相背离。

在历史上几乎每一次债券熊市的尾端期，都会发生这种背离，也对应着市场会出现非理性的"杀跌"局面。笔者曾总结过，这种背离时期往往是政策因素滞后性所导致的，但是每当面临这种背离局面，对于每一位参与者都是一种严峻的考验，是"退而避之"还是"越跌越买"，这实际上是对每一个投资者是信仰利率外生属性还是信仰利率内生属性的煎熬与考验。

虽然众多学者都从理论角度阐述了利率是内生性和外生性的辩证统一，但是不可否认的是利率的这两重属性并非是均匀地分布在同一利率体系中。

一般情况下，每一种利率都具有某种主要属性，如：由中央银行制定的官方利率属于外生性利率，其内生性特征仅仅表现为中央银行对它的制定是以真实经济状况为客观依据。而由市场自动生成的利率则属于内生性利率，其外生性仅仅表现为它的变动一般会受到中央银行利率的影响，但是这种影响并非至关重要的唯一因素。

本书从始至终的分析标的均为 10 年期国债利率，其属性更接近于市场自动生成的利率，况且笔者虽然承认利率的双重属性，但是其内心深处更是利率内生属性的坚定信

---

① 曾宪久. 利率的内生性、外生性：辩证关系及政策含义 [J]. 金融理论与实践，2001 (4)：8-10.

仰者，因此笔者自身更倾向于从内生性角度来理解利率的变化，而并不特别侧重于从政策维度去理解利率的升降变化。这并非是正确与错误之分，而是信仰的区别。

在《投资交易笔记（续）》蓝皮书中，笔者曾提出过一个利率定价的基本示意图，见图 2-5-13。

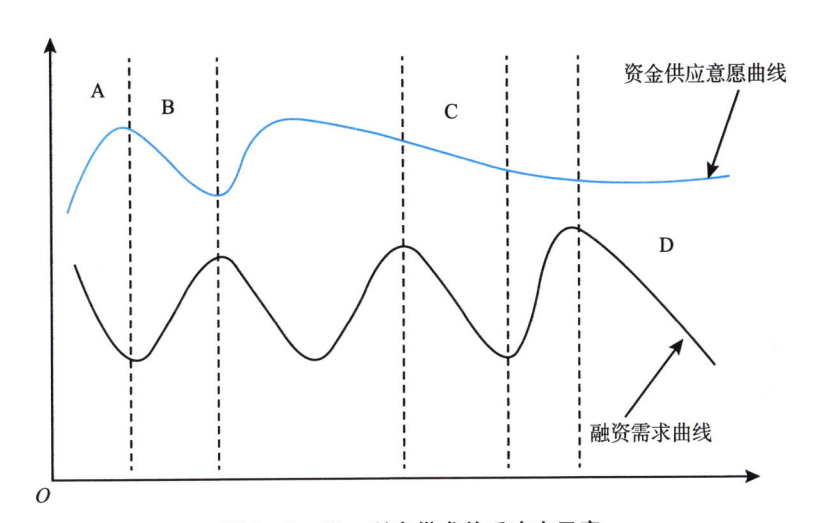

图 2-5-13 利率供求关系决定示意

事实上，图 2-5-13 中位居上方的曲线（资金供应意愿曲线）所揭示的就是利率的外生属性，图示中位居下方的曲线（融资需求曲线）所揭示的就是利率的内生属性。

在多数时期中，资金供应意愿曲线和融资需求曲线是相向而行的，意味着由中央银行货币政策所主导的资金供应意愿曲线是以由真实经济状况所主导的融资需求曲线的变化为依据而变动的，在这种情况下，利率方向的变化既可以被资金供应意愿曲线所解释，也可以被融资需求曲线所解释。

例如，A 区域中，利率往往是下行的，你既可以说其下行的方向是被资金意愿曲线扩张所主导（即货币政策放松），也可以说是被融资需求曲线收缩所主导（即真实经济状况收缩），B 区域同理可循。

但是在现实交易世界中，投资者也经常会碰到类似于 C 区域这样的时期，这个时期中，融资需求曲线已经收缩，意味着真实经济状况已经开始下行，但是货币政策依然在收缩中，资金供应意愿曲线同样在收缩。往往这个时期就是投资者经常所经历的熊市尾端的惨痛"杀跌"时期。在这种情况下，投资者是选择"退而避之"还是"越跌越买"，往往是一个痛苦的决策，这谈不上对错之分。

按照不同的时间维度来看待各种决策均有合理性。通常情况下，两者的背离周期并不会很长，从历史经验来看，长不及三个月，如果站在月度周期中来看，尊重外生性，规避风险是一种合理的选择，但是其可能会丧失良好的建仓机遇；如果站在季度以上周期来看，尊重内生性，借机建仓是一种合理的选择，但是其不可避免地要承担短期内市值波动的煎熬与考验。

这就是利率内生属性与外生属性对于投资交易者的启示，其可能无关乎各个理论上的对错之分，只有投资者内心的信仰之别。

但是最终笔者提示读者注意的是，政策只是真实经济运行的一种跟随式反应，而且还不排除具有相当的滞后性，作为前瞻性的投资分析，更多地尊重利率的内生属性，更多地关注经济基本面的因素是更为重要的一种选择，其虽然并非保证每次行为都正确，但是却可以保证在长期考核维度中占据上风。

第三节
从"看 NCD 利率做国债"模式谈起

2017 年的债券交易市场中，流行着这样一种思路：看 NCD（同业存单）[①] 利率，做国债交易。

同业存单自 2013 年底开始起步发行，2016~2017 年存量规模不断扩张，成为商业银行补充流动性的重要工具。2017 年中伴随货币政策不断趋紧，同业存单的利率出现较大幅度的波动，引发了市场投资交易者的关注，并由此产生了"看同业存单利率波动方向，交易操作长久期现券"的思路。这一思路在 2017 年中非常盛行，不少交易者据此去进行交易操作。

认同该交易逻辑的投资者是基于如下分析假设：

（1）认为同业存单已经成为商业银行资金流动性的重要补充工具，因此其利率的变化往往意味着商业银行资金成本的变化，负债成本会影响投资收益，因此同业存单利率会前瞻性领先于（长久期）现券利率。

（2）认为同业存单作为商业银行的资金来源，一般会去匹配表外资产，甚至构成了银行委外投资的资金来源。2017 年的严监管目标针对的就是表外资产以及银行委外

---

① 同业存单（NCD）是存款类金融机构在全国银行间市场上发行的记账式定期存款凭证，其投资和交易主体为全国银行间同业拆借市场成员、基金管理公司及基金类产品。

投资，因此同业存单利率的变化以及发行规模的变化对于该类资产的影响非常显著，进而成为这类资产收益率变化的先导指标。

从分析假设来看，无论针对表内资产还是表外资产，均是从同业存单影响负债成本或负债规模角度出发，从负债成本决定资产收益角度出发，推导得出同业存单利率变化领先于长久期债券收益率变化的结论。

首先，从宏观逻辑角度来说，上述分析假设存在严重的问题。笔者一直强调在金融领域一个最基本的原理是：资产影响负债，资产决定负债。这种影响和决定不仅体现在规模层面，同样也体现在利率价格层面。

资产的规模决定了负债的规模，即贷款规模决定存款规模；资产的收益率决定了负债的成本，最为典型的案例是市场资产的收益率变化引发理财收益率的变化，而非反之。

其次，从微观逻辑角度来看，同业存单的利率变化引发银行负债成本变化的幅度和程度是微乎其微的。要知道银行体系的负债总规模达百万亿元级别，其来源渠道多重，有公开市场、企业存款、居民储蓄、同业存款、同业拆借、回购、同业存单等模式，同业存单规模扩张增速虽然较快，但是在百万亿元级别的负债构成中依然是"沧海一粟"，其利率变化对于总负债成本的影响远远没有想象的那么大。

事实上，至今为止银行总负债构成依然是以企业存款与居民储蓄为主体，其他融资渠道的利率变化虽然显著，但是对于总负债成本的影响而言，依然不大。

在以往的分析中，也曾存在以回购利率变化衡量负债总成本变化的分析思路，其实效果并不好，而在2017年只不过是将回购成本转化为同业存单利率，分析逻辑和线条与之前并无显著差异，可想而知，最终的效果也是一致的。

事实上，每个季度上市银行都会公布其综合资金来源成本，有兴趣的读者不妨去查询一下各个上市银行的季报或年报，可以观察到银行的资金来源成本价格并不如想象般剧烈的波动或变化。

最后，不妨将"看 NCD 利率做国债"的思路进行一下实证检验，看看在现实中是否存在着预期中的所谓领先性，如图 2-5-14 所示。

读者可以自行感受，是否能在两个曲线的相互变化中看出同业存单利率领先变化于国债利率的结论。笔者确实看不出这种显著的领先性，甚至在不少时期，笔者能找出国债利率领先于存单利率变化的案例。

因此无论从逻辑角度还是从实证角度考察，笔者认为"看 NCD 利率做国债"的思路是错误的，更多是交易者的一种"心理慰藉"，而非真实成立的。

利率往往具有前瞻领先性,比如10年国债利率和票据融资利率;外生属性越强的利率往往表现滞后,比如一般贷款利率和个人住房贷款利率。

笔者选择内生属性最强的10年期国债利率和外生属性最强的一般贷款利率做一个比较,会更为显著体现出如上的结论,如图2-5-16所示。

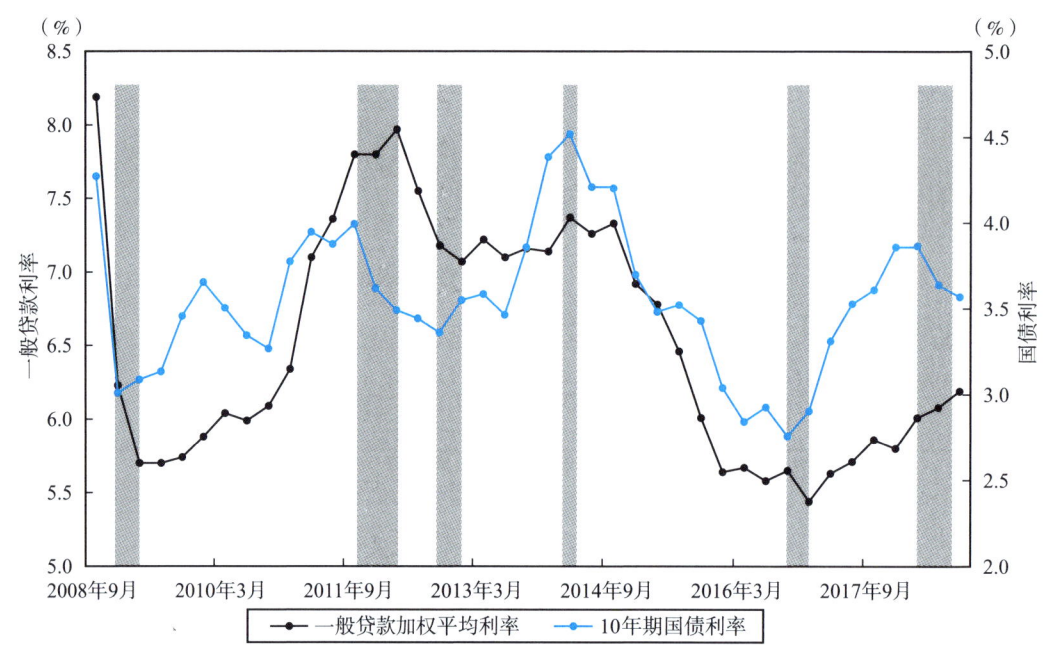

图2-5-16 一般贷款加权平均利率与10年期国债利率关系一览

资料来源:万得资讯(Wind)。

从现实的历史数据变化中,可以清晰地看到每次趋势折点时期,多表现为10年期国债利率的折点领先于一般性贷款利率折点1~2个季度(当然也存在同步显现折点的时期),很明显地体现出内生属性强的利率要比外生属性强的利率更为敏感。

这种所谓的领先性其实并不是说国债利率会通过某种影响渠道,滞后地去影响一般贷款性利率,不存在这种相互影响性。这只是验证了如下两个结论:

(1)证明了政策因素是滞后的,而非领先性的。一般贷款利率往往会受到政策因素的影响而去变化,但是货币政策的变化相比于经济基本面因素是滞后的,因此最先产生趋势折点的利率往往是内生属性强、更受到经济基本面影响的国债利率,而非一般贷款利率。

(2)也间接证明了,各类型利率虽然都内含有内生性和外生性的双重属性,但是从长期来看，内生属性是主导型的。这也是长期以来理论学界对于利率究竟是内生决定还是外生决定的主流共识结论：利率是具有内生和外生的二重属性，但是长期来看，利率是内生决定的。

笔者在前面分析中提到过，从短期来看，认同内生还是认同外生，本就是一个信仰问题，无关乎对错。也正是信仰差异决定了不同的分析思路。比如，习惯于以短推长，认为短期利率前瞻或领先于长期利率变化（短期利率的外生属性要相对强于长期利率，其更接近于中央银行基准利率，在中国即更接近于公开市场操作利率）的投资者多数是一个利率外生属性的信仰者，因此会认同"看 NCD 利率做国债"的思路。

反之，笔者是一个利率内生属性居于主导的信仰者，因此可能并不认可上述思路，而是更相信：A 利率、B 利率都是利率，不存在谁影响谁的问题，A 与 B 都是在内在基本面驱动下的独立运行，如果非要区分说何者会在变化节奏上快一些，笔者更相信内生属性强的利率会更敏感、更领先。

在笔者自身的思维中，与其相信"看 NCD 利率做国债"，更不如相信"看国债判别 NCD 利率"。

| 第六章 |

2018 年重要逻辑线条反思

2018 年是债券市场分析思路重归基本面的一年，对于债券市场而言，也是艰难的一年，其艰难性并没有体现在市场走势中，而是体现在了分析思路中，这一年出现了较为罕见的中美分化格局，中国利率独立运行于美国利率趋势之外。

2018 年也是美林时钟失效的一年，不仅债券市场，股票市场、商品市场都开始关注"货币+信用"的分析框架，这一分析框架也很好地指引、解释了当年市场的变化。

中美贸易争端属于一个"黑天鹅"事件降临在了 2018 年，无论其实质影响如何，该事件对于市场投资者情绪的影响是显著的、不可忽视的。

第一节
美林时钟的应用意义为何淡化

2018 年整体各大类资产市场最流行的逻辑框架是"货币+信用"，市场的投资者几乎言必称"紧信用""宽信用"等，很少提及实体经济增长数据等。

为什么传统的美林时钟投资框架（增长+通胀）趋于冷却了呢？笔者归纳原因可能有如下两个：

一、一般的传统看法认为，信用增速的变化或称货币量的变化是领先于实体经济运行的，因此从观察研究角度可以由实体运行层面提前到货币信用层面

货币与信用本来就是实体经济的反映，因此信用增速与实体经济类似于硬币的两个面，理论上可以用信用增速的变化来印证实体经济的变化，但是注意的是，这里所提及的实体经济是指名义经济增速，包含实际增长和通胀两个部分。

从实证角度来看，笔者整理了 2003~2018 年以来的 9 次经济变化折点，用社会融资总量存量余额同比增速表示信用增速的变化,用"规模以上工业增加值+综合通胀指数(CPI 与 PPI 的合成)"来表征名义经济增速的变化,两者的关系如图 2-6-1 所示。

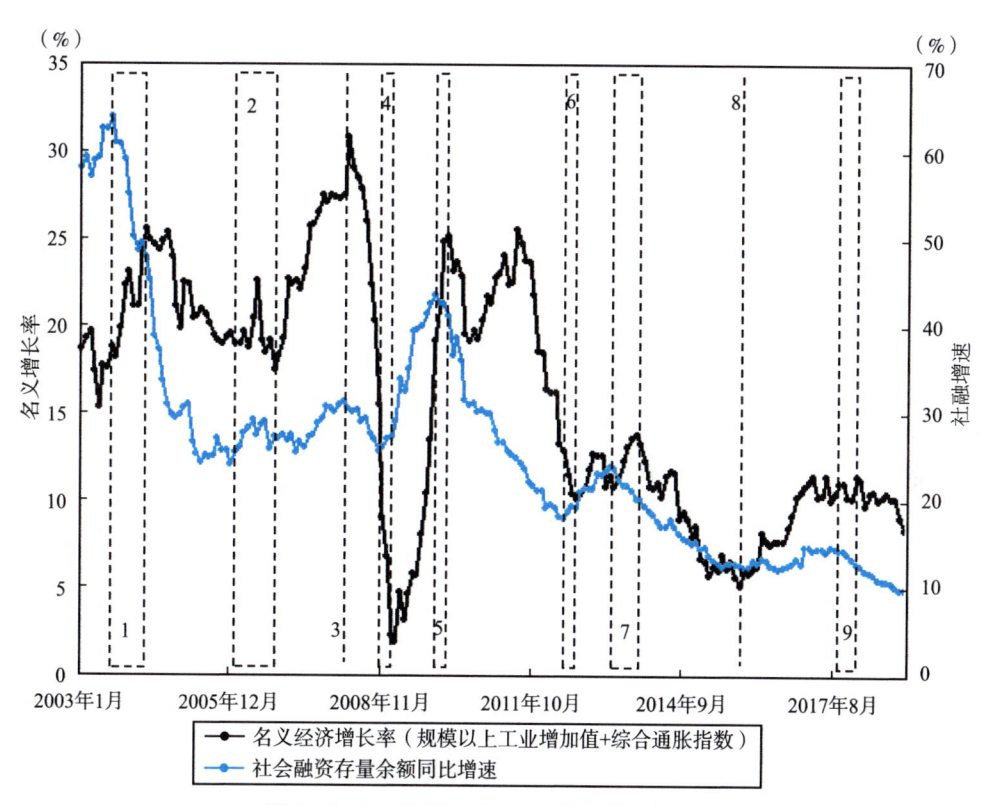

图 2-6-1 信用增速与名义经济增速的关系

资料来源:万得资讯(Wind)。

在历史周期中,合计可以梳理出 9 次折点变化,确实也能直观意义上看出信用增速折点领先于名义增速折点,整理如表 2-6-1,更清晰可见。

表 2-6-1　　　　　　　信用增速与名义经济增速的时滞关系总结

序号	社融顶 (底)日期	名义经济增速顶 (底)日期	顶(底)	社融领先名义 经济增速(月)
1	2003 年 8 月	2004 年 4 月	顶	8
2	2005 年 12 月	2006 年 10 月	底	10
3	2008 年 2 月	2008 年 3 月	顶	1

续表

序号	社融顶（底）日期	名义经济增速顶（底）日期	顶（底）	社融领先名义经济增速（月）
4	2008年11月	2009年2月	底	3
5	2009年11月	2010年2月	顶	3
6	2012年5月	2012年8月	底	3
7	2013年5月	2013年10月	顶	5
8	2015年12月	2015年10月	底	-2
9	2017年8月	2018年1月	顶	5

资料来源：万得资讯（Wind）。

从上述梳理的数据来看，9次折点变化中，只有第8次（2015年时期）关系较为奇特，名义增速底部转折点甚至发生在社融增速转折之前，其他8次均表现为社融拐点领先于名义增速拐点，但是两者的时滞周期并不稳定，最近十年以来，多表现为3~5个月时间，底部回升基本均为3个月，顶部回落表现为3个月或5个月。

这可能和中国的经济结构特征有关，在地方政府以及国有企业这些预算软约束主体的影响下，中国的政策总体效应可能是：刺激见效易，收缩治理难。

从数据关系观察角度，确实看到了信用增速领先于名义经济增速，而且按照最近十年的领先周期来看，也是较为稳定的，在3个月附近。

那么这种信用增速领先实体经济增速是否存在逻辑上的解释性呢？货币信用与实体经济类似于一个硬币的两个"面"，无非前者是用金融数据的一种虚拟表达，后者是用实体数据的一种具体表达，因此两者存在相关性，笔者是认同的。

但是，笔者一直没有透彻明白的是，为什么在相关运行中，信用货币比实体经济数据体现出领先性？从一般道理来说，名义增长率是实际增长和价格的合成，本来就应该直接对应于货币量，因此两者应该是同步的，而不应该体现出货币信用领先于名义增长率的变化特征。但是现实数据检验确实存在先后关系，而且市场研究者也似乎将这种领先性作为一种"天经地义般的公理"去对待了。

因此从逻辑角度如何去解释这种"领先性"可能是未来需要进一步深化的理论问题。在此实务分析中，笔者暂且将其作为正确理论来对待。

从实务操作层面需要提及的是，当信用增速达到底部或到达顶部，而经济名义增速依然没有变化的过程中，市场利率会如何反应？

首先需要明确的是，市场利率与名义经济增长率关联密切程度更强，从月度频率观察，两者的折点在多数时期可以达到亦步亦趋的程度，如图2-6-2所示。

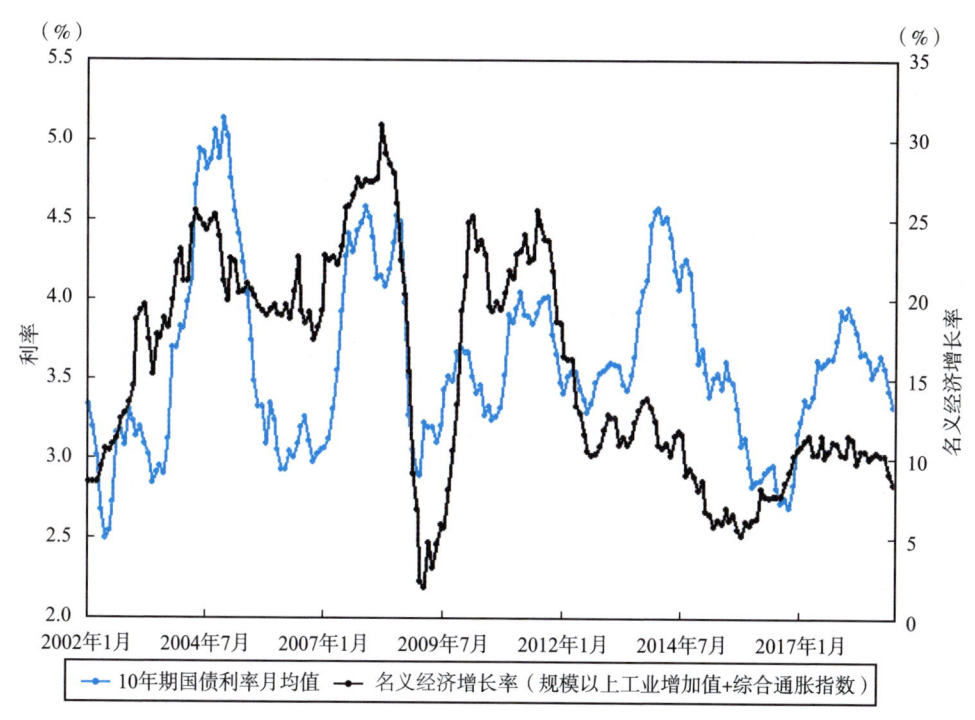

图2-6-2 市场利率与名义经济增速在方向上更相关

资料来源：万得资讯（Wind）。

因此可以大致得出如下关系：

货币信用增速的拐点领先于名义经济增长率的拐点，而名义经济增长率的拐点近似于市场利率的拐点。

因此货币信用增速的拐点领先于市场利率的拐点，领先周期大致在3个月左右。

在这近似三个月的时滞时期中，利率依然会跟随名义增速的起落而起落，但是已经进入到一个趋势的尾端，投资者应该利用这有限的时滞周期来调整自己的持仓布局。

二、部分经济数据的弹性缺失 + 统计数据的"幸存者偏差"

另一个令美林时钟在最近若干年黯然失色的原因在于宏观增长数据本身的变化上。笔者在前面曾说过，由于种种新的因素导致了三大宏观变量（通货膨胀率、实际增长率以及信用扩张数据）出现了内涵上的变化，具体表现为：

2016年伴随供给侧改革的推进、去产能的展开，令CPI与PPI的走向出现了巨大分化，单纯用CPI指标来代表衡量全社会的通货膨胀水平会出现了巨大偏差。

也同样是在2016年，伴随影子银行的兴起发展，表外非标资产作为信用扩张的主力开始显现，这时单纯地依赖于广义货币供应量M2来衡量全社会的信用扩张状况也已经失之偏颇。

而到了2018年，伴随连续两年的供给侧改革推进，各个产业的集中度出现了显著变化，不少企业由于规模收缩，直接跌出了"规模以上"这一统计口径，这时的"规模以上工业增加值"增速更多反映的是大型规模企业的产值变化，所涵盖的统计样本数已经明显降低了，因此在某种程度上看，"规模以上工业增加值"指标的代表性也有所减弱了。

对此国家统计局也进行过明确说明[①]。

市场研究者关注到增长数据门槛所造成的统计样本变化这个现象，并展开热烈讨论大概是集中在2018年第三季度，当时对此现象也有一个名词称谓：幸存者偏差。

"幸存者偏差"（survivorship bias），另译为"生存者偏差"或"存活者偏差"，是一种常见的逻辑谬误。指的是只能看到经过某种筛选而产生的结果，而没有意识到筛选的过程，因此忽略了被筛选掉的关键信息。在"沉默的数据""死人不会说话"等日常表达中，涉及幸存者偏差。

简言之，幸存者偏差意思是指，当取得资讯的渠道仅来自幸存者时（因为"死人"不会说话），此资讯可能会存在与实际情况不同的偏差。

市场研究者用此词来描绘形容某些经济统计数据，意思就是，一些企业由于规模萎缩已经跌出了"规模以上"的统计口径和门槛，这时的统计数据只是表示剩余大型企业的经营状况，其与实际总体情况可能未必相符。

其实关注到增长数据的"奇怪"并非是2018年开始的，从2015年以来，以往呈现显著方向波动性的规模以上工业增加值数据就缺乏了方向感，始终维持在6%一线窄幅波动，与此对应，中国的GDP增速从2015年一季度至2018年二季度，连续12个季度维持在6.7%~6.9%这一狭小区域中。

[①] 2018年7月4日，国家统计局回应工业企业利润数据有关问题时指出，规模以上工业企业数量减少。国家统计局称，企业数量由于企业经营状况的变化总是在变动中，有新建的、有注销的、有合并的，还有规模变大进入2000万元统计门槛的，也有规模变小退出2000万元门槛的。因此，工业统计的企业数量是在变动的。过去一年，由于多种原因，规模以上工业企业数量是减少的。

由于 2015 年前该指标始终处于下行轨道，而 2016～2017 年以来整体经济又确实存在回暖的迹象，因此在初期市场更多把此现象视为是经济增长的企稳，而并没有引申到数据本身的质疑上。

但是进入 2018 年以来，在微观行业数据、高频行业数据不断走弱中，规模以上工业增加值增速依然保持着横盘的韧性，这终于引发了市场研究人士的质疑和关注。

在这个实际经济增长数据横盘的时期，对美林时钟的运用造成了极大的困扰，因为美林时钟需要借助于实际经济增长数据和通货膨胀数据的波动来清晰划分四个象限，以对应不同的投资策略。当实际经济增长数据变的横盘而缺乏波动时期，很难清晰地认定当前的宏观组合是居于哪个投资周期。

在实际经济增长数据横盘的过程中，市场只能综合去关注名义经济增速的变化，而名义经济增速方向变化的主驱动落在了通货膨胀率身上。

这是美林时钟在最近若干年逐渐淡化的一个重要背景原因。当实体经济增长数据缺乏了弹性，无法辨别上、下方向时，市场自然会去寻找更具弹性化的宏观指标来描述经济状况，这个被寻找的经济指标既要具有对实体经济变化的可替代描述性，还要具有一定的方向弹性。信用增长数据在此背景下"横空出世"，从 2016 年下半年以来充当了这一"角色"。

那么为什么信用增长数据（以社会融资总量为代表指标）在 2015～2016 年上半年阶段没有当此"重任"呢？

因为在 2015 年至 2016 年中期，社融增速同样也缺乏弹性，始终围绕在 12%～13%一个狭小区域内横盘震荡，在进入 2016 年下半年后才逐渐恢复了弹性，而进入 2018 年其方向感与弹性进一步增强。

由此，"货币+信用"风火轮的分析框架逐渐被市场关注、认识并认可，在 2018 年全年，几乎各个市场（债市、股市、期货市场）的投资者几乎"言必提信用"。

投资市场总是在寻找能够揭示方向感的宏观指标来加以关注，而这一指标又最好具有覆盖全面的特征，能够清晰简洁揭示出宏观运行的方向，实体经济中的 GDP、CPI、PPI 是这样指标，与实体对应的金融货币中的社会融资总量也是此类的数据，而"货币+信用"框架相比美林时钟框架而言还多出了一个政策维度，引入了货币政策因素。

那么投资者可以设想这样一种情景：实体经济数据缺乏弹性后，对于美林时钟的运用造成了障碍，"货币+信用"的框架是否在未来也会进入如此的境地呢？

答案是肯定的。2015～2016 年，社融增速指标也曾缺乏过弹性，因此在 2015～

2016年,"货币+信用"的分析框架也处于"无用武之地"的尴尬局面。

两类框架可相互比较、印证,哪类可用用哪类,如果所有的数据都缺乏了弹性,市场会自发地去寻找其他可替代性的分析框架,寻找的原则依然是:既要具有对实体经济变化的可替代描述性,还要具有一定的方向弹性。如果始终寻找不到,那么可能政策的动向才会成为最关键的因素,就类似于美国零利率、量化宽松时期的状况。

短期内任何一类宏观经济指标都可能会缺乏弹性,这并不可怕,因为随后可以恢复弹性,但是也有可能出现一种情况是,某类指标永远地消失了。

试想一下,为什么在美国市场中不可能运用"货币+信用"的分析框架?因为美国市场并非以商业银行为主体,更多的投资银行具有主导,这导致了美国市场的信用提供方式非常复杂,很难找到一个类似于社会融资总量或广义货币供应量的指标来衡量市场信用总量,即便存在M2等指标,其权威性与指标意义也非常有限,最终只能以利率的升降变化来反映信用总量的变化。这明显不同于日本、欧洲这些国家和地区,它们存在较为权威性的信用总量数据,因为其融资结构中以商业银行为主体。

当然,目前中国的金融市场结构依然是以商业银行为主体,类似于日本、欧洲市场,不同于美国市场,但是也并不排除在未来的变化中,中国的融资形式日趋复杂化,会导致无法统计出权威性的信用总量数据。当到此时,"货币+信用"的分析框架也自然退出了舞台。

上述是针对策略选择框架方面的内容,如果将关注目光细微一些,笔者还想介绍的就是失去弹性的经济增长数据是如何体现"幸存者偏差"特征的。

可以举例说明,由于规模以上工业增加值指标并没有公布绝对值数据,因此可以采用工业企业出口交货值指标来说明"幸存者偏差"现象。

根据定义,工业企业出口交货值是指工业企业自营(委托)出口(包括销往香港、澳门、台湾地区)或交给外贸部门出口的产品价值,以及外商来样、来料加工,来件装配和补偿贸易等生产的产品价值。更为重要的是其统计口径是:年主营业务收入为2000万元及以上的工业企业。

由于该指标同时公布月度绝对值和月度同比增速,市场分析者可以根据每月公布的月度绝对值自行计算出同比增速,而该增速在2018年与国家统计局公布的同比增速出现了较大的分化,如图2-6-3所示。

图2-6-3 从工业企业出口交货值看"幸存者偏差"

资料来源：万得资讯（Wind）。

对于此，国家统计局在2018年8月27日发布的《2018年1~7月份全国规模以上工业企业利润》统计公报中，以附注形式作了注解：

"规模以上工业企业利润总额、主营业务收入等指标的增速均按可比口径计算。报告期数据与上年所公布的同指标数据之间有不可比因素，不能直接相比计算增速。其主要原因是：（一）根据统计制度，每年定期对规模以上工业企业调查范围进行调整。每年有部分企业达到规模标准纳入调查范围，也有部分企业因规模变小而退出调查范围，还有新建投产企业、破产、注（吊）销企业等变化。（二）加强统计执法，对统计执法检查中发现的不符合规模以上工业统计要求的企业进行了清理，对相关基数依规进行了修正。（三）加强数据质量管理，剔除跨地区、跨行业重复统计数据。根据国家统计局最新开展的企业组织结构调查情况，去年四季度开始，对企业集团（公司）跨地区、跨行业重复计算进行了剔重。（四）'营改增'政策实施后，服务业企业改交增值税且税率较低，工业企业逐步将内部非工业生产经营活动剥离，转向服务业，使工业企业财务数据有所减小。"

上述内容揭示了一个重要原因就是，由于存在2000万元主营业务收入这个统计门槛，可能出现，有部分企业由于收入规模缩小，跌出了统计门槛，导致了统计样本数量的减少。例如假设2017年有10000家企业符合统计门槛在统计样本中，但是到了2018年只剩下9000家企业在统计样本中了。从国家统计局统计规则而言，需要做到同口径比较，因此同比增速表示的是剩余的这9000家企业今年和去年同期的增速比较。

但是市场分析人士利用每月绝对值数据处理而得的同比增速则表达的是今年剩余的9000家企业与去年10000家企业的比较。

后者的比较处理显然会低估同比增速，相对而言，前者的计量显然更合理，但是不足之处是，由于样本范围不断降低，会导致统计数据反映的全面性和真实性存在问题。

这就是2018年经济增长类数据所面临的一个谜题，这不仅体现在了工业企业出口交货值、工业企业利润等指标中，还体现在了固定资产投资、社会消费零售品等指标中。

那么统计样本扩大或缩小是否与经济强弱相关呢？从常规意义上来说，经济下行期，企业跌出统计门槛的概率加大，统计样本绝对值总量缩小；经济上行时期，企业新跨入统计门槛的概率加大，统计样本绝对值总量扩大。

注意上述所提及的统计样本都是指绝对量或总增加值，而非企业个数。如果单纯以企业个数为衡量，跨入样本或跌出样本范畴的企业个数多寡更多反映的是行业集中度的问题，在行业集中度提高或降低的过程中，容易造成样本范畴中的企业个数降低或提高，但是对于增加值的绝对水平则影响有限。

最后从市场应用策略角度来看，统计门槛确实造成统计数据出现了所谓的"幸存者偏差"，也令统计数据的权威性和全面性受到了一定质疑，但是从方向意义上看，各类统计数据依然是具有良好的指示性的，其差异或质疑更多体现为幅度、程度层面。因此从方向判断角度看，其依然是重要的参考指标。

第二节
贸易战与债券牛市

在第三节"中美分化"的内容中，将会提到中美贸易争端、摩擦对货币政策的影响，这在2018年上半年是一个较为热门的论点，即认为中美贸易摩擦的加剧导致了中国货币政策选择了宽松，而没有跟随美国的紧缩步伐。这一论点在当时是较具市场影响力的，甚至中国人民银行行长易纲于2018年10月14日在G30国际银行业研讨会中也曾发言指出：面对贸易摩擦，中国"在货币政策工具方面还有相当的空间，包括利率、准备金率以及货币条件"等。

这种表态曾被视为是2018年国内货币政策的宽松取向与中美贸易摩擦具有一定关联的证据。

顺势推导，贸易战引发了国内货币政策取向宽松，则债券牛市出现，这似乎是较为顺畅的线条。但是笔者自身并不认同这种看法，也曾多次详细分析过是中国自身的经济基本面变化引发了货币政策的变化。基本面的弱化、货币政策的宽松，共同促成了债牛格局。

那么中国经济基本面的走弱是否由贸易争端所引发呢？如果说贸易争端是导致中国经济基本面弱化的根本，从而引发了国内货币政策的宽松，进而造成了债牛的格局，这个线条似乎更为顺畅一些。

无论如何，这个传导过程是绕不开中国自身经济基本面变化这一环节的，而非由单纯的贸易争端事件一步到位的传导到货币政策环节。

如果单纯将中美贸易争端、摩擦视为事件因素，而不去追究其引发的基本面影响，那么其属性更类似于"黑天鹅"事件，类似于2016年的"英国脱欧"事件、2017年的"朝美争端"等，这种事件的影响更趋于短期化，更多的存在于心理层面。从事后回顾来看，这些所谓的"黑天鹅"事件并没有对利率趋势或货币政策趋势产生显著性的影响，只是造成了短期内的一些波动。

那么2018年的中美贸易争端是否引发了中国经济基本面的变化呢？笔者认为，从当期的基本面数据中找不到强有力的证据来证明中美贸易争端引发了中国外需的衰退。

首先可以关注2018年中国的三大需求指标变化，分别可以用中国出口金额增速、固定资产投资累计增速和社会消费品零售总额增速这三个指标来近似代替，示意如图2-6-4所示。

可以看出，2018年三大指标中，固定资产投资、消费品零售总额均呈现一路下行态势，而真正应该受到贸易争端影响的中国出口金额增速反而超预期的维持在高位。

针对2018年中国出口的强劲，市场存在一种主流性解释，那就是在贸易关税落地之前的"抢出口"现象。

当所有的生产商、贸易商对于未来某个时间点预期会有关税增加的风险时，势必在之前"抢关出口"，这反而在短期内会导致出口增速维持在高位。从图2-6-4也可以看出，2018年11月、12月两个时期内出口增速出现了较为明显的下跌，有观点认为，这显示出这是四季度美国对中国部分商品加征关税的影响开始显现。

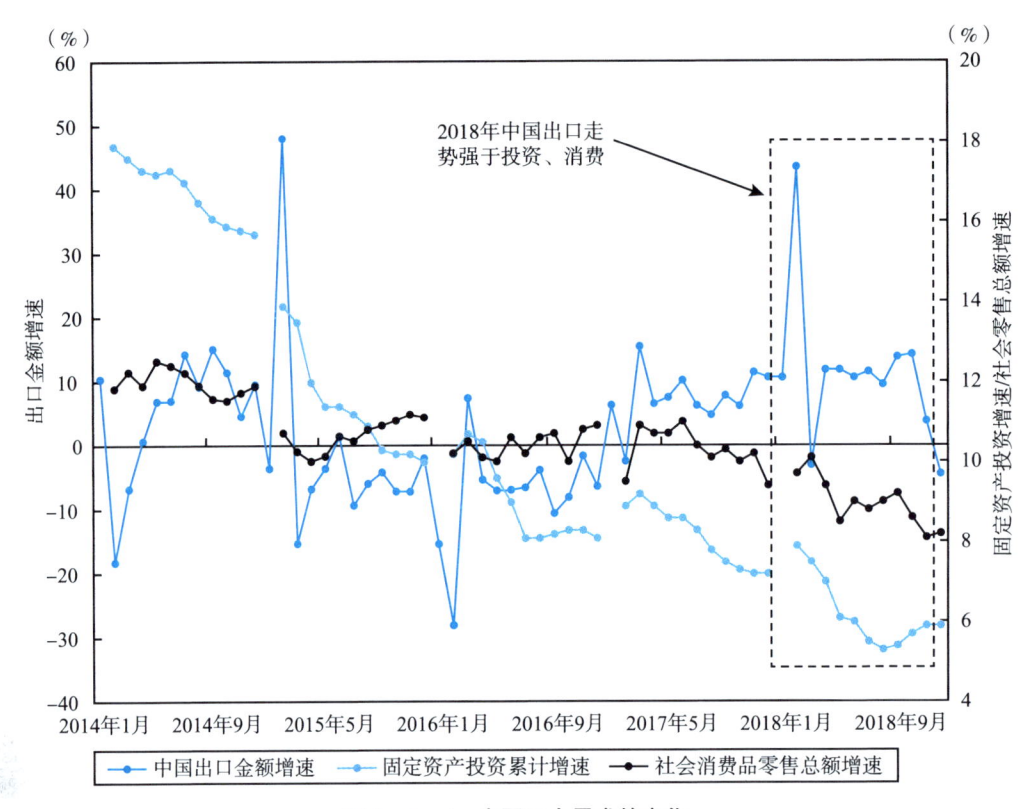

图 2-6-4　中国三大需求的变化

资料来源：万得资讯（Wind）。

但是这种观点会推演出两个挑战和疑问：

（1）如果贸易关税提高对于中国出口的影响只显示在了 11 月、12 月份，那么意味着前三个季度的经济增长下行态势并非是外需所拖累，更多可能是内需放缓的结果。

既然经济基本面的下行本已发生在贸易争端对基本面影响之前，那么货币政策年初以来的放松很难说是因为对贸易争端的反应，更多是对内需放缓的应对，所以货币政策的变化从本质上与贸易争端无关，那么进而"债牛"行情也与贸易争端关系不大。

（2）笔者也同样质疑，11 月、12 月份的中国出口增速下行是否真的和贸易关税落地有关？因此不考虑贸易争端的影响，同样存在着一条更为顺畅、也更为常规的逻辑线条来解释中国四季度外需，特别是来自美国市场需求的放缓。

这一逻辑线条是：美国股票市场对于美国宏观经济增长的重要性是非常巨大的，其往往是作为真正意义上的经济基本面领先指标。美国资本市场的变化会通过财富效应显著地影响美国个人消费支出，进而影响美国的名义消费增速，而美国的居民消费占据美国GDP的近7成比重,因此会极大地影响美国经济的变化。当美国经济出现变化后,就构成了中国来自美国方面需求的变化,进而反映在了中国对美出口金额的增速变化上。

上述逻辑也在实证层面被得以印证,如图2-6-5所示。

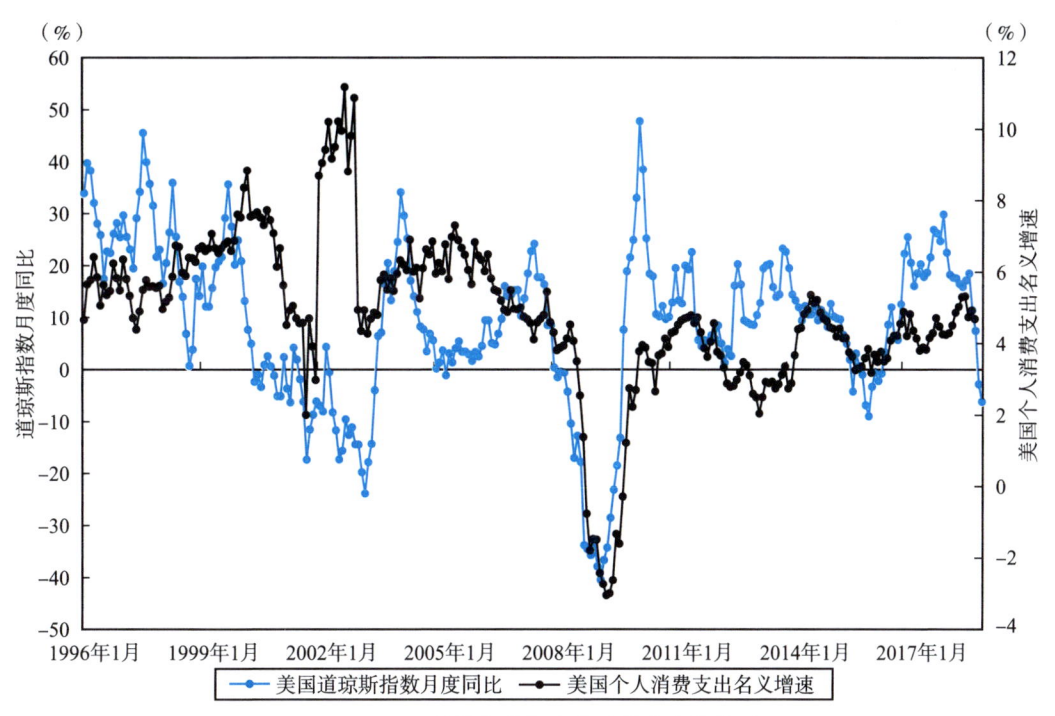

图2-6-5 美股与美国个人消费支出的关系

资料来源:万得资讯(Wind)。

上述示意图显示的是美国道琼斯指数的月度同比变化与美国名义消费增速具有较为显著的方向相关性,而且从变化节奏来看,前者还往往领先于后者,即对应着美国的资本市场变化通过财富效应直接影响了个人消费支出水平和意愿,并滞后性地作用在了其消费增速中。

进而,图2-6-6显示出美国的名义消费增速则与中国对美国的出口增速高度相关,因为前者正是反映了美国对于中国商品的需求。

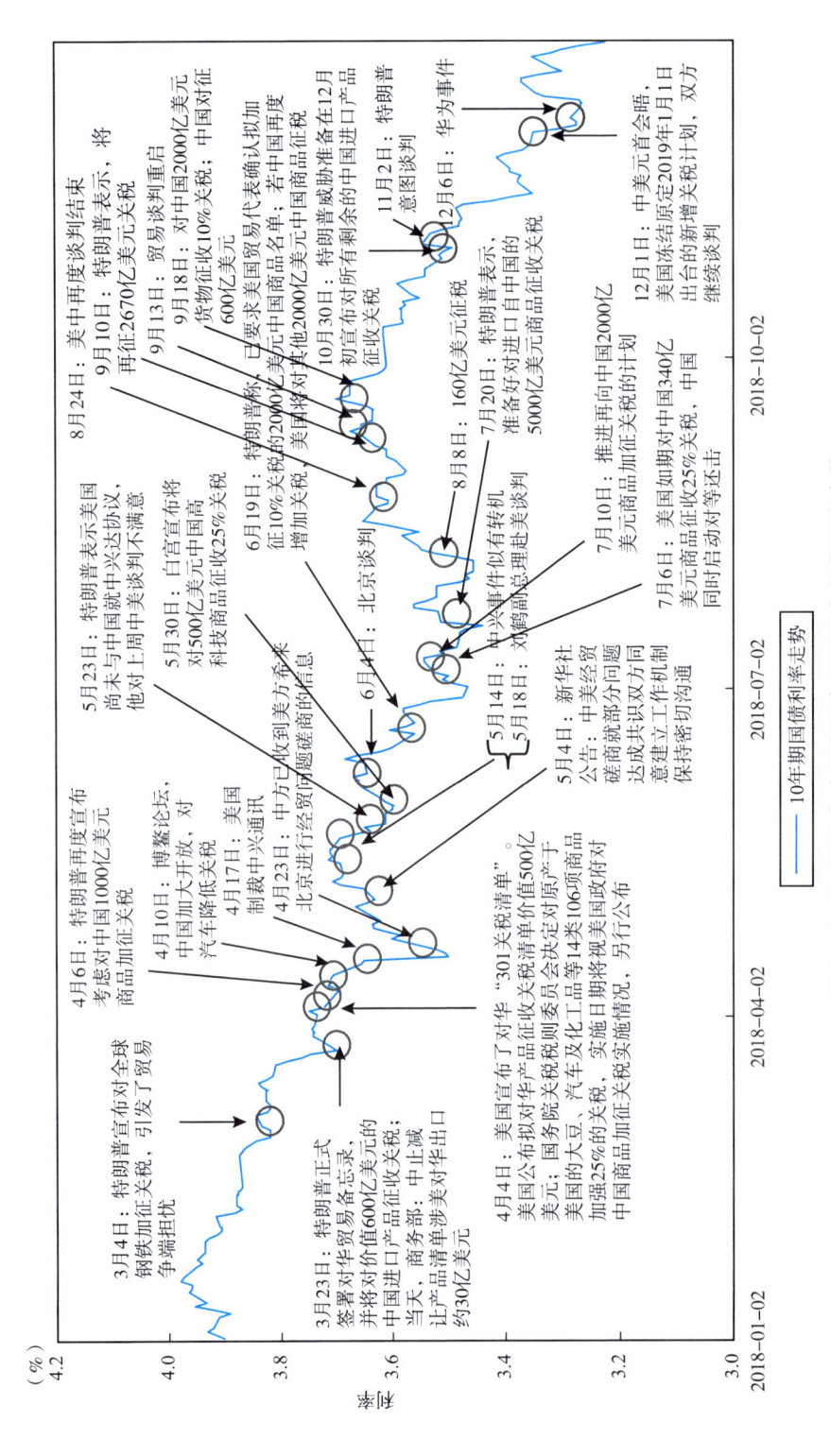

图 2-6-7 2018 年中美贸易争端进展与长期利率走势

资料来源：万得资讯（Wind）。

第三节
中美分化

回顾2018年的债券市场，虽然走势平稳，一路走牛，但是期间市场投资者所经历的思维煎熬是难忘的，因为2018年是最近若干年以来中美利率走势显著分化的年份，其持续时间之长，幅度之大是近些年所罕见的。

不可否认，在中国债券市场投资者的内心深处中，始终存在着"看美债做中债"的思维，无论这种思维逻辑对还是错，这都是不可忽视的一种思维存在。正是由于这种思维的存在，当中美两国的利率走势存在背离和差异的时期，对于国内债券市场投资者的煎熬与考验是可想而知的。

在整个2018年中，市场面对愈演愈烈的中美利率走势分化，争论和质疑是始终存在的。从年初开始，美国加息周期启动的预期、美债利率的上行就制约着部分投资者做多中国债券的行为。

这一思维意识在2018年4月份被进一步强化，原因在于2018年4月11日，中国人民银行新任行长易纲在博鳌亚洲论坛上提到，中国10年期国债收益率约为3.7%，美国10年期国债收益率约为2.8%，中美利差处于比较舒服的区间。

来自央行行长对于中美利差的言论进一步激发强化了市场投资者"看美债做中债"的想法，也曾令市场一度迟疑与犹豫。因为美国的加息预期依然强烈，10年期美债的利率不断走高，即便中国国内经济基本面支持中国利率回落，那么在中美保持合适利差的前提下，中国又怎么敢期待一个债券的牛市呢？

这一心理纠结持续不断地存在着，但是现实中却不断呈现出美债利率上行、中债利率回落、两者利差不断收缩的局面。两国利率走势现实中的分化与中美利差的思维纠结形成了鲜明的对比，开始令中国市场投资者开始反思"看美债做中债"这一思维的合理性。

客观而言，市场投资者对于2018年的经济下行与信用收缩基本形成了共识，这意味着在基本面层面是支持中国利率下行的。但是基本面的下行应该对应于货币政策层面的放松，如果中国货币当局非要以中美利差来制定中国政策基调，那么在美国货币政策紧缩加息的背景下，基本面的下行与中国政策的被动收紧就可能同步共存，那么中国的"债牛"将无法期待。因此真正的市场纠结点在于：当面对中美经济基本面分化时，中美的货币政策是否会出现分化？

当然，事实证明了2018年的中美货币政策确实出现了显著分化，这也是导致中美长期利率走势分化的重要支撑因素。

从年初开始的中美利率分化纠结于2018年"十一"国庆节长假前后被显著化解与淡化，其重要的触发因素来自于中美货币政策走向呈现出显著背离。

2018年9月27日，面对美联储的再度加息操作，中国央行不仅没有跟随上调公开市场利率，反而在随后的10月7日宣布了大幅降低法定存款准备金率，这种显著的政策分化终于打消了中国政策跟随美国政策而被动紧缩、不敢放松的担忧，真正形成了中国货币政策以内部经济基本面为主的市场共识，从此之后，"看美债做中债""中美利差"等思路被显著淡化了。

那么如何来理解2018年中美货币政策的分化呢？有两种不同的看法：

（1）有观点认为，正是由于愈演愈烈的中美贸易争端，导致了中国必须宽松化的来选择自己的货币政策，而不能跟随美国政策的紧缩而被动紧缩，应该不断放松，因此贸易争端是导致中美货币政策分化的根本原因。

这种看法有一定的客观性，比如中国人民银行行长易纲于2018年10月14日在G30国际银行业研讨会中曾发言指出：面对贸易摩擦，中国"在货币政策工具方面还有相当的空间，包括利率、准备金率以及货币条件等"。这是较为明确指出了国内货币政策的宽松取向与中美贸易摩擦具有一定的关联性。

因此在现实市场分析中，"贸易争端越剧烈，中国国内货币政策越需要保持宽松"的思路确实占据着一定的市场。

但是将货币政策与贸易争端（该因素本身存在着较强的政治色彩）相挂钩、联系，或多或少的蕴含着一些"阴谋论"的思维在其中，笔者是不倾向从这一角度分析的。

（2）另一派观点是从货币政策立足于本国经济基本面角度出发来理解各自国家的政策面因素，当两国的经济基本面存在分化背离时，其货币政策必然是分化背离的。

这种思维逻辑没有从孤立的2018年中美贸易争端角度出发，而是从普遍通行的规律角度出发，阐述了各国货币政策均应以内为主的基本原则。

这种思路也在不少场合被各层管理当局所认可，比如2018年12月13日，中国人民银行行长易纲在由"中国经济50人论坛"主办的"长安讲坛"中曾明确表述："在考虑货币政策有关问题的时候，要在内部均衡和外部均衡找到一个平衡点。比如说国内经济出现一些下行压力和信用收缩，就需要有略微宽松一些的货币条件，但如果太宽松、利率太低的话就会影响汇率，所以要考虑外部均衡，要在内部均衡和外部均衡找到一个平衡点。美联储现在正处在加息周期，在更接近中性利率后，目前加息的不确定性要比几个月之前大，而在一年之前美联储的加息步伐是很清晰的。但我国经济有一定的下行压力，需要一个相对宽松的货币条件，这就是一个典型的由内部均衡和外部均衡产生的矛盾。这时候要以内部均衡为主，兼顾外部均衡来找到平衡点，这实际上也是最优的平衡点"。

"内部均衡为主，兼顾外部均衡"较为明确地揭示出中国货币政策的基本内涵，而非一味依美联储政策取向马首是瞻。

再比如，中共中央政治局2018年12月13日召开会议，分析研究2019年经济工作时，强调"要辩证看待国际环境和国内条件的变化，增强忧患意识，继续抓住并用好我国发展的重要战略机遇期，坚定信心，把握主动，坚定不移办好自己的事。"一句鲜明的"办好自己的事"事实上也体现出中国的各类政策都应该围绕中国的内部因素而展开，而不应该唯外部因素马首是瞻。

从笔者自身角度而言，是极其赞同上述分析逻辑的，当中美两国之间的基本面出现背离分化，必然会导致两国的政策出现背离和分化，进而导致两国的资本市场（包括长期利率）出现背离和分化。

国内政策面是以国内基本面为锚，这是一种正常的逻辑形式。虽然外部均衡会影响政策选择，但是政策的主体方向依然由内部均衡所主导，不仅2018年如此，历史上多数时期均如此。

笔者从中美两国的基本面、政策面以及市场表现三个维度考察中美两国，特别注重于考察其背离时期，试图验证上述看法与逻辑。

一、中美两国经济基本面方向的背离

综合性的经济基本面衡量指标是GDP的名义增速，考察2002年以来中美名义GDP的变化，可以清晰地看到存在五个时期的背离，如图2-6-8所示。

这五个时期分别为：

2005年第2季度~2007年第1季度：总体表现为美弱中强，持续达7个季度；

2010年第2季度~2012年第1季度：总体表现为美强中弱，持续达6个季度；

2014年第1季度~2015年第1季度：总体表现为美强中弱，持续达4个季度；

2015年第4季度~2016年第2季度：总体表现为美弱中强，持续达2个季度；

2017年第4季度~2018年第4季度：总体表现为美强中弱，持续达4个季度。

利用名义GDP考察两国经济的背离时期，较为准确、全面，但是不利的因素是周期频率过低，容易产生"长跨度"掩盖了"短波动"的现象。在上述划定大跨度区域后，笔者试图采用更高频的月度指标来精细化衡量中美两国的基本面背离现象。

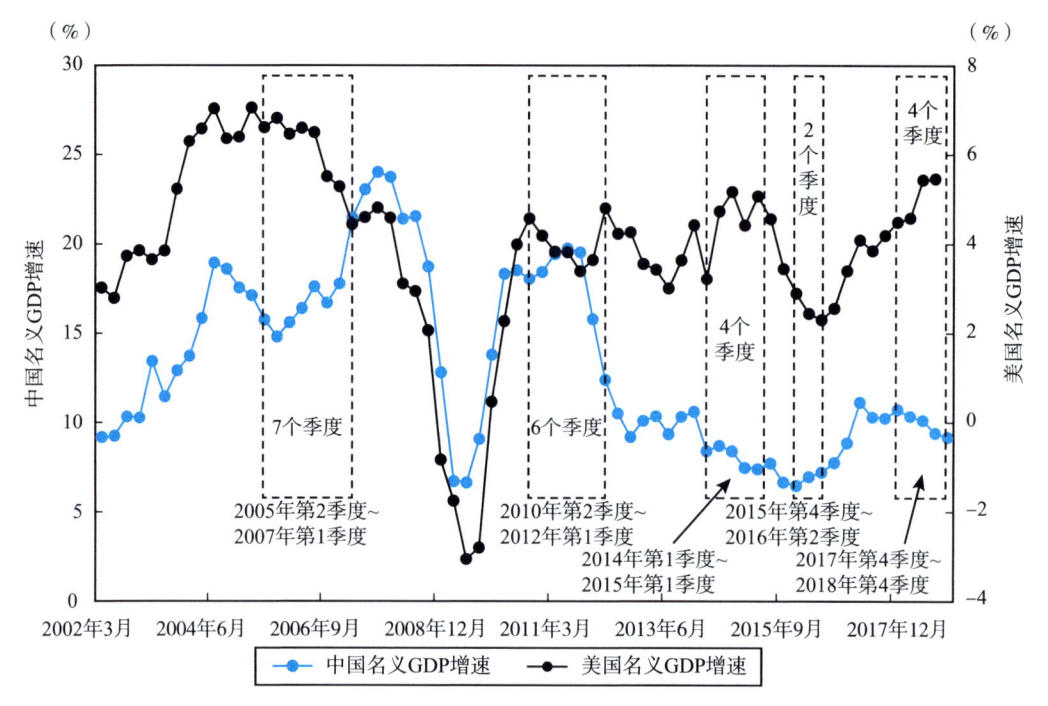

图 2-6-8　2002~2018 年中美名义 GDP 增速背离时期

资料来源：万得资讯（Wind）。

中国月度高频，且在一定程度上可表达名义 GDP 概念的指标可以采用月度的"工业增加值增速＋综合通胀率指标"（由 CPI 与 PPI 按照一定权重合成），其揭示名义增速的方向性变化较为准确。

美国月度高频，且在一定程度上可表达名义 GDP 概念的指标可考虑采用月度的"ECRI[①] 指标＋月度 CPI 增速"，其中 ECRI 指数可揭示美国实际经济增长概念，其构成如下：

ECRI 同步指标由四个部分组成：

（1）非农部门工资册在册雇员数量（53%）：数据源于月度就业形势报告。它是指非农业雇员的净增减，既包括全日制工人，也包括非全日制工人。工资册系列是对美国金融市场最有影响的经济指标。

（2）个人收入减转移支付（21%）：从个人收入和支出报告中获得，用实际个人收入（经通胀调整）减去转移支付。关注收入变化对于判断能用于支出的全部金融资源

[①] 全称是 Economic Cycle Research Institute，缩写为 ECRI，ECRI 指数全称可称为 ECRI 美国经济周期同步指数。

数量至关重要。

（3）工业产值（15%）：来自美联储的工业产值系列。它检测的是所有生产阶段的物质性产出。经济活动的转折点在制造业、采矿业和公共设施产业会很快出现苗头。

（4）生产与贸易额（11%）：来自企业存货报告。这个指数经过了季节调整，反映了在生产、批发和零售阶段的总支出。

因此构建了可在月度频率上表征中美两国名义增长方向变化的基本面指标，且2002年以来，两个指标的变化如图2-6-9所示。

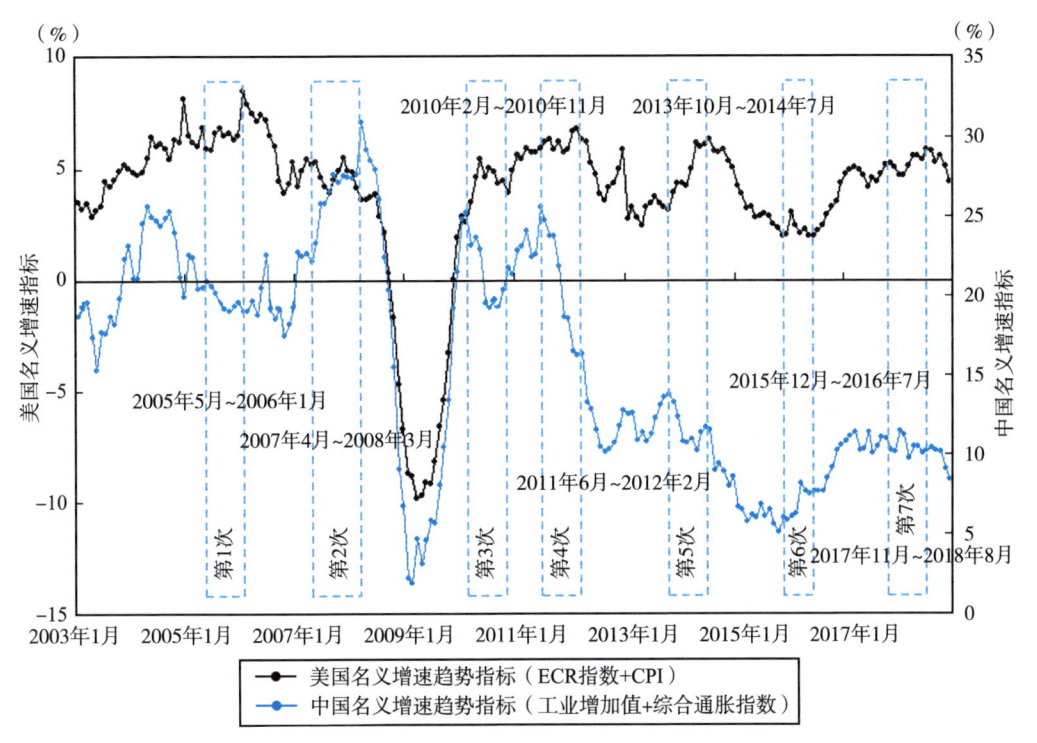

图2-6-9　2002~2018年中美高频名义经济增速背离时期

资料来源：万得资讯（Wind）。

独立的考察图2-6-9中的美国名义增速趋势指标和中国名义增速趋势指标，特别关注其方向变化的背离时期，可以发现2003年以来，两个指标的方向变化共计出现过7次背离，而这7次背离又可以较好的被名义GDP的5次背离所覆盖，即以季度名义GDP体现的5次背离与以月度名义增速趋势指标所体现的7次背离并不矛盾，只是后者由于频率更高，更细致地揭示出背离小周期。就是如图2-6-10所示的这种对应关系。

```
以季度的名义GDP衡量的背离时期        以月度的名义增速加工指标衡量的背离时期
            ↓                                    ↓
                              ┌  2005年5月~2006年1月    第1次
    2005年第2季度~2007年第1季度  ┤
                              └  2007年4月~2008年3月    第2次

                              ┌  2010年2月~2010年11月   第3次
    2010年第2季度~2012年第1季度  ┤
                              └  2011年6月~2012年2月    第4次

    2014年第3季度~2015年第1季度  →  2013年10月~2014年7月   第5次

    2015年第4季度~2016年第2季度  →  2015年12月~2016年7月   第6次

    2017年第4季度~2018年第4季度  →  2017年11月~2018年8月   第7次
```

图 2-6-10 中美经济基本面背离时期

笔者以月度频率的 7 次小周期背离为重点考察分析期。在这 7 个时期中，中国与美国的经济基本面是反向变化的，那么在这种基本面反向变化的时期里，中国与美国的货币政策周期如何抉择，其长期利率又是如何变化的呢？

二、中美两国货币政策取向的背离

首先选择可以表征中美两国货币政策取向变化的指标。对于美国而言，较容易选择，即美国联邦基金目标利率，其起伏变化可以清晰地衡量出美国货币政策周期的松紧方向。对于中国而言，则较为困难，中国不存在显著、单一意义上的政策基准利率，更多会综合采用法定存贷款利率、公开市场操作利率或法定存款准备金率的变化来综合显示货币政策的松紧变化，无法形成类似于联邦基金目标利率那样的单一化衡量指标。

鉴于此，笔者建议均采用替代性指标来近似表达中、美两国的货币政策周期变化。

对于美国而言，由于其联邦基金目标利率能够非常有效清晰地引导美元隔夜 LIBOR（伦敦银行间同业拆借利率），因此美元隔夜 LIBOR 的起伏变化可以表达美国货币政策周期的松紧变化。

对于中国而言，无论是存贷款利率的变化、公开市场操作利率的变化还是法定准备金率的变化，最终都综合作用于银行间市场 7 天回购利率的变化上，因此 7 天回购利率的起伏变化趋势可以近似地代表中国货币政策周期的松紧变化。

美元隔夜 LIBOR 与中国银行间 7 天回购利率虽然均是市场化利率，但是都具有表征政策周期的属性，因此可以作为衡量两国货币政策周期变化的替代性指标，如图 2-6-11 所示。

可以看出在 7 个基本面背离的时期中，中美两国的货币政策取向也体现出相对差异性，笔者将考察结论汇总如表 2-6-2 所示。

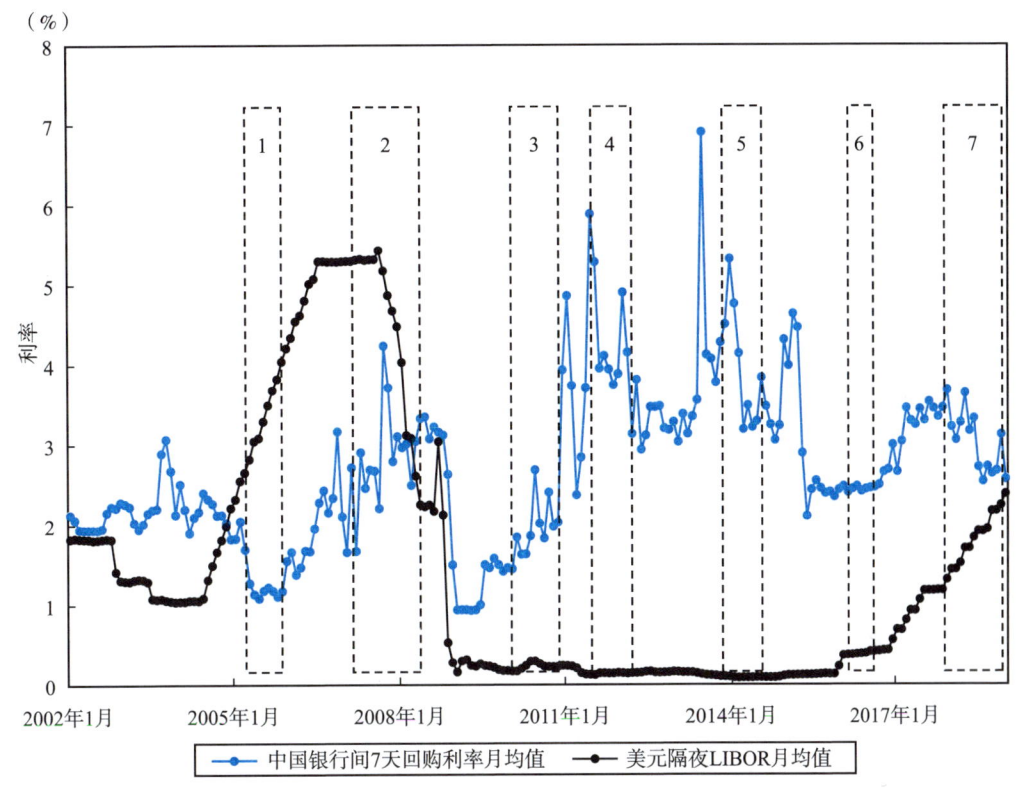

图 2-6-11　7 个背离时期中，中美短期基准利率的变化对比

资料来源：万得资讯（Wind）。

表 2-6-2　　　　　　　　中美基本面周期及政策周期的分化

序号	中美经济基本面背离时期	基本面分化特征	货币政策分化特征	中国的基本面与政策面是否匹配	美国的基本面与政策面是否匹配
1	2005 年 5 月～2006 年 1 月	美强，中弱	美紧，中松	匹配	匹配
2	2007 年 4 月～2008 年 3 月	美弱，中强	美松，中紧	匹配	匹配
3	2010 年 2 月～2010 年 11 月	美强，中弱	美松，中紧	不匹配	不匹配

投资交易笔记（三）
2016~2018年中国债券市场研究回眸

续表

序号	中美经济基本面背离时期	基本面分化特征	货币政策分化特征	中国的基本面与政策面是否匹配	美国的基本面与政策面是否匹配
4	2011年6月~2012年2月	美强，中弱	美松，中松	匹配	不匹配
5	2013年10月~2014年7月	美强，中弱	美松，中松	匹配	不匹配
6	2015年12月~2016年7月	美弱，中强	美紧，中松	不匹配	不匹配
7	2017年11月~2018年8月	美强，中弱	美紧，中松	匹配	匹配

资料来源：万得资讯（Wind）。

从表2-6-2来看，呈现出如下一些特征：

（1）中美两国的经济基本面在大趋势上呈现同向性，但是在7个时期也存在背离分化，其中出现过5次美强中弱的局面（1、3、4、5、7），出现过两次美弱中强的局面（2、6）。

（2）从货币政策分化特征来看，面对7次中美两国的经济基本面分化，中美两国在同期的货币政策出现过5次分化（1、2、3、6、7），另外2次表现为同方向（4、5）。

这两次同向性需要进一步细致研究，由于4、5时期均集中在2011~2013年时期，在此时期，美国的联邦基金利率始终处于零利率水平附近，美国的利率政策已经很难反映美国当期的货币政策动向，其更借助于量化宽松（QE）手段来调节货币政策，因此不能单纯用联邦基金利率的持平不变来表征其货币政策始终宽松，这是值得商榷的地方。

（3）从中国经济基本面与货币政策面的匹配角度来看，中国在7个时期中，5次呈现基本面态势与政策面态势相匹配，表现为"基本面强—政策面紧"或"基本面弱—政策面松"的正常组合，但是有2次并不匹配，分别是：

2010年2月~2010年11月期间，中国总体经济基本面偏弱，但是同期货币政策表现偏紧，这可能和当时2009年大规模的"四万亿元"强刺激后政策回归正常化的背景相关。

2015年12月~2016年7月期间，中国总体经济基本面稳定向好，但是同期货币政策表现依然偏松，这可能和2015~2016年期间股票市场大幅度波动（股灾后期）以及货币政策从宽松状态退出滞后相关，但是从事后来看，该时期确实也是货币政策宽松的尾期。

（4）从美国经济基本面与货币政策面的匹配角度来看，美国在7个时期中，3次呈现基本面态势与政策面态势相匹配，表现为"基本面强—政策面紧"或"基本面弱—政策面松"的正常组合，但竟然有4次并不匹配。

但是 4 次不匹配的时期同样集中在 2010～2016 年。在此期间，美国的联邦基金利率始终处于零利率水平附近，美国的利率政策已经很难反映美国当期的货币政策动向，其更借助于量化宽松（QE）手段来调节货币政策，因此很难单纯用联邦基金利率的持平不变来表征其货币政策始终宽松，这是值得商榷的地方。

总体来看，中国在面对两国经济基本面差异的时候，多数选择的是以内为主，并没有出现臆想中的依美联储政策动向马首是瞻的局面。

三、中美两国长期利率走势的背离

既然在多数基本面的背离时期，也对应着货币政策的背离，各国选择货币政策取向的主体依据是自身的经济基本面走向，那么再看看在背离时期两国的长期利率的有什么差异。如图 2-6-12 所示。

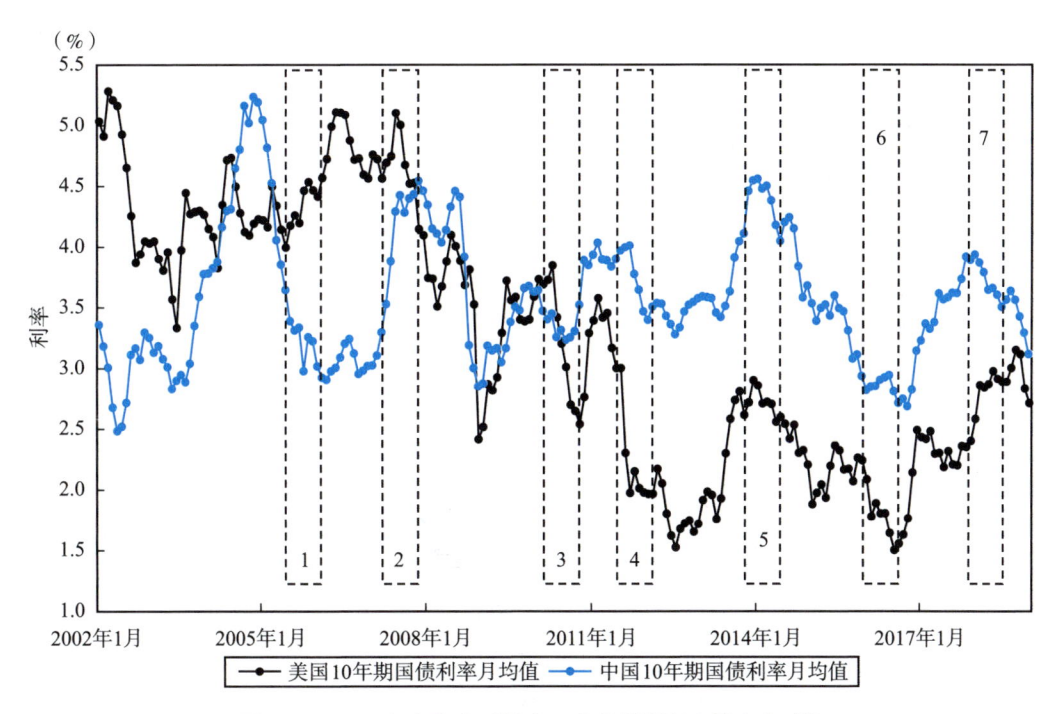

图 2-6-12　七个背离时期中，中美长期利率的变化对比

资料来源：万得资讯（Wind）。

2002 年以来，中美两国的 10 年期国债利率总体变化节奏和方向似乎是一致的，但是也不尽然，例如在 2008 年之前，中美长期利率经常走出分化的态势，2008 年后，两

者方向的一致性则明显增强了一些。

为什么在2008年后两者的一致性增强了？这不是本书的分析要点，但笔者揣测可能是伴随中国在2002年加入WTO后，经过数年发展，中美两国在经济基本面层面的相互依存度明显提高了，导致两国经济的同向性得以增强。

这里分析的焦点依然是集中在那7个中美经济基本面的背离时期。把中美经济基本面背离特征、中美货币政策背离特征以及中美长期利率走势背离特征放在一个示意表中，如表2-6-3所示。

表2-6-3　　　　中美基本面、政策面以及市场利率的分化与比较

序号	中美经济基本面背离时期	基本面分化特征	货币政策分化特征	中美长期利率走势分化特征	长期利率分化与基本面分化的匹配度	长期利率分化与政策面分化的匹配度
1	2005年5月~2006年1月	美强，中弱	美紧，中松	美上，中下	匹配	匹配
2	2007年4月~2008年3月	美弱，中强	美松，中紧	美下，中上	匹配	匹配
3	2010年2月~2010年11月	美强，中弱	美松，中紧	美下，中上	不匹配	匹配
4	2011年6月~2012年2月	美强，中弱	美松，中松	美下，中下	匹配	匹配
5	2013年10月~2014年7月	美强，中弱	美松，中松	美下，中下	匹配	匹配
6	2015年12月~2016年7月	美弱，中强	美紧，中松	美下，中上	匹配	不匹配
7	2017年11月~2018年8月	美强，中弱	美紧，中松	美上，中下	匹配	匹配

资料来源：万得资讯（Wind）。

可以看出，虽然存在一些背离、不匹配的状况，但是在多数中美经济基本面背离时期，各自长期利率的变化还是与各自经济基本面的走向相匹配的。

通过上述三点的实证考察，大概率得出一个基本判断：中美经济基本面的背离会导致两者货币政策背离，并导致中美两国长期利率的走向发生背离。

2018年的中美基本面、政策面以及市场走向背离并不是一个特殊现象，在历史中也经常会出现，而且最终呈现出来的结果基本一致。

各国货币政策都是以内部经济基本面的变化为"锚"，虽然可能或多或少地考虑一下外部政策因素，但是主导线条还是以内为主。

2018年12月13日，中国人民银行行长易纲在"中国经济50人论坛"主办的"长安讲坛"上讲解中国货币政策框架时的表述很精确：在考虑货币政策有关问题的时候，要在内部均衡和外部均衡找到一个平衡点。当内部均衡和外部均衡产生的矛盾时，这时

候要以内部均衡为主，兼顾外部均衡来找到平衡点，这实际上也是最优的平衡点。

因此不能机械地看待中美利差，不能机械地看美债做中债，还是需要更进一步去探索各自经济基本面的差异，并关注这种基本面的差异是否也导致了其货币政策层面的差异。

四、中美两国基本面背离时期一些大类资产的优劣比较

以中美两国名义GDP增长率为衡量标准，可以将中美经济强弱进行比较，大致可以划分为六种形态：美强，中更强；中强，美更强；美强，中弱；美弱，中更弱；中弱，美更弱；美弱，中强。

划定强弱、比较优劣的基本依据如表2-6-4所示。

表2-6-4　　　　　　　　中美名义经济增速的强弱比较　　　　　　　　单位：%

	美国名义增速变化		变化率	总体评价
2002年第1季度~ 2004年第2季度	3.02	7.04	133.11	中强美更强
	中国名义增速变化		变化率	
	9.17	18.94	106.54	
	美国名义增速变化		变化率	总体评价
2004年第2季度~ 2005年第2季度	7.04	6.61	-6.11	美弱中更弱
	中国名义增速变化		变化率	
	18.94	15.74	-16.90	
	美国名义增速变化		变化率	总体评价
2005年第2季度~ 2007年第1季度	6.61	4.45	-32.68	美弱中强
	中国名义增速变化		变化率	
	15.74	21.45	36.28	
	美国名义增速变化		变化率	总体评价
2007年第1季度~ 2007年第3季度	4.45	4.81	8.09	美强中更强
	中国名义增速变化		变化率	
	21.45	24.01	11.93	
	美国名义增速变化		变化率	总体评价
2007年第3季度~ 2009年第2季度	4.81	-3.06	-163.62	中弱美更弱
	中国名义增速变化		变化率	
	24.01	6.62	-72.43	

续表

时间段	美国名义增速变化		变化率	总体评价
2009年第2季度~2010年第2季度	−3.06	3.99	−230.39	中强美更强
	中国名义增速变化		变化率	
	6.62	18.52	179.76	
2010年第2季度~2012年第1季度	美国名义增速变化		变化率	美强中弱
	3.99	4.8	20.30	
	中国名义增速变化		变化率	
	18.52	12.38	−33.15	
2012年第1季度~2014年第1季度	美国名义增速变化		变化率	中美等弱
	4.8	3.22	−32.92	
	中国名义增速变化		变化率	
	12.38	8.38	−32.31	
2014年第1季度~2015年第1季度	美国名义增速变化		变化率	美强中弱
	3.22	5.07	57.45	
	中国名义增速变化		变化率	
	8.38	7.37	−12.05	
2015年第1季度~2015年第4季度	美国名义增速变化		变化率	中弱美更弱
	5.07	2.89	−43.00	
	中国名义增速变化		变化率	
	7.37	6.44	−12.62	
2015年第4季度~2016年第2季度	美国名义增速变化		变化率	美弱中强
	2.89	2.3	−20.42	
	中国名义增速变化		变化率	
	6.44	7.19	11.65	
2016年第2季度~2017年第4季度	美国名义增速变化		变化率	中强美更强
	2.3	4.49	95.22	
	中国名义增速变化		变化率	
	7.19	10.71	48.96	
2017年第4季度~2018年第4季度	美国名义增速变化		变化率	美强中弱
	4.49	5.46	21.60	
	中国名义增速变化		变化率	
	10.71	9.15	−14.57	

资料来源：万得资讯（Wind）。

按照上述划分来考虑一些金融资产的相对强弱，在可供选择的金融资产中，需要格外注意的是，这些被选择的金融资产要从逻辑上具有被中、美经济所共同影响的特征。

基于这个原则，笔者选择了人民币对美元汇率（同时会被中美两国经济状况所影响）、三个股票市场（A股、美股与港股）。这里特别关注的是港股市场，该市场由于特殊性会被中、美两国经济状况所共同影响。

按照六种经济状况比较，考察2002～2018年所划分时期中上述金融资产的变化，可以得到如下结论，如表2-6-5所示。

表2-6-5　中美名义经济增速差异时期若干金融资产的相对强弱变化　　单位：%

比较（以名义GDP衡量）	开始时间	结束时间	人民币汇率升（+）贬（-）	沪深300涨跌幅	标普500涨跌幅	恒生指数涨跌幅	股指相对比较
美强，中更强	2007-03-31	2007-09-30	-2.91	100.62	7.45	37.08	A股>港股>美股
中强，美更强	2002-01-01	2004-06-30	0.00	-18.08	-0.63	7.80	港股>美股>A股
	2009-06-30	2010-06-30	-0.71	-19.06	12.12	9.52	
	2016-06-30	2017-12-31	-1.98	27.80	27.38	43.88	
美强，中弱	2010-06-30	2012-03-31	-7.13	-4.22	36.65	2.12	美股>港股>A股
	2014-03-31	2015-03-31	-0.30	88.75	10.44	12.41	
	2017-12-31	2018-12-31	5.43	-25.31	-6.24	-13.61	
美弱，中更弱	2004-06-30	2005-06-30	0.00	-18.53	4.43	15.59	美股≥港股>A股
	2012-03-31	2014-03-31	-1.27	-12.57	32.93	7.76	
中弱，美更弱	2007-09-30	2009-06-30	-8.99	-43.26	-39.79	-32.29	美股>港股>A股
	2015-03-31	2015-12-31	4.74	-7.90	-1.16	-11.99	
美弱，中强	2005-06-30	2007-03-31	-6.61	216.58	19.27	39.43	A股>港股>美股
	2015-12-31	2016-06-30	2.31	-15.47	2.69	-5.11	

资料来源：万得资讯（Wind）。

如果将上述考察结论用一个更为简洁的示意图来显示，形成一般性结论，可以用如下象限模式进行描述，见图2-6-13。

横轴与纵轴代表的是中国、美国名义经济增长情况，例如在第一象限中表示的是中国与美国的名义经济增速都处于上行周期中。

以45度虚线划分，处于第一象限，且居于虚线之上的区域代表的是"中美名义

GDP 增速都处于上行周期，但是美国上行势头强于中国"；处于第一象限，且居于虚线之下的区域代表的是"中美名义 GDP 增速都处于上行周期，但是中国上行势头强于美国"。以此类推。

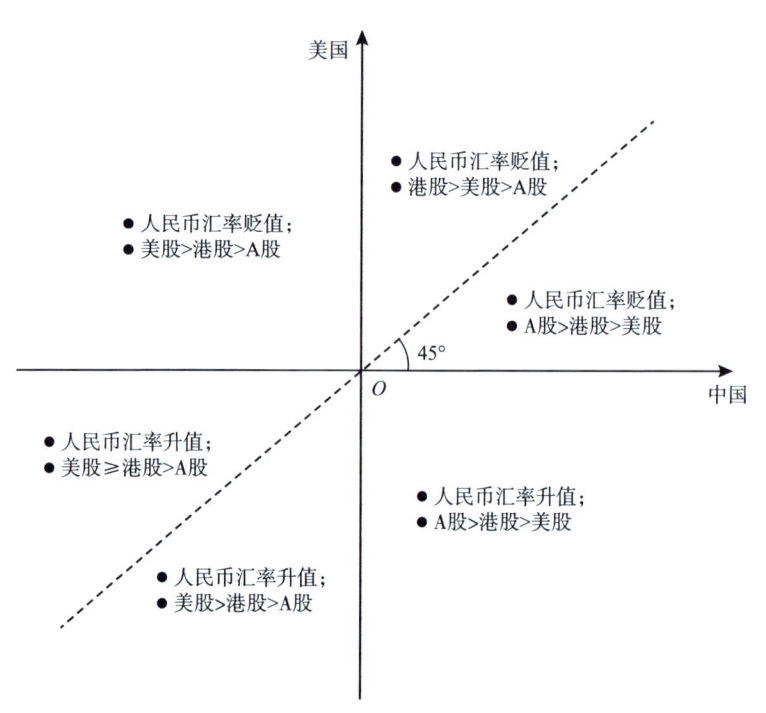

图 2-6-13　中美经济强弱不同组合下金融资产的优劣比较示意

以港股市场为例，多数时期其回报率表现都居于 A 股和美股之间，只有在"中强，美更强""美弱，中更弱"时期，港股的回报率可能居于三者之首，成为最优配置标的。

两大经济体的基本面状况比较是一个非常有趣的话题，也必然蕴含着不少的金融市场机遇，上述只是做出了一个粗浅的梳理和思索，有兴趣的读者可以进一步去挖掘、改善上述的思路和结论。

第七章

历年重要逻辑线条一览

笔者曾在《投资交易笔记（续）》蓝皮书中梳理了 2015 年之前的种种逻辑线条和思路，这些逻辑线条和思路都曾在一定的历史时期被广大投资者关注过、探讨过。虽然其中不乏有一些假逻辑、伪逻辑，但是都曾对市场产生过影响。

2016~2018 年，新出现的逻辑思路并不很多，笔者依然延续蓝皮书的思路，将最近三年出现过的一些新视角、新框架整理列表，供广大读者跟踪、参考。

表 2-7-1 的内容，便是 2002~2018 年以来，债券市场运行历程中被广大投资者关注和探讨过的一些逻辑线条。

表 2-7-1　　　　2002~2018 年债券市场重要逻辑线条框架一览

应用范畴	逻辑	表达形式	逻辑评价	运用评价
中短期逻辑范畴，对于中短期投资交易有影响	以传统经济基本面因素为基础的分析框架	通货膨胀和经济增长的双轮驱动	名义增速与名义利率方向正相关，幅度非线性相关，存在周期运行的尾部背离风险	对于宏观预测能力具有高要求
		增长周期、通胀周期、货币政策周期的三周期叠动	细节化了外部货币政策冲击，提供了时点选择依据	
		金融底（顶）-利率底（顶）-经济底（顶）	摸索经济、利率周期变化的前瞻信号	
	以货币流动性因素为基础的分析框架	贷款增速与债券利率的关系	如果只是从资金分布、挤压的角度论述则逻辑错误；如果从反映社会融资需求变化，进而由经济基本面变化外推利率变化的线条则可取	应用中对于商业银行、中央银行行为预测要求较高，难度较大
		存款增速与债券利率的关系		
		广义信贷资产变化与债券利率的关系		
		表内、表外资金分布与利率、信用债券关系	只能解释利率与信用的相对变化强弱，不能解释整体利率趋势方向	只能解释相对价格变化
		"货币+信用"风火轮	可以与美林时钟相互印证	对于大类资产分析有帮助

续表

应用范畴	逻辑	表达形式	逻辑评价	运用评价
中短期逻辑范畴，对于中短期投资交易有影响	成本推动说	利率市场化→银行资金成本发生变化→影响了债券收益率	对单个投资主体合理，对群体无效。属于宏观上的伪命题	正确的应该是：资产（收益率/规模）决定负债（成本/规模），以机会成本为基础分析思路
		理财收益率影响论		
		同业存单利率影响论		
	品种替代说	"非标"不死、债券不兴	从挤压角度论述无效，从实体经济融资总需求角度有效	需要高度关注实体债务杠杆水平的影响
		刚兑不破，无风险利率高企（国债城投化、城投国债化）		
		打新、配资创设新的无风险利率，对国债具有挤出效应	从挤压角度论述无效，从社会总债务杠杆水平论述有效	需要高度关注金融虚拟债务杠杆水平的影响
	供求决定论	利率债券供应规模大小影响利率走向	心理冲击为主，宏观逻辑无效	供应量是助涨助跌的非主导因素
		赤字率或广义货币供应量影响利率方向变化	需要看到社会融资总量膨胀为依据	预测能否有效带动社会融资总需求
		投资配置资金和交易资金谁主导利率变化	本质都是市场行为，对利率方向无影响	无须过多关注
		金融监管影响利率	监管并非是利率方向的决定因素，可能会成为影响利率幅度的因素	监管更多的是影响心理，要分清、明确其对于标准还是非标资产的影响
	外部因素干扰说	汇率变化与利率变化之间的关系	不建议将汇率因素纳入利率分析框架中	汇率与利率的关系并不是汇率升、贬值与利率升、降之间的关系，而是"是否允许汇率以自由的、更为市场化的方式浮动"与"利率变化反映本国经济基本面"之间的关系
		美国国债利率对中国国债利率的影响	必须假定经济周期同步性和货币政策同步性	用一个金融价格去预测另一个金融价格，实现难度很大
		股票价格（大宗商品价格）对于利率的影响	并非是表面上的"跷跷板"效应，而是各类资产内在的宏观基本面因素驱动	

续表

应用范畴	逻辑	表达形式	逻辑评价	运用评价
超长期逻辑范畴，对中短期投资交易无助	转型说	四大生产要素的价格会伴随经济体的转型变化而出现价格变化	从长期经济增长模型演化而来	过于长期性的判断，对于中短期投资、交易无效
	人口因素说	人口降低或老龄化导致利率趋势下行	从潜在增长率的决定因素来推导	

第三篇
债券市场基本分析框架一览

化繁为简，一直是市场研究追求的目标，希望能用简洁的框架来描述、分析利率市场运行的逻辑。从笔者自身的感受来看，债券市场是一个非常理性的市场，遵循着基本的逻辑框架，在稳定地运行，这些基本的逻辑线条就构成了债券市场分析的"灵魂"。

从业近二十年来，笔者认为能经得起时间检验的、正确的逻辑框架并不多见。从研究利率运行的方向角度看，"增长＋通胀"组合的"美林时钟"、"货币＋信用"组合的"风火轮"是两个相对完善的逻辑框架；从资产组合角度来看，"Δ利率＋Δ利差"的债券组合分析以及"利率＋波动率"的股债结合分析只是一个初步的探索，谈不上成熟；此外，在《投资交易笔记（续）》蓝皮书中关于利率曲线平陡关系的内容也是具有一定参考意义的分析框架。

但是上述分析框架揭示、解释的多为利率运行的方向，对于能够清晰解释利率变化幅度的内容至今不得其解，犹在摸索过程中。

在本篇内容中，笔者试图从"增长＋通胀""货币＋信用""Δ利率＋Δ利差"以及"利率＋波动率"这四个维度探索债券市场运行的一些基本逻辑框架，供读者参考。

| 第八章 |

由"增长+通胀"组合演化而来的"名义增速定利率"

无论如何，在金融市场投资交易体系中，美林时钟都是一个不容忽视的逻辑框架，其简洁纯粹的分析模式、清晰可见的逻辑结论一直是金融市场投资者启蒙的典范。见图3-8-1。

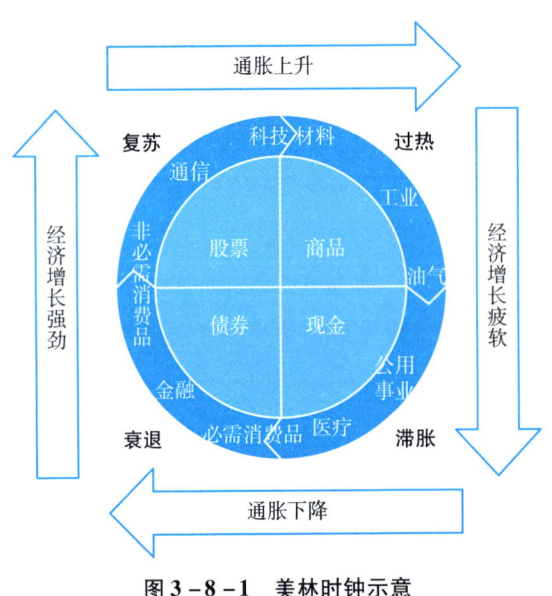

图3-8-1 美林时钟示意

从大类资产比较来看，在美林时钟里，债券的最优表现是在第三象限，即实际经济增长与通货膨胀都在下行的阶段，这显然对应的是经济名义增速加速下行的时期。

美林时钟是从增长与通胀两个维度去考察、判断，在债券市场中也习惯将这两个维度简化为一条名义经济增速曲线，用名义增速的变化反映通货膨胀和经济增长的综合影响，可以更为直观地寻找其和利率的关系。

第一节
高频名义经济增速指标的构建

描述名义经济增速最全面、权威的指标是名义 GDP 增速，但是由于其发布频率较低，反而在实践中并不常用，市场期待寻找相对高频、代表意义相对接近 GDP 的指标来描述名义经济增速，比如在前期笔者介绍过美国的高频名义增速替代指标："ECRI + CPI"。

构建可在月度频率上表征美国经济名义增长方向变化的基本面指标，可将其与美国 10 年期国债利率结合起来，如图 3-8-2 所示。

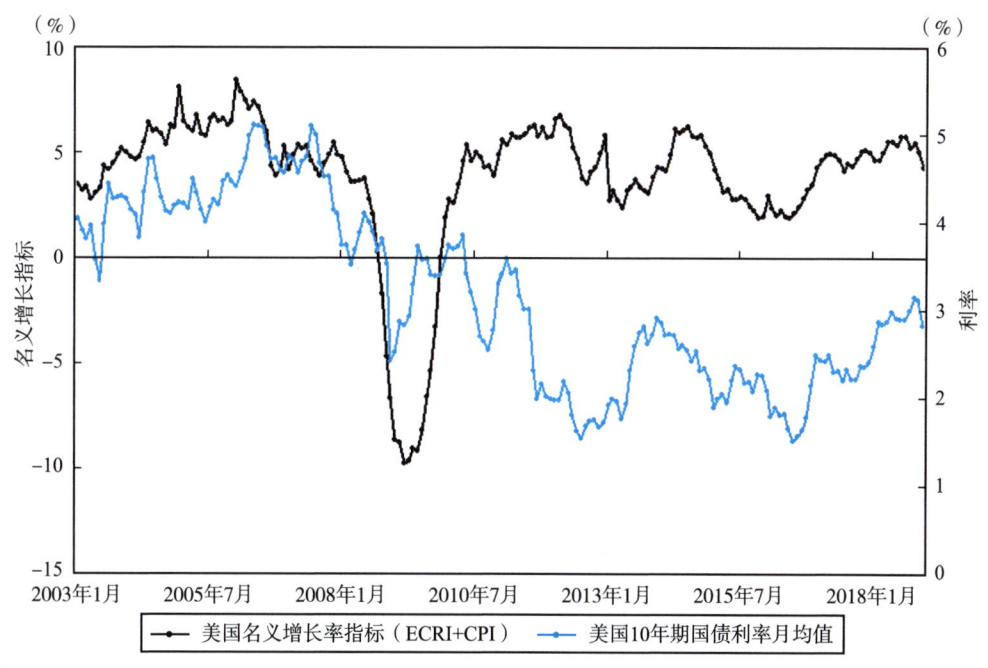

图 3-8-2　美债利率与美国高频名义经济增长指标

资料来源：万得资讯（Wind）、彭博（Bloomberg）。

可以看出，在方向变化维度上，两个指标维持了较强的同向性，如果将考察的时间周期缩短至 2010～2018 年时期，会发现这种方向相关性更为强烈明显。因此可以看到名义经济增速的方向与名义利率（图示中的 10 年期国债利率）的方向保持着强相关性。

但是即便这种方向相关性确实存在，这种关系对于实务之操作有意义吗？笔者的回答是：上述相关性对于指导实际市场交易来说，意义并不大。

在实务市场中，市场投资者的目标是判断市场利率的变化方向，但是为了判断这个变化方向就需要首先判断美国名义增长率指标的方向，为此又需要独立的去判断CPI和ECRI指标的变化方向，而上述文中提及ECRI指标是由四个子指标合成，那么判断的起点又要从判断这四个子指标的方向入手，最终投资者会发现这是一个极其庞大的工程，为了判断一个单一的目标，需要提前判断若干个前提指标，推导链条和自变量过多，必然导致最终结果的正确率有限。

因此上述指标相关性只是在描述一个逻辑框架，在实践运用中，需要找到更为简洁、自变量更少的方式来进行表达。在金融市场实际投资运作中，模糊的正确永远胜于精确的错误，美林时钟则正是以简洁性和可操作性而胜出。

本着可预测性、简洁性、可操作性为准则，在中国市场中，笔者经常使用"规模以上工业增加值同比增速+综合通胀指数"作为衡量经济名义增长率的可替代指标。

在处理上述数据时需要注意的几点内容是：

（1）综合通胀指数由CPI和PPI按照一定的权重合成，具体合成权重占比可以参考前文中的介绍。

（2）PPI自身并不会受到春节因素的扰动，但是CPI会严重受到春节因素的扰动，往往造成1、2月份的同比增速剧烈波动，建议将1、2月份CPI增速以平均值形式来统一描述。

（3）从国家统计局发布数据的习惯来看，规模以上工业增加值增速往往是只发布1~2月份的累计同比增速（同样为了规避春节期间的剧烈波动），因此笔者也建议用1~2月份的累计同比增速来分别替代1、2月份的单月增速。

从频率角度来看，上述替代型的名义增长指标可以做到月度高频，但是准确度如何呢？特别是在中国第二产业在整体GDP中的占比不断降低的背景下，仅仅利用规模以上工业增加值增速是否可以较好的替代实际GDP指标呢？

确实，在最近若干年中出现了规模以上增加值增速与实际GDP同比增速在变化幅度上的分化，但是两者尚没有出现变化方向上的背离。如图3-8-3所示。

这种分化表现最为明显的时期集中在2014~2015年，工业增加值增速下行的幅度明显超越了GDP增速。当时各类分析针对这一现象而展开探讨，基本围绕这样一个思路：伴随着中国经济转型的展开（从第二产业向第三产业转型、从投资驱动向消费驱动转型），工业生产在主导整体经济增长中的地位逐渐弱化，第二产业在整体GDP中的比

图 3-8-3　规模以上工业增加值增速与实际 GDP 增速依然方向相关

资料来源：万得资讯（Wind）。

重不断下滑，第三产业不断崛起。笔者犹记得，那一时期各类文章论述的发电量、铁路货运量等指标已经不能有效地反映当前中国的经济增长变化。

这种解释从经济角度理解是合理的，但是从利率市场角度而言，关注规模以上工业增加值依然是很重要的。

首先，工业增加值与整体经济增长的差异只体现在幅度上，而没有体现出方向上的背离，因此用该指标衡量经济变化方向，进而揣测利率变化方向是合理的。其次，利率本质是反映融资需求的强弱，而在经济构成中，第二产业一直是融资需求的最大构成领域，因此工业生产的变化最直接地反映了融资需求程度的高低，因此对利率的指示意义也最强。总体来看，用规模以上工业增加值增速近似代表实际经济增长，进而指导利率的分析，依然是很重要的。

这样，从美林时钟转化为观察名义经济增长率，进而去和利率变化相互印证，成为了一个基本思路。

事实上，对于利率水平的绝对定位是非常困难的一个事情，而且从理论角度而言，也基本找不到上述说法的出处，更似乎是一种市场的自发臆测。

笔者认为，名义经济增速的水平与利率水平并无理论上的相关性，如果非要追寻利率绝对水平与宏观变量之间的联系，不如从最基本的逻辑角度出发，寻找利率绝对水平与实体经济资产回报率的相关度。

从统计的样本区间来看，2003~2018年期间，中国A股上市公司（剔除金融、石化类）的平均ROA在3.40%。其中，最高出现在2008年二季度（5.5%），最低出现在2009年二季度（1.9%），全周期低点水平相似，均在2.0%附近。

同期统计样本区间内，中国10年期国债利率平均水平为3.60%，最高点出现在2004年四季度（5.16%），最低点出现多次，季度均值低点都在3.0%附近。

从历史长期平均水平来看，实体企业资产回报率在3.40%，长期利率平均水平为3.60%，两者水平基本相当。这种对应幅度的比较远比3.60%的国债利率去对应13.5%的长期平均名义GDP要合理得多。

而且更进一步来看，实体企业回报率更应该与企业信用债券融资成本相关联。大致估算上市公司整体的信用评级平均在AA等级，如果采用AA级中期票据利率来作为比较基准，2008年有数据以来，AA级中期票据的利率平均值为5.40%。

这样比较利率和实体企业ROA水平，则发现中国的利率并不低。现实中，市场常常以美国利率与其名义经济增长率相近的现象，来定论利率水平应该与名义GDP接近，并认为中国名义GDP水平远高于美国，但是利率却低于美国，依此来论证中国利率水平过于低估。事实上，这一说法从ROA比较角度来看，并不合理。

利用名义GDP水平高低来判断利率水平是否合适？笔者认为这是存在逻辑上的缺陷的，名义GDP的方向只是近似的可以表达实体企业的ROA方向，但是并不代表ROA的水平，而从利息率来自实体企业回报率角度来看，ROA的水平与利率的水平具有一定的可比性，因此在衡量绝对利率水平是否高估或低估时，更应该是与实体企业的ROA水平比较，而并不是和名义GDP增速来进行比较。

可以采集美国股票市场上市公司（剔除金融行业）的ROA数据与美国长期利率做一比较，示意如图3-8-7所示。

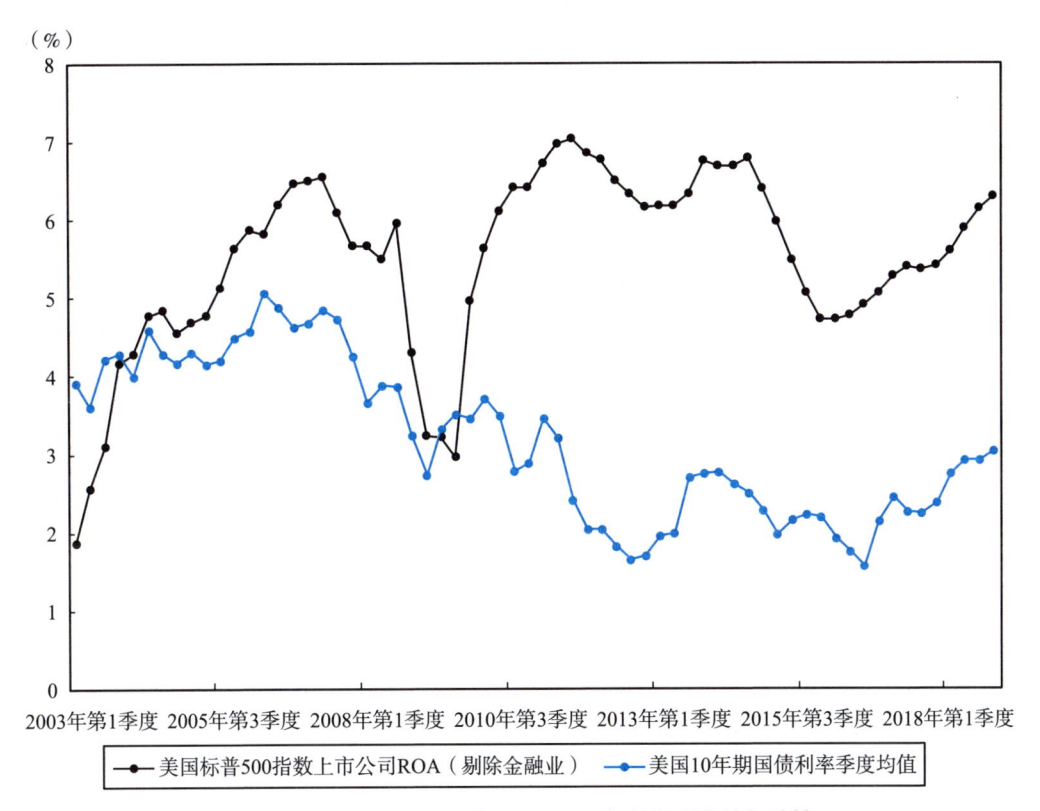

图 3-8-7 （美国）上市公司 ROA 与长期利率的相关性

资料来源：万得资讯（Wind）。

从图 3-8-7 可以看出，从趋势变化上来看，美国上市公司（剔除金融行业）的 ROA 变化方向与长期利率变化方向是正相关的，2008 年之前美国的利率高低与同期 ROA 水平也是相对匹配的，但是 2008 年之后美国利率显著的低于了上市公司 ROA 水平，这要归因于美国超级宽松的货币政策。

如果从 ROA 与利率角度比较利率高低的合理性，应该说最近十年来，由于美国超级宽松的货币政策周期，美国的利率水平被明显低估了，而中国的利率水平则相对合理。

总体而言，美林时钟从实际经济增长与通货膨胀角度出发构建了大类资产配置的方法框架，对于债券市场而言，可以引申构建名义经济增长指标与名义利率之间的关系。其基本关系可归结为如下四个核心观点，特别需要注意下列描述中"方向"与"水平"的用词差异：

（1）名义经济增长率的方向与名义利率的方向呈现正相关性。这主要是因为名义经济增长率的方向可以近似代替实体企业 ROA 的方向，而利息是金融行业从实体企业中所分得的部分利润，因此利率本质上是受到实体企业的 ROA 水平决定，从近似代替意义上，可以描述为名义经济增长率的方向驱动了利率变化的方向。

（2）名义经济增长率的变化幅度与名义利率的变化幅度并非线性相关。即，名义增长率增加或减少一个单位，并非一定对应着名义利率与之进行等比例幅度的变化。这主要是因为：利率是融资需求与资金供给双重决定的因素，融资需求（实质表征名义经济增速的变化）是利率变化的内生性因素，而资金供给受制于外部货币政策变化，是利率变化的外生性因素，因此利率与单一的需求因素并没有变化幅度上的对应关系，其还要受到资金供给因素（主要是指货币政策的影响）影响。

（3）在实际市场变化中，会出现名义经济增长率方向与名义利率方向的背离局面，这多数是由货币政策的滞后性所导致，但是背离周期并不很长。

（4）名义 GDP 的增速水平与利率的水平并不存在可比关系，从逻辑上看实体企业的 ROA 水平与利率水平可以近似对应着某种关联性。将经济体的实体企业 ROA 水平与利率绝对水平进行比较，更符合逻辑性，但是该结论很少运用在实际的交易与投资中，更倾向于是一种理论层面的探讨。

第九章

"货币+信用"风火轮

第一节
货币与信用之分辩

一、"货币+信用":目标的松紧和现实的松紧

在针对货币政策分析时,经常在市场分析报告中看到这样的政策描述组合:"宽货币+紧信用""紧货币+宽信用"等。

各种组合对于金融市场而言,也会有不同的影响。以其对债券市场的影响为例,通常认为"宽货币+紧信用"的政策组合模式利多于债券市场;"紧货币+宽信用"的组合模式利空于债券市场等。

笔者认为这种分析框架是存在诸多问题的,需要进一步明晰化。

首先,货币表达负债,信用表达资产。从资产负债表平衡概念来说,货币与信用应该是一个硬币的两面,不应该存在货币与信用的不平衡性。

其次,需要区分清楚的是"政策的目标"和"所导致的现实"两个概念。针对宏观经济基本面的变化,货币政策的推出目标只有松、紧两个选择,但是这种松紧的目标对于货币或信用并无分别。

从推动经济复苏角度来看,宽松的货币政策目标一定是希望导致"宽信用"的结局,事实上"宽信用"只是政策推出后可能导致的结果之一。而如果出现了"宽信用"的结果,那么必然也对应了"宽货币"的出现,因为货币是由信用创设出来的。

反之,从抑制通货膨胀的角度出发,偏紧的货币政策目标一定是希望出现紧缩的信用格局,事实上"紧信用"局面只是政策推出后可能导致的结果之一。而如果出现了"紧信用"的结果,那么必然也对应着紧货币的出现,同样因为货币是由信用创设出来的。

货币政策的目标或初衷只有两种情况：松（宽货币+宽信用）、紧（紧货币+紧信用），不存在矛盾的货币和信用组合。这种目标或初衷的后期实施效果也只存在两种组合：松（宽货币+宽信用）、紧（紧货币+紧信用）。

问题在于政策的初衷或目标未必能达到预期中的实际效果，因此目标和实效之间是存在错配的。由于中央银行货币当局主要目标是调控货币，而信用宽紧的实际效果是依赖于市场自发形成，因此就有了货币上的目标松紧和信用上的实际松紧的不同搭配模式，即"货币目标上的松紧+信用实效上的松紧"组合。

例如，当经济处于下行背景下，货币当局的目标是货币宽松（自然也希望信用宽松），但是能否实现，是依赖于社会杠杆主体和商业银行行为共同决定。一般情况下，货币宽松的政策目标会实现信用宽松的实际效应，即成为"宽货币（目标）+宽信用（实效）"的组合模式。但是由于信用派生状况的实现要依赖于社会杠杆主体和商业银行的行为，在一些时期，也未必能产生宽信用实效，反而会出现信用始终无法扩张的可能，这时候整体社会依然表现为紧信用格局（货币的实效结果自然也是紧缩的），则成为"宽货币（目标）+紧信用（实效）"的组合模式。

反之，当经济处于过热背景下，货币当局的目标是货币紧缩（自然也希望信用紧缩），如果社会杠杆主体和商业银行行为配合，一般情况下，货币紧缩的政策目标会实现信用紧缩的实际效应，即成为"紧货币（目标）+紧信用（实效）"的组合模式。但是如果其并不配合，则信用扩张将始终无法控制，整体社会依然表现为宽信用格局（货币的实效结果自然也是宽松的），则成为"紧货币（目标）+宽信用（实效）"的组合模式。

从上述分析可以看出，人们所提及的货币松紧与信用松紧的组合事实上是政策目标和实现效果的组合，而并非是双目标组合模式。见图3-9-1。

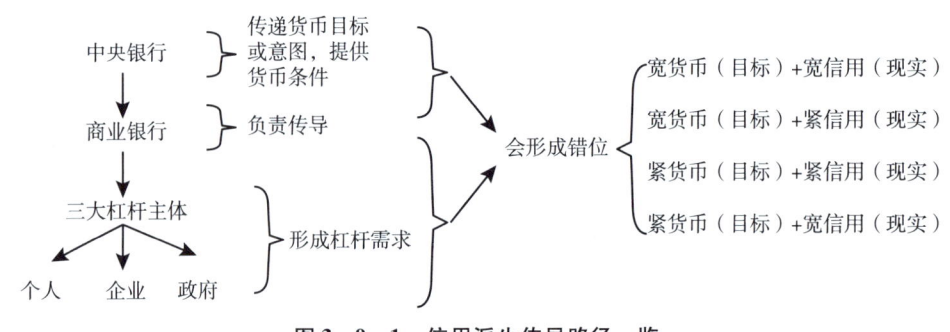

图3-9-1 信用派生传导路径一览

二、如何定义"货币"目标的松紧

历年以来中央银行都会对当年的货币政策目标属性进行描述定位。例如在 2016 年 3 月 12 日"两会"期间，中央银行行长周小川在金融与改革问题的记者招待会上，就曾对货币政策的目标属性进行过如下描述：

"从货币政策来讲，大家都关心这个问题，我们还是实行稳健的货币政策，但要注意货币政策的灵活适度，要保持流动性的合理充裕。有数量界定和语言界定，语言是模糊数学的概念，就是从模糊的表达来讲，货币政策总共分五个段，一个叫宽松的货币政策，一个叫适度宽松的货币政策，中间是叫稳健的货币政策，再就是适度从紧的货币政策，还有从紧的货币政策。常规上我们分五个段来表达，历史上也都有，比如通货膨胀比较厉害的时候就会施行适度从紧或者从紧的货币政策。

每个语言的几个词表达是一个区间，区间是有一定范围的，现在比较注重强调经济有下行的压力，面临的困难和挑战比较多，所以在稳健的货币政策中，国务院的文件正式说法强调灵活适度，我在上海记者招待会上也说了，稳健的货币政策略偏宽松，针对当前的表述，也是符合从 2015 年后半年到现在的实际状况。同时我们也强调，货币政策历来是需要动态调整的，是需要根据经济形势的研究判断，根据情况实时地、动态地进行调整，所以这也就是适度的含义。"

从定性角度来看，货币政策的五种状态都出现过，但是从市场应用来看，却很难用官方的语言来定位当前货币政策目标的状态，特别是在面临政策目标拐点时期。

在现实运用中，倾向于利用货币政策工具信号来划分货币政策目标的松紧变迁，而且为了更直观有效的描述目标状态的切换，不采用中性或稳健的说法，只定义为松和紧两种状态，更关注政策目标"由松到紧"和"由紧到松"的切换。

货币政策工具主要包括了三个内容：法定存贷款利率、法定准备金率以及公开市场操作。从实际效果来看，往往公开市场操作信息最先发出货币政策目标切换的信号，但是这里的公开市场操作信息并非指规模或量的信息，而更多是指公开市场操作中的价格信息。

结合具体时点上货币政策工具的变化，例如加减息、公开市场利率变化或升降准等，可以将 2002~2018 年中货币政策目标的切换变化进行划分，划分为 10 个分界点，分别如下：

（1）2003 年 6 月份是一个货币政策意图目标的拐折时期，标志性事件是 1 年期中央银行票据重启发行，宣告了货币政策目标由松转紧。

（2）2004年11月份是一个货币政策意图目标的拐折时期，标志性事件是1年期中央银行票据发行利率被牵引下行，宣告了货币政策目标由紧转松。

（3）2006年3~4月份是一个货币政策意图目标的拐折时期，标志性事件也是1年期中央银行票据发行利率转折上行，宣告了货币政策目标由松转紧。

（4）2008年9月份是一个货币政策意图目标的转折时期，标志性事件是中央银行宣布了"双率齐降"政策，即贷款利率下调、法定存款准备金率下调，宣告了货币政策目标由紧转松。

（5）2009年7月份是一个货币政策意图目标的转折时期，标志性事件是中央银行重新启动了1年期中央银行票据发行，并引导发行利率上行，宣告了货币政策目标由松转紧。

（6）2011年11月份是一个货币政策意图目标的转折时期，标志性事件是1年期中央银行票据发行利率下调，并降准，宣告了货币政策目标由紧转松。

（7）2012年7月份是一个货币政策意图目标的转折时期，标志性事件是公开市场逆回购利率被上调，宣告了货币政策目标由松转紧。

（8）2014年4月份是一个货币政策意图目标的转折时期，标志性事件是国务院会议宣布适当降低县域农商行存准率，宣告了货币政策目标由紧转松，并一直延续下去。

（9）2017年1月份是一个货币政策意图目标的转折时期，标志性事件是央行上调MLF操作利率，宣告了货币政策目标由松转紧。

（10）2018年4月份是一个货币政策意图目标的转折时期，标志性事件是央行降准置换中期借贷便利，货币政策目标由紧转松，并一直延续下去。

通过政策工具的取向性变化（主要是公开市场价格变化信息、准备金率变化以及存贷款利率变化）将2002年以来的货币政策意图目标变化划分为10个分界点，共计划分为11个时期区域，在每个区域时期中，货币政策的目标都是"宽货币"或"紧货币"，如表3-9-1所示。

表3-9-1　　　　　　2002~2018年期间货币政策目标松紧阶段的划分

序号	时期	货币政策目标
1	2002年1月~2003年6月	宽货币
2	2003年6月~2004年11月	紧货币
3	2004年11月~2006年4月	宽货币

续表

序号	时期	货币政策目标
4	2006年4月~2008年9月	紧货币
5	2008年9月~2009年7月	宽货币
6	2009年7月~2011年11月	紧货币
7	2011年11月~2012年7月	宽货币
8	2012年7月~2014年4月	紧货币
9	2014年4月~2017年1月	宽货币
10	2017年1月~2018年4月	紧货币
11	2018年4月~2018年12月	宽货币

资料来源：中国人民银行网站。

三、如何定义"信用"现实的松紧

如前所述，信用和货币本为一个硬币的两面，即信用的派生变化理论上是同步反映在货币供应量的变化上。无论目标是松是紧，但是现实中信用的变化有自身的规律，未必一定和政策目标相吻合，也即意味着货币供应量的变化是有自身规律运行的。

如果假设信用的变化和广义货币供应量的变化同步发生，那么完全可以用广义货币供应量同比增速的方向性变化来衡量现实中信用的松或紧。

上述假设在多数情况下是有效的，但是也存在信用变化和货币供应量变化的背离时期，较为经典的两个时期分别是2005年的1~5月份和2015年的8~12月份。

2005年，信用派生的主要代表品种是信贷，2005年上半年虽然广义货币供应量M2增速开始出现一路上行，但是信贷增速却在下行过程中，因此单纯用M2变化的方向定义，可定义为宽信用时期，但是应该更关注信贷增速的变化，事实上该时期为"紧信用"时期。

2015年时期信用派生的主要代表不能用常规信贷了，而需要用社会融资总量指标来刻画。虽然2015年5月份开始，广义货币供应量增速已经开始回升，但是社会融资总量增速却始终在缓慢下行过程中，因为如果单纯用M2增速来定义信用，则会得出"宽信用"的现实，但是事实上应该用社会融资总量的增速来衡量，应该是"紧信用"格局。

那么为什么不直接用信用指标的变化来表征信用现实的变化呢？主要原因在于我国信用派生工具发生过显著的切换，从以往常规的信贷扩张到了社会融资总量，而社会融资总量的同比增速又缺乏一个公开有效的数据，因此才退而求其次，采用广义货币供应量指标 M2 增速来间接衡量信用派生在现实中的变化。

在此，从便利性角度出发来定义现实信用的松紧状况，故直接采用 M2 指标。在现实操作中，投资者不妨结合同期的信贷或社会融资总量指标来相互印证，当货币供应量指标与后两者发生背离时，以后两者为准。

对于 2002~2018 年，结合广义货币供应量 M2 同比增速和社会融资总量余额同比增速（根据社会融资总量定义，构建历史数据，并测算余额同比增速），划分为"紧信用"时期和"宽信用"时期。

2002~2018 年期间，信用松紧切换时期共计 14 个，分别在表 3-9-2 中显示。

表 3-9-2　　　　2002~2018 年期间金融信用派生状况松紧阶段划分

序号	时期	现实中的信用状态
1	2002 年 1 月~2003 年 6 月	宽信用
2	2003 年 6 月~2005 年 12 月	紧信用
3	2005 年 12 月~2008 年 2 月	宽信用
4	2008 年 2 月~2008 年 12 月	紧信用
5	2008 年 12 月~2009 年 12 月	宽信用
6	2009 年 12 月~2010 年 7 月	紧信用
7	2010 年 7 月~2010 年 12 月	宽信用
8	2010 年 12 月~2012 年 7 月	紧信用
9	2012 年 7 月~2013 年 5 月	宽信用
10	2013 年 5 月~2014 年 4 月	紧信用
11	2014 年 4 月~2014 年 7 月	宽信用
12	2014 年 7 月~2016 年 6 月	紧信用
13	2016 年 6 月~2017 年 10 月	宽信用
14	2017 年 10 月~2018 年 12 月	紧信用

资料来源：中国人民银行网站。

四、货币目标松紧与信用现实松紧的组合

如上分析，在 2002~2018 年期间，笔者将货币政策目标的松紧划分为 11 个区域，将现实中的信用松紧状态划分为 14 个区域,将上述时期进行叠合处理,可以按照"货币 + 信用"的组合划分为 21 个时期,如表 3-9-3 所示。

表 3-9-3   2002~2018 年期间货币政策目标与金融信用派生现实的组合状况

序号	时期	"货币 + 信用"组合
1	2002 年 1 月 ~ 2003 年 6 月	宽货币 + 宽信用
2	2003 年 6 月 ~ 2004 年 11 月	紧货币 + 紧信用
3	2004 年 11 月 ~ 2005 年 12 月	宽货币 + 紧信用
4	2005 年 12 月 ~ 2006 年 4 月	宽货币 + 宽信用
5	2006 年 4 月 ~ 2008 年 2 月	紧货币 + 宽信用
6	2008 年 2 月 ~ 2008 年 9 月	紧货币 + 紧信用
7	2008 年 9 月 ~ 2008 年 12 月	宽货币 + 紧信用
8	2008 年 12 月 ~ 2009 年 7 月	宽货币 + 宽信用
9	2009 年 7 月 ~ 2009 年 12 月	紧货币 + 宽信用
10	2009 年 12 月 ~ 2010 年 7 月	紧货币 + 紧信用
11	2010 年 7 月 ~ 2010 年 12 月	紧货币 + 宽信用
12	2010 年 12 月 ~ 2011 年 11 月	紧货币 + 紧信用
13	2011 年 11 月 ~ 2012 年 7 月	宽货币 + 紧信用
14	2012 年 7 月 ~ 2013 年 5 月	紧货币 + 宽信用
15	2013 年 5 月 ~ 2014 年 4 月	紧货币 + 紧信用
16	2014 年 4 月 ~ 2014 年 7 月	宽货币 + 宽信用
17	2014 年 7 月 ~ 2016 年 6 月	宽货币 + 紧信用
18	2016 年 6 月 ~ 2017 年 1 月	宽货币 + 宽信用
19	2017 年 1 月 ~ 2017 年 10 月	紧货币 + 宽信用
20	2017 年 10 月 ~ 2018 年 4 月	紧货币 + 紧信用
21	2018 年 4 月 ~ 2018 年 12 月	宽货币 + 紧信用

资料来源:中国人民银行网站。

如果更形象一些,可以用如图 3-9-2 所示"货币 + 信用"的组合划分情况:

图 3－9－2　2002～2018 年期间货币政策目标与金融信用派生现实的组合示意

注：横轴显示的是货币政策目标的切换；星号★表达了货币政策目标松紧切换的时间点；上面的折线显示的是信用松紧状态的变化切换，上升表现宽信用，下降表示紧信用，折点显示的是切换的时间点。

如此按照时间排布顺序组合后，将出现 21 个区域，分别代表着不同的"货币＋信用"组合状态。

第二节
不同"货币＋信用"组合形态下各类金融市场的表现

一、债券市场在不同"货币＋信用"组合状态中的表现

单纯从货币信用角度出发，"货币政策目标＋信用派生现状"之间的不同组合对于债券投资者具有重要的含义，分别考察上述 21 个历史时期中收益率水平以及收益率曲线形态变化的情况，总结成如表 3－9－4 所示。

表 3－9－4　2002～2018 年货币政策目标与金融信用派生现实的组合状况以及债券市场变化

序号	时期	"货币＋信用"组合	利率方向	曲线平陡
1	2002 年 1 月～2003 年 6 月	宽货币＋宽信用	平衡震荡市	平衡震荡
2	2003 年 6 月～2004 年 11 月	紧货币＋紧信用	熊市	陡峭
3	2004 年 11 月～2005 年 12 月	宽货币＋紧信用	牛市	平衡震荡
4	2005 年 12 月～2006 年 4 月	宽货币＋宽信用	小牛市	平坦

续表

序号	时期	"货币+信用"组合	利率方向	曲线平陡
5	2006年4月~2008年2月	紧货币+宽信用	熊市	先陡再平
6	2008年2月~2008年9月	紧货币+紧信用	平衡震荡市	先陡再平
7	2008年9月~2008年12月	宽货币+紧信用	牛市	陡峭
8	2008年12月~2009年7月	宽货币+宽信用	熊市	陡峭
9	2009年7月~2009年12月	紧货币+宽信用	熊市	平衡震荡
10	2009年12月~2010年7月	紧货币+宽信用	牛市	平坦
11	2010年7月~2010年12月	紧货币+宽信用	熊市	陡峭
12	2010年12月~2011年11月	紧货币+紧信用	平衡震荡市	平坦
13	2011年11月~2012年7月	宽货币+紧信用	牛市	陡峭
14	2012年7月~2013年5月	紧货币+宽信用	熊市	平坦
15	2013年5月~2014年4月	紧货币+宽信用	熊市	平坦
16	2014年4月~2014年7月	宽货币+宽信用	小熊市	平衡震荡
17	2014年7月~2016年6月	宽货币+紧信用	牛市	先陡再平
18	2016年6月~2017年1月	宽货币+宽信用	熊市	陡峭
19	2017年1月~2017年10月	紧货币+宽信用	熊市	平坦
20	2017年10月~2018年4月	紧货币+紧信用	平衡震荡市	先平再陡
21	2018年4月~2018年12月	宽货币+紧信用	牛市	先平再陡

观察上述表格，可以看到在不同的"货币目标+信用现状"组合中，利率的走向和利差曲线的走向各不相同，按照不同组合模式下市场的变化情况重新分类，形成更为清晰的表3-9-5。

表3-9-5 2002~2018年货币政策目标与金融信用派生现实的组合状况以及债券市场变化

序号	组合状态	时期	组合模式	债市表现	曲线平陡变化
1	宽货币+宽信用	2002年1月~2003年6月	宽货币+宽信用	平衡震荡市	平衡震荡
2		2005年12月~2006年4月	宽货币+宽信用	小牛市	平坦
3		2008年12月~2009年7月	宽货币+宽信用	熊市	陡峭
4		2014年4月~2014年7月	宽货币+宽信用	小熊市	平衡震荡
5		2016年6月~2017年1月	宽货币+宽信用	熊市	陡峭

格局下也遵循同样的道理，同样可以转化到融资需求曲线和资金供应意愿曲线来理解。无非是两者相对变化的差异，而这也将导致债市牛熊的差异。

二、股票市场在不同"货币+信用"组合状态中的表现

以 2002~2018 年为统计周期，同样也统计上证综合指数在此期间的变化，并按照"货币+信用"组合的不同阶段划分为 21 个统计周期。

在 21 个统计周期中，上证综合指数的变化如表 3-9-7 所示。

表 3-9-7　　　21 个不同的"货币+信用"组合时期上证综合指数的变化

序号	时期	开盘	高点	低点	收盘	"货币+信用"组合	股票市场定性
1	2002 年 1 月~2003 年 6 月	1490	1730	1320	1490	宽货币+宽信用	震荡市
2	2003 年 6 月~2004 年 11 月	1490	1780	1260	1340	紧货币+紧信用	小熊市
3	2004 年 11 月~2005 年 12 月	1340	1340	1010	1160	宽货币+紧信用	熊市
4	2005 年 12 月~2006 年 4 月	1160	1440	1160	1440	宽货币+宽信用	牛市
5	2006 年 4 月~2008 年 2 月	1440	6090	1440	4350	紧货币+宽信用	牛市
6	2008 年 2 月~2008 年 9 月	4350	4440	1900	2290	紧货币+紧信用	熊市
7	2008 年 9 月~2008 年 12 月	2290	2290	1710	1820	宽货币+紧信用	熊市
8	2008 年 12 月~2009 年 7 月	1820	3440	1820	3410	宽货币+宽信用	牛市
9	2009 年 7 月~2009 年 12 月	3410	3470	2670	3280	紧货币+宽信用	小熊市
10	2009 年 12 月~2010 年 7 月	3280	3280	2360	2640	紧货币+紧信用	熊市
11	2010 年 7 月~2010 年 12 月	2640	3160	2580	2810	紧货币+宽信用	牛市
12	2010 年 12 月~2011 年 11 月	2810	3060	2320	2330	紧货币+紧信用	熊市
13	2011 年 11 月~2012 年 7 月	2330	2460	2100	2100	宽货币+紧信用	熊市
14	2012 年 7 月~2013 年 5 月	2100	2430	1960	2300	紧货币+宽信用	牛市
15	2013 年 5 月~2014 年 4 月	2300	2300	1950	2030	紧货币+紧信用	熊市
16	2014 年 4 月~2014 年 7 月	2030	2200	2010	2200	宽货币+宽信用	牛市
17	2014 年 7 月~2016 年 6 月	2200	5170	2190	2930	宽货币+紧信用	牛市
18	2016 年 6 月~2017 年 1 月	2930	3280	2930	3160	宽货币+宽信用	牛市
19	2017 年 1 月~2017 年 10 月	3160	3420	3050	3390	紧货币+宽信用	牛市
20	2017 年 10 月~2018 年 4 月	3390	3560	3070	3080	紧货币+紧信用	熊市
21	2018 年 4 月~2018 年 12 月	3080	3210	2480	2490	宽货币+紧信用	熊市

资料来源：万得资讯（Wind）。

将上述时期进行归类研究，可以整合为如下组合，参见表3-9-8。

表3-9-8　　不同的"货币+信用"组合时期上证综合指数的变化

时期	上证综合指数变化（点）				"货币+信用"组合	股票市场定性
	开盘	高点	低点	收盘		
2002年1月~2003年6月	1490	1730	1320	1490	宽货币+宽信用	震荡市
2005年12月~2006年4月	1160	1440	1160	1440	宽货币+宽信用	牛市
2008年12月~2009年7月	1820	3440	1820	3410	宽货币+宽信用	牛市
2014年4月~2014年7月	2030	2200	2010	2200	宽货币+宽信用	牛市
2016年6月~2017年1月	2930	3280	2930	3160	宽货币+宽信用	牛市
2004年11月~2005年12月	1340	1340	1010	1160	宽货币+紧信用	熊市
2008年9月~2008年12月	2290	2290	1710	1820	宽货币+紧信用	熊市
2011年11月~2012年7月	2330	2460	2100	2100	宽货币+紧信用	熊市
2014年7月~2016年6月	2200	5170	2190	2930	宽货币+紧信用	牛市
2018年4月~2018年12月	3080	3210	2480	2490	宽货币+紧信用	熊市
2006年4月~2008年2月	1440	6090	1440	4350	紧货币+宽信用	牛市
2009年7月~2009年12月	3410	3470	2670	3280	紧货币+宽信用	小熊市
2010年7月~2010年12月	2640	3160	2580	2810	紧货币+宽信用	牛市
2012年7月~2013年5月	2100	2430	1960	2300	紧货币+宽信用	牛市
2017年1月~2017年10月	3160	3420	3050	3390	紧货币+宽信用	牛市
2003年6月~2004年11月	1490	1780	1260	1340	紧货币+紧信用	小熊市
2008年2月~2008年9月	4350	4440	1900	2290	紧货币+紧信用	熊市
2009年12月~2010年7月	3280	3280	2360	2640	紧货币+紧信用	熊市
2010年12月~2011年11月	2810	3060	2320	2330	紧货币+紧信用	熊市
2013年5月~2014年4月	2300	2300	1950	2030	紧货币+紧信用	熊市
2017年10月~2018年4月	3390	3560	3070	3080	紧货币+紧信用	熊市

资料来源：万得资讯（Wind）。

进一步统计2002~2018年期间，各个组合状态下股票市场各类变化出现的概率，统计结果如表3-9-9所示。

表 3-9-9　"货币+信用"组合状态与股票市场变化关系　　　单位：%

组合模式	次数	概率（时间加权）	上证综指变化	概率（次数）	概率（时间加权）	特殊时期
宽货币+宽信用	5次	18.66	牛市	80.00	55.33	—
			震荡	20.00	44.67	—
宽货币+紧信用	5次	27.19	牛市	20.00	41.67	2014年7月~2015年12月
			熊市	80.00	58.33	—
紧货币+宽信用	5次	25.19	牛市	80.00	90.17	—
			熊市	20.00	9.83	2009年7月~2019年12月
紧货币+紧信用	6次	28.96	熊市	100.00	100.00	—

根据上述统计，发现以信用松紧为分界点可以较好地归纳股票市场的方向变化。具体来看，当信用呈现宽松格局时，上证综指更多地处于牛市中；而当信用呈现紧缩格局时，上证综指更多地处于熊市中。但是如果以货币松紧为分界点，股票市场的表现则并不明晰，这也说明，相比货币政策来说，信用的变化对股票市场的影响更大。

另外，值得注意的是几个特殊时期，例如在"宽货币+紧信用"组合下，股票市场出现牛市的概率是41.67%（按时间加权），但是这个时期只是体现在2014年7月~2015年12月，而该时期股票市场的大幅度震荡也让投资者冷暖自知。

三、国内大宗商品市场在不同"货币+信用"组合状态中的表现

按照如上思路，将大宗商品市场中的代表指数——南华工业品指数进行了同样的归纳整理。需要注意的是，由于南华工业品指数的最初发布是从2004年6月份开始的，因此这里的统计周期只是2004年6月~2018年12月。

在20个统计周期中，南华工业品指数的变化如表3-9-10所示。

表 3-9-10　　20个不同的"货币+信用"组合时期南华工业品指数的变化

| 序号 | 时期 | 南华工业品指数变化（点） ||||"货币+信用"组合 | 大宗商品市场定性 |
		开盘	高点	低点	收盘		
1	2004年6月~2004年11月	1000	1110	960	1080	紧货币+紧信用	震荡市
2	2004年11月~2005年12月	1080	1650	1050	1640	宽货币+紧信用	牛市
3	2005年12月~2006年4月	1640	2280	1640	2250	宽货币+宽信用	牛市

续表

序号	时期	南华工业品指数变化（点）				"货币+信用"组合	大宗商品市场定性
		开盘	高点	低点	收盘		
4	2006年4月~2008年2月	2250	2690	1840	2290	紧货币+紧信用	震荡市
5	2008年2月~2008年9月	2290	2460	2040	2050	紧货币+紧信用	熊市
6	2008年9月~2008年12月	2050	2050	1130	1260	宽货币+紧信用	熊市
7	2008年12月~2009年7月	1260	2020	1260	2020	宽货币+宽信用	牛市
8	2009年7月~2010年12月	2020	2460	1910	2460	紧货币+宽信用	牛市
9	2009年12月~2010年7月	2460	2550	1970	2140	紧货币+紧信用	熊市
10	2010年7月~2010年12月	2140	2600	2140	2570	紧货币+紧信用	牛市
11	2010年12月~2011年11月	2570	2710	1930	2030	紧货币+紧信用	熊市
12	2011年11月~2012年7月	2030	2240	1930	1970	宽货币+紧信用	震荡市
13	2012年7月~2013年5月	1970	2260	1810	1850	紧货币+紧信用	震荡市
14	2013年5月~2014年4月	1850	1950	1560	1580	紧货币+紧信用	熊市
15	2014年4月~2014年7月	1580	1620	1560	1580	宽货币+宽信用	震荡市
16	2014年7月~2016年6月	1580	1580	1070	1430	宽货币+紧信用	熊市
17	2016年6月~2017年1月	1430	2050	1410	2040	宽货币+宽信用	牛市
18	2017年1月~2017年10月	2040	2200	1730	1940	紧货币+宽信用	震荡市
19	2017年10月~2018年4月	1940	2120	1880	2010	紧货币+紧信用	震荡市
20	2018年4月~2018年12月	2010	2270	1960	2010	宽货币+紧信用	震荡市

资料来源：万得资讯（Wind）。

将上述时期进行归类研究，可以整合为如下组合，参见表3-9-11。

表3-9-11　　不同的"货币+信用"组合时期南华工业品指数的变化

时期	南华工业品指数变化（点）				"货币+信用"组合	大宗商品市场定性
	开盘	高点	低点	收盘		
2005年12月~2006年4月	1640	2280	1640	2250	宽货币+宽信用	牛市
2008年12月~2009年7月	1260	2020	1260	2020	宽货币+宽信用	牛市
2014年4月~2014年7月	1580	1620	1560	1580	宽货币+宽信用	震荡市
2016年6月~2017年1月	1430	2050	1410	2040	宽货币+宽信用	牛市
2004年11月~2005年12月	1080	1650	1050	1640	宽货币+紧信用	牛市

续表

时期	南华工业品指数变化（点） 开盘	高点	低点	收盘	"货币+信用"组合	大宗商品市场定性
2008年9月~2008年12月	2050	2050	1130	1260	宽货币+紧信用	熊市
2011年11月~2012年7月	2030	2240	1930	1970	宽货币+紧信用	震荡市
2014年7月~2016年6月	1580	1580	1070	1430	宽货币+紧信用	熊市
2018年4月~2018年12月	2010	2270	1960	2010	宽货币+紧信用	震荡市
2006年4月~2008年2月	2250	2690	1840	2290	紧货币+宽信用	震荡市
2009年7月~2009年12月	2020	2460	1910	2460	紧货币+宽信用	牛市
2010年7月~2010年12月	2140	2600	2140	2570	紧货币+宽信用	牛市
2012年7月~2013年5月	1970	2260	1810	1850	紧货币+宽信用	震荡市
2017年1月~2017年10月	2040	2200	1730	1940	紧货币+宽信用	震荡市
2004年6月~2004年11月	1000	1110	960	1080	紧货币+紧信用	震荡市
2008年2月~2008年9月	2290	2460	2040	2050	紧货币+紧信用	熊市
2009年12月~2010年7月	2460	2550	1970	2140	紧货币+紧信用	熊市
2010年12月~2011年11月	2570	2710	1930	2030	紧货币+紧信用	熊市
2013年5月~2014年4月	1850	1950	1560	1580	紧货币+紧信用	熊市
2017年10月~2018年4月	1940	2120	1880	2010	紧货币+紧信用	震荡市

资料来源：万得资讯（Wind）。

进一步统计2004~2018年期间，各个组合状态下大宗商品市场各类变化出现的概率，统计结果如表3-9-12所示。

表3-9-12　　"货币+信用"组合状态与大宗商品市场变化关系　　单位：%

组合模式	次数	概率（时间加权）	南华工业品指数变化	概率（次数）	概率（时间加权）	特殊时期
宽货币+宽信用	4次	11.98	牛市	75.00	85.58	—
			震荡市	25.00	14.42	2014年4月~2014年7月
宽货币+紧信用	5次	31.54	牛市	20.00	23.51	—
			熊市	40.00	47.38	—
			震荡市	40.00	29.11	2011年11月~2012年7月

续表

组合模式	次数	概率（时间加权）	南华工业品指数变化	概率（次数）	概率（时间加权）	特殊时期
紧货币+宽信用	5次	29.22	牛市	40.00	19.73	—
			震荡市	60.00	80.27	—
紧货币+紧信用	6次	27.26	熊市	66.67	75.00	—
			震荡市	33.33	25.00	2004年6月~2004年11月

四、各大类资产在不同"货币+信用"组合状态中的表现综述

总结上述债券、股票及大宗商品市场的变化，可以发现在不同的"货币+信用"组合模式下，债券市场、股票市场以及大宗商品市场均会呈现出不同的变化特征，大致可以划分为牛市、熊市、震荡市三种状态，而每种状态出现的概率各不相同，如果将其整合在一起观察，则可参考图3-9-3、图3-9-4。

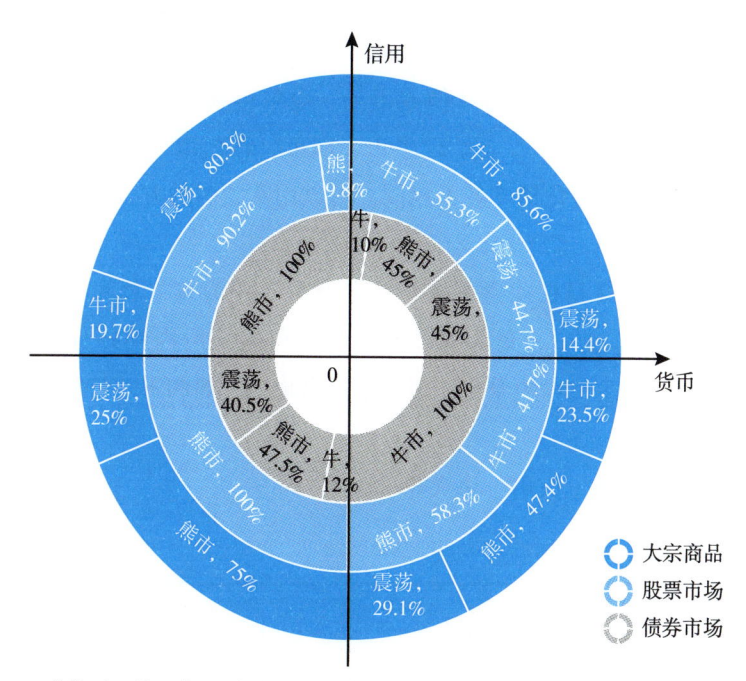

图3-9-3 "货币+信用"组合状态与大类资产价格变化关系一览（概率按时间加权计算）

注：该统计周期是2002~2018年，下同。

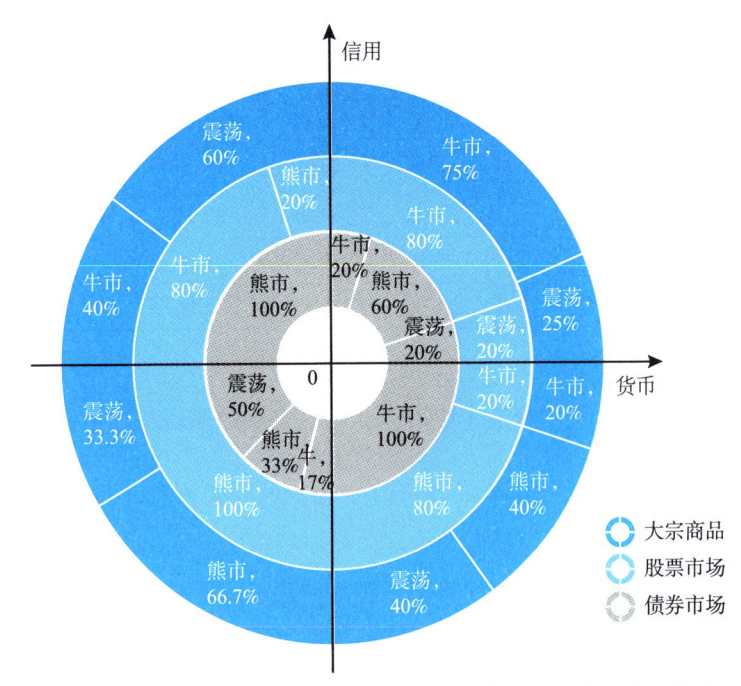

图 3-9-4 "货币+信用"组合状态与大类资产价格变化关系一览（概率按出现次数计算）

2002~2018 年期间，三大市场（债券市场、股票市场以及大宗商品市场）在不同的"货币+信用"组合模式下各自呈现牛市、熊市、震荡市三种状态，而在每一个不同组合模式下出现的市场变化概率各不相同。可以用圈状图的方式将其整理在上述图示中展现。

其中横轴代表货币（目标或意图）的宽紧状况，正为宽，负为紧。纵轴代表信用（现实）的宽紧状况，正为宽，负为紧。而三种颜色的环由内到外分别代表了债券市场、股票市场和大宗商品市场的变化，每个市场出现牛、熊和震荡特征的概率都列示于图中。

笔者将此称为"货币+信用"风火轮。

第三节
不同"货币+信用"组合形态下金融市场变化的逻辑解释

一、"风火轮"框架下债券市场表现的逻辑解释

债券的标的是利率，利率是一种价格，是供需所决定的。而供需决定利率的逻辑如

图 3-9-5 所示。

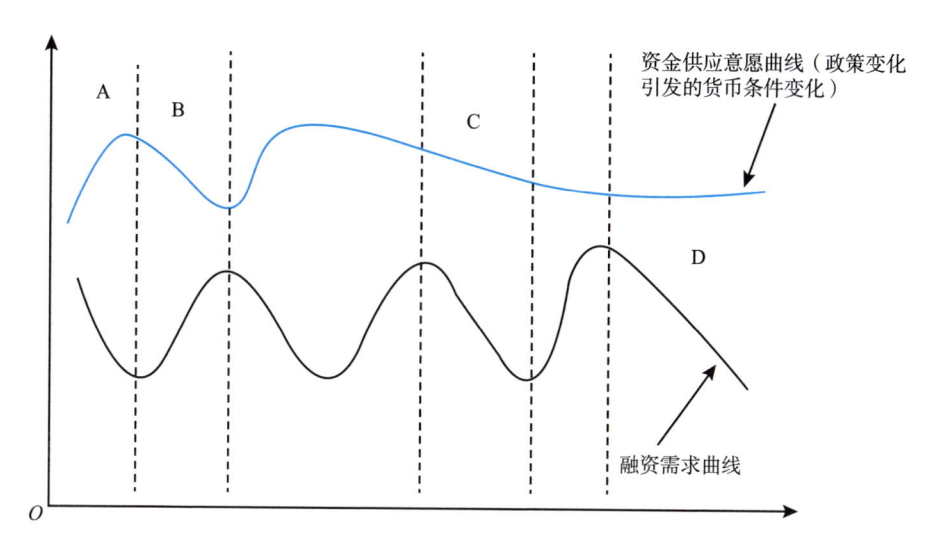

图 3-9-5 供需曲线决定利率变化的方向

可以借助于融资需求曲线和资金供应意愿曲线的相对变化来理解利率的变化方向。事实上，这两条曲线的变化也暗合"货币+信用"组合模式中的相对变化。

具体来看，融资需求曲线变化可近似代表信用派生状况的变化；而资金供应意愿曲线变化则取决于货币政策态度的变化，货币政策的态度变化又暗合于货币政策目标或意图的变化，因此货币政策目标或意图与资金供应意愿曲线较为吻合。

根据上述对应关系，具体来看：

（1）"宽货币+宽信用"等同于"融资需求曲线上行+资金供应意愿曲线上行"，这时债市牛熊未定；

（2）"宽货币+紧信用"等同于"融资需求曲线下行+资金供应意愿曲线上行"，这时债市呈现牛市格局；

（3）"紧货币+宽信用"等同于"融资需求曲线上行+资金供应意愿曲线下行"，这时债市呈现熊市格局；

（4）"紧货币+紧信用"等同于"融资需求曲线下行+资金供应意愿曲线下行"，这时债券牛熊未定。

"货币"的宽与紧体现的是"资金供应意愿曲线"的上或下；"信用"的宽与紧体现的是"融资需求曲线"的上与下，两者的相对变化导致了债市的牛熊。

二、"风火轮"框架下股票市场表现的逻辑解释

从市场的绝对收益表现来看,在"宽信用"环境下股票市场绝大部分是牛市表现。笔者认为,这背后最重要的逻辑就是在"宽信用"环境下上市公司的净利润和营收增速都有明显上升。

具体而言,信用扩张意味着企业和居民都处在一个加杠杆的过程中,这种情况下企业投资和居民消费热情都会提高,社会总需求上升。因此"宽信用"时期总体代表了经济的上行时期。对于"宽信用"环境下股市大概率呈现牛市的结论,逻辑链条可以简单概括为:

信用扩张→需求增加→企业利润上行→股价上升

2003~2018年的数据也非常支持上述逻辑的成立。结果显示,在"宽信用"时期A股上市公司的净利润和营业收入增速一般都有明显上升,而在"紧信用"时期净利润和营业收入增速一般都会出现明显下滑。其中,仅在2010年前后,实际情况与这一规律出现些许背离,见图3-9-6、图3-9-7。

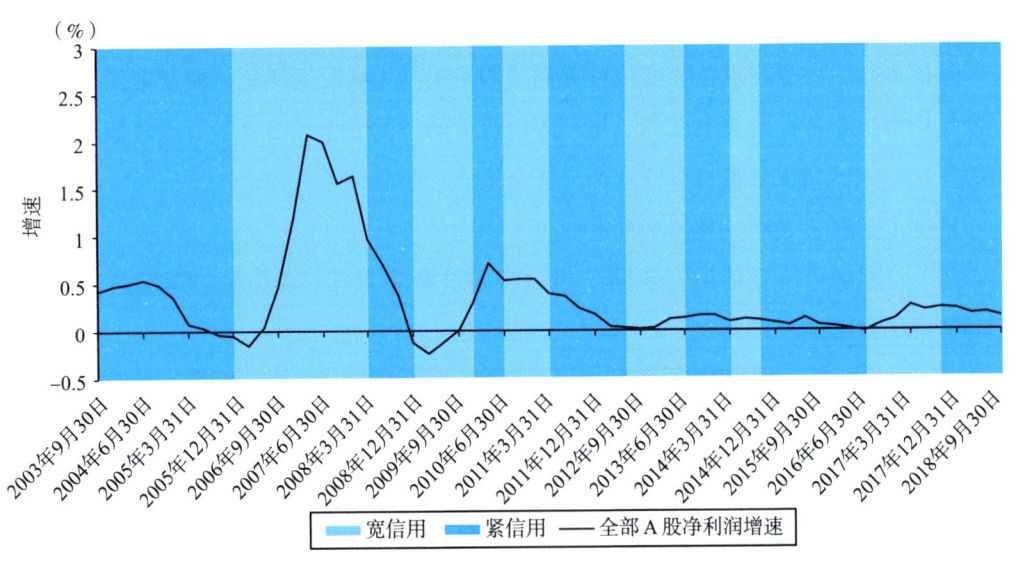

图3-9-6 宽信用环境下上市公司盈利增速上升

资料来源:万得资讯(Wind)。

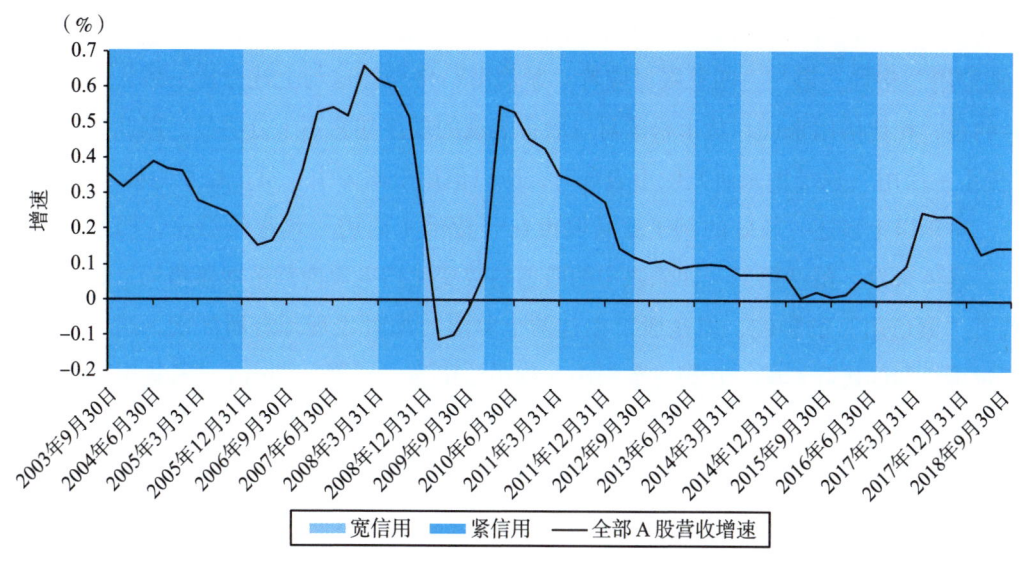

图 3-9-7　宽信用环境下上市公司营收增速上升

资料来源：万得资讯（Wind）。

另外，从"货币"划分的角度看，可以发现在给定"信用"状态不变的情况下，"宽货币"时期市场上涨的概率要明显大于"紧货币"时期。这背后的逻辑主要是货币宽松有助于提高股票估值，在分子项不变的情况下，"宽货币"降低分母项进而提高资产价值。

但是上述"宽货币"提升估值的逻辑很难用数据去证实和检验，难点在于假设中的"分子项不变"一般不会出现。"宽货币"往往都是发生在经济下行周期，这时企业的营收和利润会有明显下滑，因此很难剔除企业基本面变化的影响来单纯比较"宽货币"对股票估值产生的直接影响。但从历史数据来看，确实发现了股市在"宽货币"时期的上涨概率要明显大于"紧货币"时期，因此上述逻辑结论是可以成立的。

即简而言之，货币的目标决定了股票的估值，信用的现实决定了企业的盈利，这种双维度组合决定了股票指数的变化。

例如在降息过程中，货币政策的目标宽松，有利于提升股票的估值，但是如果降息措施带动不了信用的扩张，进而无法造成企业盈利水平的提升，则降息过程中同样会出现指数的下探。反之，在加息过程中，虽然货币政策的目标紧缩对于股票的估值形成负面冲击，但是如果这一过程伴随着信用的不断扩张，企业盈利的不断上行，股票市场也同样会出现牛市格局，最为典型的时期则是 2007 年。

另外，从"货币+信用"风火轮的四个象限来看，股票市场在第一、二象限中的表现较好；而在第三、四象限中的表现较差。其中的共性在于，第一、二象限对应着"宽信用"格局；第三、四象限对应着"紧信用"格局，这与上述分析一致。但值得注意的是，相比信用来说，货币松紧对应股市表现的规律却并不十分明显，因此，在利用"货币+信用"双维度来研判股市表现时，应以信用松紧为主、货币松紧为辅。

对于以上表述，较好的例子就是股市在"货币+信用"风火轮第三、四象限的表现。具体来看，虽然第三、四象限中的股票指数变化均表现为熊市回落格局，这主要受到了"紧信用"的影响，但是股市在这两个象限的相对表现却有所区别，这又是受到了货币松紧的边际影响。在第三象限中，货币信用为"双紧"组合，"紧货币"负面冲击股票市场的估值，"紧信用"负面冲击股票市场的盈利；而在第四象限中，货币信用为"一松一紧"组合，"松货币"可正面提升股票市场的估值，"紧信用"则负面冲击股票市场的盈利。因此，相比于第三象限中的"双杀"格局，第四象限中的股票市场表现要相对更好一些。

第四节
股票市场子板块在"货币+信用"不同组合中的表现

一、股票市场不同子板块的相对收益表现统计

除了绝对收益表现情况外，还可以进一步研究股票市场不同板块的相对收益表现情况。这里主要考察五大板块，分别是周期股板块、金融股板块、消费股板块、TMT板块和公用事业板块。

其中，周期股板块包括钢铁、煤炭、有色金属三个行业；金融股板块包括银行、非银行金融两个行业；消费股板块包括家电、食品饮料、纺织服装、商贸零售四个行业；TMT板块包括电子、通信、计算机三个行业；公用事业板块不再细分子行业。如图3-9-8所示。

图3-9-9中描述了四种"货币+信用"类型下五大板块相对收益的表现情况。这里相对收益的比较基准为沪深300指数，时间区间同样为2002年1月~2018年12月。图中的四个象限也依次为第一象限（右上角）——"宽货币+宽信用"组合；第二象限（左上角）——"紧货币+宽信用"组合；第三象限（左下角）——"紧货币+紧信用"组合；第四象限（右下角）——"宽货币+紧信用"组合。

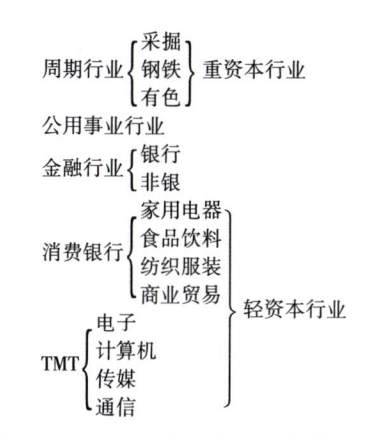

$$\text{周期行业}\begin{cases}\text{采掘}\\\text{钢铁}\\\text{有色}\end{cases}\text{重资本行业}$$

公用事业行业

$$\text{金融行业}\begin{cases}\text{银行}\\\text{非银}\end{cases}$$

$$\text{消费银行}\begin{cases}\text{家用电器}\\\text{食品饮料}\\\text{纺织服装}\\\text{商业贸易}\end{cases}$$

$$\text{TMT}\begin{cases}\text{电子}\\\text{计算机}\\\text{传媒}\\\text{通信}\end{cases}$$ 轻资本行业

图 3-9-8 不同大类行业子板块的划分

资料来源：万得资讯（Wind）。

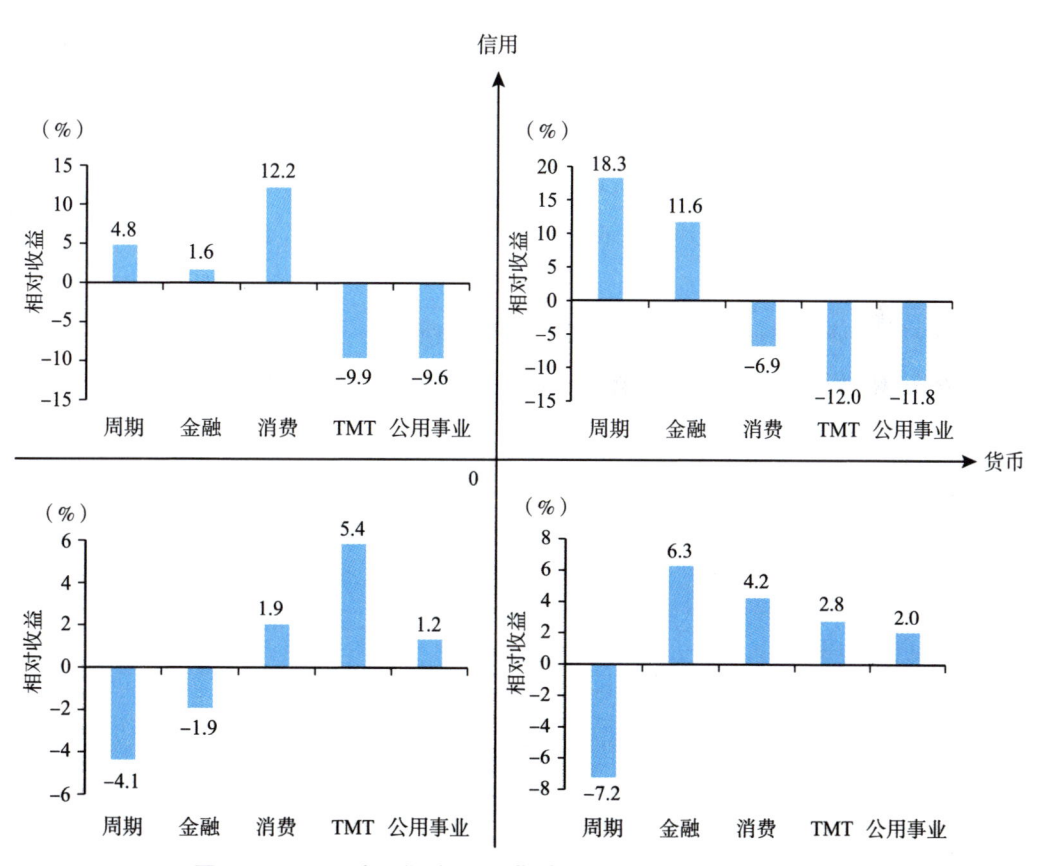

图 3-9-9 四种"货币+信用"类型股票分板块相对收益表现

资料来源：万得资讯（Wind）。

从结果来看，以"信用"为分界点，周期股、TMT 股和公用事业股的相对收益[①]表现规律非常明显。

在信用扩张时期，周期股有显著的相对正收益，而 TMT 股票和公用事业股票则是显著的相对负收益；在信用收缩时期，周期股的相对收益显著为负，而 TMT 股票和公用事业股票的相对收益显著为正。

具体来看，周期股在第一象限"宽货币+宽信用"情况下相对正收益高达 18.3%，在第二象限"紧货币+宽信用"情况下也有 4.8% 的相对收益，而在第三和第四这两个不同的"紧信用"周期中则相对收益分别为 -4.1% 和 -7.2%。

TMT 行业的情况则正好相反，在第一象限和第二象限这两个信用扩张周期中，TMT 板块的相对收益均为负，分别为 -12.0% 和 -9.9%。而在第三象限和第四象限这两个信用收缩的宏观环境中，TMT 板块则表现出显著的相对正收益，分别高达 5.4% 和 2.8%。公用事业板块的相对收益表现与 TMT 板块比较类似，在信用扩张周期中相对收益显著为负，而在信用收缩周期中相对收益显著为正。

从货币的分界角度来看，五个板块中受"货币"宽紧影响最大的是金融板块。相对于"紧货币"时期，"宽货币"时期金融板块表现出非常显著的高相对收益。其中，"宽信用+宽货币"时金融板块相对收益高达 11.6%，而"紧信用+宽货币"时金融板块也有 6.3% 的相对收益。

具体 21 个不同"货币+信用"周期组合中周期板块、金融板块、消费板块、TMT 板块和公用事业板块各自的绝对和相对收益表现情况参见表 3-9-13～表 3-9-16。

表 3-9-13　　　　"宽货币+宽信用"环境下股票分板块收益率表现　　　　单位：%

周期开始	周期结束	周期长度	周期类型	周期股	金融	消费	TMT	公用事业	沪深 300
2002-01-31	2003-06-30	17 个月	宽货币+宽信用	-3.8	18.1	-11.4	-9.5	4.0	-0.6
2005-12-30	2006-04-28	4 个月	宽货币+宽信用	43.9	47.7	28.5	17.8	7.9	27.0
2008-12-31	2009-07-31	7 个月	宽货币+宽信用	168.7	123.7	81.3	78.2	63.0	105.5
2014-04-30	2014-07-31	3 个月	宽货币+宽信用	18.3	10.7	7.4	10.2	8.3	8.9
2016-06-30	2017-01-31	7 个月	宽货币+宽信用	12.6	6.2	7.9	-8.5	6.0	7.4
平均				47.9	41.3	22.8	17.6	17.8	29.6
相对收益				18.3	11.6	-6.9	-12.0	-11.8	0.0

资料来源：万得资讯（Wind）。

---

① 相对收益定义为"板块收益率-沪深 300 收益率"。

表 3-9-14　"宽货币+紧信用"环境下股票分板块收益率表现　　　单位：%

周期开始	周期结束	周期长度	周期类型	周期股	金融	消费	TMT	公用事业	沪深300
2004-11-30	2005-12-30	13个月	宽货币+紧信用	-17.2	-5.3	-15.8	-21.3	-22.5	-13.1
2008-09-26	2008-12-31	3个月	宽货币+紧信用	-25.3	-22.9	-11.7	-6.7	-6.2	-19.0
2011-11-30	2012-07-31	8个月	宽货币+紧信用	-15.3	3.8	-12.3	-21.4	-10.7	-7.5
2014-07-31	2016-06-30	23个月	宽货币+紧信用	23.2	43.9	60.2	69.5	45.1	34.2
2018-04-30	2018-12-31	8个月	宽货币+紧信用	-26.8	-13.5	-24.4	-31.1	-20.7	-19.9
平均				-12.3	1.2	-0.8	-2.2	-3.0	-5.0
相对收益				-7.2	6.3	4.2	2.8	2.0	0.0

资料来源：万得资讯（Wind）。

表 3-9-15　"紧货币+宽信用"环境下股票分板块收益率表现　　　单位：%

周期开始	周期结束	周期长度	周期类型	周期股	金融	消费	TMT	公用事业	沪深300
2006-04-28	2008-02-29	22个月	紧货币+宽信用	334.7	323.2	332.7	210.0	264.2	298.7
2009-07-31	2009-12-31	5个月	紧货币+宽信用	-7.8	-8.9	23.3	12.5	-6.7	-4.3
2010-07-30	2010-12-31	5个月	紧货币+宽信用	26.2	-4.2	15.6	16.7	2.1	9.0
2012-07-31	2013-05-31	10个月	紧货币+宽信用	-5.0	18.5	6.7	41.3	26.5	11.7
2017-01-31	2017-10-31	9个月	紧货币+宽信用	9.5	12.8	16.4	3.4	-0.9	18.3
平均				71.5	68.3	78.9	56.8	57.1	66.7
相对收益				4.8	1.6	12.2	-9.9	-9.6	0.0

资料来源：万得资讯（Wind）。

表 3-9-16　"紧货币+紧信用"环境下股票分板块收益率表现　　　单位：%

周期开始	周期结束	周期长度	周期类型	周期股	金融	消费	TMT	公用事业	沪深300
2003-06-30	2004-11-30	17个月	紧货币+紧信用	7.5	-28.2	-19.8	-2.6	-10.6	-12.5
2008-02-29	2008-09-26	7个月	紧货币+紧信用	-58.5	-44.5	-52.0	-53.3	-48.0	-52.0
2009-12-31	2010-07-30	7个月	紧货币+紧信用	-24.7	-20.3	-6.4	-3.5	-14.0	-19.8
2010-12-31	2011-11-30	11个月	紧货币+紧信用	-23.4	-16.5	-12.9	-23.2	-14.0	-19.4
2013-05-31	2014-04-30	11个月	紧货币+紧信用	-26.0	-15.3	-0.3	18.9	-12.6	-17.2
2017-10-31	2018-04-30	6个月	紧货币+紧信用	-26.8	-13.5	-24.4	-31.1	-20.7	-6.2
平均				-25.3	-23.0	-19.3	-15.8	-20.0	-21.2
相对收益				-4.1	-1.9	1.9	5.4	1.2	0.0

资料来源：万得资讯（Wind）。

二、各股票板块及指数在不同"货币+信用"组合状态中的表现综述

总结上述五个股票板块及股票指数的变化，可以发现在不同的"货币+信用"组合模式下，股票板块及指数均会呈现出不同的变化特征。将股票指数的变化划分为牛市、熊市、震荡市三种状态，并统计这三种状态出现的概率；另外，在板块表现方面，分别统计各自板块相对沪深300的收益率。最后将其整合在一起观察，则形成如图3-9-10、图3-9-11所示。

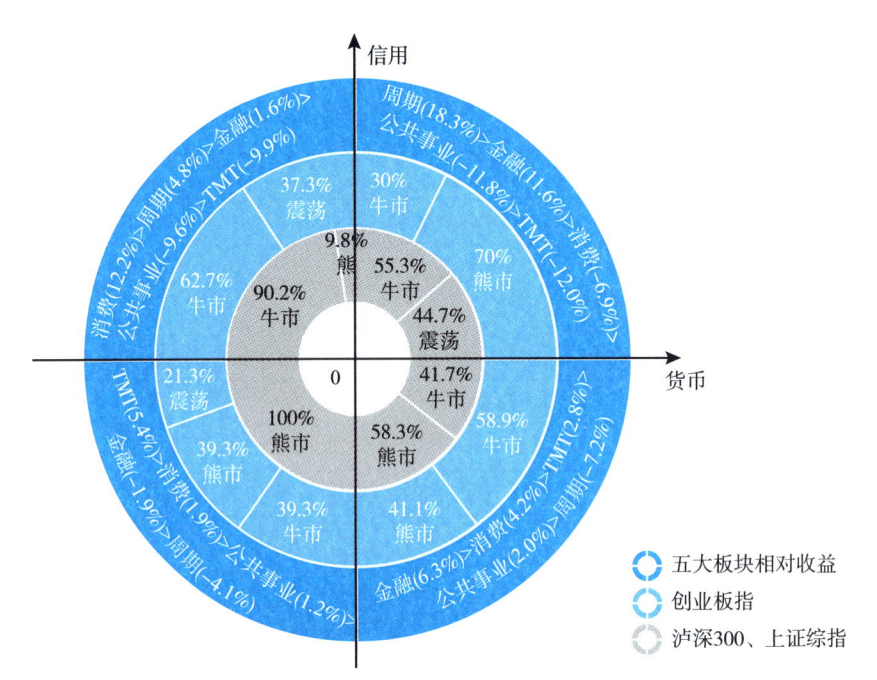

图3-9-10 "货币+信用"组合状态与股票市场变化关系一览（概率按时间加权计算）

注：概率按时间加权计算，相对收益指相对沪深300。
资料来源：万得资讯（Wind）。

2002~2018年期间，各个指数（沪深300、上证指数以及创业板指）在不同的"货币+信用"组合模式下各自呈现牛市、熊市、震荡市三种状态，而在每一个不同组合模式下出现的市场变化概率各不相同。可以用圈状图的方式将其整理在图中展现。另外由于创业板指数始于2010年，其数据较少、参考意义不强，故并未详细列示创业板指的具体表现情况。对于五大股票板块，在不同的"货币+信用"组合模式下，分别统计它们相对沪深300指数的收益率，进行排序整理后，将结果置于最外围圆圈内。

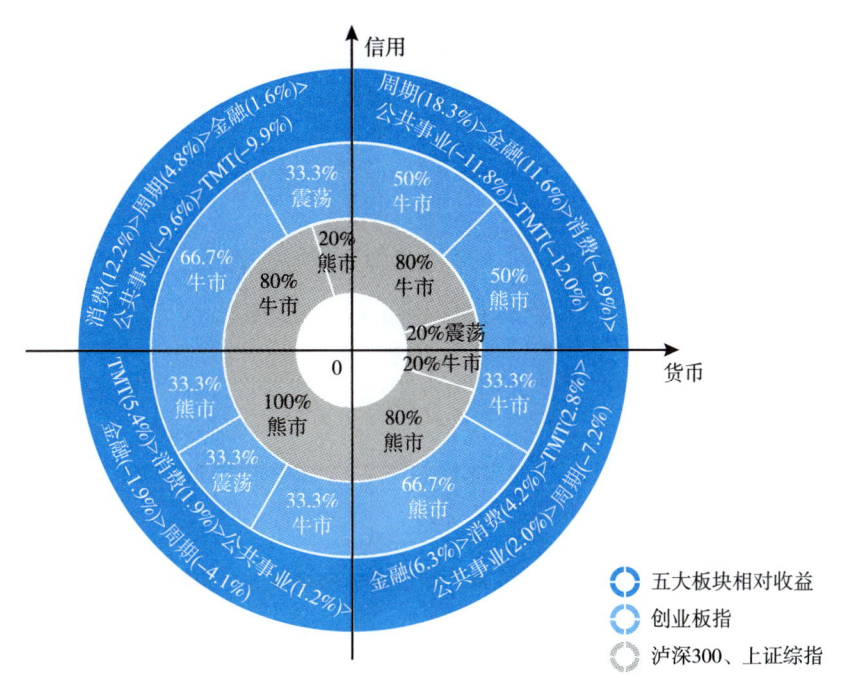

图 3-9-11 "货币+信用"组合状态与股票市场变化关系一览（概率按次数计算）

注：概率按出现次数计算，相对收益指相对沪深 300。
资料来源：万得资讯（Wind）。

图中横轴代表货币（目标或意图）的宽紧状况，正为宽，负为紧。纵轴代表信用（现实）的宽紧状况，正为宽，负为紧。而三种颜色的环由内到外分别代表了沪深 300（上证综指）、创业板指和五大板块相对沪深 300 收益的变化。

笔者将其也称为"货币+信用"风火轮。

三、相对收益差异的逻辑解释

从前述五个板块的相对收益表现来看，造成它们之间存在明显差异的原因主要在于板块与宏观经济相关性的截然不同。换言之，有些行业与宏观经济高度相关，因此对宏观经济变化十分敏感，这些行业很有可能在经济好的时期（"宽信用"）盈利很好，进而引导股价升高获得相对收益；而在经济不好的时期（"紧信用"）盈利快速下降，进而导致股价也出现明显的相对负收益。而有些行业对于宏观经济变化较为不敏感，则容易出现"宽信用"时期相对收益较低，而在"紧信用"时期相对收益较高的情况。

A 股实际的历史数据也非常支持上述逻辑假说的成立。图 3-9-12、图 3-9-13

揭示了 A 股上市公司净利润增速、营业收入增速与 GDP 增速的相关系数。

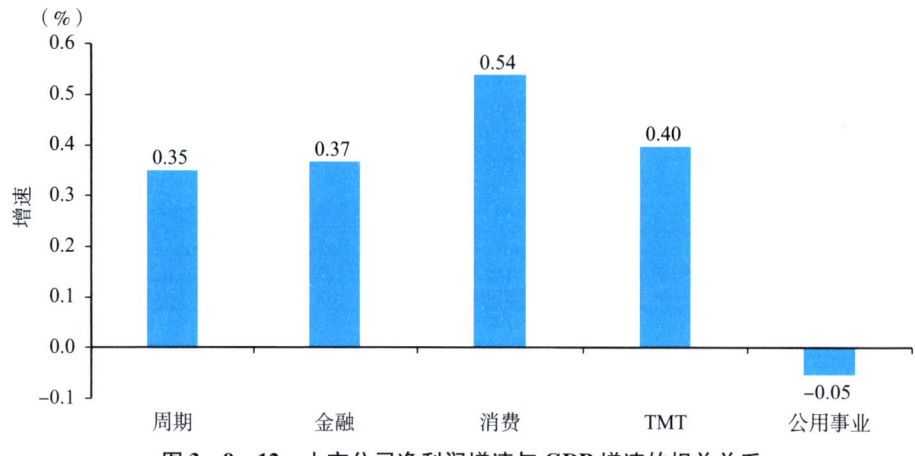

图 3-9-12 上市公司净利润增速与 GDP 增速的相关关系

资料来源：万得资讯（Wind）。

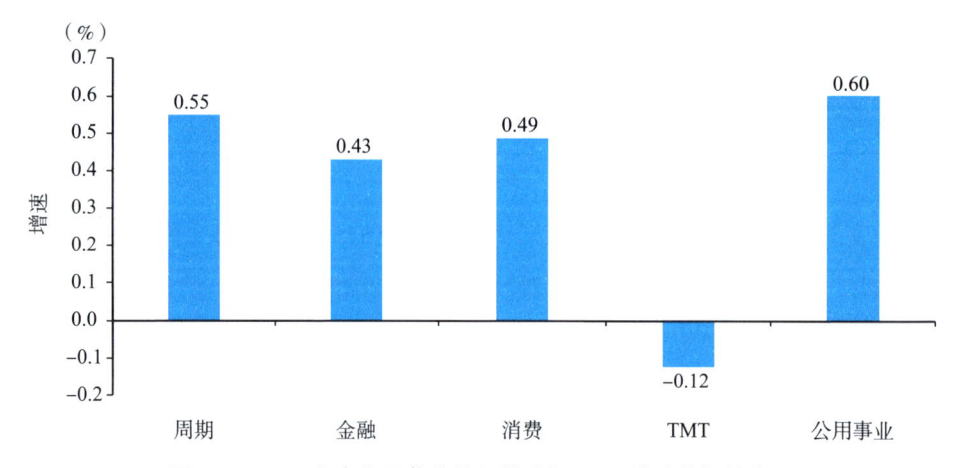

图 3-9-13 上市公司营业收入增速与 GDP 增速的相关关系

资料来源：万得资讯（Wind）。

可以发现，TMT 和公用事业这两个板块的净利润增速或营业收入增速和 GDP 的相关系数较低。

具体来看，TMT 的净利润增速和 GDP 增速的相关系数尽管达到了 0.4，但其营业收入增速和 GDP 的相关系数极低，仅为 -0.12；公用事业板块与之正好相反，其营业收入增速和 GDP 的相关系数较高，但净利润增速和 GDP 增速的相关系数则极低。这意味着在很大程度上这两个行业的发展与宏观经济的整体表现关系不大。

因此在"宽信用"时期，GDP 增速上行，这两个板块的基本面改善幅度将小于其他行业，因此相对收益较低；而在"紧信用"时期，经济处于下行中，这两个板块的基本面恶化程度也会明显小于其他行业，因此可以获得更高的相对收益。

另外，从周期股的角度来看，虽然它的净利润增速和 GDP 增速的相关系数并非很高，但它的营业收入增速和 GDP 增速的相关系数则处于较高水平。股票市场一般领先实体经济变化，而上市公司营收变化也一般领先利润变化，因此周期股板块在"宽信用"时期显著的高相对收益和"紧信用"时期显著的低相对收益也是容易理解的。

此外，从"货币"宽紧的这个维度来看，研究结果表明，受"货币"影响最大的是金融板块，"宽货币"显著利好金融股。主要有两方面原因：

（1）"宽货币"时的降息对非银行金融机构有显著利好，有利于降低融资成本，2014 年 11 月降息后券商板块的快速崛起就是最好的例子。

（2）"宽货币"有助于减轻经济下行的压力，有助于缓解银行坏账率上升的压力。因此虽然降息在某种程度上可能降低银行的息差，但货币宽松总体对商业银行有利，所以可以看到在"宽货币"时期金融股板块有明显的高相对收益。

四、从概率的角度来理解相对收益差异

经过上述分析，可以知道如下一些基本结论：

（1）从信用松紧的角度，在信用扩张时期，周期股有显著的相对正收益，而 TMT 股票和公用事业股票则是显著的相对负收益；在信用收缩时期，周期股的相对收益显著为负，而 TMT 股票和公用事业股票的相对收益显著为正。

（2）从货币松紧的角度，金融板块受影响程度最大，相对于"紧货币"时期，"宽货币"时期金融板块表现出非常显著的高相对收益。

但是在每次信用或货币松紧时期，上述现象一定会出现吗？答案是否定的，不过虽然上述现象不能做到百分百的确定，但其发生的概率也是较大的。

分别统计四种"货币+信用"组合下五个板块跑赢沪深 300 指数的概率以及这五个板块在每一组合下的平均相对收益。整体来看，在每一种组合下，平均相对收益越高的板块，其跑赢沪深 300 指数的概率也越高。

以"宽货币+宽信用"组合为例，周期股和金融股板块在这一组合下的平均相对收益最高，所以其跑赢沪深 300 指数的概率最高，均达到了 80%；TMT 和公用事业板块在这一组合下的平均相对收益最低，所以其跑赢沪深 300 指数的概率最低，仅为

20%。

但是，也会出现一些例外情况，比如TMT板块在"紧货币+宽信用"和"紧货币+紧信用"时的表现；公用事业板块在"紧货币+紧信用"时的表现。不过，依然可以从这些例外情况中找寻符合情理的因素。具体来看：

（1）TMT板块：在"紧货币+宽信用"时期，其相对收益最低，但板块跑赢沪深300指数的概率却较高。主要原因是：在2006年4月~2008年2月期间，TMT板块表现较差，其相对沪深300的收益达到了-88.8%，这一负收益大幅度拉低了"紧货币+宽信用"组合下板块的平均相对收益。而出现较低相对收益的现象归根结底也是因为TMT板块在"宽信用"时期的表现相对沪深300指数较差。

在"紧货币+紧信用"期间，其相对收益较高，但板块跑赢沪深300指数的概率却并不算高。主要原因在于：这一组合发生的6次时期中，板块相对沪深300指数的收益分别为36.1%、16.2%、9.9%、-1.3%、-3.8%和-24.9%，虽然板块跑赢的概率仅有50%，但不难发现相对收益为正值时的数值较大；为负值时的数值较小（仅一次较高）。同样地，出现这一现象的原因是TMT板块在"紧信用"时期的表现相对沪深300指数较好。

（2）公用事业板块：在"紧货币+紧信用"时期，其相对收益较低，但板块跑赢沪深300指数的概率却达到了83.3%。主要原因在于：2017年10月~2018年4月期间，板块相对沪深300指数的收益为-14.5%，这是6次组合中，公用事业板块仅有的一次跑输沪深300指数。而且在"紧信用"时期，板块较高概率跑赢沪深300指数的现象也与前述的结论较为一致。见表3-9-17、表3-9-18。

表3-9-17 "货币+信用"组合状态下各个板块跑赢沪深300指数的概率（按次数）

单位：%

跑赢指数概率	组合总次数	周期	金融	消费	TMT	公用事业
宽货币+宽信用	5次	80.0	80.0	40.0	20.0	20.0
宽货币+紧信用	5次	0.0	80.0	40.0	40.0	40.0
紧货币+宽信用	5次	40.0	40.0	60.0	60.0	20.0
紧货币+紧信用	6次	16.7	50.0	66.7	50.0	83.3

资料来源：万得资讯（Wind）。

表 3-9-18 "货币+信用"组合状态下各个板块相对沪深 300 指数的平均收益（按次数）

单位：%

平均相对收益	组合总次数	周期	金融	消费	TMT	公用事业
宽货币+宽信用	5 次	18.3	11.6	-6.9	-12.0	-11.8
宽货币+紧信用	5 次	-7.2	6.3	4.2	2.8	2.0
紧货币+宽信用	5 次	4.8	1.6	12.2	-9.9	-9.6
紧货币+紧信用	6 次	-4.1	-1.9	1.9	5.4	1.2

资料来源：万得资讯（Wind）。

另外，即使是采用时间加权的方式计算概率和相对收益，也能得到类似上述的结论，如表 3-9-19、表 3-9-20 所示。

表 3-9-19 "货币+信用"组合状态下各个板块跑赢沪深 300 指数的概率（按时间加权）

单位：%

跑赢指数概率（按时间加权）	组合总次数	周期	金融	消费	TMT	公用事业
宽货币+宽信用	5 次	55.3	81.4	29.0	8.0	44.7
宽货币+紧信用	5 次	0.0	94.3	47.4	47.4	47.4
紧货币+宽信用	5 次	53.1	62.7	62.9	39.3	19.5
紧货币+紧信用	6 次	29.0	49.1	49.1	59.5	89.9

资料来源：万得资讯（Wind）。

表 3-9-20 "货币+信用"组合状态下各个板块相对沪深 300 指数的收益（按时间加权）

单位：%

相对收益（按时间加权）	组合总次数	周期	金融	消费	TMT	公用事业
宽货币+宽信用	5 次	13.6	13.7	-9.1	-12.8	-8.0
宽货币+紧信用	5 次	-9.4	9.7	10.8	11.5	2.9
紧货币+宽信用	5 次	12.1	9.2	16.7	-32.8	-16.3
紧货币+紧信用	6 次	0.0	-3.6	2.0	8.1	2.1

资料来源：万得资讯（Wind）。

第五节 "货币+信用"变迁路径的历史统计

在本章的最后部分，笔者考察"货币+信用"组合状态变迁路径的历史情况，即想知道给定当前周期在一种"货币+信用"组合状态下,下一周期进入哪一种"货币+信用"组合的概率最大。

图3-9-14展示了从2002~2018年总共21次"货币+信用"组合状态的变迁路径。图中每一个圆点代表一次"货币+信用"组合状态,圆点旁的时间代表这一次"货币+信用"组合的开始时间,圆点旁括弧内的数字表示1~21排序的第几次周期,与前面内容相对应。

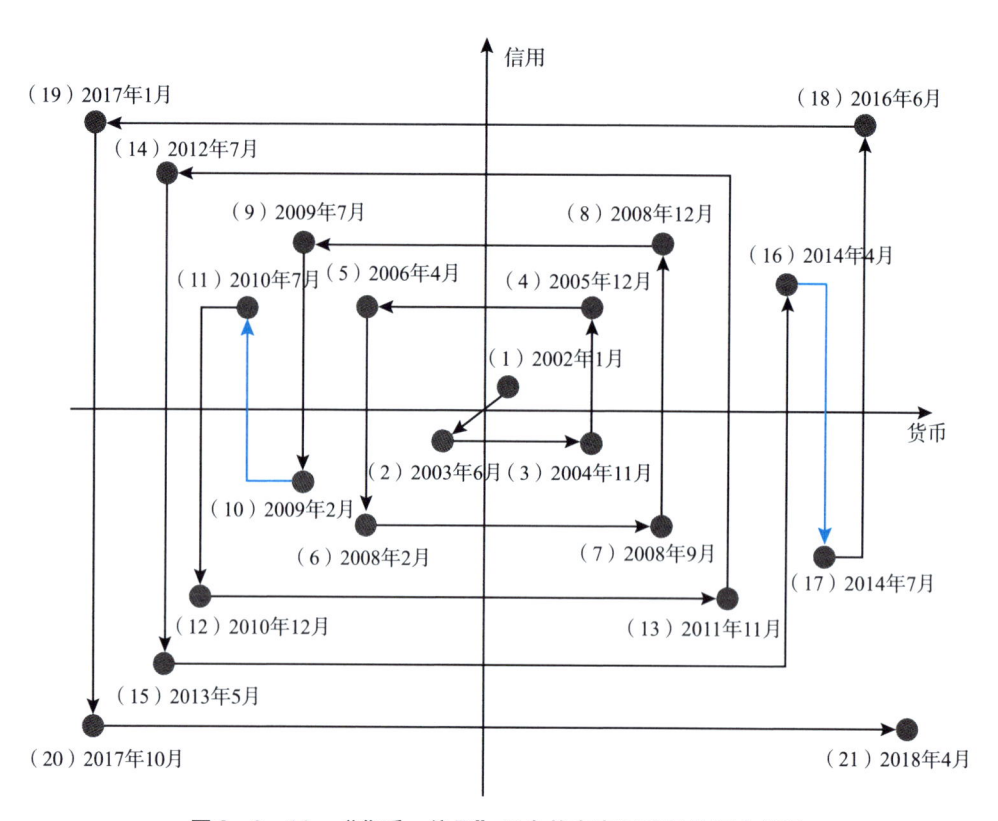

图3-9-14 "货币+信用"组合状态变迁路径的历史情况

图3-9-14给人最直观的感受就是"货币+信用"组合状态的变迁路径多数情况下都是按照逆时针路径变动的。即从"宽货币+宽信用"→"紧货币+宽信用"→"紧货币+紧信用"→"宽货币+紧信用"→"宽货币+宽信用",这是最普遍的组合状态变化情况。

在总共20次的路径变化中,有18次路径变化沿逆时针方向进行,只有2次变化是沿顺时针方向进行:组合状态(10)~(11)和组合状态(16)~(17)。

从"货币+信用"组合状态变迁路径的概率统计来看（见表3-9-21），也充分印证了上述情况。为什么组合状态变迁路径一般都是逆时针变化的？这可能与货币政策的滞后性有很大关系。

表3-9-21　　　　"货币+信用"组合状态变迁路径的概率统计　　　　单位：%

周期转换概率		下一周期			
		宽货币+宽信用	宽货币+紧信用	紧货币+宽信用	紧货币+紧信用
当前周期	宽货币+宽信用	—	20.0	60.0	20.0
	宽货币+紧信用	75.0	—	25.0	0.0
	紧货币+宽信用	0.0	0.0	—	100.0
	紧货币+紧信用	16.7	66.6	16.7	—

资料来源：万得资讯（Wind）。

具体来看，在"宽货币+宽信用"情况下，信用扩张、经济增速和通货膨胀较高，此时中央银行一般采取收紧货币的政策，于是进入"紧货币+宽信用"状态组合。由于货币政策的变化往往都是滞后于经济基本面的变化，所以当信用状态已经开始收缩时，货币政策可能仍处于紧缩状态并未转向，此时就会进入"紧货币+紧信用"的双紧状态。进入双紧状态后，经济下行，货币政策再次开始宽松，此时就会进入"宽货币+紧信用"状态。而当信用收缩结束经济回升时，货币宽松一般仍会持续一段时间，此时再次进入"宽货币+宽信用"状态。

| 第十章 |

"Δ利率+Δ利差"组合下的配置策略选择

在债券投资中,组合策略的运用极为重要,其是增强组合收益的重要途径之一。在有关固定收益的教科书中必然会谈及的一个重点内容就是收益率曲线策略中的三种模式:子弹型策略、哑铃型策略以及阶梯型策略。

在现券的收益率曲线策略中,子弹型策略是指,投资组合中的债券期限高度集中于收益率曲线上的一点。哑铃型策略是指,投资组合中的债券期限集中于两个极端期限。阶梯型策略是指,投资组合中的各个期限债券的金额基本相等。

举例来说,对于期限是1~10年的债券标的来说,子弹型策略所创建投资组合的期限可能集中在5年期左右;哑铃型策略所创建投资组合的期限可能为1年和10年;阶梯型策略所创建投资组合的期限可能包括所有期限(或者几个关键期限:1、2、3、5、7、10年),且各种期限债券的配置金额基本相等。具体如图3-10-1所示。

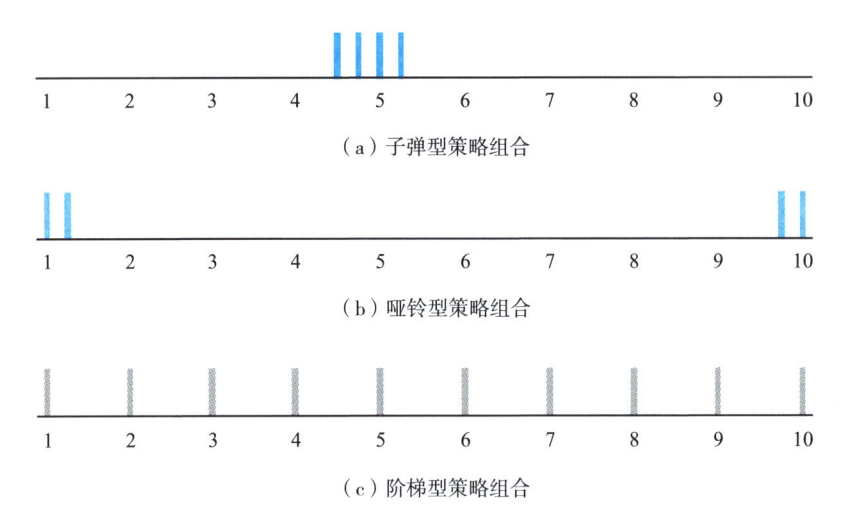

图3-10-1 子弹型、哑铃型、阶梯型策略组合示例

注:横轴表示期限(年),柱状图表示配置资金。
资料来源:法博齐编著,任若恩、李焰等译:《固定收益证券手册》(第六版),中国人民大学出版社2005年版。

当收益率曲线变动（包括利率的上下移动和曲线的平陡变化）时，上述三种策略会呈现不同的收益表现。它们的优劣取决于收益率曲线移动的类型和移动的幅度。因此，投资者很难对最优的收益率曲线策略进行一般性的总结。

第一节
哑铃型策略与子弹型策略的一个实战案例

在《投资交易笔记》红皮书中，笔者曾初步探讨过收益率曲线的策略，特别对于哑铃型策略进行过粗浅的分析，当时的分析是站在银行投资配置实际操作角度而进行，可简要回顾如下。

以 2009 年的市场操作做举例说明。2009 年初债券市场的情况是利率开始上行，利率曲线整体陡度很大（短期利率受制于宽松货币政策，维持低位；长期利率则在经济复苏的背景下，开始上行），整体利率曲线的绝对水平处于历史偏低状态。但是在这种背景下，投资配置主体对于利率上行的方向是较为确定的，但是对于利率上行的幅度以及时点是不确定的。

这种情况就比较类似于前面所提及的状况，整体债券市场看空，但是由于不确定利率上行的幅度，做空的行为未必是最优的。

首先受制于"完成投资规模"的硬约束，投资配置主体在配置节奏上理性的应该选择匀速配置方式（即将全年的到期规模与新增规模的合计数平均分配到每个月份）。

在投资配置节奏的选择上则需要相应地考虑收益问题，首先在整体利率环境看涨的背景下，配置行为需要考虑到未来利率上行可能会出现再投资收益更高的背景，这就必然要求机构手中必须持有相应规模的储备现金，而为了保证全部投资收益达标的目标，新增投资规模中又不能完全规避长期债券，因此综合考虑采取"3 个月票据＋10 年期国债"（简称"3M＋10Y"）的组合配置策略是不错的。

3 个月期品种的配置一方面可以满足投资规模的要求，另外其还兼具了现金储备的职能，在年度内，3 个月品种的年内到期将提供再投资资金，假如那时候，长期利率能顺利走高，再投资获得高收益的目的将得以体现。而 10 年期国债作为长期品种，之所以被选择，主要是考虑到在陡峭化的利率曲线上，长期品种能够提供高收益。

因此，在 2009 年度中，采取"3M+10Y"的组合配置结构是一种相对最优的选择，这不仅在即时上满足了收益要求，而且在整体利率看涨的背景下考虑了再投资问题。

总体而言，在进行投资配置策略制定中，如下两个问题一定要有一个明确的判断（这种判断也许未必正确，但是一定要有）：

（1）当前利率曲线的形态如何？主要指陡峭化程度以及绝对水平的高低。

（2）未来整体利率的走向如何？主要指变动方向和变动幅度的预判。

上述两个问题的判断有助于投资配置机构决定配置节奏和配置结构。

读者在阅读本部分内容中很容易联想到债券投资组合策略的内容，比如子弹型组合、哑铃型组合以及阶梯型组合策略等，那么在上述论述中的策略与理论上的各类组合策略有什么分别呢？

从理论上看，理论上的各类组合策略实际上体现的是一种情景分析的思路，比如构建两种组合，分别是 1 年品种和 10 年品种所构成的哑铃型组合、5 年期品种所构成的子弹型组合，两个组合的综合久期相同，但是凸性存在差异，投资考察期为 6 个月。

从理论分析来看，可以分别考察在 6 个月时间内，如果整体收益率曲线呈现平行移动（如上下 300bp）、陡峭化移动（如整体重心上或下移动）以及平坦化移动（如整体重心上或下移动），可以分别计算两类组合的盈亏回报情况。

在经过如上的情景分析后，投资者对于未来利率曲线变化方向和变化形态所造成的结果会有一个直观感受，比如也许结论是：在利率曲线平行移动，但是利率变化幅度少于 100bp 时，子弹型组合将优于哑铃型组合；当收益率变动幅度超过 100bp 时，哑铃型组合将强于子弹型组合。

因此读者可以发现，上述理论所探讨的各种组合策略其要点主要是集中于情景分析，而且针对的分析对象是封闭的投资组合池。而在现实中，投资配置账户的组合是动态的，存在不断到期再投资的情况，也存在新增资金配置的情况，因此在现实中（比如上述的"3M+10Y"组合举例），组合配置的思路并不单纯局限于比较收益上的谁优谁劣，还有一个更为重要的考察要点，就是根据对未来利率方向变化的预期，在考虑当期收益的同时要考虑未来的再投资风险（包括滚动到期资金和新增资金），可以说，3 个月品种在此种组合中主要提供未来流动性、保证再投资的"类现金"作用。

上述这种"3M+10Y"的配置模式虽然类似于哑铃型组合的策略，但是实际上的出发点并非是完全基于情景假设后的收益高低选择,更多的是考虑了流动性因素,考虑了再投资的因素。从理论意义上来看,这种选择并非是基于收益率曲线变化而做出的策略。

第二节
基于实证检验的组合策略优劣比较

在本部分内容中,笔者主要是要基于收益率曲线变化(利率上下和利差变化)的情景假设来进行更为精确化的测算,希望获得一个形象、简洁、合理的策略选择结论。

在上述三类收益率曲线策略中,投资者经常将子弹型策略和哑铃型策略相比较。在组合目标久期给定时,子弹型策略和哑铃型策略是较为容易操作的两类配置思路,也是市场实际运用中采用较多的投资策略,因此,主要对这两类策略进行比较分析。

分析策略好坏、总结策略选择经验的最好办法则是进行实证比较。由于国内现券做空的渠道不够通畅,成本较高,因此主要考虑债券的配置操作。

即假设一个投资组合的本金为 1 亿元,组合管理人的目标配置久期为 4~5 年左右,市场上有三只国开债 180209.IB(1 年期)、180211.IB(5 年期)、180210.IB(10 年期),那么投资者应该是集中买入 180211.IB,还是同时买入 180209.IB 和 180210.IB 呢?即投资者在子弹型策略和哑铃型策略之间应该做何选择?见表 3-10-1。

表 3-10-1　　　　　三只国开债的基本信息(2018-10-09)

债券	票面利率(%)	期限(年)	到期收益率(%)	久期(年)	凸性
180209.IB	3.32	1	2.98	0.7343	1.0783
180211.IB	3.76	5	3.93	4.3253	23.7432
180210.IB	4.04	10	4.19	7.8232	75.9430

资料来源:万得资讯(Wind)。

分别考虑上述示例所提及的两个策略——子弹型策略和哑铃型策略:子弹型策略组合为 1 亿元 180211.IB 构成;哑铃型策略组合为 4900 万元 180209.IB + 5100 万元 180210.IB 构成。

在这两个组合中，子弹型组合的久期为 4.325；哑铃型组合的久期为 $0.49 \times 0.734 + 0.51 \times 7.823 = 4.349$，两个组合的久期基本相当（哑铃型组合中，49.34% 的 180209.IB + 50.66% 的 180210.IB 可能会更准确一些）。

而在组合凸性方面，子弹型组合的凸性为 23.743；哑铃型组合的凸性为 $0.49 \times 1.078 + 0.51 \times 75.943 = 39.259$。在收益率方面，子弹型组合的到期收益率为 3.93%；哑铃型组合的到期收益率为 $0.49 \times 2.98\% + 0.51 \times 4.19\% = 3.60\%$。

可以发现子弹型组合和哑铃型组合的久期基本相当，两者均满足了投资者对久期的要求，但子弹型组合的到期收益率较哑铃型组合高出 33bp 左右，而子弹型组合的凸性明显低于哑铃型组合的凸性。

一般来说，对于久期相同的两个投资组合，当收益率发生变动时，凸性越大的投资组合的业绩表现也越好。而在上述这个例子中，哑铃型组合的凸性就大于子弹型组合，不过子弹型组合的收益率要高于哑铃型组合。两个组合的收益率利差也被称为凸性成本，即为了获得更大的凸性而放弃收益率所付出的成本，这也是投资者在两个组合之间进行选择时所需要考虑的核心问题，见表 3-10-2。

表 3-10-2　　　　　　　　　子弹型组合与哑铃型组合比较

策略组合	债券构成	久期（年）	凸性	到期收益率（%）
子弹型组合	1 亿元 180211.IB	4.325	23.743	3.93
哑铃型组合	0.49 亿元 180209.IB + 0.51 亿元 180210.IB	4.349	39.259	3.60

资料来源：万得资讯（Wind）。

现在，假设投资者的投资期限为 6 个月，那么他应该在子弹型组合和哑铃型组合中怎样做出选择呢？

可以做出如下情景模拟：以 180211.IB（5 年期）为中心，假设收益率曲线既会平行移动也会发生非平行移动。那么，在这种情况下，子弹型组合和哑铃型组合孰优孰劣呢？具体情况见图 3-10-2。图 3-10-2 显示了在收益率曲线变动的各种情况下，子弹型组合收益率与哑铃型组合收益率的差值。

举例来说，对于图 3-10-2 中收益率曲线平行上升 200bp、变陡 60bp 的组合情况，此时，180211.IB（5 年期）的收益率上升 200bp；180209.IB（1 年期）的收益率上升 $200 - (60/2) = 170$bp；180210.IB（10 年期）的收益率上升 $200 + (60/2) =$

230bp（这里假设 10 年期 – 5 年期与 5 年期 – 1 年期变动相同的幅度，即 60/2 = 30bp）。子弹型组合亏损 5.52%；哑铃型组合亏损 6.36%，子弹型组合在这一情况下相对哑铃型组合的收益率为（–5.52%）–（–6.36%）= 0.84%，子弹型组合表现相对更好一些。

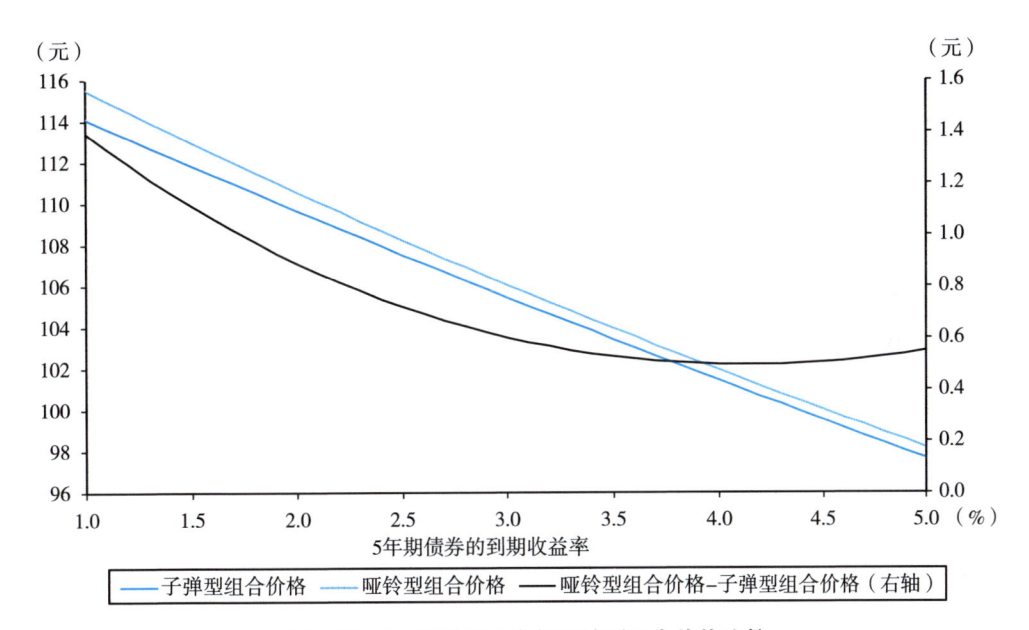

图 3 – 10 – 2　子弹型组合与哑铃型组合价格比较

注：假设收益率曲线平行移动，横轴为 180211. IB 在持有 6 个月之后的到期收益率。持有 6 个月后，即 2019 – 04 – 09。

综合来看，可以得到如下结论：

（1）当收益率曲线仅发生平行移动时，即各个期限的收益率变化相同的幅度时，两组合的优劣取决于收益率变动的大小。若收益率变动幅度较小（示例中小于 100bp 左右），那么子弹型组合的表现将优于哑铃型组合；若收益率变动幅度较大，那么哑铃型组合的表现将优于子弹型组合。

值得注意的是，两组合在最开始阶段的久期基本相同，但即便是收益率曲线平行移动，它们的业绩也是有所不同，这主要源于两者凸性以及到期收益率的不同。而且，尽管凸性较大的债券组合要优于凸性较小的债券组合，但凸性较高的债券的市场价格也较高（收益率较低），这时高凸性的好处取决于收益率变动的大小，当收益率变动幅度较小时，反而是凸性较小的子弹型组合能够提供较高的总收益率。

对于这一点，可以用图 3-10-3 来进行说明。假设收益率曲线平行移动，以上述三只国开债为例，并将子弹型组合和哑铃型组合均看为一只债券（其中，子弹型组合为 180211.IB，哑铃型组合为 0.49×180209.IB + 0.51×180210.IB，此举是为了方便比较两个策略组合的价格变动）。

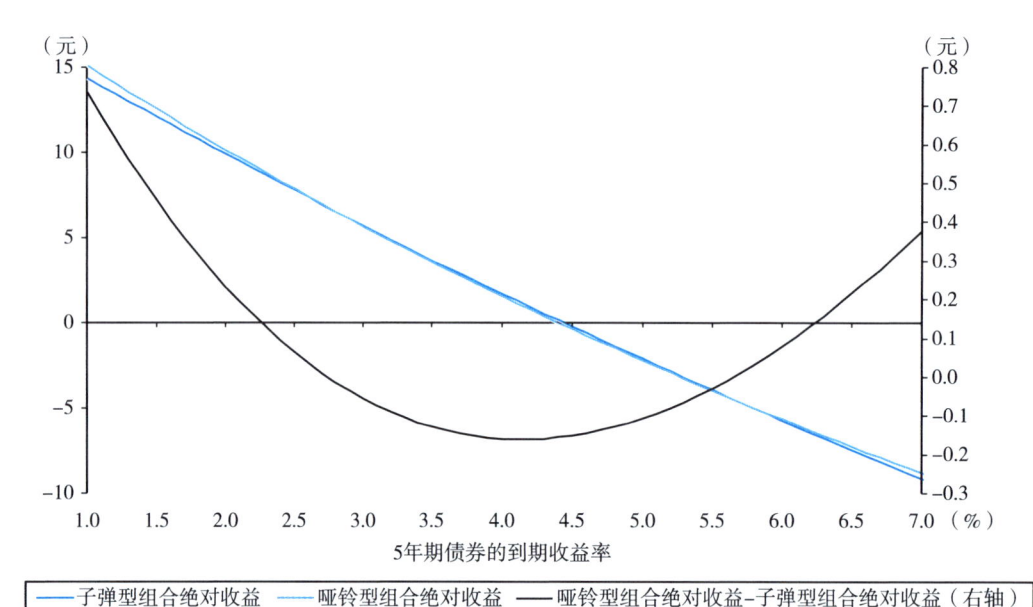

图 3-10-3　子弹型组合与哑铃型组合绝对收益比较

注：假设收益率曲线平行移动，横轴为 180211.IB 在持有 6 个月之后的到期收益率，纵轴为每 100 元面值债券的绝对收益。持有 6 个月后，即 2019-04-09。

从图 3-10-3 中可以发现，当收益率小幅变动时，哑铃型组合的高凸性优势并不明显，但子弹型组合拥有的较高到期收益率优势反而使得其总收益更大一些，再叠加哑铃型组合的价格要更高一些，故哑铃型组合的总收益率不及子弹型组合。只有当收益率变化幅度较大时，哑铃型组合的总收益率才会大于子弹型组合。举例来说：

①在 6 个月持有期过后，当收益率曲线平行下行 50bp 左右时，子弹型组合的价格从 99.83 元上升 4.04 元至 103.87 元，总收益率约为 4.05%；哑铃型组合的价格从 100.49 元上升 3.92 元至 104.41 元，总收益率约为 3.90%。哑铃型组合不及子弹型组合。

②在 6 个月持有期过后，当收益率曲线平行下行 190bp 左右时，子弹型组合的价格从 99.83 元上升 9.87 元至 109.70 元，总收益率约为 9.89%；哑铃型组合的价格从

100.49 元上升 10.11 元至 110.60 元，总收益率约为 10.06%。哑铃型组合优于子弹型组合。

（2）当收益率曲线在平移的过程中趋于陡峭化时，子弹型组合收益率与哑铃型组合收益率差值在不断扩大。这表明，曲线的陡峭化更有利于子弹型组合。

（3）当收益率曲线在平移的过程中趋于平坦化时，子弹型组合收益率与哑铃型组合收益率差值在不断下降。这表明，曲线的平坦化更有利于哑铃型组合。

另外，对于收益率曲线的变凸或变凹来说，两个策略优劣的判断更加一目了然：当收益率曲线变凸时，哑铃型策略组合的表现更好；而当收益率曲线变凹时，子弹型策略组合的表现更好。见表 3-10-3。

另外，仔细分析上述实证过程，读者可能会提出这样一个疑问：在最开始的组合配置过程中，1 亿元面值的 180211.IB 和 0.49 亿元面值 180209.IB + 0.51 亿元 180210.IB 的资金占用并不相同，由此计算出的组合收益率的可比性可能会受到影响。

为此，笔者在此基础上进一步改进计量，如下：

在 10 月 9 日，180211.IB 的全价为 99.8096 元；180209.IB 的全价为 101.0582 元；180210.IB 的全价为 99.8950 元。假设投资组合的初始资金为 1.00465 亿元。那么，对于子弹型策略和哑铃型策略来说：

（1）子弹型策略应为：1 亿元面值的 180211.IB，再加上 65 万元现金（1.00465 亿元 - 0.998096 亿元 = 65 万元）；

（2）哑铃型策略应为：0.49 亿元面值的 180209.IB + 0.51 亿元面值的 180210.IB。

假设子弹型策略组合中的 65 万元现金以 3% 的年化收益率进行逆回购操作，按照前述案例步骤重新计算每一种收益率曲线变化下的两组合总收益率之差，计算发现，最终结果并未发生较大变化。这也说明，即使在实际投资过程中，两种组合的资金占用虽然可能未必会做到严丝合缝，但也不会影响整体结果。见表 3-10-4。

将上述分析结论用一张清晰的示意图表示，如图 3-10-4 所示。

这个示意图体现了如下几个基本的配置选择原则：

（1）比较的两个组合是同久期（只有同久期才具有可比拟性），一个组合为哑铃型（1 年期 + 10 年期），另一个组合为子弹型（5 年期）。

（2）当收益率曲线增陡或变平的幅度有限（利差下行不超过 10bp），且利率波动幅度小于 100bp 时，即收益率曲线的上下移动和平陡变化在抛物线上方区域时，优选的组合是子弹型。

表 3-10-3　子弹型组合与哑铃型组合业绩比较

子弹型组合收益率－哑铃型组织收益率

收益率平行变动（bp） \ 收益率曲线平陡变化（bp）	-60	-50	-40	-30	-20	-10	0	10	20	30	40	50	60
200	-0.99%	-0.84%	-0.68%	-0.53%	-0.37%	-0.22%	-0.06%	0.09%	0.24%	0.39%	0.54%	0.69%	0.84%
150	-0.93%	-0.77%	-0.60%	-0.44%	-0.28%	-0.12%	0.04%	0.20%	0.36%	0.52%	0.68%	0.84%	0.99%
100	-0.90%	-0.73%	-0.56%	-0.39%	-0.22%	-0.05%	0.12%	0.29%	0.45%	0.62%	0.78%	0.95%	1.11%
80	-0.90%	-0.73%	-0.55%	-0.38%	-0.20%	-0.03%	0.14%	0.31%	0.48%	0.65%	0.82%	0.99%	1.15%
50	-0.91%	-0.73%	-0.55%	-0.37%	-0.19%	-0.02%	0.16%	0.34%	0.51%	0.69%	0.86%	1.03%	1.20%
40	-0.92%	-0.74%	-0.55%	-0.37%	-0.19%	-0.01%	0.17%	0.34%	0.52%	0.70%	0.87%	1.04%	1.22%
30	-0.93%	-0.74%	-0.56%	-0.38%	-0.19%	-0.01%	0.17%	0.35%	0.53%	0.70%	0.88%	1.06%	1.23%
20	-0.94%	-0.75%	-0.56%	-0.38%	-0.20%	-0.01%	0.17%	0.35%	0.53%	0.71%	0.89%	1.07%	1.24%
10	-0.95%	-0.76%	-0.57%	-0.38%	-0.20%	-0.02%	0.17%	0.35%	0.53%	0.71%	0.89%	1.07%	1.25%
5	-0.95%	-0.76%	-0.58%	-0.39%	-0.20%	-0.02%	0.17%	0.35%	0.53%	0.72%	0.90%	1.08%	1.26%
0	-0.96%	-0.77%	-0.58%	-0.39%	-0.20%	-0.02%	0.17%	0.35%	0.53%	0.72%	0.90%	1.08%	1.26%
-5	-0.97%	-0.78%	-0.59%	-0.40%	-0.21%	-0.02%	0.17%	0.35%	0.54%	0.72%	0.90%	1.08%	1.26%
-10	-0.97%	-0.78%	-0.59%	-0.40%	-0.21%	-0.02%	0.16%	0.35%	0.53%	0.72%	0.90%	1.09%	1.27%
-20	-0.99%	-0.80%	-0.60%	-0.41%	-0.22%	-0.03%	0.16%	0.35%	0.53%	0.72%	0.91%	1.09%	1.27%
-30	-1.01%	-0.81%	-0.62%	-0.42%	-0.23%	-0.04%	0.15%	0.34%	0.53%	0.72%	0.90%	1.09%	1.28%
-40	-1.03%	-0.83%	-0.63%	-0.44%	-0.24%	-0.05%	0.14%	0.33%	0.53%	0.72%	0.90%	1.09%	1.28%
-50	-1.05%	-0.85%	-0.65%	-0.45%	-0.26%	-0.06%	0.13%	0.33%	0.52%	0.71%	0.90%	1.09%	1.28%
-80	-1.12%	-0.92%	-0.71%	-0.51%	-0.31%	-0.11%	0.09%	0.29%	0.49%	0.69%	0.88%	1.08%	1.27%
-100	-1.18%	-0.97%	-0.77%	-0.56%	-0.35%	-0.15%	0.06%	0.26%	0.46%	0.66%	0.86%	1.06%	1.26%
-150	-1.37%	-1.15%	-0.93%	-0.71%	-0.50%	-0.28%	-0.07%	0.15%	0.36%	0.57%	0.78%	0.99%	1.20%
-200	-1.61%	-1.38%	-1.15%	-0.92%	-0.69%	-0.47%	-0.24%	-0.02%	0.21%	0.43%	0.65%	0.87%	1.09%

表 3-10-4　子弹型组合与哑铃型组合业绩比较（考虑初始投入资金一致后）

子弹型组合收益率－哑铃型组合收益率（考虑初始投入资金一致后）

收益率曲线平陡变化（bp）

收益率曲线平行变动 (bp)	60	50	40	30	20	10	0	-10	-20	-30	-40	-50	-60
200	0.89%	0.74%	0.59%	0.44%	0.29%	0.13%	-0.02%	-0.17%	-0.33%	-0.48%	-0.64%	-0.79%	-0.95%
150	1.03%	0.87%	0.71%	0.55%	0.40%	0.24%	0.08%	-0.08%	-0.25%	-0.41%	-0.57%	-0.73%	-0.90%
100	1.14%	0.97%	0.81%	0.64%	0.48%	0.31%	0.14%	-0.03%	-0.20%	-0.37%	-0.54%	-0.71%	-0.88%
80	1.17%	1.00%	0.84%	0.67%	0.50%	0.33%	0.16%	-0.01%	-0.19%	-0.36%	-0.53%	-0.71%	-0.89%
50	1.21%	1.04%	0.87%	0.70%	0.52%	0.35%	0.17%	-0.01%	-0.18%	-0.36%	-0.54%	-0.72%	-0.90%
40	1.23%	1.05%	0.88%	0.70%	0.53%	0.35%	0.17%	-0.01%	-0.19%	-0.37%	-0.55%	-0.73%	-0.91%
30	1.24%	1.06%	0.88%	0.71%	0.53%	0.35%	0.17%	-0.01%	-0.19%	-0.37%	-0.55%	-0.74%	-0.92%
20	1.24%	1.07%	0.89%	0.71%	0.53%	0.35%	0.17%	-0.01%	-0.19%	-0.38%	-0.56%	-0.75%	-0.93%
10	1.25%	1.07%	0.89%	0.71%	0.53%	0.35%	0.17%	-0.02%	-0.20%	-0.39%	-0.57%	-0.76%	-0.95%
5	1.25%	1.08%	0.90%	0.71%	0.53%	0.35%	0.17%	-0.02%	-0.20%	-0.39%	-0.58%	-0.77%	-0.95%
0	1.26%	1.08%	0.90%	0.71%	0.53%	0.35%	0.16%	-0.02%	-0.21%	-0.39%	-0.58%	-0.77%	-0.96%
-5	1.26%	1.08%	0.90%	0.71%	0.53%	0.35%	0.16%	-0.03%	-0.21%	-0.40%	-0.59%	-0.78%	-0.97%
-10	1.26%	1.08%	0.90%	0.71%	0.53%	0.34%	0.16%	-0.03%	-0.22%	-0.41%	-0.60%	-0.79%	-0.98%
-20	1.27%	1.08%	0.90%	0.71%	0.53%	0.34%	0.15%	-0.04%	-0.23%	-0.42%	-0.61%	-0.80%	-1.00%
-30	1.27%	1.08%	0.89%	0.71%	0.52%	0.33%	0.14%	-0.05%	-0.24%	-0.43%	-0.63%	-0.82%	-1.02%
-40	1.27%	1.08%	0.89%	0.70%	0.51%	0.32%	0.13%	-0.06%	-0.26%	-0.45%	-0.65%	-0.84%	-1.04%
-50	1.26%	1.08%	0.89%	0.69%	0.50%	0.31%	0.12%	-0.08%	-0.27%	-0.47%	-0.67%	-0.86%	-1.06%
-80	1.25%	1.06%	0.86%	0.66%	0.47%	0.27%	0.07%	-0.13%	-0.33%	-0.54%	-0.74%	-0.94%	-1.15%
-100	1.23%	1.03%	0.83%	0.63%	0.43%	0.23%	0.03%	-0.18%	-0.38%	-0.59%	-0.80%	-1.00%	-1.21%
-150	1.15%	0.95%	0.74%	0.53%	0.32%	0.10%	-0.11%	-0.32%	-0.54%	-0.76%	-0.97%	-1.19%	-1.41%
-200	1.03%	0.81%	0.59%	0.37%	0.15%	-0.07%	-0.30%	-0.52%	-0.75%	-0.98%	-1.20%	-1.43%	-1.66%

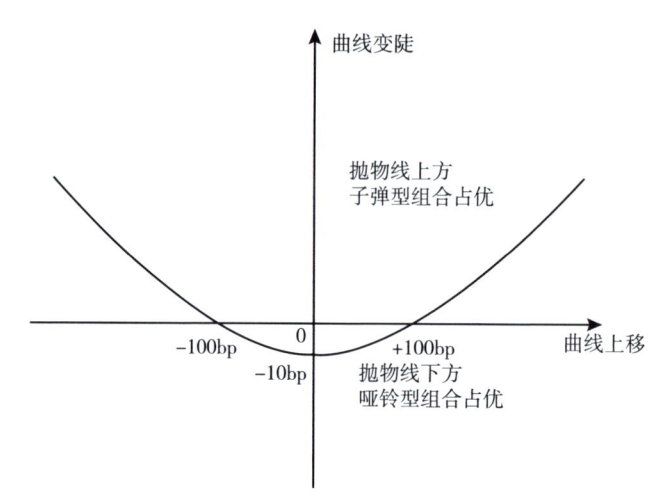

图 3-10-4　不同曲线形变状态下子弹型策略和哑铃型策略的选择

（3）当收益率曲线变平幅度超过 10bp（利差下行超过 10bp），或收益率曲线变平幅度不足 10bp 且利率波动幅度超过 100bp 时，即收益率曲线的上下移动和平陡变化在抛物线下方区域时，优选的组合是哑铃型。

（4）需要注意的是，上述案例中的 -100bp、+100bp 及 -10bp 都是在特定情形下做出的阈值，上述阈值是可以变化的。其阈值变化取决于收益率的高低，当 10 年期利率水平越低时，100bp 的波幅将扩大，10bp 的波幅也会扩大，即子弹型组合适用的领域范围将越来越大；反之，阈值将缩小，哑铃型组合适用的领域范围会越来越大。

第三节
实证结论在现实投资配置中的应用

由上述实证数据检验所得到结论如何更好地运用在现实投资配置中呢？

长期以来，中国的利率基本上处于箱体震荡格局中，虽然这个箱体并不完全对称严格，但是在实践中依照箱体思维来进行对待，也合乎情理，从历史比较来看并参照大概率性，可以假定 10 年期金融债券的箱体构成是（3.00%，5.00%），而（10 年期 -1 年期）利差的上限可以假定为 160bp，下限为 0bp。

上述箱体空间的假设基本符合现实运行情况。那么在上述背景下，假如投资人的恒定久期为 5 年，投资期限在 6 个月时间，那么在什么条件下应该选择子弹型组合？

根据上述结论，子弹型组合占有的区域是居于抛物线上方，即收益率曲线满足利差不再继续收缩（后期利差扩大为好）且利率波动幅度尽量不要超过 100 个基点。

按照 10 年期利率（3.00%，5.00%）箱体震荡、（10 年期 – 1 年期）利差在（0bp，160bp）震荡的假设，最合适进行子弹型组合布局的情形是：利差曲线处于低位（未来变平概率很小）、10 年期金融债券利率绝对水平最好居于中性（向上或向下变动 100bp 的概率很小）。满足上述两个条件的曲线形态是最为适合布局子弹型组合投资配置策略的。

以实际市场利率运行做一解释说明，10 年期金融债券利率上轨假设为 5.0%，下轨为 3.0%，（10 年期 – 1 年期）利差上轨为 160bp，下轨为 0bp，见图 3 – 10 – 5。

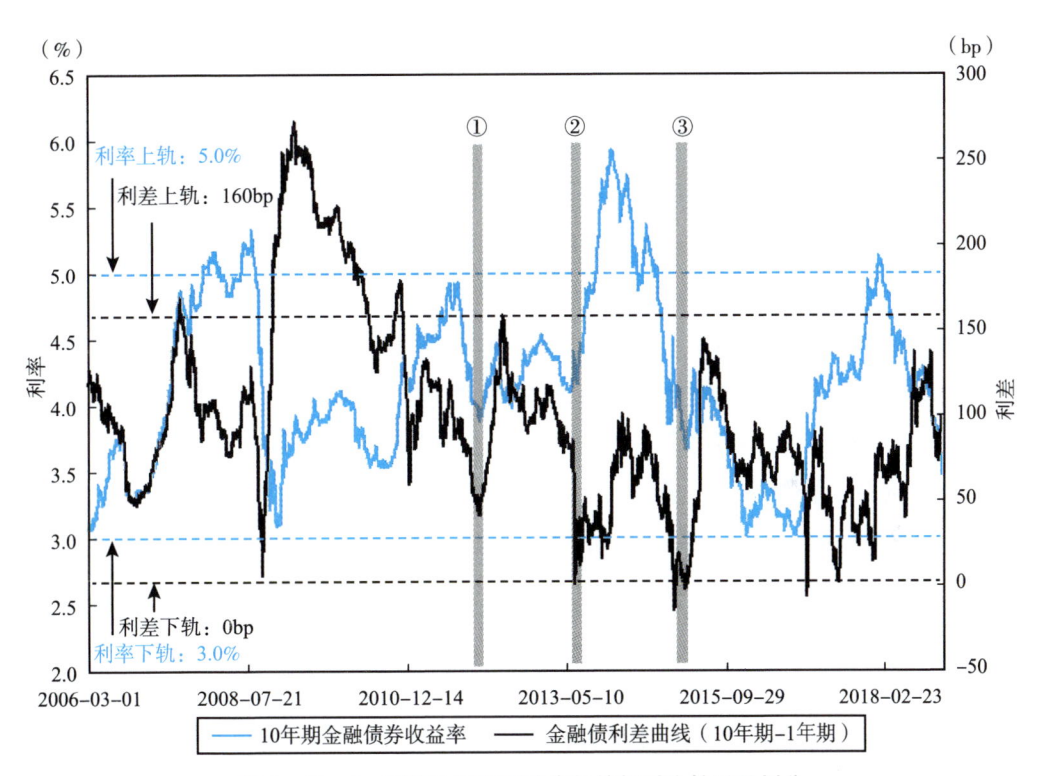

图 3 – 10 – 5 利率走势与利差走势的相对比较以及划分

资料来源：万得资讯（Wind）。

则考察三个时期，分别为①②③个阴影时点。这三个时期具有共性的特征：（1）利差均居于或接近下轨；（2）利率均居于或接近中性位置（4.0% 附近）。

这三个时期分别对应的是：（1）2012 年 1 月份；（2）2013 年 6 月份；（3）2015 年 1 月份。分别考察这三个时点期是否适合构建子弹型组合策略。

2012 年 1 月份，10 年期金融债券的利率为 4.0% 附近，如果按照箱体（3.0%，

5.0%）来预估，则预计未来 10 年期金融债券的利率波动幅度难以超越 100bp；该时点（10 年期 – 1 年期）利差为 40bp，按照利差箱体（0bp，160bp）衡量，预计其利差曲线继续下行的空间也非常有限。结合这两个主观判断，可认为该时点适合构建子弹型组合。从事后（6 个月后）验证来看，2012 年 6 月，10 年期金融债券利率在 4.1% 附近，波动幅度很小，且（10 年期 – 1 年期）利差却扩大到 150bp，比构建组合初期的 40bp 大幅上行了 110bp。这 6 个月的收益率曲线变化（上下幅度和平陡幅度）恰好符合抛物线上方条件，因此在期初 2012 年 1 月份构建子弹型组合是优选。这是一个成功的案例。

2013 年 6 月，10 年期金融债券的利率为 4.10% 附近，如果按照箱体（3.0%，5.0%）来预估，则预计未来 10 年期金融债券的利率波动幅度难以超越 100bp；该时点（10 年期 – 1 年期）利差为 10bp，按照利差箱体（0bp，160bp）衡量，预计其利差曲线继续下行的空间也非常有限。结合这两个主观判断，可认为该时点适合构建子弹型组合。从事后（6 个月后）验证来看，2013 年 12 月份，10 年期金融债券利率超预期上行到 5.8% 附近，波动幅度巨大，同期（10 年期 – 1 年期）利差却只扩大到 30bp，比构建组合初期的 10bp 小幅不足 20bp。这 6 个月的收益率曲线变化（上下幅度和平陡幅度）令策略结果很可能落在了抛物线下方，虽然收益率曲线确实增陡了，但是由于利率波动幅度巨大，导致了结果依然落在了抛物线的下方，因此在起初 2013 年 6 月份构建子弹型组合并不是优选，相比于子弹型组合，哑铃型组合更为优选。这是一个失败的案例。

2015 年 1 月份，10 年期金融债券的利率为 3.90% 附近，如果按照箱体（3.0%，5.0%）来预估，则预计未来 10 年期金融债券的利率波动幅度难以超越 100bp；该时点（10 年期 – 1 年期）利差为 10bp 以内，按照利差箱体（0bp，160bp）衡量，预计其利差曲线继续下行的空间也非常有限。结合这两个主观判断，可认为该时点适合构建子弹型组合。从事后（6 个月后）验证来看，2015 年 6 月份，10 年期金融债券利率上行到 4.10% 附近，波动幅度较小，同期（10 年期 – 1 年期）利差却大幅扩大到 140bp，比构建组合初期的 10bp 大幅上行了 130bp。这 6 个月的收益率曲线变化（上下幅度和平陡幅度）令策略结果落在了抛物线上方，因此在起初 2015 年 1 月份构建子弹型组合是优选策略。这又是一个成功的案例。

通过上述三个案例（两个成功的，一个失败的）可以看出，在恒定久期要求下，考虑构建子弹型组合策略还是哑铃型组合策略时，不仅第一位要考虑利差曲线的变化预期（利差的变化是影响两种组合策略成败的首要关键因素），还需要考虑利率的波动幅度变化预期，比如在第二个案例中，当 10 年期金融债券的利率超预期的大幅度波动时

（超越了100bp的波幅阈值），这依然可能导致组合策略的失败。

总体来看，组合探讨是在恒定久期要求下展开的一种优劣比较（如果两类组合的久期可以任意调整，则两种方案就不具有可比性了），子弹型策略与哑铃型策略何优何劣，可以通过对未来一定时期内收益率曲线平陡变化幅度的主观预期和收益率变化幅度的主观预期来进行选择，届时的优劣效果是否如意，要取决于之前的主观预期是否实现。

简言之，当收益率曲线越平坦（利差低位），而且预期未来利率波动幅度有限的情况下，子弹型组合策略为优；否则，以哑铃型组合为优。细心的读者会发现，这一结论似乎和前文中所列举的2009年商业银行采取的"3M+10Y"配置模式不谋而合。

在前文2009年商业银行"3M+10Y"案例中的组合也类似于哑铃型组合，其构建的背景就是当时的收益率曲线过于陡峭，但是对于利率的上行波动幅度并没有清晰预期。在这种条件下构建了哑铃型组合策略，虽然其潜移默化地符合了上述哑铃型组合的优选条件，但是客观而言，当时构建这种组合的一个更重要的考虑要点则是从流动性角度出发、从顺利完成到期再投资角度出发，是综合了整体收益和到期再投资预期后的一种选择，而非单纯从理论预期角度而设计。

朴素的现实约束导致了其与理论上的不谋而合，这也是一种"可喜可贺"。

第十一章

"利率+波动率"组合下的策略分析

相比于"增长+通胀"组合下的名义经济增速分析框架、"货币（政策）+信用"组合下的配置分析框架以及"利率+利差"组合分析下的配置模式选择框架，笔者对于本章所提及的"利率+波动率"组合下的分析框架并没有太强的信心。

但是基于研究开拓方面的探讨驱动，笔者还是希望将此思路写出，无论是否合理、实用，权当一种探索、启示，毕竟波动率概念是金融市场中的一个重要概念，但在当前的中国债券市场分析中还很少被人提及。

第一节
组合构建的基本思路：维持稳定的夏普比率

夏普比率是一个较为常见的衡量资产或组合的风险收益指标。简单而言，资产或组合的收益率除以该类资产或组合的波动率，可以近似地衡量该类资产的性价比，同时用收益因素和风险因素来进行表达。一般而言，夏普比率越高，该类资产或组合性价比越好。

假设一个资产组合由股票与债券构成，在假定股、债收益率稳定的背景下，管理人根据股、债两类基础资产的波动率情况来动态调整股、债组合分布，以期待维持该组合稳定的夏普比率。

由于股票的波动率明显大于债券，因此根据股票的波动率高低来进行基础资产的分布构成是核心。当股票波动率显著增强（到一定水平）的时候，投资者应该适当缩减股票持有比率，增持债券持有比率，以保持组合的夏普比率保持稳定；反之，当股票的波动率明显居于低位时，投资者应该适当增持股票持有比率，而减持债券持有比率，也为了保持组合的夏普比率稳定。

换一种思考模式,从组合久期的角度考虑同样适用,事实上久期就是一种波动率概念。将股票视为一种久期无限长的资产,债为一种久期有限的资产,两者合成为一种久期稳定的组合,当股票的波动率加大时,为了保持组合久期稳定,需要适当增持债券组合仓位;反之,当股票动率降低时,需要适当增加股票仓位,也相对保持组合久期稳定。

假如金融市场中的各类组合均采用如上的思路,合成的宏观效应大致是:当股票资产的波动率居于高位时期,债券资产的需求必然加大,进而债券利率存在下行的空间和可能;当股票资产的波动率居于低位时期,债券资产的需求程度弱化,进而债券利率的下行空间不足。

在这个简单的推演下,似乎可以将股票市场的波动率与债券市场的利率构建相关性,当然这种相关性要取决于各类投资组合是否都是按照稳定的夏普比率或稳定的久期来进行动态调整操作的。

第二节
利率与波动率组合的美国经验

假如在逻辑推演中,上述推论是合理的,那么这是否能够在现实中得到数据的实证检验呢?

笔者来考察一下美国市场中股票波动率与利率的关系。有读者会问:为什么不直接选择股票价格,而非要选择股票的波动率来进行比较?

除了上述逻辑推演考虑外,还主要考虑到比较指标的波动区间,相对于绝对价格,波动率指标更是一种稳定的区间变化,非常容易区分高、中、低的区间,而股票指数则不然,以美股为例,其指数几乎是一路在上行中,无法区别高位、低位的差异。

选取标准普尔500指数作为分析对象,为了平滑其波动率,笔者采用ATR指数①来表述标普500的波动率,其趋势变化与常见的VIX指数一致,但是更为平滑,是较为理想的描述指标。图3-11-1即为10年期美债利率与标普500股指ATR指数的相关性示意图。

---

① ATR指数:均幅指标(ATR)是取一定时间周期内的股价波动幅度的移动平均值。均幅指标是显示市场变化率的指标,由威尔德(Welles Wilder)在《技术交易系统中的新概念》一书中首次提出,目前已成为众多指标经常引用的技术量。

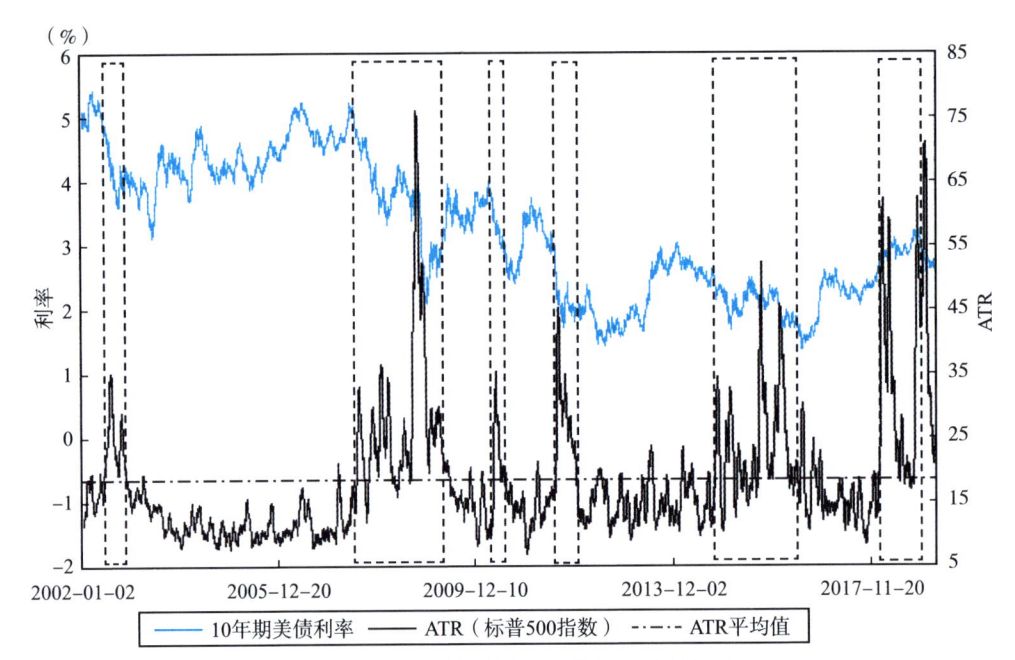

图 3-11-1 美债利率与美股波动率的比较

资料来源：万得资讯（Wind）。

2002 年以来，大致可以看出美股的 ATR 指数和美债利率呈现一定的方向负相关性，长期以来，ATR 指数保持稳定，但是在不少时期出现了突然跃升的情况，表征此时期美股的波动率显著放大，而在美股波动率显著放大时期，美债利率确实多数处于下行趋势中。

如图 3-11-1 所显示的 6 个时期中，标普 500 股指的 ATR 指数均显著放大，超越了历史平均值（2002 年以来 ATR 指数的平均数在 18~19 之间），在这些时期中，10 年期美债利率均出现了较为显著的下行。而在 ATR 指数处于历史平均值以下，特别是持续走低的时期中，10 年期美债的利率却多表现为波动上行。

这似乎印证了上述的逻辑假设推演，当股票的波动率显著放大时，组合投资者会动态调整组合构成，加大对于债券类资产的配置比率，从而令总组合达到再平衡的效果。

假如这种对应关系持续，那么投资者需要关注的就是股票指数的波动率是否显著超越了历史均值，居于高位，从而对债券利率的走势进行预测观察。

更进一步的思考则是，考虑预期未来有哪些因素可能会推高或降低股票指数的波动率，从而对债券市场进行前瞻性的布局。

第三节
中国市场的校验以及"利率+波动率"象限分布图

上述揣测与推演在美国市场中似乎取得了相对不错的实证检验效果,那么在中国市场中是否也如此呢?

笔者选取沪深300指数作为考察对象,由于中国并不存在交易型的VIX指数,因此直接采用沪深300股指的ATR指数作为度量波动率的指标,与10年期中国国债利率进行比较观察,形成如图3-11-2所示。

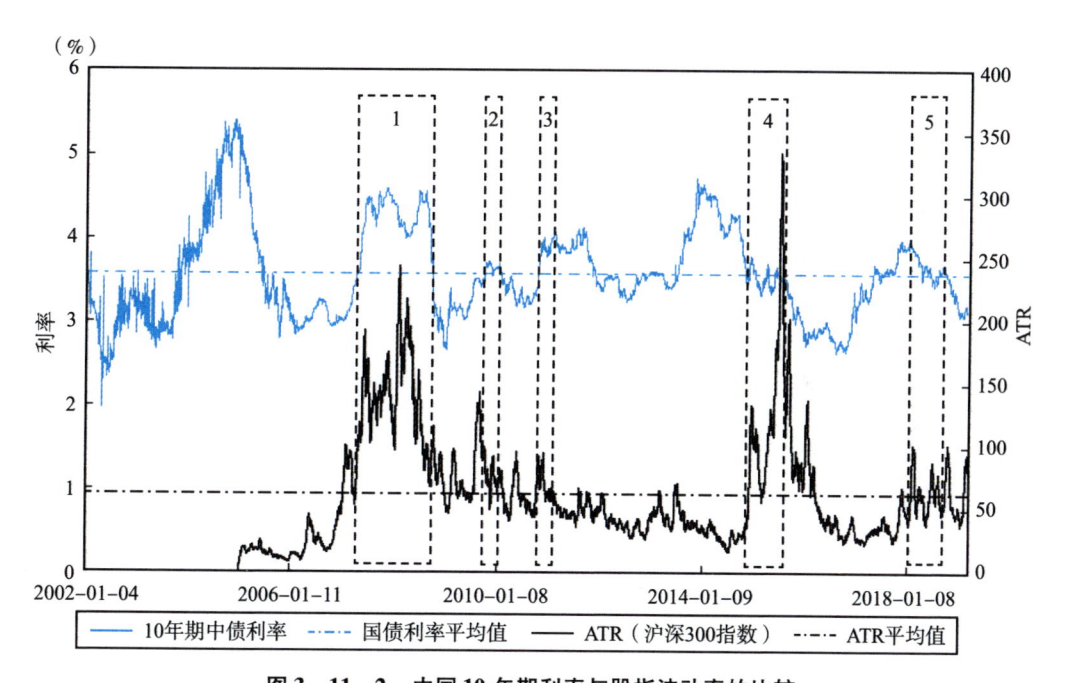

图3-11-2 中国10年期利率与股指波动率的比较

资料来源:万得资讯(Wind)。

从趋势角度来看,中国股指的波动率指标与利率走势并不像美国市场显现的那么负相关性,比如2007~2008年时期,波动率指标与利率走势更似乎是一种正相关性。

沪深300股指ATR指数的历史平均值是62~63,以此为分界线,可以将波动率划分为高区间和低区间。

此外考虑到中国利率总体处于一种箱体震荡的特征,不妨在这一特征假设下,也将利率划分为高区间和低区间（2002年以来中国10年期国债的历史平均值为3.60%），如果将利率的高、低组合和股票波动率的高、低组合放置在一起，用利率高低来增强波动率选择的效果，大致可以选取出如图3-11-2中的一些选择区间。

1时期：2007年6月~2008年10月，该时期中，10年期国债利率居于历史均值上方，且股指的波动率也居于历史均值以上，是一种"债券高利率+股指高波动率"的组合时期，按照上述推演来看，该时期应该是一种债券加大配置的时期。利率上行至高位已经具备了一定的抗风险能力，且股指的波动率加大，需要进行资产组合再平衡的操作，因此在该时期中加大债券配置建仓力度应该是一种较为理性的选择。

2时期：2009年10月~2010年2月，该时期中，10年期国债利率也居于历史均值上方，且沪深300股指的波动率已经有一段时期居于历史均值上方了，利率相对高位，叠加股指波动率相对高位，在该时期中加大债券配置建仓力度也应该是一种较为理性的选择。

同样的对标时期还有3时期（2010年11~12月）、4时期（2014年12月~2015年5月）、5时期（2017年12月~2018年4月）。

从事后检验来看，这5个时期均属于"债券高利率+股指高波动率"组合时期；从事后验证角度来看，这5个时期中的建仓也确实在后面取得了不错的回报（后期利率均出现了明显下行），只是第1时期的持续时间过长。

总体来看，单纯从股指波动率高低角度来进行中国市场债券组合的增减仓决策，效果逊于美国市场，因此笔者将利率高低因素也作为一个约束指标引入，希望在"双保险"情况下可以增强可靠性和安全性。

上述仅仅是用"双高"组合（高利率+高波动率）作为例子进行描述，其他组合也大致可形成相似的逻辑结论，比如在"双低"组合（债券低利率+股指低波动率）条件下，一般不适于积极建仓的策略，更应该采取观望甚至减仓债券的操作。

在"高利率+低波动率"组合中，债券市场更可能处于黎明前的挣扎与黑暗时期，高利率终会下行，但是在股指低波动背景下，还需要有一段煎熬时期。

在"低利率+高波动率"组合中，债券市场更可能是居于牛市的尾端时期，利率可能依然在下行过程中，但是伴随股指高波动率的收敛，利率下行的空间有限了。

如果将上述四种组合情况用一个简单的示意图总结归纳，大致如图3-11-3所示。

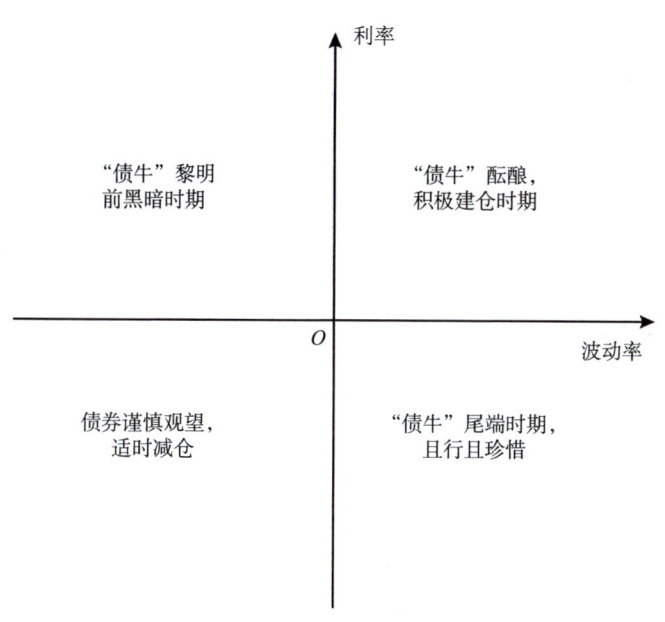

图 3-11-3 "利率+波动率"组合对应的债券市场配置策略选择（中国市场）

首先需要明确的是，上述考察结论是基于利率箱体假设和波动率箱体假设做出的，对于前者，美国市场显然不适用，由于美国市场中的利率并不具有箱体震荡特征，因此单纯考察波动率箱体即可。而中国市场迄今为止是完全满足上述两个假设的，之所以要在波动率高低的第一判断上叠加利率高低的判断，是为了更进一步保证安全性和可靠性。

其次需要说明的是，上述变化过程的"牛熊"转折并非是一蹴而就的，需要一段时间的观察与运行，因此"波动率+利率"的分析方式并不像"增长+通胀"或"货币+信用"方式那样快捷地显现效果。

第四节
波动率的决定

假如读者认为上述推演或实证效果是值得参考的，那么站在债券投资配置的角度，无疑需要前瞻性地预测股指波动率的变化。

首先需要解释的一个问题是，股指的方向变化和股指波动率的变化是什么样的关系？为何中国与美国的波动率存在一定的差异性？

如前所述，美国市场中的波动率与利率的关系效果强于中国市场，这主要是由于中美两国的股指与波动率关系不同。

从美国情况来看（见图3-11-4），美股波动率的放大多发生在美股显著下跌时期，美股的下跌造成波动率放大。而美股的下跌又会通过"股债跷跷板"效应与利率走势形成正相关性，因此可以较为清晰地呈现出"美股波动率放大+美债利率下行"的效果。

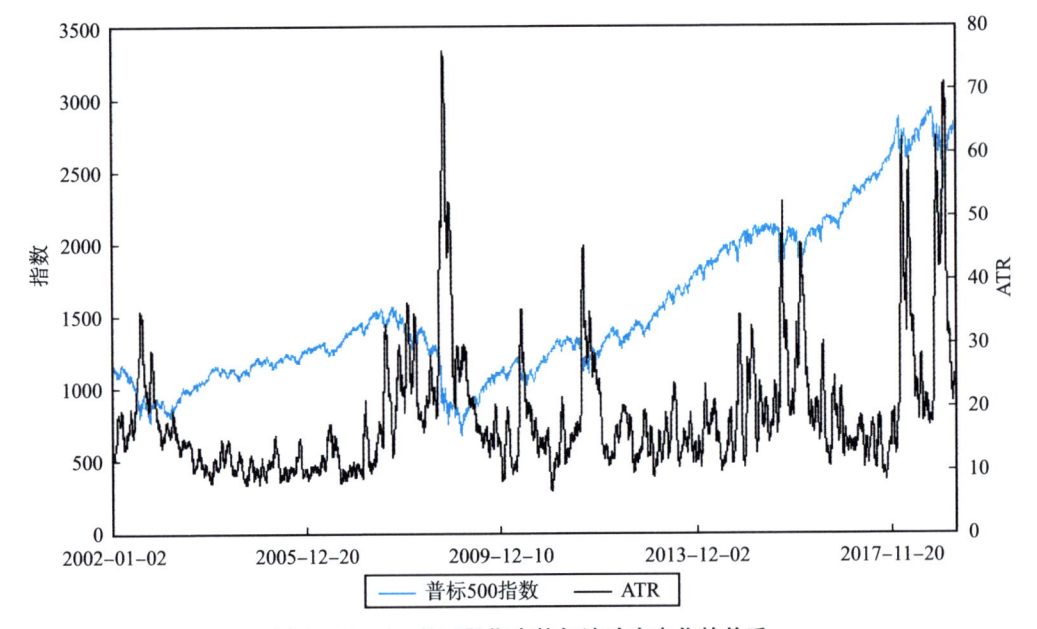

图3-11-4 美国股指走势与波动率变化的关系

资料来源：万得资讯（Wind）。

之所以美股下跌与波动率放大同步发生，是因为长期来看，美股处于不断上行的趋势中，持续的指数上涨对应着正常的波动率低迷，而相对罕见的股指下跌则对应了波动率的异常放大。对于美股而言，上涨是常态，而下跌是异常，因此波动率的放大反映了股指长期上涨过程中的阶段性异常状态。

中国则恰好相反，长期以来，中国的股指确实呈现出"跌多涨少"的状态，常规形态表现为下跌、低迷，"异常"状态体现为上涨，因此股指的上涨多和波动率的放大所共存（见图3-11-5），考虑到"股债跷跷板"效应，因此波动率的放大与利率的下行联动效果并不那么明显，比如最为典型的是2007~2008年。

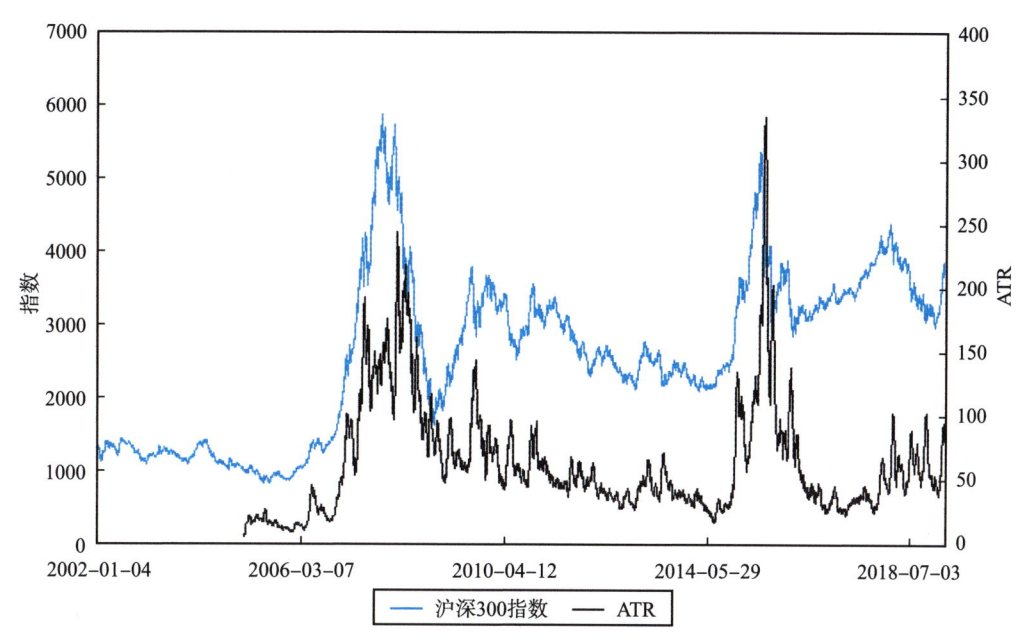

图 3-11-5 中国股指走势与波动率变化的关系

资料来源：万得资讯（Wind）。

但是总体来看，波动率与利率的关系依然值得特别关注，除去单纯的观察股指波动率变化数据外，更需要从波动率的驱动因素角度来前瞻性地预期波动率的后续变化。

那么是什么样的因素会导致波动率发生显著变化呢？研究什么样的经济因素、政策因素会引发市场指数波动率的变化（变大或变小），这本是一个相对复杂的问题，在不少学术研究中也曾有过探讨。

从笔者观察到的实际案例来看，如下一些情形或事件或造成波动率产生较为显著的变化，分别有：

（1）超预期外的货币政策方向变化。比如政策方向突然性的转变、货币政策拐点时期的变化等。例如，1994 年 2 月美联储加息 25 个基点至 3.25%，那是 5 年内的首次加息，当月 VIX 指数大涨 9.9% 至 23.9%。还有，2015 年底，因担忧美联储进入加息周期，市场波动较为剧烈，VIX 指数也再度走高。

（2）引发全球担忧的一些事件。例如，伊拉克入侵科威特、海湾战争、1997~1998 年亚洲金融危机、2000 年互联网泡沫破裂、"9·11" 事件、伊拉克战争、货币的意外大幅贬值或升值等。

导致市场波动率变化的因素研究是一个更为复杂的课题，是后期市场研究的关注焦点。

第四篇
超长期债券的分析

在债券市场中，超长期债券始终是一类较为神秘的品种。超长期债券受众有限（主要配置持有者是保险公司以及部分商业银行），交易并不活跃，但是不可否认，它依然是各类投资者或交易者密切关注的品种，无论关注的目的是出于投资配置持有，还是交易投机操作。2002～2018 年超长期债券发行情况见图 4-0-1。

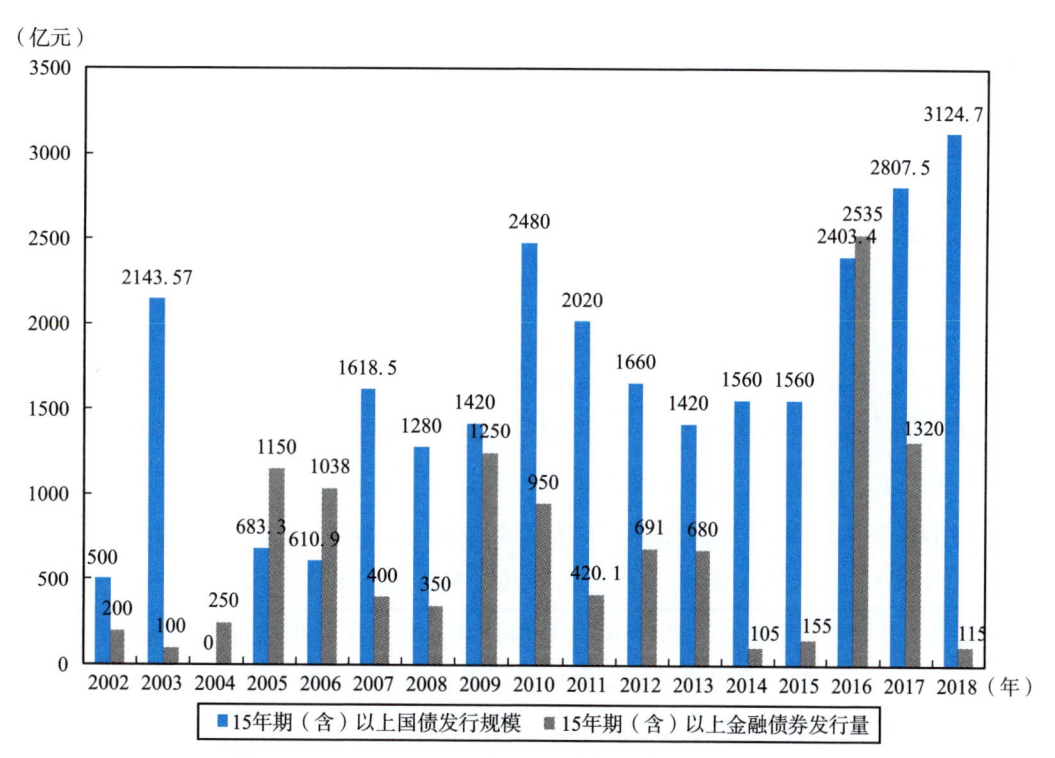

图 4-0-1　2002～2018 年超长期债券发行规模变化一览

年份	15年期（含）以上国债发行规模（亿元）	15年期（含）以上金融债券发行量（亿元）
2002	500	200
2003	2143.57	100
2004	0	250
2005	683.3	1150
2006	610.9	1038
2007	1618.5	400
2008	1280	350
2009	1420	1250
2010	2480	950
2011	2020	420.1
2012	1660	691
2013	1420	680
2014	1560	105
2015	1560	155
2016	2403.4	2535
2017	2807.5	1320
2018	3124.7	115

资料来源：万得资讯（Wind）。

投资交易笔记（三）
2016~2018年中国债券市场研究回眸

中国债券市场中的超长期债券大致指15年期以上的国债或金融债券，从理论上似乎涵盖了15、20、30、50年期限的国债或金融债券，但是从市场实际情况来看，主要是指30年国债和20年政策性金融债券，另外也有30年期政策性金融债券或50年期国债发行或交易，但是其活跃度比前两者差得太多。

从市场存量规模变化来看，15年（含）以上的超长期品种发行规模逐年提高，特别是最近若干年中，财政部已经将30年期国债作为基准期限品种，每年提前公告，定时发行，而30年国债期货品种也在酝酿之中。

2002~2018年，15年（含）以上期限品种（国债与政策性金融债券）的年度发行量逐年攀升，在最近三年（2016~2018年）的年发行规模在3000亿~5000亿元之间。截至2018年底，已发行尚未到期的超长期品种存量规模约3.8万亿元，其中国债品种2.7万亿元，政策性金融债券品种为1.1万亿元。

在这些品种中，30年期国债是市场焦点，也是各类投资交易者关注的重点。在笔者的回忆中，对于30年期国债的印象可谓寥寥，能回顾出来的时期大概只有三个：

（1）2002年。当年首发的30年期国债020005，在当时的大环境中，这只30年期国债品种的发行利率竟然达到了令人咋舌的2.90%。从此后，漫漫数年持续下跌，曾记得在2004年熊市期间，该只债券的价格落到了60元附近，几乎是腰斩于面值。

（2）2007~2008年。2007年特别国债的发行在很大程度上催生了10年期（含）以上国债品种的市场活跃度，也令10年期国债正式替代了7年期国债，成为中国的长期利率基准品种。而在2008年金融危机时期，在下半年整体债券市场走牛的大背景下，看到了30年国债品种显现出活跃的"市场身影"。

（3）2016年。这是印象较深的时期，在2016年6~10月份，伴随牛市的深入化，30年期国债终于成为市场交易者的青睐品，二级市场交易量显著增加，活跃度明显提高，惯例上理应出现在保险公司账户中的30年国债品种频频显现在典型交易类机构——

基金公司的账户中，30年期国债利率也一举逼近3.0%的位置。

以30年期国债利率作为分析对象，其利率方向的驱动因素与10年期品种并无二致，但是作为最"神秘"的品种，在对待其分析思路上，投资者还是总希望寻找到一些其特殊因素来进行具体分析和对待。

在本篇内容中，笔者不会从技术层面的久期、凸性等角度去解读超长期债券，而只是希望从市场实际交易与投资的所谓"草根经验"来谈谈如何看待30年期国债的操作。

从市场实际操作的角度来看，不少投资者、交易者在对待30年期国债利率走势时，存在以下分析线条。

| 第十二章 |

从利率箱体的角度看待30年期国债利率

从本质而言,这种分析思路和对其他期限品种的分析思路一致。都是在假设利率箱体震荡的大背景下而展开的。从历史实践来看,利率箱体震荡的假设在中国是合理的,但是对于美国市场而言却是失效的,因为在长达30年的时间中,美国利率是处于趋势下行通道中。

假设这种箱体特征依然存在,那么30年期国债利率的变化也是有底有顶的,可以参考图4-12-1。

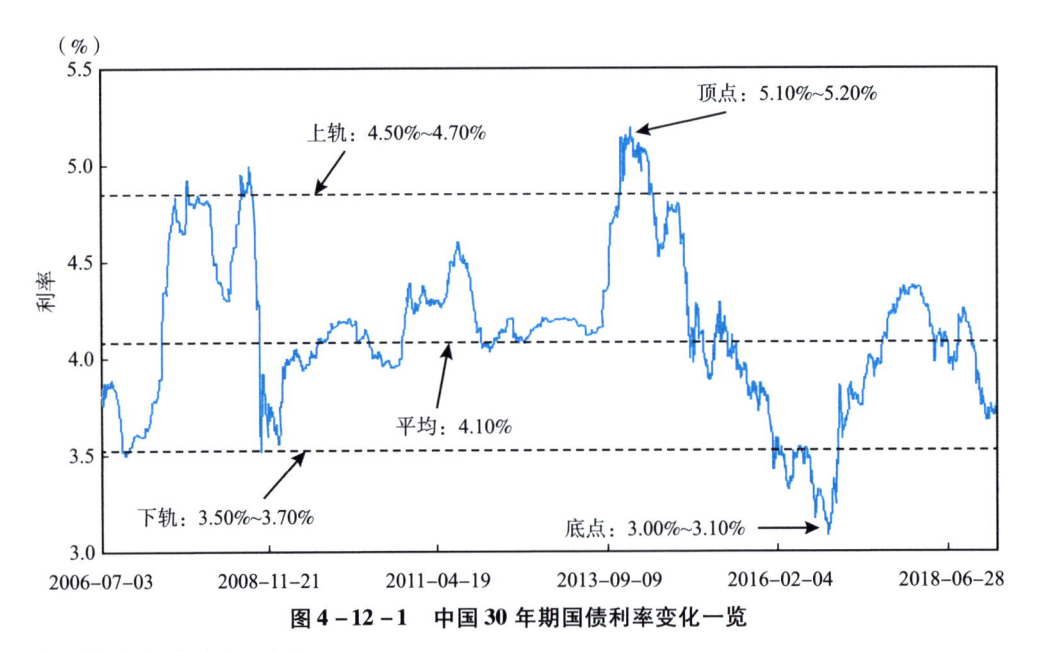

图4-12-1 中国30年期国债利率变化一览

资料来源:万得资讯(Wind)。

从历史情况来看,2006年以来(中债的收益率数据相对比较成熟完善),30年期国债利率平均值为 4.10%，基本上轨位置在 4.50% ~ 4.70% 之间，最高曾上冲至 5.10% ~ 5.20%（2013 年第四季度），基本下轨位置在 3.50% ~ 3.70% 之间，最低曾下冲至 3.00% ~ 3.10%（2016 年第三季度）。

如上的分析线条并没有什么过于深刻的逻辑依据，只是一种简单的技术分析，用于 30 年利率分析可以，用于其他期限利率分析也可以。

不过从笔者的经验来看，对于绝对水平的定位在实践过程中依然是很多投资配置资金着重考虑的问题，以保险公司为主体的配置类资金并不过多地去考虑相对趋势变化，因为其持有时间是跨越周期的，因此对于利率绝对水平的考虑占据着其投资决策的重要位置。

| 第十三章 |

从利差箱体的角度看待30年期国债利率

这种分析方式的原则和上述基本类似，但是考察对象切换为利差，而这个利差一般是以30年期品种和10年期品种之差衡量的，如图4－13－1所示。

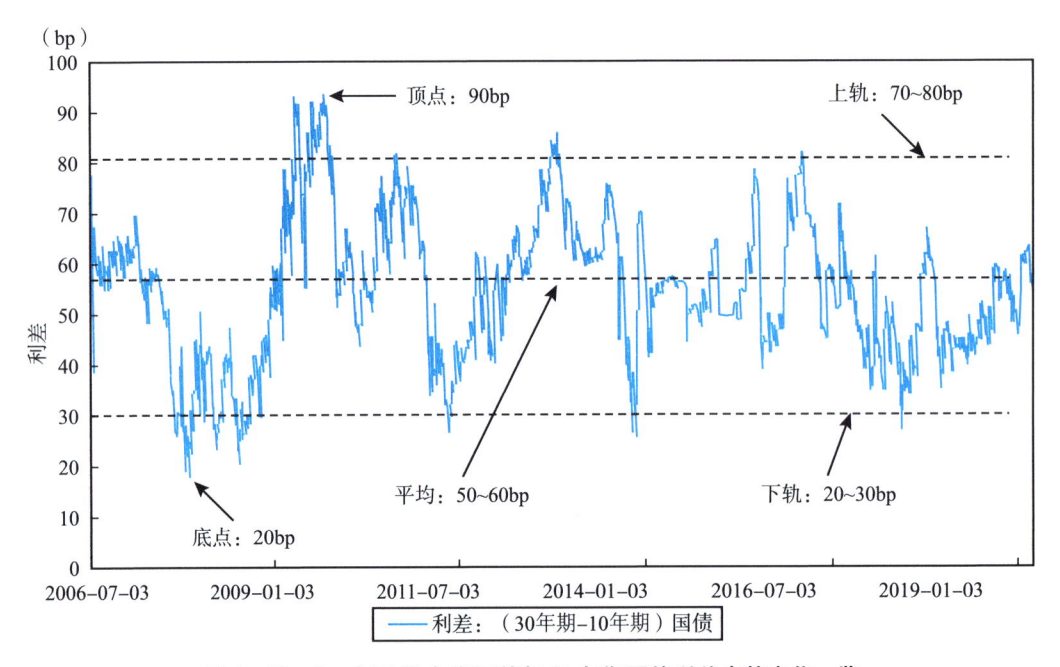

图4－13－1 中国30年期国债与10年期国债利差走势变化一览

资料来源：万得资讯（Wind）。

（30年期－10年期）利差的上轨在70~80bp之间，最高曾达到过90bp（2009年上半年时期），下轨在20~30bp之间，最低曾达到不足20bp（2007年中期）。

如果说投资配置者对于利率绝对水平比较关注，那么对利差的关注群体则多数为交易者。在一个趋势中，交易者往往希望通过对利差的比较，选择出更加具有弹性的期限品种，从而设计操作。其往往通过对 10 年期利率的分析来确定趋势方向，通过对利差的比较来确定 30 年期利率是否会更具弹性，从而进行交易标的选择。

举例来看，在笔者印象最为深刻的 2016 年上半年时期，利率方向下行的趋势较为明确，虽然 30 年期国债利率已经低于 4.10% 的历史中性位置，但是在年初的（30 年期 – 10 年期）利差却居于高位（2016 年 6 月份曾居于 70~80bp），利率方向趋势下行，叠加利差居于相对高位，这两点激发了市场交易盘的热情，形成了对超长期利率债券的追捧，令 30 年期国债在 6~10 月份成为超额回报最大的品种。

对于交易属性资金而言，利率方向趋势的判断是第一前提，如果在整体看好的背景下，利用利差高低筛选出高弹性品种是一种合理的行为。

在整体方向不看好的背景下，即便利差再高，也不要轻易去尝试交易机会，比如在 2019 年上半年，整体市场利率从低位回升，即便当时的（30 年期 – 10 年期）利差高达 90bp，也不要轻易尝试买入交易 30 年期国债的操作。

总体来看，投资配置看绝对水平，交易波段重利差比较，这种说法存在一定的道理，也是较为简洁、清晰的方法，虽然不是很深奥，但是在实践运用中存在着广泛的"群众"基础。

| 第十四章 |

从供需角度考察超长期债券的配置（市场分割理论）

利率曲线理论中有一个很著名的市场分割理论，指不同的投资者对债券和其他证券期限长短的偏好程度不同。例如，商业银行和企业偏好短期资金，贷款机构偏好中期资金，养老金及保险公司偏好长期资金。由于投资者对证券期限的不同偏好，资本市场形成不同的分市场。短期证券的利率由短期资金市场的供求关系决定，中长期证券的利率由中长期资金市场的供求关系决定。

市场分割理论认为出于一些法规、规章制度以及市场参与者目标等因素，借款人和贷款人会把他们的交易局限于一个特定的期限。这些因素归结起来主要表现在以下三方面：

（1）由于政府的某些规章制度，借款人和贷款人被要求只能交易特定期限的金融产品。

（2）市场参与者为了规避风险而将投资者局限于某一期限的金融产品。

（3）按照西蒙的观点和行为金融理论，投资者并不追求最优解，而是追求满意解。

在以上三个因素中，政府的规章制度具有最强的约束力，受该因素制约的借款人和贷款人将不会进行期限债券之间的任何替代，这样将形成强式的市场分割。规避风险因素居于次席，出于该因素而形成的市场分割属于半强式的。第三个因素和其他因素对借款人和贷款人的约束力较差，从而形成一种弱式市场分割。

如上是教科书中的分析。笔者试图从市场分割角度来理解超长期债券的配置投资行为。

简而言之，在超长期债券每年供给发行规模清晰可见的前提下，以超长期债券的需求主体——保险公司为分析对象，研究其需求量的大小，从而确定超长期利率的定位或走向。

这一分析思路在市场实践中经常被提及，但是从笔者体会来看，能详细分析清晰并用于实际操作的案例，几乎是没有的。

运用这种思路来进行分析，需要确定供给和需求两个维度的内容，超长期债券每年的发行规模确实是清晰可见的，这不构成分析障碍，主要的难点在如何衡量需求，更细致来看，是如何衡量需求的总量和分布的节奏。

（1）确定谁是需求主体本身就存在着极大的难度。虽然单纯从配置主体（不算交易主体）意义上，可以将需求主体指定为保险公司，但是事实上，中国的商业银行群体在超长期债券的投资配置中是绝对不可忽视的一个群体。在笔者的记忆中，2007~2009年期间，商业银行在每期超长期债券发行中的投标比重甚至远超越保险公司。这还仅仅只是考虑配置类资金，如果加计了交易属性资金，则更难以衡量需求的大小。

（2）即便可以确定需求总规模（按照年度衡量），也很难去确定需求释放的节奏和力度，如果无法把握需求变化的节奏，则对于交易属性资金而言，则缺乏了指引性。

上述两个难点，导致了这种分析思路被谈论的多，但是被运用的少。但是这一理论确实存在，必然有其合理性，在此笔者以保险公司为需求主体，试图来探讨其在多重约束条件下所可能蕴含的需求，也试图去构建这样一种测算模式。

以保险公司为分析主体，特别是集中在寿险公司上，首先需要了解的是，有哪些客观约束条件、法律法规对寿险公司购入超长期债券有硬性要求或指导。

从笔者对于保险公司，特别是寿险公司的微观调研来看，并没有来自监管部门（银保监会）对于保险公司投资久期的规定和指导，也并没有对于寿险公司的负债（保单）久期和资产（债券）久期之间的缺口做出硬性的规定。

既然如此，那么是什么样的因素会促使寿险公司对于超长期债券情有独钟呢？

笔者曾在银行投资交易部门工作过，也大致了解银行的投资流程。从银行角度来看，每年资产负债部门综合考虑资金来源（存款等形式的资金来源）和信贷计划，基本上将剩余的流动性交给债券投资部门来消化，基本会按照年初计划、季度调整的频率来进行投资规划。具体投资什么样的品种以及投资品种的久期选择一般会由债券投资部门来自行确定。但是债券投资部门在决定投资品种，特别是久期选择方面一个非常重要的考虑因素是"既有存量规模久期"。

一般情况下，商业银行的债券存量规模巨大，但是综合久期并不很长，大致维持在3年附近，每年的新增投资规模久期要在存量久期的附近进行微调，适当调增或调减，但是总体要保持总组合的久期不发生剧烈的波动。因此，对于大型商业银行而言，债券投资的重要目的之一是消化过剩流动性，一个现实的久期约束是要保证新增投资规模的久期不会对原有既定存量规模久期造成过于剧烈的冲击影响。

事实上，与商业银行的上述模式相似，大型保险公司的资金来源（负债）主要来自销售的保单，这些保单的年限多在 20～30 年附近，因此负债久期很长，但是保险公司的资金运用主要为证券投资，而且债券投资占据主流。

从保险公司现金流匹配角度来看，自然希望债券久期和负债久期尽量匹配，但是现实中的情况是，由于中国超长期债券的存量规模有限，因此导致了保险公司的债券组合久期很难和负债久期完整匹配。

即便在保险公司尽量保持长久期的背景下，现实中的存量债券久期也不会过长，比如存量债券规模的久期在 8～10 年之间。如此一来，伴随着时间的流逝，资产的久期也会出现自然缩减的现象，为了保持存量久期的稳定，甚至略有上行，保险公司在进行新增投资时，必须考虑将新增规模的久期适当延长，以抵御存量久期的自然缩减，以保证总资产的久期稳定。

由于保险公司的存量久期很长，例如在 8～10 年附近，而现实中，每年债券的主供应品种多为 10 年期以内品种，超长期（15～50 年）品种的发行供应非常有限，每年供应规模仅仅在 3000 亿～5000 亿元之间。

因此保险公司在投资过程中，平时只能以 10 年期以内的品种来"充饥"，这类品种的供应较为充足、高频，但是长此以往必然导致保险公司的资产久期出现明显锐减（存量资产伴随时间流逝而出现的久期自然缩减以及新增投资久期较短而带来的稀释效应），为了抵御这种久期降低现象，保险公司每逢超长期债券品种发行必然积极认购，因为这类资产是抵御久期缩减的最有利"武器"。

因此可以看出，保持保险公司存量资产久期的稳定是一个重要的目标，而由于保险公司存量资产久期过长（8～10 年附近），现实中的债券供应规模又主要集中在 10 年期以内品种，因此保险公司会抓住每一个超长期债券的发行供应机会来弥补前期被动形成的"久期损失"。

所以，保险公司存量资产的久期较长，为保证其久期稳定甚至略有拉长，保险公司必须强化对于超长期债券的投资。

相比之下，商业银行则没有这种压力，因为商业银行的存量资产久期较短（3～4 年之间），而债券市场发行供应品种的久期可以完全覆盖这个水平，因此无论商业银行总资产想缩小、扩大或稳定总资产久期，都会显得游刃有余。

综合来看，每一类型机构的存量资产久期是影响该类机构新增投资配置品种久期选择的重要影响因素，除非特别情况下，机构有剧烈调整总资产久期的要求（事实上，这种剧烈调整很难出现），一般情况下机构都倾向于保持总资产的久期稳定或微调，那么

新增投资规模的久期必然围绕存量久期而展开。

存量资产久期的差异就造成了市场分割的现象，这并非是来自监管方面的硬约束，而是机构自身运行的内在要求。

既然领会了保险公司投资超长期债券的内在驱动因素，那么笔者可以结合现实，举一个案例来体现保险公司的投资需求。

案例：2018 年我国保险公司中的寿险保费收入在 2.07 万亿元左右，而参考保费的历史增速水平，保费收入同比增速在最近三年的平均值约为 17%。这样一来，大致可以测算出 2019 年保险公司在寿险方面的保费收入大致约为 2.07×(1+17%)=2.42（万亿元）。

假设保费收入中的 40% 需要配置在债券市场中，那么 2019 年保险公司需要配置债券的金额大约在 1 万亿元。

根据中债财富指数，全部债券的久期大约在 3.7 年左右，而超长期债券（10 年以上品种）的久期大约在 14 年附近。

中国债券市场中，10 年及以下债券的综合久期约为 3.5 年（这也是大致符合中国现实的），10 年以上超长期债券的综合久期约为 14 年。假设寿险公司对于投资债券部分资金的久期要求为 10 年。那么 2019 年新增的 1 万亿元配置资金需要有多少配置在超长期债券中呢？

用以下两个公式进行计算，假设配置在 10 年及以下债券的资金为 x 万亿元；配置在超长期债券上的资金为 y 万亿元，则：

$$x+y=1（万亿元）$$
$$3.5\times(x/1)+14\times(y/1)=10$$

可知，$x=0.38$ 万亿元，$y=0.62$ 万亿元。也就是说，2019 年，寿险公司对于超长期债券的需求量在 6000 亿元左右。

而最近三年，国债和国开债的超长期债发行量平均在 4000 亿元左右，保险公司对于超长债的需求缺口大致在 2000 亿元左右。

如上是一种大致的测算思路，供读者参考。

| 第十五章 |

一种崭新的尝试方法：股债比较角度

这种比较方法在市场中见不到，是笔者的一种"突发奇想"。超长期品种，由于存续期漫长，几乎可以认为是一种不可到期的证券品类，就这一属性而言，其和股票极为相似。

在股票市场中最常用到的一个指标就是静态市盈率。市盈率（price earnings ratio，即 P/E ratio）也称"本益比"或"股价收益比率"。市盈率是最常用来评估股价水平是否合理的指标之一，由股价除以年度每股盈余（EPS）得出。

简言之，市盈率是某种股票每股市价与每股盈利的比率。如果简言之，市盈率可以表达为投资股票的回本年限数，即便按照其市场价格购入，以每年盈余计算，收回本金需要多少年。

无独有偶，以回本年限这种简单概念理解，债券就更为方便了，初始投入本金是100元，每年的票息固定，那么"100/票息"即近似表示债券投资的回本年限数。

按照这种概念理解，超长期债券和股票就具有了可比的角度，既然两种资产都难以企及到期日，那么就比较两类资产的最快回本年限数。

笔者构建了"100/30 年国债利率"近似表达超长期债券的回本年数，A 股市盈率代表股票投资的回本年限数。前者减去后者，差值越大，表示超长债券的回本年限远超股票的回本年限，即超长债券相比股票为劣；反之，超长债券相比股票为优。

"100/30 年国债利率 – 股票市盈率"越高，股优于债，超长债券的长期持有配置价值越发弱于股票；该差值越低，股劣于债，超长债券的长期持有配置价值越发强于股票。

2011～2018 年，该差值指标的波动范围在 0～16 之间，平均值在 10 附近，如果从直观观察角度来看，该差值在 12 以上为较高水平，在 6 以下为较低水平，6～12 之间为中性范围。

即意味着如果该差值超越了 12 阈值，则持有超长期债券不如持有股票，如果该差值低于 6 阈值，则持有超长期债券比持有股票要好，见图 4 – 15 – 1。

上述的划分只是一种单因素的考察，如果将上述差值分位情况与超长期国债的利率分位情况进行双重比较，会导致效果更好一些，如图 4 – 15 – 2 所示。

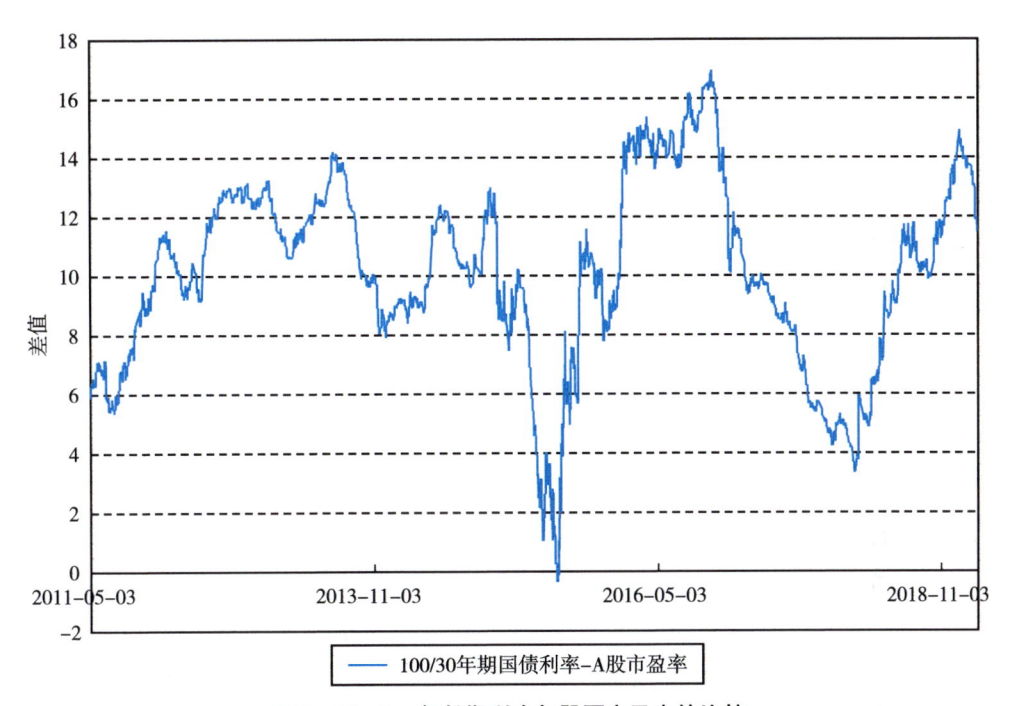

图 4-15-1 超长期利率与股票市盈率的比较

资料来源：万得资讯（Wind）。

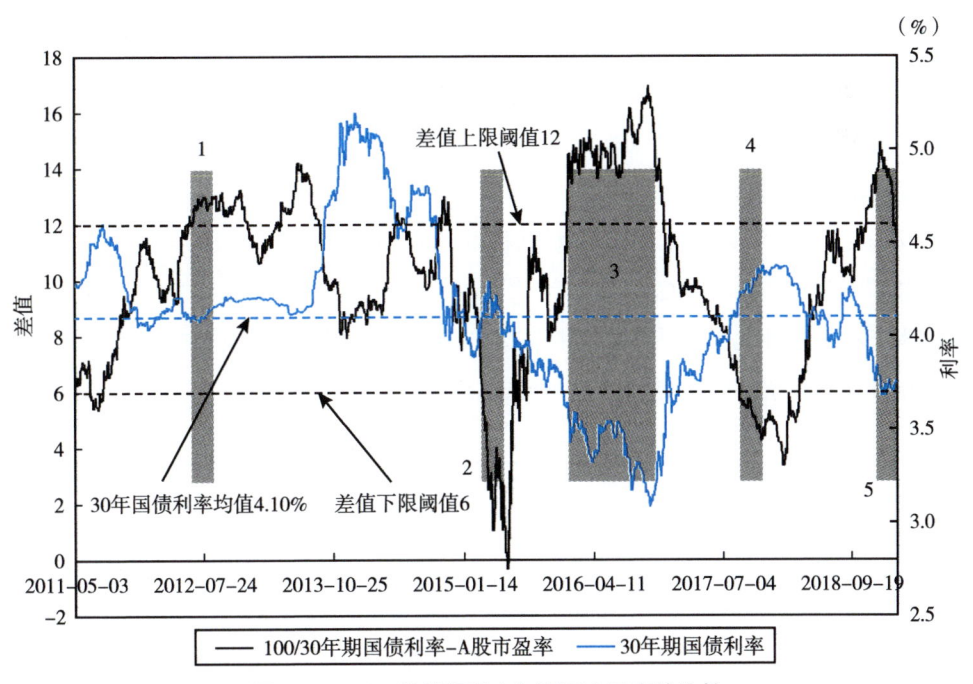

图 4-15-2 超长期利率与股票市盈率的比较

资料来源：万得资讯（Wind）。

首先"100/30 年国债利率"差值的上限阈值为 12，下限阈值为 6，30 年国债利率的中位数是 4.10%。那么可得"双重考量原则"：

（1）超越差值上限阈值，且利率绝对水平居于中位数下方的时期，尽量避免重仓配置超长期利率品种。

（2）跌破差值下限阈值，且利率绝对水平居于中位数上方的时期，尽量多多配置超长期利率品种。

根据上述原则，可以选择出图 4-15-2 所示的 5 个时期，分别解释如下：

（1）2012 年 7 月时期 1，当时差值超越上限阈值，且 30 年期国债利率略低于中性水平——4.10%。该时期应该尽量避免重仓配置 30 年期国债，转而重视股票配置。

（2）2015 年 5 月时期 2，当时差值显著跌穿了下限阈值，且 30 年期国债利率高于 4.10% 中性位置。该时期应该重仓配置 30 年期国债，适当放缓股票配置。

（3）2016 年 2 月时期 3，当时差值超越上限阈值，且 30 年期国债利率居于中性水平下方。该时期应该避免重仓配置 30 年期国债，转而重视股票配置。但是较为奇特的是，这个组合时期竟然持续了近 1 年时间，直至 2016 年第四季度才开始转换。

（4）2017 年 9 月时期 4，当时差值跌破下限阈值，且 30 年期国债利率高于 4.10% 中性位置。该时期应该重仓配置 30 年期国债，适当放缓股票配置。

（5）2019 年 1 月时期 5，但是差值超越上限阈值，且 30 年期国债利率低于 4.10% 中性水平。该时期应该避免重仓配置 30 年期国债，转而重视股票配置。

总体来看，这是在两类长期配置投资资产（超长期债券、股票）之间的切换选择。上述时期中除去第四次时期较为特殊，持续了很长时间无法切换完成外，细心的读者可能还会发现在 2013 年第四季度超长期利率高点位置时并没有发出信号，这和当初的"股债双熊"环境有很大的关系。

总体来看，这种比较方法实质上是需要和股票类资产进行相互切换的，是一种比较超长债券持仓和股票持仓谁更优的比较模式。

| 第十六章 |

中国超长期债券与美国、日本超长期债券的比较

美国与日本是两个较为发达的经济体，也都存在较为成熟、有效的债券市场，在最近若干年以来，中国债券市场也日益发展，其成熟程度也日渐向美、日市场靠拢。

以30年期国债为例，比较三个市场的差异，考察周期为2006~2018年（数据可采集时期），可以得到图4-16-1。

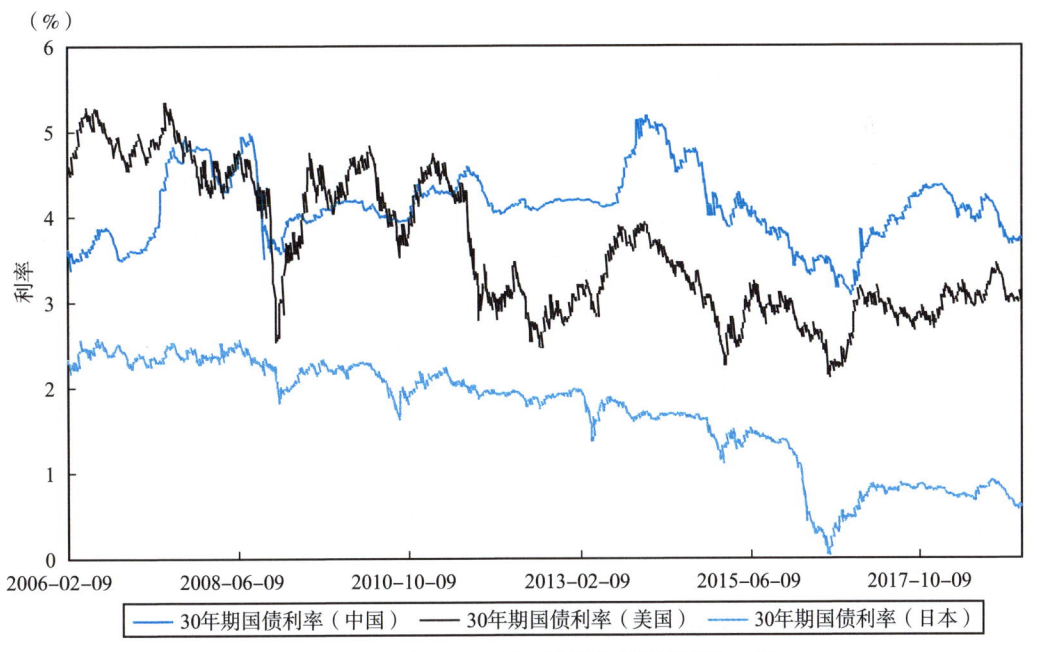

图4-16-1 中、美、日三国超长期利率变化一览

资料来源：万得资讯（Wind）。

可以看到，中、美、日三国 30 年期国债利率总体水平，中国居于最高，其次为美国，最低是日本，曾一度接近于零利率。

按照各个国家的 30 年期国债利率绝对水平与相对水平（以 30 年期国债与 10 年期国债的利差衡量），可以总结为表 4-16-1。

表 4-16-1　　　　　　　中、美、日三国超长期利率变化特征归纳

考察时期	国家	利率（%）			利差（bp）			利差曲线形态特征
		30年期国债利率平均值	30年期国债利率最高值	30年期国债利率最低值	(30-10)年期利差平均	(30-10)年期利差最小	(30-10)年期利差最大	
2006～2018年	中国	4.12	5.20	3.08	55	18	94	箱体
	美国	3.64	5.35	2.11	70	-6	160	倒V型
	日本	1.70	2.59	0.04	85	28	126	箱体

资料来源：万得资讯（Wind）。

从利率绝对水平比较，中、美两国的 30 年期国债利率水平相近，平均值在 4% 附近，而日本不足 2%。

从（30-10）年期的利差角度来看，日本市场的利差最高，但是三国利差较为接近，在 60~80 个基点附近。

从利差曲线的形态来看，中国与日本市场中的（30-10）年期利差曲线均总体表现为箱体，美国市场中的（30-10）年期利差曲线则呈现倒 V 型变化，最高水平达到 160 个基点（2011 年 11 月），最低利差为 -6 个基点，呈现出教科书中典型的倒挂特征（2006 年 2 月）。

中、美、日三国利差曲线的变化如图 4-16-2 所示。

综合来看，从历史数据变化角度分析，在一个相对较长的时间维度中（如 10 年时间附近），中美两国的 30 年期国债利率基本呈现箱体特征，因此对于超长期利率变化以箱体观念对待具有一定的合理性，而由于中、日两国的 30 年期与 10 年期国债利差曲线也基本呈现箱体特征，因此对于超长期利差曲线变化以箱体观念对待也具有一定的合理性。即本篇前两章中的思路也并非是中国所特有的。

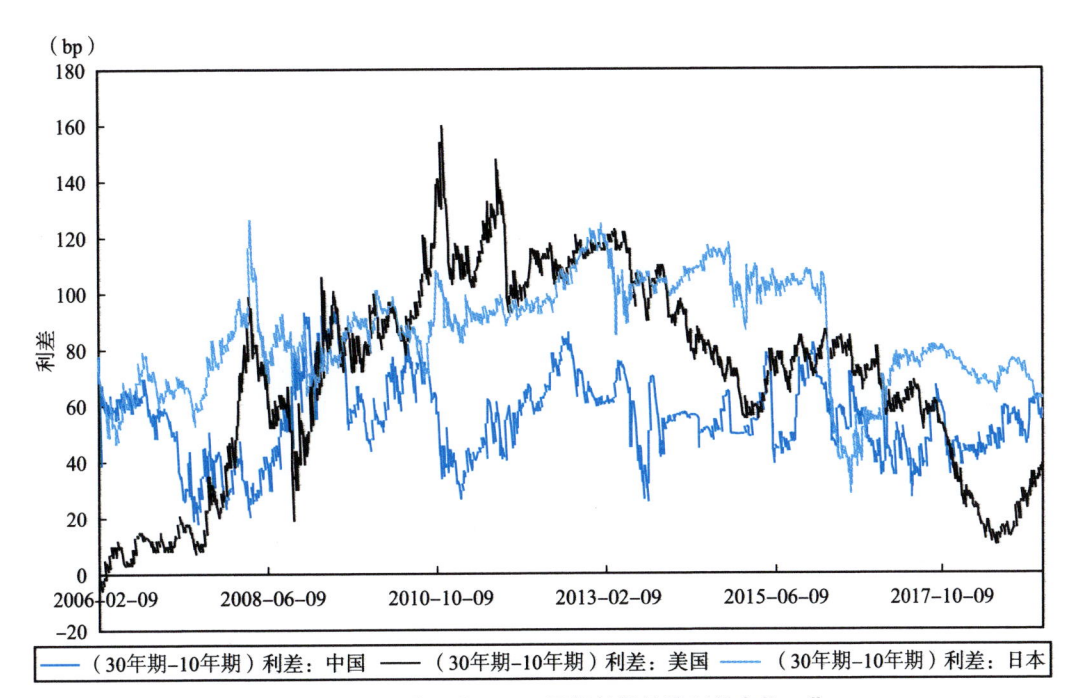

图 4-16-2　中、美、日三国超长期债券利差变化一览

资料来源：万得资讯（Wind）。

第五篇
长周期维度的利率决定

笔者之前的书中所涉及对于债券利率的分析方式几乎都是从短周期维度来进行构建的，所谓短周期，在笔者看来都是围绕一年以内的时间周期而展开的。

债券分析的基础是经济分析，而经济分析也是分为两个框架的：一个是短期经济分析框架，典型代表是凯恩斯经济学，从决定短期需求的"三驾马车"出发，分析经济的短期波动；另一个是长期经济分析框架，典型代表就是索洛模型，从决定供给能力的生产要素角度出发，分析经济的长期决定因素，如图 5-0-1 所示。

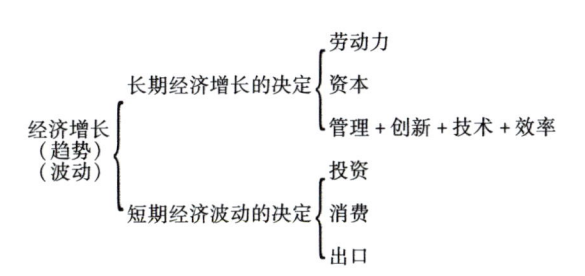

图 5-0-1 经济的长、短周期决定要素

针对宏观经济分析的两大框架，对应了债券市场利率分析的短周期维度分析和长周期维度分析。在本篇内容中，笔者试图站在长周期维度（5~10年以上的周期视角）来探讨债券利率趋势的决定因素，供读者参考。

第十七章

股债双牛与股债双熊

在市场分析中经常会听到这样三种说法："股债跷跷板""股债双牛""股债双熊"。"股债跷跷板"效应是较为常见的一种现象，多数投资者也有所体会。但是对于"股债双牛（熊）"则是在长周期较为普遍而在短周期中较为罕见的情况。

在划分"股债双牛（熊）"的时候非常需要把握好两个方面的尺度定义：其一是何为牛、熊；其二是考察周期的维度是多少。忽略了这两个前提，谈双牛（熊）是没有什么意义的。

首先定义什么是股（债）的牛（熊）。从股票市场角度来看，有两种定义方式：（1）道琼斯指出的，股指突破前期高点即进入牛市；（2）华尔街的惯例所指，是股指在中短期内涨超20%，进入技术性牛市。

事实上股指的牛熊都是事后验证的一种状态，回溯检验低点高点很容易，但是身在其中认识牛熊非常难。比如上证综指在下行过程中，横亘在2000～2200点，当向上突破2200点后，能称为进入牛市吗？很难在这种突破发生之初做出这种论断。

因此综合上述两个定义，笔者认为，股票能称为牛市至少应该符合两点：（1）脱离盘整状态，突破前期高点；（2）在短期内（3～6个月内）股指从低点起算，上行幅度至少要超过20%。

按照笔者经验理解，债券利率波动的属性大致可以这样划分：如果利率只是在20个基点范围内波动，更多反映的是市场心理的波动；如果利率的波动幅度达到40～50个基点，这必然带有经济基本面方面的改变；如果利率的波动幅度达到80～100个基点，则必然是在基本面改观的同时叠加了政策面的变化。

因此超过20个基点以上的幅度变化方可以做出牛熊划分的判断，即利率的波动幅度要达到至少40～50个基点。

其次需要说明的是所考察的时间维度是多少。在现实中，经常看到用长期逻辑来解释预测短期市场的事情，比如用人口数量降低来解释利率的下行，这个逻辑也许是正确的，但是其解释的市场周期绝对不可能是 3~6 个月时间维度的，更可能是 5~10 年时间维度的。

从本书的宗旨出发，笔者经常将考察的时间维度放置在 3~6 个月（1 年以内）的周期维度中，这在现实的市场交易与投资中是一个合适的考察期限。

综合来看，笔者考察的是在 3~6 个月的时间维度中，是否存在明显的股债双牛或双熊，牛熊的定义参见上述。如果不符合上述条件，描述为非牛非熊的盘整较为合适。

首先考察中国 2002~2018 年以来的股债市场，参见图 5-17-1。

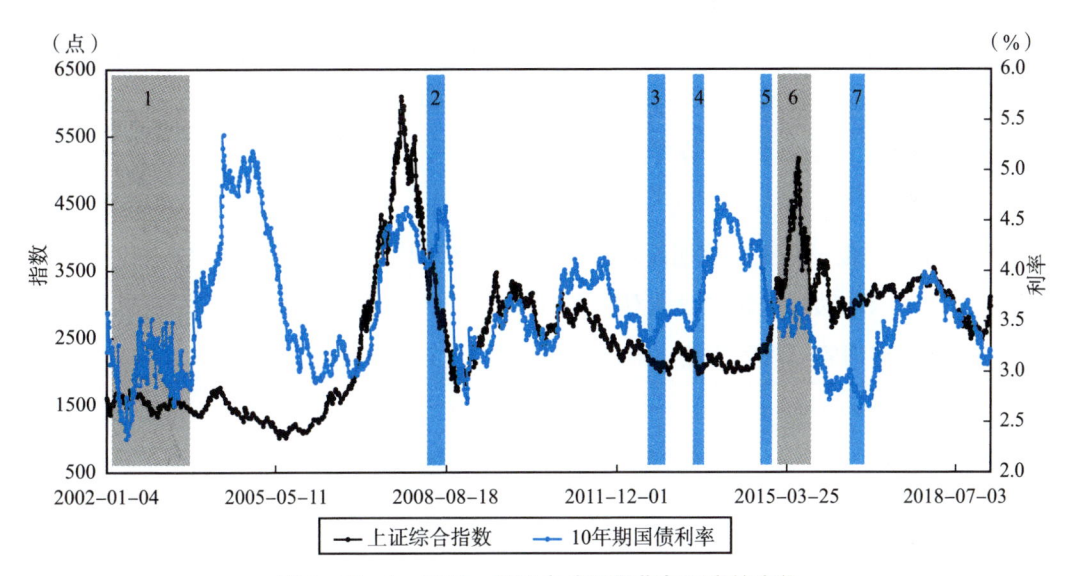

图 5-17-1 2002~2018 年中国股指与利率的变化

资料来源：万得资讯（Wind）。

从图 5-17-1 来看，中国的股债关系在绝大多数时期都是符合"股债跷跷板"效应的，这并不意外。如果非要详细划分是否有双牛或双熊的时期，笔者划分了这样的 7 个时期：

（1）2002 年 1 月~2003 年 8 月份。这一时期股、债都很难描述出明显的牛或熊特征，股指在 1300~1700 点的狭小空间内波动，10 年期国债利率在 2.4%~3.5% 的范围内波动。除去 2002 年上半年（"非典"因素所导致），债券市场利率一度下行外，债券市场更多时期表现为熊市特征，股指则主体以盘整为主。因此更适合用称此时期为"股盘（整）债熊"时期。

（2）2008 年 4~8 月份。股指从 3500 点下行到 2400 点，而 10 年期利率则从 4.0%

附近上行到 4.60% 附近。因此这一时期是典型的"股债双熊"时期。

（3）2012 年 7~12 月份。股指从 2200 点跌到 1970 点附近，而 10 年期利率则从 3.20% 上行到 3.60%。因此这一时期是近似意义上的"股债双熊"时期。

（4）2013 年 6 月份。这一时期非常短促，是受到"620"钱荒这一短期扰动所导致，股指在该月从 2300 点跌穿 2000 点，10 年期利率则从 3.45% 上行到 3.65% 附近。因此这一时期也算一个非常小型的"股债双熊"时期。

（5）2014 年 9~11 月份。股指从 2300 点涨至 2600 点，10 年期国债利率则从 4.30% 回落到 3.50% 附近。因此这一时期是较为典型的"股债双牛"时期。

（6）2014 年 12 月~2015 年 8 月份。这一时期是较为复杂的时期，股指经历了狂涨狂跌的进程，而在这长达 8~9 个月的时期中，10 年期国债利率则在 3.35%~3.80% 的区间内横盘震荡，难以区分趋势方向。

（7）2016 年 6~10 月份。这一时期股指缓慢走高，从 2800 点上行到 3100 点，涨幅也不足 20%，且也没有突破前期高点，10 年期利率则从 3.0% 回落到 2.7% 附近，幅度也较为有限。因此勉强称为"股债双牛"时期。

如果将上述内容整理为表格，显示结果如表 5-17-1 所示。

表 5-17-1　　　　　七个较为特殊的股、债表现时期

属性	时期	股指变化（点）	变化幅度	10 年期国债利率变化（%）	变化幅度	持续时间
股债盘整	2002 年 1 月~2003 年 8 月	1300~1700	无趋势	2.40~3.50	无趋势	20 个月附近
	2014 年 12 月~2015 年 8 月	3000~5000	无趋势	3.35~3.80	无趋势	8~9 个月
股债双牛	2014 年 9 月~2014 年 11 月	2300~2600	上涨 300 点	4.30~3.50	下行 80bp	2~3 个月
	2016 年 6 月~2016 年 10 月	2800~3100	上涨 300 点	3.00~2.70	下行 30bp	4~5 个月
股债双熊	2008 年 4 月~2008 年 8 月	3500~2400	下跌 1100 点	4.00~4.60	上行 60bp	4~5 个月
	2012 年 7 月~2012 年 12 月	2200~1970	下跌 230 点	3.20~3.60	上行 40bp	5~6 个月
	2013 年 6 月	2300~2000	下跌 300 点	3.45~3.65	上行 20bp	1 个月

资料来源：万得资讯（Wind）。

事实上来看，所谓真正的股债双牛（熊）都是极为短暂的时期，"双熊"比"双牛"出现的概率要大，这可能与我国的货币政策有关，紧缩过度的频次较高。

在现实市场思维中，始终存在一个似是而非的印象，认为中国在 2014~2015 年

期间走了一个漫长的股债双牛。笔者仔细拆分了 2014 年以来的股债走势，形成了图 5 – 17 – 2。

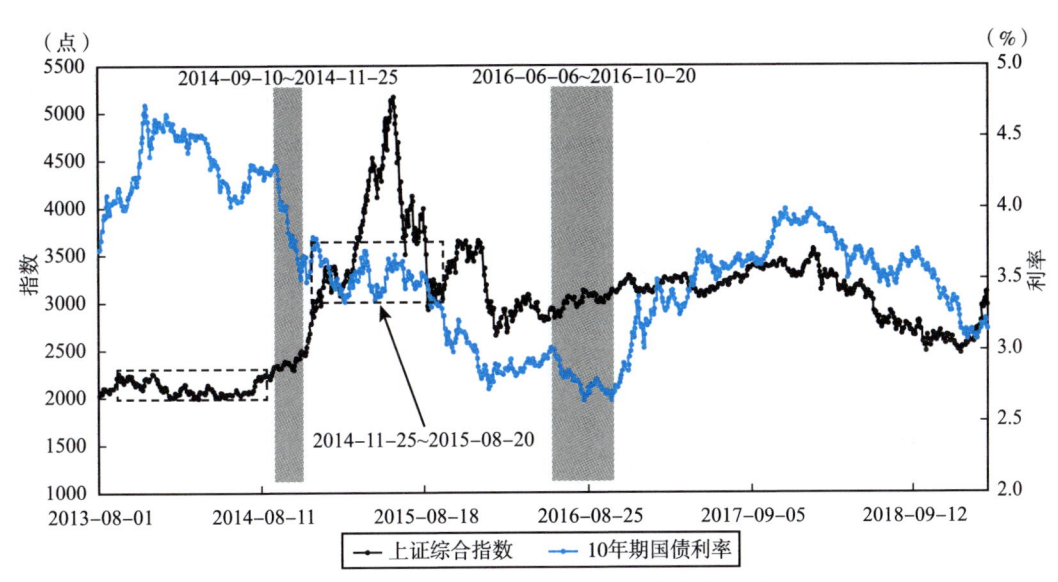

图 5 – 17 – 2　2014 ~ 2015 年股、债走势详细拆解

资料来源：万得资讯（Wind）。

如果将时间维度拉长，2014 年 1 月 ~ 2015 年 6 月来看，很容易形成股债双牛的观感，上证综合指数从 2000 点上涨到了 5000 点，而 10 年期国债利率从 4.60% 下行到了 3.60%。

但是仔细回顾当时的市场格局，会发现过长的时间维度会改变或混淆市场的实际感受。2014 年 1 月份至 8 月底，上证综合指数总体在 2000 ~ 2300 点一个狭小范围内波动，进入 9 月份指数才突破前期高点（2300 点），似乎进入了道琼斯所指出的牛市格局，但是在随后的 2 ~ 3 个月时间内，指数上行幅度也是较为缓慢的，截至年底上证指数才不过涨至 2600 点，也就是从 9 ~ 11 月份才开始显现牛市的气氛。因此从市场感受角度而言，只有 2014 年 9 ~ 11 月份才可以严格称为一个"股债双牛"的环境。而进入 2014 年 12 月份后，股牛特征越发明显，债券市场则进入了长达半年有余的盘整反复时期。

因此，将 2014 ~ 2015 年这段时期划分，更应该是：

2014 年 1 ~ 8 月份（股盘债牛）；

2014 年 9 ~ 11 月份（股债双牛）；

2014年12月~2015年6月份（股牛债盘）；

2015年7~12月份（股熊债牛）。

总体来看，越是将考察时间周期拉长，越容易得出股债双牛（熊）的结论与感受；越是将考察周期放短，越容易得出股债跷跷板的结论与感受。

从现实市场交易角度来看，如果只是将投资与交易的时间维度放置在3~6个月范围内，则出现股债跷跷板的概率最大，股债双熊的概率次之，股债双牛的概率最小。

| 第十八章 |

趋势双牛与箱体魔咒

中国与美国是世界的前两大经济体，两国的资本市场一直是全球投资者最为关注的焦点。

如果以长周期维度来看（至少10年以上周期维度），会发现利率走势是本书中所列举的一切分析框架所无法解释的。长周期维度的利率走势趋势完全不同于短周期维度，脱离了短周期中的需求驱动框架，完全进入到生产要素供给驱动框架中。这事实上也对应了宏观经济学中的短期经济分析框架（以"三驾马车"为代表的需求分析）和长期经济增长分析框架（以生产要素驱动为代表的供给分析）。

美国的两大资本市场总体呈现出"股债双牛"的长期走势，这令人咋舌。以20~30年周期维度来看，美股呈现出一路上行的态势，而美债利率也呈现出一路下行的态势，被称为美债30年大牛市[1]。

与此几乎同期，中国的两大资本市场却在近20年的时间维度中总体呈现震荡特征，上有顶，而下有底，没有突破过所谓的"箱体魔咒"特征。

图5-18-1显示的是中、美10年期国债利率的历史趋势。

可以清晰地看出，从20~30年周期维度来看，美债收益率走出了一路下行的态势，10年期美债利率从7%~8%一路下行至当前的2%~3%水平，而中国的10年期国债利率自有数据记载以来始终在一个200个基点的箱体中震荡，上行无法突破4.5%，下行则很难跌破2.5%，这成为中国债券市场难以打破的"箱体魔咒"。

无独有偶，从两国的股票市场来看，也体现出如下的形态特征，美国道琼斯工业指数在最近20年时间中，虽然经历了互联网泡沫破灭、世界金融危机等冲击，却依然呈现出股指翻番的表现。而中国上证综合指数虽然在2007年和2015年也上冲过5000~6000点，但是基本从终点回到起点，维持在2000~3000点范围内震荡。见图5-18-2。

---

[1] 2016年底，面对当时的"特朗普交易"热潮，美债利率显著上行，市场曾惊呼"美国债券市场的30年牛市周期结束了"，但是随后的事实证明，美债利率依然在下行通道中运行。

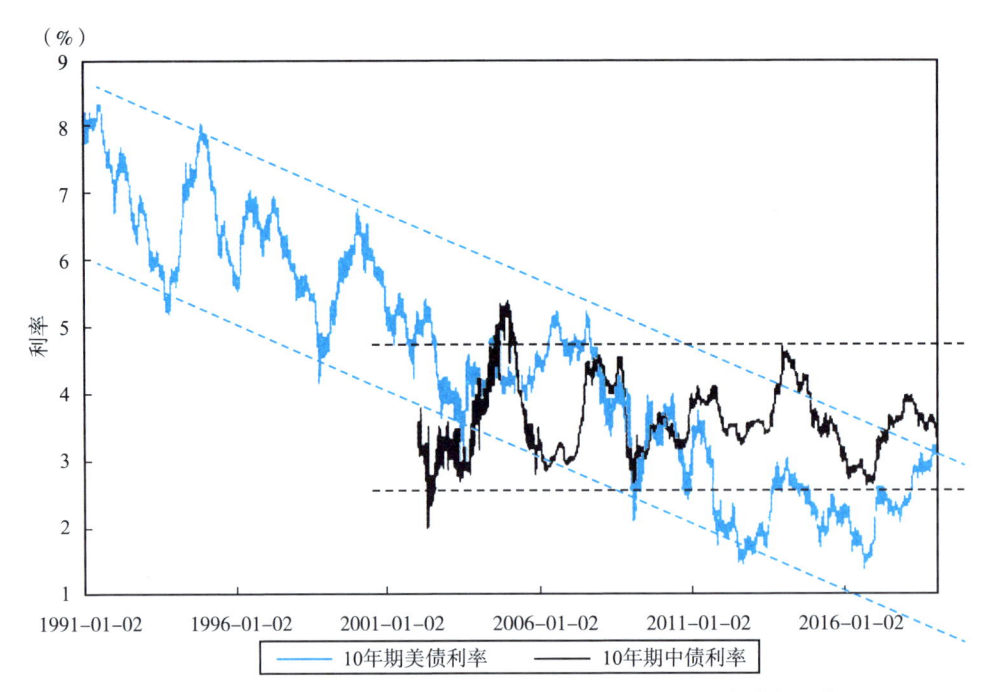

投资交易笔记（三）
2016～2018年中国债券市场研究回眸

图 5-18-1　美债利率的长期下行通道和中债利率的箱体横盘通道

资料来源：万得资讯（Wind）。

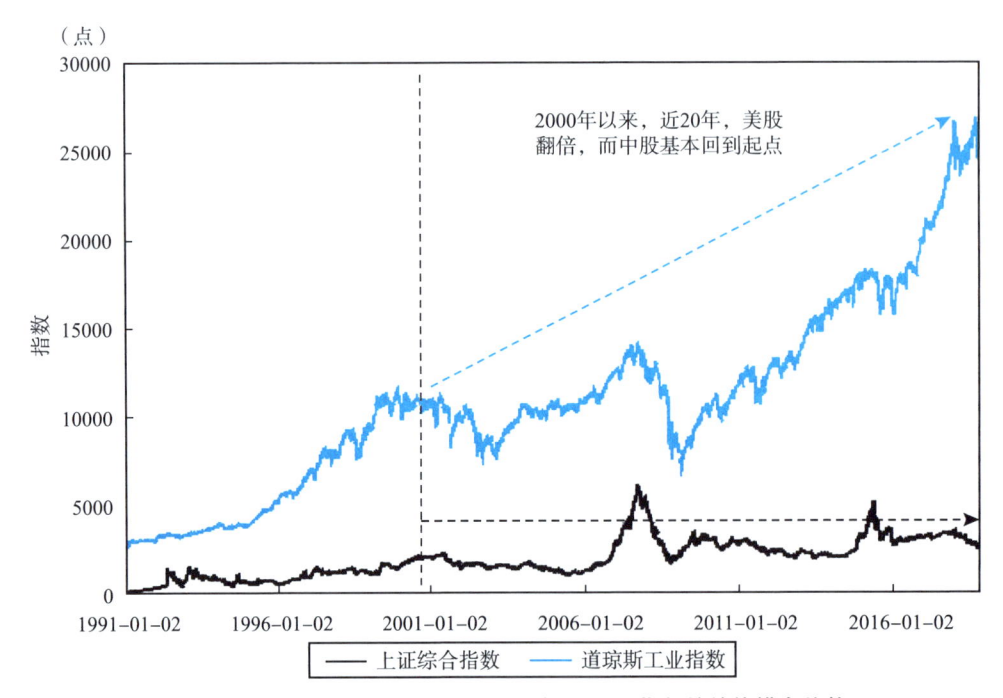

图 5-18-2　美股指数的长期上行态势和A股指数的箱体横盘趋势

资料来源：万得资讯（Wind）。

从中、美两国资本市场比较来看，可以看出美国资本市场从长周期维度来看，确实走出了"股债双牛"的趋势性，而中国资本市场则基本维持在"箱体魔咒"中震荡。

从长周期的时间维度来看，这根本无法用短期分析框架中的名义经济增速或信用需求变化等因素来解释，事实上在对标比较的这 20～30 年时期内，中国的名义 GDP 增速始终高于美国（中国平均名义 GDP 增速在 10% 附近，美国同期名义 GDP 增速只维持在 4%～5% 之间），在形态变化上也没有呈现一路下行的态势。

从长周期的时间维度来看，这也无法用政策因素来解释，在对标比较的时期内，美国的货币政策基准利率（联邦基金目标利率）始终围绕 2.20% 在反复震荡，中国的货币市场基准利率（用银行间市场回购利率作为替代指标）始终围绕 2.70% 反复震荡。政策从长期维度来看都将趋于中性收敛，这是实际情况，既然中性收敛，那么一定无法解释美国市场的趋势双牛和中国市场的箱体魔咒。

那么是什么原因来解释两个资本市场的差异呢？从宏观经济解释框架来看，众所周知，短期经济分析框架是从三大需求入手，从需求侧入手，典型代表就是凯恩斯经济学；而长期经济分析框架是从生产要素入手，从供给侧入手，典型代表就是索洛模型。

从经济增长理论来看，长期经济增长并非是由投资、消费、外需等需求端因素影响，而是受四类要素的约束与驱动：资本、人口（劳动力）、技术、组织管理制度。

这四类因素均从供给侧发力，而并非需求侧因素。每类生产要素都有自己的价格，而每类生产要素的价格又是由供需所决定。

例如，人口（劳动力）要素的价格可以表述为工资，是受到人才市场企业需求和劳动力人口供应所决定；技术要素的价格可以表述为技术服务费、技术专利费、技术诀窍费、技术设备费以及使用技术进行生产活动的提成费等；资本要素的价格可以表述为利息；组织管理要素的价格可以表述为利润。

2015～2016 年时期，市场热议"零利率"时期的一个基本逻辑是伴随人口（劳动力）的减少或少增，中国的长期经济增长将处于回落过程，因此经济回落必然导致利率下行。

这种逻辑曾风靡一时，但是仔细想似乎是有一些逻辑上的漏洞的，人口（劳动力）的减少会导致长期经济增速下行，这假设是合理的，但是将长期经济增速下行与利率下行相连接，事实上是又回归到了短期利率驱动框架的范畴内。即上述逻辑是将长期增长逻辑和短期利率驱动框架相互掺杂，得出了利率下行的结论，这存在着长期逻辑和短期逻辑无法融合自洽的风险。

从长期经济的生产要素而言，利息率是资本生产要素的价格，研究长期维度中利率的变化趋势，研究的就是长周期维度中对资本这类生产要素的供需情况，在假定资本供给不变化的情况下，经济发展中如果过于依赖资本扩张，那么则意味着对资本的需求程度很强，那么资本的价格将面临高涨，即利率不断走高。这就是典型的资本密集型经济体的特征。反之，如果经济发展并不过度依赖于资本要素，而是依赖于技术要素，那么这个经济体的特征就是技术密集型的经济体，其资本要素的价格（利率）则会不断降低，但是其技术要素的价格（技术服务费、技术专利费、高技术人才的工资等）则会不断走高。

因此，在经济发展中着重于依赖哪类生产要素，则该类生产要素的价格会相应走高，反之则会相应走低。

这就是从长周期维度看待利率趋势的最主要逻辑线条，即研究"资本"这类生产要素在经济增长中的供需状况，特别是关注对其需求的程度变化。

第十九章

中美两国长期经济驱动要素的变化

解释利率短周期的变化从着眼于短期经济分析的框架出发,从需求角度出发。解释利率长周期的变化则需要从长期经济分析的框架出发,从生产要素端角度出发。短周期所涵盖的时间维度在2~3年以内,长周期所涵盖的时间维度则在5~10年以上。笔者倾向用不同的分析框架来理解不同时间周期的利率变化。

从生产要素入手来分析驱动长期经济增长的动力,理解每一个经济体的生产要素特征,从而会有助于理解每个经济体利率变化的趋势性。

每个经济体的资本市场是该经济体特征的最显性反映。笔者采用如下一份统计资料来显现美国核心产业的变化,从而反映其经济结果以及经济属性的变化历程。

在1917~2017年的100年时间中,美国十大顶级公司(市值排名最大的十家企业)所分布的行业类型经过了以下三个阶段的变化,如图5-19-1所示。

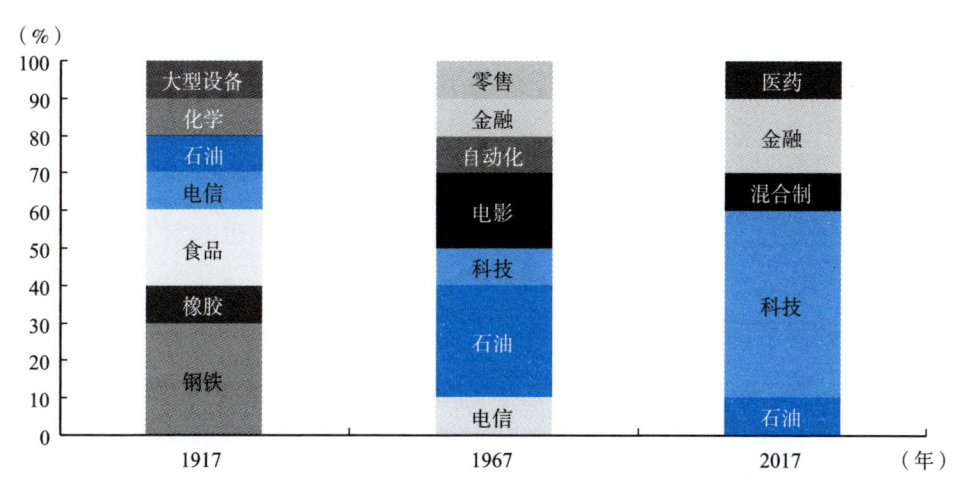

图5-19-1 美国资本市场"龙头"行业的变迁(1917~2017年)

资料来源:极客公园,全球技术地图。

从图 5-19-1 可以看到，以 20~30 年时期为一个基本划分维度，第一个 20~30 年内，美国十大顶级企业分布如上，当时市值权重最大的行业是钢铁行业；第二个 20~30 年内，美国资本市场中市值权重最大的行业是石油行业；而第三个 20~30 年内，美国资本市场中市值权重最大的行业是科技行业。

这意味着美国经济中核心产业的变迁过程，从起初的钢铁时代，进入到石油时代，直至最近若干年进入到科技时代。

这至少说明了两个现象：

（1）美国经济的核心产业在不断地变迁中，也即意味着美国经济的"龙头"产业在不断切换。

（2）美国核心产业的切换是从重资本型走入高科技型。无论是钢铁还是石油，均对于资本生产要素的需求依赖度很高，而科技行业则不然，主要依赖于技术生产要素，相比而言，资本这类生产要素的重要程度开始降低。

第一个现象在很大程度上可以解释美股的趋势上行。当资本市场的驱动不再是长期单一核心行业驱动，而是不断有新的核心产业更迭，为资本市场切换出新的"龙头"，那么其股票市场的指数是不断地在"龙头"切换中展开新的上涨，因此会呈现出趋势性上涨的态势。

第二个现象在很大程度上可以解释美国利率的趋势性下行。当经济体严重依赖于重资本行业驱动经济增长时，其对于资本的渴求程度会强化，对于资本的需求度会居于高位，资本这类生产要素的价格就会居于高位，即利率居于高位。当经济体的增长驱动由资本驱动向科技驱动转型时，科学技术这类生产要素的需求度会显著提高，而对于资本的渴求程度会因此降低，因此会体现为技术费用不断走高，但是资本的价格——利率会进入下行阶段。美国经济中核心产业从重资本型转型到了高科技型，在很大程度上造成了利率的趋势下行。

而对于中国而言，其资本市场中"龙头"公司的行业分布也基本上反映着中国经济体核心产业的构成。由于中国资本市场的历史周期并不很长，从 1998 年开始统计，笔者梳理了市值最大的前 20 家企业，来看这些龙头企业所涉及分布的行业，以 1998 年、2008 年、2018 年三个横断面来进行比较，如表 5-19-1 所示。

可以清楚地看到，1998 年时期，前 20 大市值公司分布行业较为均衡，其中能源业、信息技术业、材料业各有 3 家。

至 2008 年再进行统计时却发现，前 20 大市值公司的行业分布出现了极大的变化。金融业一支独大，竟然占据了 20 席中的半壁江山，而信息技术行业则完全退出了市值前列。

表 5-19-1　中国资本市场市值前列"龙头"公司的个数变迁（1998~2018 年）　　单位：家

年份	市值前 20 家公司所涉及行业										
	金融业	能源	日常消费	公用事业	可选消费	房地产	工业	电信服务	信息技术	材料	合计
1998	1	3	2	2	2	2	2	0	3	3	20
2008	10	4	1	1	0	0	3	1	0	0	20
2018	12	3	1	1	2	1	0	0	0	0	20

资料来源：万得资讯（Wind）。

2018 年再进行统计时，结构依然，金融业的一支独大局面进一步巩固，前 20 大市值公司中竟然占据了 12 席，信息技术业依然无企业入围。

以 10 年为一个统计维度，采用横断面统计，虽然没有时间序列上的连续性，但是基本反映出中国资本市场龙头产业的变迁过程，也反映着中国经济体的产业导向特征，如图 5-19-2 所示。

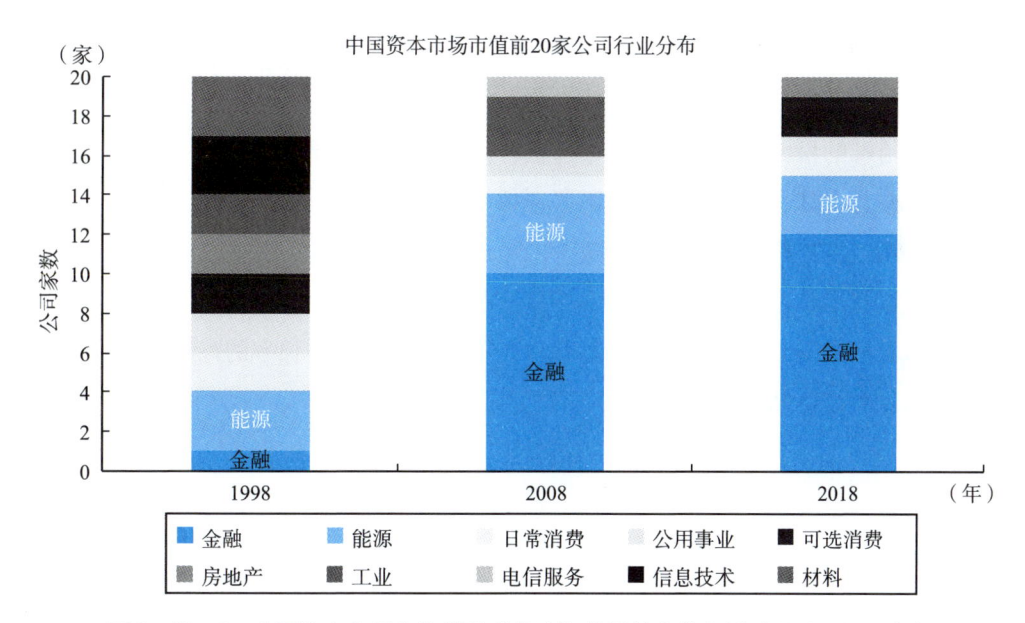

图 5-19-2　中国资本市场市值前列"龙头"公司的个数变迁（1998~2018 年）

资料来源：万得资讯（Wind）。

20 年时间中，中国的产业龙头基本集中在两个行业中，其一是能源产业，其二是金融产业。能源产业是重资本行业无可厚非，金融行业的主体是商业银行，商业银行并不从属于实体经济产业，那么其对应的是什么属性的实体行业呢？

众所周知，中国商业银行资产扩张、市值膨大的基础是商业银行资产规模的壮大，而其资产规模壮大的背后是其抵押品规模的膨大，商业银行的主体抵押品是土地，从这一角度来看，金融业壮大即为土地经济蓬勃的表象反映。

这样，中国的产业"龙头"在过去20年时期内集中在能源、土地经济等领域，而且历经20年并没有发生过切换，反而这两大"龙头"产业的地位继续巩固提高。

这至少也说明了两个现象：

（1）近20年时间维度中，中国的产业"龙头"或称核心产业没有经历过切换，始终以能源行业和土地经济为基本特征，特别是后者，其核心地位反而在不断壮大；

（2）无论是能源行业还是土地经济，其本质都是重资本行业，这类行业的发展与壮大脱离不了对资本这类生产要素的需求，因此整体经济结构依然是资本驱动型。

当长达20年周期的经济核心产业没有发生切换，那么股票市场指数的变化就是主要由单一的核心产业周期起伏来决定，单一的核心产业周期总是有起有落的，因此股票市场指数也就周期起伏，脱离不了箱体魔咒的宿命，难以呈现趋势性走向。

当经济构成始终为资本密集型，严重依赖于资本驱动时，会发现整体市场对于资本的渴求程度始终居高不下，那么资本这类生产要素的价格自然居高难下，短期内依赖于货币政策供给端的松紧变化会导致利率起伏，但是由于需求始终旺盛，所以难以出现趋势性下行的态势，其利率走势也脱离不了箱体魔咒的宿命。

这就是从经济结构以及其内在所蕴含的生产要素角度来理解股指、利率的趋势性特征，从而可以看出转型对于整体金融市场具有重要的作用。

因此从长期来看，金融市场的趋势变化并不取决于经济增长率的高低，而更取决于经济增长质量和经济结构的变迁。

| 第二十章 |

中国经济的转型之路

2012~2013年以来,中国政府提出了转型的目标,即从投资驱动向消费驱动转型,从第二产业向第三产业转型。这一目标方向事实上是非常有利于利率的趋势性下行的,因为其代表的内在实质就是从重资本型向轻资本型的转化。

笔者始终认为,看多债券市场短期内是以看空经济为依据的,但是在中长期维度来看,则是以看多经济转型为依据的。美国的利率处于下行通道达30年,这难道是意味着美国经历了30年时间的经济下行和衰退?这很难想象,显然不是。

当中国走入经济转型,实质上需要转变的是以土地经济为代表的经济模式。土地经济的典型代表是房地产行业,但是还应该包括围绕土地而展开融资的地方政府、平台企业等部门的经济活动。

以房地产行业为分析重点,房地产行业自1998年启动发展以来,历经20年时间,其对于经济的作用也逐渐发生了改变。

1. 对经济的贡献率出现了弱化迹象

从1998~2008年的20年时间中,房地产行业对于GDP的拉动效应出现了弱化迹象,如图5-20-1所示。

可以清晰地看出,1998~2007年这十年中,房地产业对于GDP增速的拉动效应不断增强。但是以2008年金融危机为分界,2009~2018年这10年时期中,房地产业对于GDP累计同比的拉动效应明显走低。但是,与此同时房地产业从金融系统中摄取资本的比重却没有降低过,房地产贷款占据总信贷投放量的比重逐年攀升,目前已经接近30%。也就是意味着最近10年时期中,房地产行业不断加大对金融资本的摄取,但是对于宏观GDP的拉动率却没有再现提高,这反映出房地产行业的宏观拉动效率在弱化。

见微知著,房地产业与GDP的关系也会映射在宏观经济领域。很多读者都会提出这样一个问题,为什么最近10年以来,中国的GDP增速从10%附近跌至目前的6%,增速水平几乎"腰斩",但是中国的利率水平没有见到明显的趋势性回落?实际利率水平也没有见到有效降低？如图 5-20-2 所示。

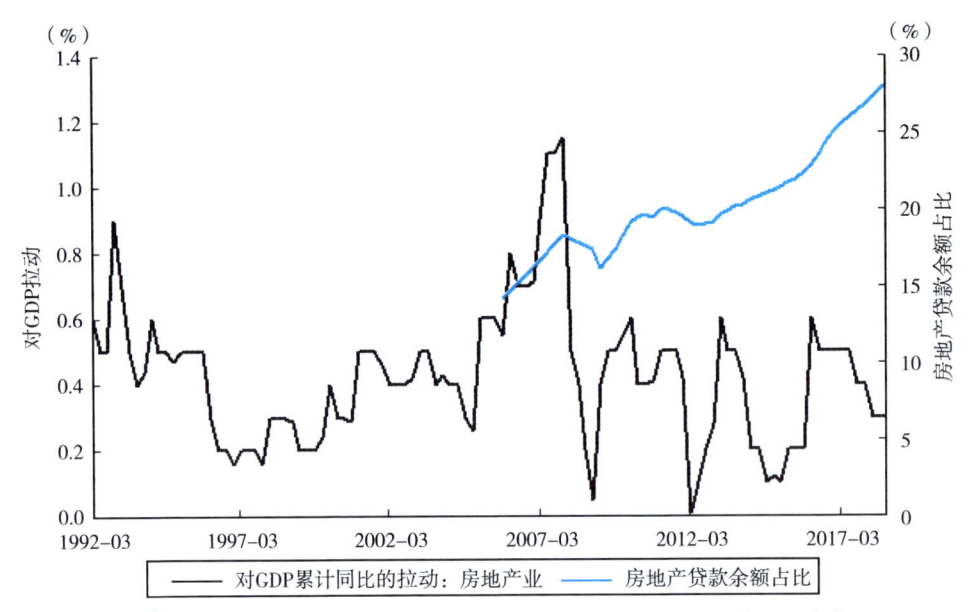

图 5-20-1　房地产业对于宏观的拉动效率以及其融资需求的强弱变化

资料来源：万得资讯（Wind）。

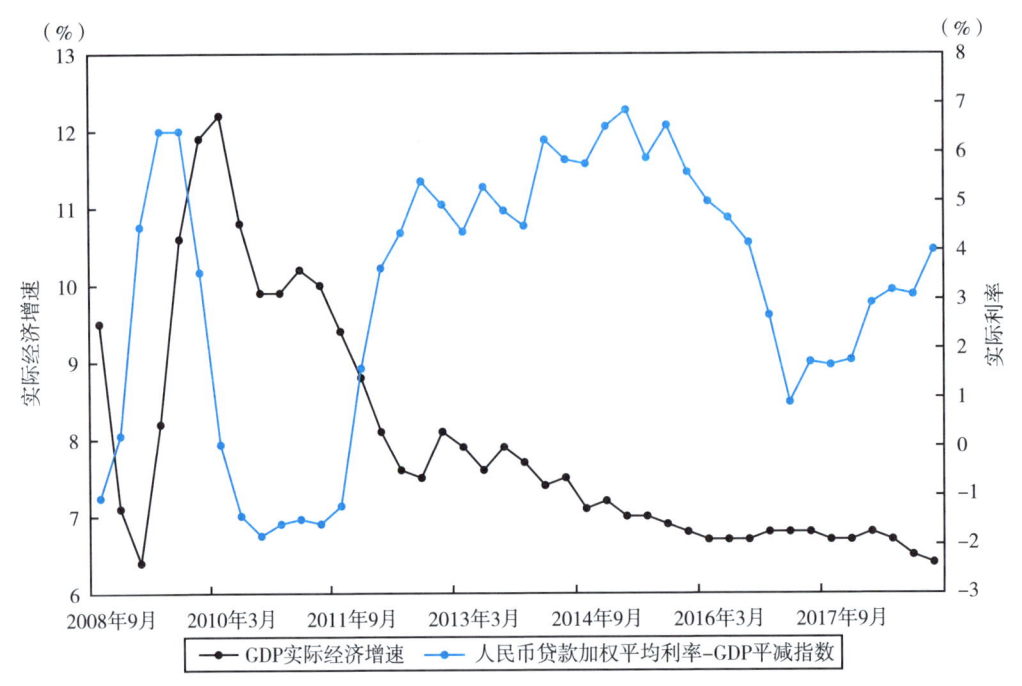

图 5-20-2　GDP 实际增速变化趋势与中国实际利率变化趋势显著背离

资料来源：万得资讯（Wind）。

这在很大程度上反映的就是，经济活动（房地产业活动是一个典型代表）不断地摄取金融资本，且对资本的需求程度在不断地加大，但是由于部分经济活动的宏观拉动效率在不断降低，只能导致"花费着越来越多的钱，但是办成了越来越少的事情"。

拉长周期来看，利率与社会对资本的需求程度密切相关，而与经济增长速度并无逻辑上的直接相关性，所以造成了这种现象：经济增速的下行没有出现"必然"的利率下行，甚至实际利率下行。

2. 房地产行业的回报率构成了事实上的"无风险回报率"

这是在最近 10 年时间以来，房地产行业对其他经济活动产生"挤出效应"的一个范例。

如果将投资活动分为四类，依次是实业投资、股票投资、债券投资、房地产投资。每类投资活动都会有自己的平均回报率和波动率，从而构成该类投资的夏普比率。

在表 5-20-1 中显示了最近十几年时间以来，四类投资活动的年均回报情况。

表 5-20-1　　　　　　　　四类投资的年回报率变化　　　　　　　　单位：%

项目	工业企业主营业务收入利润率	上证综指回报率	中债综合指数回报率	房地产指数回报率
2004 年	6.04	-15.40	-0.01	15.04
2005 年	5.87	-8.33	9.80	16.72
2006 年	6.09	130.43	2.88	6.29
2007 年	6.47	96.66	-0.80	14.77
2008 年	5.48	-65.39	11.87	-1.65
2009 年	5.46	79.98	-0.32	23.18
2010 年	6.22	-14.31	2.05	7.50
2011 年	6.47	-21.68	5.33	6.46
2012 年	6.07	3.17	3.60	8.10
2013 年	6.11	-6.75	-0.47	7.70
2014 年	5.91	52.87	10.34	1.39
2015 年	5.76	9.41	8.15	7.41
2016 年	5.97	-12.31	1.85	10.06
2017 年	6.46	6.56	0.24	5.56
平均回报率	6.03	16.78	3.89	9.18

资料来源：万得资讯（Wind）。

十几年以来，回报率最高的并非房地产投资，但是考虑到其波动率，夏普比率最高的投资活动却是房地产投资（指购买房屋的经济活动）。

在经济分析中，人们常常提及"无风险利率"的概念，而通常也会把债券收益率作为无风险利率来对待。

而笔者认为无风险利率并没有"天生"定位于债券利率的属性。既然是强调"无风险"，那必然是波动率最小的那类资产所代表的回报率，事实上最近若干年以来，由于房地产价格只涨不跌，波动率甚至低于债券，成为夏普比率最高的一类资产，因此在前几年时间中将房地产投资回报率作为中国现实中的"无风险利率"也是具有实践意义上的合理性。

这种过高的"无风险利率"必然导致了社会中的大量资金涌入，对于其他行业或领域产生了"挤出效应"，对于实业经济投资、股票投资以及债券投资行为都产生了负面冲击。

因此从上述两个角度来看，房地产活动在最近若干年时间以来对于宏观经济活动的影响是负面效应逐渐显现，转型改革这一问题的方式方法即应该解决上述两个问题：（1）过多地从金融体系中摄取金融资本；（2）过于稳定的房价上涨预期。

既然宏观拉动效应弱化，那么其就应该降低其摄取金融资本的比重；如果其稳定的房价上涨预期被打破，强化了房价变化幅度的波动率，也就弱化了其作为"隐形无风险利率"的身份，对于其他经济活动的"挤出效应"也会弱化下来。

总体来看，如果以房地产行业为典型案例，推广到宏观领域，可以看出从长期维度来看，决定利率长期趋势的力量并非是 GDP 的"读数"或水平，而是经济结构。

当经济结构从重资本转向轻资本（高科技）时，所有经济活动对于资本的需求量降低，必然会带来利率的趋势性回落，会打破中国利率的"箱体魔咒"。

2012~2013 年以来，中国经济就是走在这样一个既定目标的路途中。从贡献率角度来看，科技部门对于经济的贡献率不断走高，而代表重资本的房地产业对于经济的贡献率不断降低，形成了良好的开端，见图 5-20-3。

伴随着这一"剪刀差"的扩大，也就意味着经济结构在不断地优化中，也必然对应着对资本渴求程度在弱化，利率的中枢也就会出现下移。

最后提示读者注意的是，上述分析都是站在长周期维度来看的，所谓经济结构的变迁以及利率中枢的变化都不会是一蹴而就的，是一种度过漫长周期后，回首而见的惊奇与感叹。

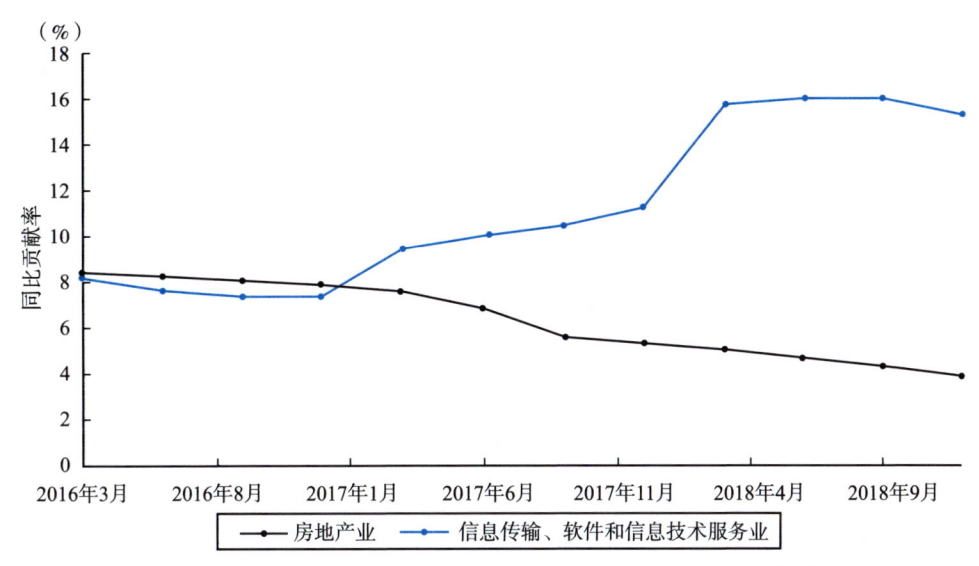

图 5-20-3　房地产业、科技行业对 GDP 的贡献率呈现"剪刀差"放大局面

资料来源：万得资讯（Wind）。

第六篇

五轮牛熊转折的特征与比较

2002~2018年共计17年中，中国债券市场合计出现过五轮（10次）典型的牛熊周期，分别是：

(1) 2003年9月~2004年11月（熊）；

(2) 2004年12月~2006年3月（牛）；

(3) 2007年1月~2008年8月（熊）；

(4) 2008年8月~2009年1月（牛）；

(5) 2010年8月~2011年8月（熊）；

(6) 2011年9月~2012年7月（牛）；

(7) 2013年5月~2013年11月（熊）；

(8) 2014年1月~2016年10月（牛）；

(9) 2016年11月~2018年1月（熊）；

(10) 2018年1月~2019年1月（牛）。

这五轮10次市场变化之所以划分为牛熊，是因为利率在此时期的变化幅度都接近或超过了100个基点。

事实上2009年1月~2010年9月期间，利率波动幅度也近100个基点，但是由于波动较为频繁，在此处分析中被笔者略过了。见图6-0-1。

在本部分内容中，笔者想回顾的是，在每一次牛熊转折时期，究竟出现了哪些变化的信号，主要是在基本面、政策面，有没有一些共性的信号出现提示着市场的转折。

当然，这种回顾是站在历史的后视镜角度展开的，从事后回顾来看，信号一定是清晰的，处于事中，则往往会对某些信号置若罔闻，因此需要更加关注具有共性特征的信号。

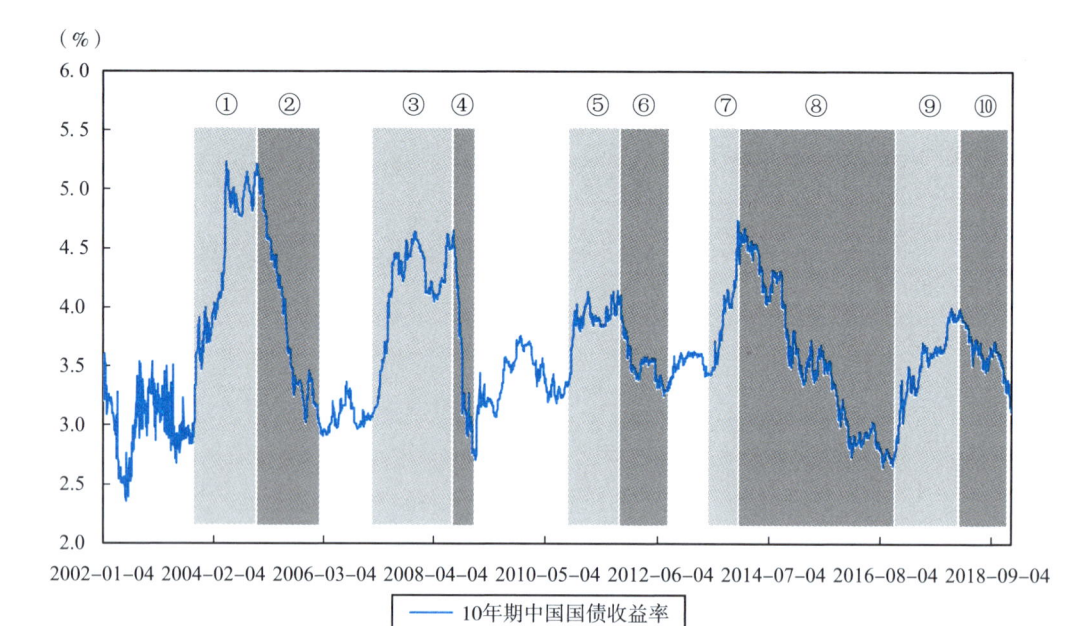

投资交易笔记（三）
2016~2018年中国债券市场研究回眸

图 6-0-1 2002~2018 年中国债券市场的五轮牛熊周期

资料来源：万得资讯（Wind）。

| 第二十一章 |

"牛→熊"拐点之回溯

本章内容主要回顾和总结历史上的五次"牛→熊"转折的时期,从本篇开篇的图 6-0-1 来看,分别对应着 1、3、5、7、9 这五个时期。

一、2003 年 9 月~2004 年 11 月

2002~2018 年期间,以利率上行超过 100 个基点,且具有连续趋势回升特征为划分标准,共计出现了 5 次大型熊市,对应于图 6-0-1 中的 1、3、5、7、9。

2003 年 9 月~2004 年 11 月期间的熊市持续了 15 个月,10 年期国债利率从 2.80% 附近一路上冲至 5.20%~5.30%,上行幅度达到了 250 个基点,可谓惊人。

之所以出现如此惊人的变化幅度,是和中国债券市场第一次经历熊市密切相关的,可以说中国的交易员在此之前更多的是憧憬着通缩,充斥着日本化的思维、长期低利率的预期,没有经历过熊市的洗礼,也根本没有经历过货币政策紧缩的考验,因此在面临第一次大转折的时期,多多少少体现出过于恐慌的气氛和疯狂的行为。

从经济基本面角度来看,2002 年中开始,中国经济就走出了长期以来的通缩环境,CPI 指数增速在 2002 年 4~5 月份触及最低,并从 2003 年开始由负转正,而经济生产更是从 2002 年开始就一路上行(代表指标是规模以上工业增加值增速),即名义经济增速从 2002 年 4 月份后就一路走高。

这些基本面方面的转折要远发生在 2003 年 8~9 月份熊市起始点之前,但是由于人们长期处于通缩环境,对于积极出现的经济信号已然麻木,且货币政策依然保持宽松,投资者对于政策面宽松的信仰要远胜于对于基本面信号改善的担忧。

2002 年年中开始的基本面改善预期被 2003 年 3 月份以来意外的"非典"疫情所干扰,市场对于基本面预期重返悲观,这在未来的 2~3 个月时间中延续了"债牛"的氛围。

直至 2003 年 5 月底,世界卫生组织对于我国"非典疫情"解禁令发出,终结了市场对此突发事件冲击国内经济的担忧。从 6 月份开始,中国的名义经济增速重新返回到上行路径中。

从政策面角度来看，从 2003 年 5 月底以来频频发出了紧缩信号，比如，2003 年 5 月 27 日中央银行重新开启 1 年期票据发行；中国人民银行在 6 月 6 日发布月度金融统计报告，表示要进一步创造条件加大公开市场操作力度，并可能选择适当的时机调整存款准备金率；7 月 29 日，中央银行行长周小川在央行内部学习班上表示，要注意警惕通货膨胀的发生等等。

终于在 2003 年 8 月 23 日，中央银行宣布了法定存款准备金率的上调，正式拉开了货币政策紧缩之幕，从此开始，债券市场步入了漫漫熊途。

总结来看，以 2003 年 8～9 月份为熊市的起始点，基本面的改善从 2002 年 4 月份后就已经发生，受制于"非典"这一意外事件，在 2003 年 3～5 月发生了短暂中断，以 2003 年 5 月底世界卫生组织宣布我国"非典疫情"解禁令为标志，意味着基本面的警报解除，基本面拐点正式确立。

政策面基调的变化发生于 2003 年 5～6 月份，各类来自中国人民银行方面的基调均表达出对于紧缩政策的警告。最终于 8 月 23 日以法定准备金率的上调确立了货币政策紧缩周期的展开。

当然随后的时期中，CPI 飙升（从 1% 附近一路上冲到 5%），经济过热苗头显现，投资过热，终于造成了最大的一轮熊市展开。

二、2007 年 1 月～2008 年 8 月

2007 年 1 月～2008 年 8 月期间的熊市持续了 20 个月，10 年期国债利率从 3.0% 附近一路上冲至 4.60% 附近，上行幅度达到了 160 个基点。

2006 年几乎一年时间中，债券市场已经步入了牛市后的盘整震荡环境，而且货币政策早早地出现了微调的迹象，政策的正式转向是在 2006 年 3～4 月份确立的，但是由于经济基本面的变化并没有给出明显的趋势性，债券市场也没有过度的受到货币政策基调由松至紧转变的冲击和影响，始终处于反复盘整状态。直至步入 2007 年，经济基本面向上突破平台区间，名义经济增长速度快速上行，这才导致了长达 20 个月的熊市正式展开。

从名义经济增长率角度衡量，2006 年全年来看，名义经济增速脱离了 2004 年底以来的持续下行态势，进入了一个弱势横盘的状态中（综合表现为：经济增速有所回落，但是通货膨胀率稳中有升），从单纯的名义增速变化很难判定经济的变化方向，这一横盘状态直至 2007 年开年才被打破，工业增加值水平转而上行，而 CPI 指数也是突破平台，显著上行，这才导致了经济名义增速突破平台，快速上行。

相比于经济基本面信号的不明确，政策面的变化倒是较为显著的。2016年3~4月，中央银行在公开市场中的中央银行票据发行利率出现了连续上调，并在4月28日正式宣布了上调贷款基准利率，这都显著预示了货币政策由松至紧。

客观来说，这轮由牛至熊的转折时期，货币政策面的信号发出更为领先一些，较早地发出了货币政策由松至紧的信号，但是由于经济基本面并没有发出有力的上行信号，利率长时期维持在了弱势横盘状态，因此债券市场并没有显现出过于显著的趋势性，更多是维持震荡盘整的态势，直至2007年开始，伴随增长和通胀数据的双双上行，才导致名义经济增速突破了平台，真正走入了大熊市过程中。

三、2010年8月~2011年8月

2010年8月~2011年8月期间的熊市持续了12个月，10年期国债利率从3.20%附近一路上冲至4.10%附近，上行幅度达到了90个基点。

如果严格追溯，2010年8月开始的大熊市更早起步苗头应该是在2009年，而也是在2009年7月份开始，以中央银行重启中央银行票据发行，并引导央行票据发行利率上行为标志，正式确立了货币政策由松到紧的转变。此后，政策层面一直在强调的是"管理通货膨胀预期"。

同时，2009年以来，中国的名义经济增速指标始终处于回升通道中，因此严格意义上说熊市的起点应该更早向2009年来追溯。

但是与2003年的"剧情"几乎相仿，2010年二季度发生的欧洲债务危机阶段性地终止了熊市的演进过程，形成了曲折的行情。

2010年4月份以来，欧洲债务危机愈演愈烈，从5月下旬开始，市场预期已经迅速从担忧经济过热转移到了担心经济的二次衰退。

甚至在2010年5月31日，温家宝总理访问日本东京期间也明确表示，全球经济稳定并开始回升，但经济复苏缓慢，还存在许多不确定和不稳定因素，各国必须密切观察形势，做好预防世界经济二次探底的准备。

这次危机确实造成了一些经济影响，2010年4~7月，中国的规模以上工业增加值增速出现了迅速回落，并带动了名义经济增速出现下行，这一局面阶段性的终止了始自2009年的债券熊市进程。

但是从2010年7~8月份开始，工业生产状况出现了些许企稳迹象，但是通货膨胀率却加速上行，CPI增速快速突破3%，急速走高。

终于由CPI快速上行而带动的中国名义经济增速走高，引发了经济过热、通货膨胀

的担忧，加速了货币政策紧缩的节奏，中央银行10月19日的意外加息政策导致了熊市行情的纵深化演进。

总体来看，2010年8月份开始的债券熊市是2009年熊市的演进，只不过在当年4~7月份由于欧洲债务危机的意外发生，而出现了短暂性中断，而伴随名义经济增速的再度企稳走高，熊市延续，且随后的货币政策紧缩进程也加速出现，造成了大型熊市的展开。

四、2013年5~11月

2013年5~11月期间的熊市持续了7个月，10年期国债利率从3.40%附近一路上冲至4.70%附近，上行幅度达到了130个基点。

与上述熊市类似，2013年5月份开始的大熊市也是2012年下半年利率上行的延续。从经济名义增速角度来看，2012年8月份创出了名义经济增速的最低水平，其后虽然略有改善，但是波动幅度有限，整体来看，并没有脱离平台震荡态势，直至2013年6月份后才突破该平台，出现了明显走高的态势。

而货币政策转向发生的更早一些，2012年7月份，公开市场中的逆回购操作利率出现了首度上调，也预示着货币政策基调正式从松转紧。

客观来说，2013年著名的"620钱荒"并非是货币政策针对经济基本面的行为，更多体现的是对无序攀升杠杆率的控制意图。在该事件发生之前，很难看到经济增长或通货膨胀明显回升的迹象，整体的名义经济增长率也是在一个下行后略显企稳的横盘状态中，但是金融数据却在此时期异常走强，社融以及M2增速不断走高，整体一季度中全市场热议的主题就是："经济冷，金融热"。这一因素成为"620钱荒"的主要触发因素。

但是"620钱荒"之后，从7月份开始，无论是工业增加值还是CPI增速都出现了回升态势，横盘达10个月的名义增长率终于脱离了盘整状态，CPI也阶段性的突破了3%，带动名义经济增速向上突破，基本面的改善进一步推动了利率的上行，最终促成了一轮巨大的熊市。

总体来看，2013年5月份展开的熊市是2012年下半年利率回升的一个增强趋势，名义经济增速的最低点发生在2012年8月份，其后的回升有波折，直至2013年7月份后，名义经济增速才突破了前期的盘整平台，持续走高。而货币政策的由松到紧更早的发生在2012年7月，但是强化收紧是以2013年"620钱荒"事件为标志。

五、2016年11月~2018年1月

2016年11月~2018年1月期间的熊市持续了15个月，10年期国债利率从2.70%

附近一路上冲至 4.00% 附近，上行幅度达到了 130 个基点。

从事后反思来看，2014 年以来的这轮名义经济增速下行的最低点发生在 2015 年 10 月份，其后，名义经济增速再没有走低，而是维持一个小幅改善的态势，但是由于改善幅度有限，再叠加以 2015 年下半年以来的连续三轮"股灾"冲击的影响，债券市场由此额外获得了长达一年的"牛市续命时期"。

货币政策并没有显著的发出由松至紧的信号指示，但是从市场层面却发现了货币市场利率的波动性在显著增强，长期稳定低位的货币市场回购利率从 2016 年 9 月份开始波动加大，这从事后回顾来看，应该是货币政策转向生变的一个隐形信号。

而从经济名义增速角度看，在经过了 2016 年 4~8 月份近乎"水平波动"的 5 个月后，2016 年 9 月份的名义经济增速脱离了这一平台而出现上行并持续。

货币政策转折的信号直至 2017 年 1 月份，以上调公开市场 MLF 利率的方式而正式发出，从此后，债券市场步入了一个大熊市过程中。

而这也是唯一一次居民消费价格指数 CPI 没有突破 3% 的背景下而展开的熊市，当然 PPI 成为这次的主力驱动指标，带动了整体通货膨胀率的走高。

回顾历史上这五轮牛熊转折时期，只是从前期发出的经济基本面信号和政策信号两个维度来进行反思，确实都显现出一定的前瞻指导意义。见图 6-21-1。

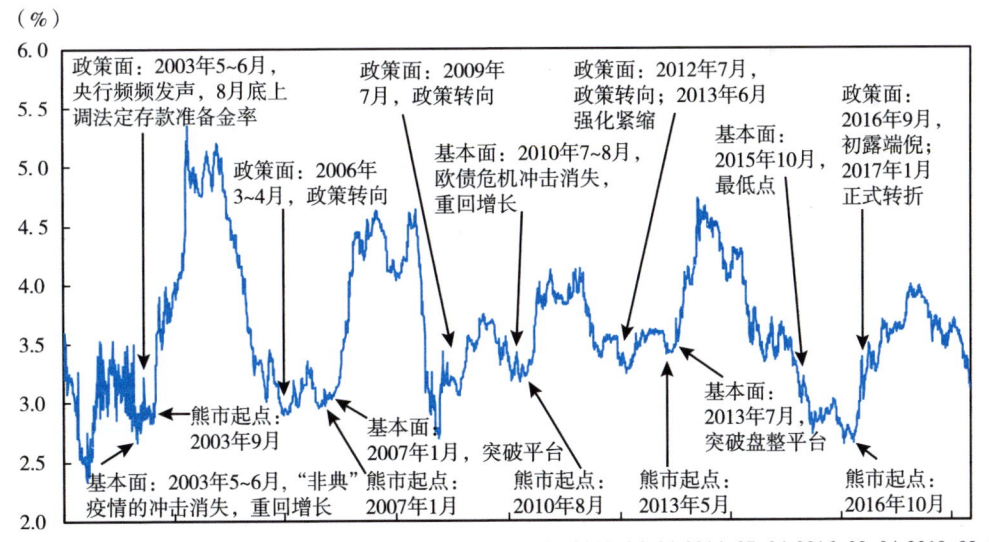

图 6-21-1　五轮"牛→熊"转折时期的基本面信号和政策面信号

资料来源：万得资讯（Wind）。

从债券市场"牛→熊"转换回顾的历史后视镜角度来看,有以下一些特征:

(1) 基本面的拐点和政策面的拐点基本都会发生在大熊市起点之前。

(2) 相比而言,基本面拐点更接近于牛熊拐点时期,而政策面转折点多数远早于牛熊折点。这在一定程度上反映出中国央行的鹰派色彩,但是2016~2017年这轮熊市货币政策的拐点却远晚于基本面拐点,这可能和2015~2016年的三轮"股灾"事件有关。

(3) 除去最后一轮熊市外,其他的债券熊市基本都会出现CPI增速上行破3.0%的现象。

(4) 从名义经济增速变化角度来看,其弹性越发降低,但是利率的波动性并没有显著收敛。

这五轮债券市场牛熊转折时期的主要参考指标和信息可以参考如表6-21-1所示。

表 6-21-1　五轮"牛→熊"转折时期的基本面重要指标变化

序号	熊市周期	持续时期	利率变化（%）	幅度（bp）	基本面拐点	政策面拐点	CPI 变化幅度（%）	PPI 变化幅度（%）	名义增长率变化（IP + 0.8×CPI + 0.2×PPI）（%）
1	2003 年 9 月～2004 年 11 月	15 个月	2.80→5.30	250	2003 年 5～6 月	2003 年 5～6 月	1.1→5.3	1.4→8.4	18→25
3	2007 年 1 月～2008 年 8 月	20 个月	3.00→4.60	160	2007 年 1 月	2006 年 3～4 月	2.5→8.5	3.0→10	22→30
5	2010 年 8 月～2011 年 8 月	12 个月	3.20→4.10	90	2010 年 7～8 月	2009 年 7 月	3.5→6.5	4.3→7.5	19.5→25.5
7	2013 年 5 月～2013 年 11 月	7 个月	3.40→4.70	130	2013 年 7 月	2012 年 7 月	2.0→3.2	-2.8→-1.3	11→13.7
9	2016 年 11 月～2018 年 1 月	15 个月	2.70→4.00	130	2015 年 10 月	2016 年 9 月	2.3→1.4	3.3→7.8	10.2→11.4

资料来源：万得资讯（Wind）。

| 第二十二章 |

"熊→牛"拐点之回溯

本章内容主要回顾、总结的是历史上五次"熊→牛"转折的时期,从本篇开篇的图6-0-1来看,分别对应着2、4、6、8、10这五个时期。

一、2004年12月~2006年3月

2004年12月~2006年3月期间的牛市持续了16个月,10年期国债利率从5.20%附近一路下行至2.90%,下行幅度达到了230个基点。

从基本面变化来看,真正的拐点发生在2004年10月份。名义经济增速在2004年9月份创出最高点,从10月份开始出现回落,特别是从11月份以来,当时市场的关注焦点指标——CPI从前期的5%以上快速回落到3%以内,也就是从10月份开始,经济基本面的拐点出现了。

但是较为奇特的是来自于货币政策面的变化,面对9月份经济数据创出新高,10月28日中国人民银行罕见的采用了加息政策。但仅仅法定存贷款利率上调一个月后(2004年11月下旬),中央银行在公开市场却采取了下调公开市场央行票据发行利率的行为。这正式宣告了货币政策取向由紧至松发生转变。

总体来看,始自2004年12月份的超级大牛市的来临是较为突然的,其后期的演进速度更是令人咋舌,从经济基本面角度来看,折点发生在10月份,但是10月份债券市场还意外的经历了法定存贷款利率的上调。从政策面角度来看,折点发生在11月下旬,距离上次加息不足月余。

随后时期中,伴随名义经济增速的持续回落以及货币政策的不断宽松,公开市场操作利率的不断下调,展开了长达16个月的大牛市行情。

二、2008年8月~2009年1月

2008年8月~2009年1月期间的牛市持续了6个月,10年期国债利率从4.60%附

近一路下行至2.70%，下行幅度达到了190个基点。

从事后很多回顾来看，人们经常将2008年下半年的债券牛市归因于美国次贷危机的影响，但是事实上这并不是真的。

如果单纯从美国次贷危机为线索来看，从2007年初开始，美国就出现了危机的苗头，伴随美国抵押贷款市场风险不断蔓延，从2007年8月份开始，美联储就展开了连续下调利率的措施，即美国的基本面下行和政策放松从2007年伊始就出现了。

但是与此同时，中国的基本面蒸蒸日上，政策面持续收缩，而如火如荼的"股牛债熊"行情愈演愈烈。

中国名义经济增速确实在2007年中一路高歌猛进，这一势头一直延续到2008年3月份，名义经济增长速度创出了最高点，2008年4月份中国的CPI增速创出最高点，但是PPI依然保持升势，直至2008年8月份。

从严格的数据观察来看，名义经济增速的高点出现在2008年3月份，但是随后的4、5月份虽有回落，但是幅度有限，从6月份开始，名义经济增速才显现出加速下行的迹象。

2008年二季度中国名义经济增速虽然呈现缓步回落特征，但是货币政策依然在收紧过程中，直至当年6月7日，中国人民银行还罕见地上调了1个百分点的法定存款准备金率。

伴随中国经济名义增速4、5、6、7、8月连续5个月的回落，终于在9月16日（中秋节期间），中央银行宣布了"双率齐降"政策，即贷款利率下调、法定存款准备金率下调，这才正式宣告了紧缩货币政策转向，货币政策宽松时期从此展开。

总体来看，始自2008年8月份的债券大牛市并不是那么意外而出现的，种种迹象事实上早有预示，名义经济增速的最高点出现在2008年3月份，从6月份开始呈现加速下行态势。但是唯独超乎市场投资者预期的是货币政策转向来得如此之晚，至2008年9月份才以"双率齐降"的方式宣告了货币政策方向的转换。

当然从事后各次的熊市尾端行情演变来看，中央银行货币政策取向由紧至松的转换总是"姗姗来迟"，这大概也反映了中国人民银行"骨子里鹰派"的特征。

三、2011年9月~2012年7月

2011年9月~2012年7月期间的牛市持续了11个月，10年期国债利率从4.10%附近一路下行至3.30%，下行幅度达到了80个基点。

从基本面角度来看，名义经济增速的最高点发生在2011年6月份，从7月份开始步入趋势性下行周期，从数据来看，2011年10月份进入加速下行态势中。

相比而言，当年的货币政策却依然表现为转换滞后特征，2011年8月下旬，中央

银行下发文件，要求将商业银行保证金存款纳入到存款准备金的缴存范围。粗略估算，保证金纳入存款准备金缴存范围，预计约冻结银行资金9000亿元，相当于3次上调银行业存款准备金率。从本质而言，这一举措还在强化货币政策的紧缩意味。

直至2011年11月份，中央银行才通过下调公开市场央行票据发行利率、下调法定存款准备金率等政策手段，宣告了货币政策基调正式由紧缩转为宽松。

总体来看，在本次熊牛转换过程中，基本面信息依然最早发出信号，2011年7月份构筑了下行的拐点，货币政策信号依然变换迟滞，直至2011年11月份才正式宣告了由紧至松的转换。市场拐点发生在基本面拐点和货币政策拐点之间。

四、2014年1月～2016年10月

2014年1月～2016年10月期间的债券牛市罕见地持续了30个月，10年期国债利率从4.60%附近一路下行至2.60%，下行幅度达到了200个基点。

从事后回顾来看，笔者始终认为本轮牛市的后期（2015年四季度以来）更多的驱动力是来自于2015年三轮"股灾"。

意想不到的三轮"股灾"事件导致了债券的牛市延长了将近一年的时间，如果从2015年四季度末算起，一直到2016年10月份，10年期国债利率从3.0%下行至2.60%，这40个基点的下行空间更多是受惠于货币政策的宽松，而这时期货币政策的宽松更可能是对于"股灾"后遗症的抚慰，而并非是完全从经济基本面的角度出发。

如果从经济基本面角度来看，本轮熊牛转换过程中，名义经济增速的最高点出现在2013年10月份，趋势性的拐点下行发生在11月份，而加速下行发生在2013年12月份。

但是从货币政策角度来看，直至2013年12月份中央银行还是处于持续紧缩的举措中，甚至在12月还酿成了第二轮"钱荒"。

2013年的12月份依然充满了恐慌气氛。首先12月1日（周末）证监会宣布重启IPO，这导致本已经紧张的资金面预期更为恐慌和不确定，而后从12月5日开始，中国人民银行却陆续停止了向市场注入资金的公开市场逆回购操作，资金面的紧张格局再度显现。

2013年12月18、19、20日三天，银行间资金市场异常紧张，货币市场回购利率再度逼近"620"时期，2013年的第二波"钱荒"袭来。

在这三天的第二波"钱荒"过程中，中央银行依然"矜持"的没有进行逆回购操作，反而以隐蔽的SLO操作来进行平抑，由于SLO操作的公开宣示效应远不如公开市场操作，导致了市场恐慌预期不减。

当然，本次钱荒的社会影响效应远不如"620"时期，但是给债券市场投资者心理

上还是以极大的压力。

而在 12 月 30、31 日两天，中央银行更是出乎意料"悄悄"地以定向模式展开了正回购操作（中央银行吸收资金的行为）。

货币政策的真正转换发生在 2014 年二季度。2014 年 4 月 16 日晚间的国务院常务会议宣布"适当降低县域农商行存款准备金率"，正式拉开了货币政策宽松的序幕，货币政策也正式从紧缩转入了宽松格局中。

总体来看，本轮熊牛转换中，基本面的拐点发生在 2013 年 11 月份，而货币政策正式由紧至松的转换时点则发生在 2014 年 4 月份，市场熊牛的转折点却发生在 2014 年 1 月份，更靠近于基本面拐点。

五、2018 年 1 月～2019 年 1 月

至本书写作时为止，尚无法确认这轮牛市终结，但是本内容回顾与总结的是熊牛转折时期的变化特征，因此上述时间定义并不影响考察重点。

2018 年 1 月份～2019 年 1 月份，债券牛市持续了 13 个月时间，10 年期国债利率从 4.0% 附近回落到 3.10% 附近，回落幅度为 90 个基点。

从经济基本面角度来看，2017 年下半年至 2018 年初，名义经济增速发出拐点的信号并不明确，如果单纯从名义经济增速来看，直至 2018 年 3 月份才出现了确定性的下行趋势拐点。

美林时钟在 2017～2018 年周期中被淡化，与当期的名义经济增速缺乏波动弹性是密切相关的。在供给侧改革、行业龙头企业聚集效应影响下，中国的经济增长数据也出现了口径调整的现象，这令利用经济增速来判断利率运行的传统方法变得异常困难，也令"货币+信用"风火轮的逻辑框架变成了市场关注焦点。

2018 年初的货币政策走向呈现较为微妙的变化，整体一季度中，货币市场流动性呈现出意外的宽松态势，一度令投资者莫名其妙，但是这并不足以构成货币政策由紧至松的正式转换信号。

2018 年 4 月 17 日，中国人民银行令全市场投资者意外地宣布：降低准备金率。这正式构成了货币政策基调由紧至松转换的信号。

从传统的实体经济数据来看，2018 年开年的实体经济增长数据相当不错，3 月 14 日发布的开年 1～2 月份合并经济增长数据，无论是投资增速还是工业增加值增速均表现为大超预期。但是自 2017 年 11 月份至今，连续 4 个月，信用扩张数据——社会融资总量增速却持续下行。

投资交易笔记（三）
2016~2018年中国债券市场研究回眸

"紧信用"与"强增长"并行，美林时钟与"货币+信用"风火轮相悖，何去何从，这是一个令当时的市场分析研究人员异常头疼的现象，直至后期，伴随经济增长统计数据口径调整被揭秘，这一矛盾方被解决。

如果从名义增速角度来看，拐点下行发生在2018年3月份，而货币政策由紧至松的拐点发生在2018年4月份，市场的拐点却早早领先于两者，发生在了2018年1月份。

回顾历史上这五轮"熊→牛"转折时期，从前期发出的经济基本面信号和政策信号两个维度来进行反思，多数都显现出了一定的前瞻指导意义。见图6-22-1。

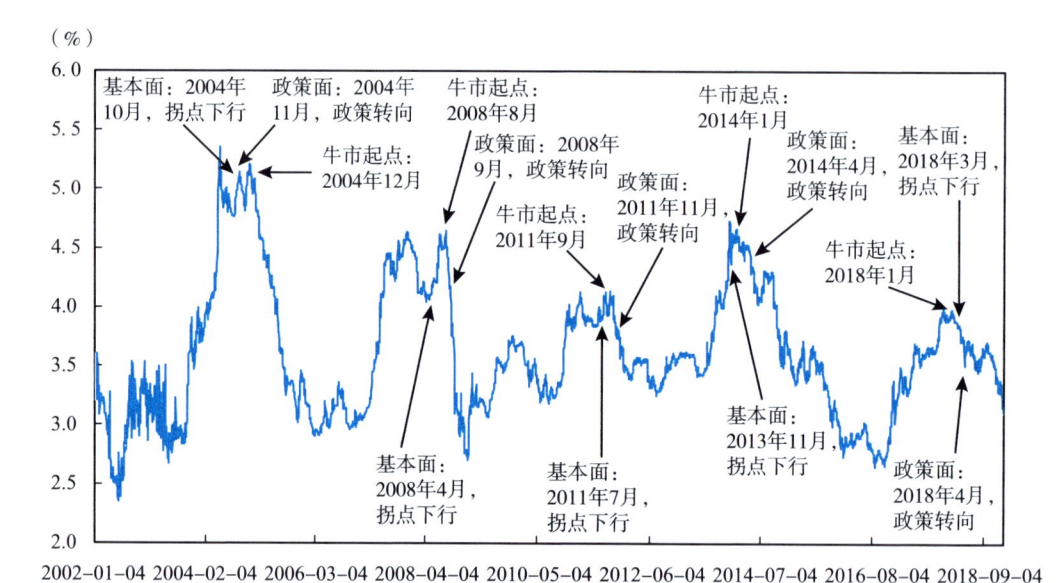

图6-22-1　五轮"熊→牛"转折时期的基本面信号和政策面信号

资料来源：万得资讯（Wind）。

从债券市场牛熊转换回顾的历史后视镜角度来看，有以下一些特征：

（1）经济基本面的拐点依然发生在熊牛转换时点之前，但是政策面折点却多数发生在市场熊牛转折时点之后。

（2）每次熊牛转换时期，基本面折点发生后，都出现了货币政策的最后冲击，很容易造成熊牛转换时期中"黎明前最黑暗的时期"。

（3）2017~2018年的熊牛转折阶段，经济基本面的表现是较为奇特的，这一时期也造成了市场投资者对"货币+信用"分析框架的关注和应用。

这五轮债券市场熊牛转折时期的主要参考指标和信息可以参考如表6-22-1所示。

表 6-22-1　五轮"熊→牛"转折时期的基本面重要指标变化

序号	牛市周期	持续时期	利率变化（%）	幅度（bp）	基本面拐点	政策面拐点	CPI变化幅度（%）	PPI变化幅度（%）	名义增长率变化（IP+0.8×CPI+0.2×PPI）（%）
2	2004年12月~2006年3月	16个月	5.20→2.90	230	2004年10月	2004年11月	5.0→1.0	8.0→3.0	26→19
4	2008年8月~2009年1月	6个月	4.60→2.70	190	2008年4月	2008年9月	8.0→0.0	10.0→-3.0	30→2.0
6	2011年9月~2012年7月	11个月	4.10→3.30	80	2011年7月	2011年11月	6.0→2.0	7.0~-3.0	25→10
8	2014年1月~2016年10月	30个月	4.60→2.60	200	2013年11月	2014年4月	3.0→1.0	-1.0→-6.0	13→5.0
10	2018年1月~2019年1月	13个月	4.00→3.10	90	2018年3月	2018年4月	2.5→1.5	6.0→0.0	11→7.0

资料来源：万得资讯（Wind）。

每一位投资者都希望掌握牛熊转换时期的信号特征，有的人希望从资金面的松紧变化中去感受，有的人希望从市场情绪起伏中感受，有的人希望从高频经济指标中去感受，还有的人希望从股票、大宗商品或海外市场变化中去感受，等等。

笔者认为，上述无论哪一种信号事实上都可以归结为基本面信号和政策面信号两大类，都是基本面和政策面两大类信号变化的衍生微观指标。

回顾十七年时间中的五轮10次牛熊周期，可以感受到如下一些基本规律：

（1）总体而言，基本面的拐点发生在先，市场拐点与政策面拐点都居于其后。

（2）市场拐点和政策面拐点先后并不一致。在牛熊转折时期，多数表现为政策面拐点领先于市场拐点；在熊牛转折时期，多数表现为市场拐点领先于政策面拐点。政策面拐点这种变化的不对称性特征，总体反映出中央银行的"鹰派"本质。

（3）以基本面拐点为信号，一般进行的是左侧操作，是一个相对合理的选择，但是很可能会经历大致3个月左右的"逆势煎熬"时期。

（4）以政策面拐点为信号，一般进行的是右侧操作，特别在熊牛转换过程中，一般也会错失3个月左右的"顺势"时期。

（5）政策面的拐点信号定义是参考"货币+信用"风火轮内容中对于货币政策松紧信号变化的定义。

（6）鉴于在实际市场运行中，货币政策的转换往往会出现"未雨绸缪的前兆性迹象"，如何从微观变化中提前感知、揣测政策大方向的转换是一个需要继续研究的课题。

| 第二十三章 |

其他金融资产是否可以领先变化于债券？

资产间相互印证是一个重要的工作，虽然笔者并不认同"以此资产之变化去预测彼资产之变化"的方法，但是并不排斥资产间相互印证是基本面分析外的一种有益补充，其作用有点类似于技术面分析。

在用两类资产价格比较过程中，由于是对历史数据的追溯和回顾，因此很容易犯一个先入为主的毛病。

例如 A 和 B 两类资产，以 A 的价格走势拐点来推测 B 的后续拐点。事实上，当 A 资产的价格初露拐点时，你根本无法预知这是一个大的拐点还是一个小的波动，如果其价格拐折变化的幅度不足够大，也根本无法预知这是否是一个趋势拐点，因此就更谈不上用这个小幅变化（也许是趋势折点，也许只是原趋势中的短期波动）去预判 B 资产价格的拐点了。

因此，笔者建议，如果单纯从数据实证比较角度去寻找 A 和 B 之间拐折点的先后关系，一定要确定所谓领先的那类资产价格变化幅度足够大，能近似确认拐折的方向。

第一节
利率与商品价格的比较

选取 10 年期国债利率和南华工业品指数为代表，观察两者价格趋势拐点的相关关系，形成图 6-23-1。

从大趋势可以看出，南华工业品指数和长期利率走势相关，但是在不少拐折点时期，事实上两者是几乎同时达到的，例如图 6-23-1 中的 a 点（南华工业品指数的折点）和 b 点（10 年期国债利率的折点）。

但是也确实可以发现有若干个时期，似乎出现了南华工业品指数领先于利率率先出现了折点，如示意图中的①②③。

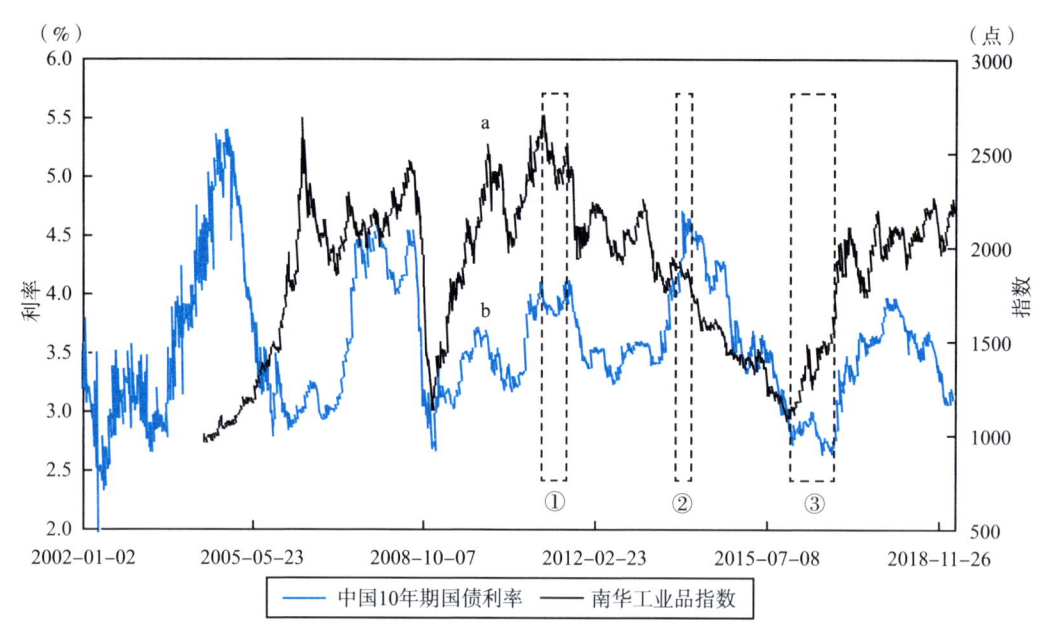

图6-23-1 利率与商品价格的比较

资料来源：万得资讯（Wind）。

第①时期（2011年2~9月）：南华工业品指数的最高点出现在2011年的2月初，大概在2700点附近，随后持续下行，运行到2011年9月中旬，已经回落到了2300点附近。从2月初到9月中旬，南华工业品指数下跌了7~8个月时间，累计下跌了约15%，应该说形成了较为明显的价格拐点。而从9月中旬开始，长期利率也触顶后展开始回落，应该可以说在这一过程中，南华工业品指数的价格折点领先于利率拐点，领先周期为7个月，领先下跌幅度已经达到了15%，形成了较为明显的先行折点信号。

第②时期（2013年9月~2014年1月）：南华工业品指数的高点出现在2013年9月初（有读者会质疑，为什么这个高点不追溯到前一个高点位置，因为笔者觉得前一个高点后的下行从变化节奏上更似乎对应于2013年1~5月份利率的回落阶段），指数高点在1950点附近，随后持续下行，运行到2014年1月初，已经回落到了1800点附近。从2013年9月初到2014年1月初，南华工业品指数累计下跌4个月，累计跌幅8%附近，也基本可以说形成了价格拐点。而从2014年1月初，长期利率开始触顶回落，应该说在这一过程中，南华工业品指数的价格拐点领先于利率拐点，领先周期为4个月，领先下跌幅度为7%~8%，形成了先行折点信号。

第③时期（2015年12月~2016年10月）：南华工业品指数的低点出现在2015年

12月中旬，指数低点为1100点附近，随后持续上行，运行到2016年10月中旬，已经上行到了1600点附近。从2015年12月中旬到2016年10月中旬，南华工业品指数累计上行了11个月，累计涨幅达到了45%，非常显著地形成了价格拐点。而从2016年10月中旬后，长期利率开始触底回升，应该说在这一过程中，南华工业品指数的价格拐点领先于利率拐点，领先周期为11个月，领先上涨幅度为45%，形成了非常鲜明的先行折点信号。

从事后追溯角度来看，这三次是较为显著的领先（南华工业品指数拐点领先于利率拐点）。南华工业品指数都以领先下跌或上涨至少8%以上的幅度来清晰地揭示了其价格的拐点，随后才迎来了利率拐点。

因此领先拐折的幅度变化是很重要的一个因素，但是领先的时差周期也是非常重要的一个因素。由于领先周期并不稳固，所以这种所谓的先行性意义很难运用在利率的实践交易中，只能看到折点，提高一些警惕性。

除此三次外，按照领先幅度和领先周期这两个审核要素，笔者尚未发现其他周期中，商品指数和利率指数出现了所谓的领先性，更多是表现为同步性。见表6-23-1。

表6-23-1　　　　南华工业品指数拐点领先于利率拐点的三次比较

序号	南华工业品指数拐点	拐折幅度（%）	拐折周期	利率拐点	简述
1	2011年2月	-15	7个月	2011年9月	有一定的相关性。商品指数的变化多领先或同步于利率
2	2013年9月	-8	4个月	2014年1月	
3	2015年12月	45	11个月	2016年10月	

资料来源：万得资讯（Wind）。

第二节
利率与股票指数的比较

选取10年期国债利率和沪深300股票指数为代表，观察两者价格趋势拐点的相关关系，形成图6-23-2。

2002年以来的17年中，如果剔除掉2013年下半年至2015年上半年（股债双熊、股债双牛时期），其他时期中确实呈现着非常显著的"股债跷跷板"效应，而且确实股票的拐点更多的会发生在债券利率拐点之前。

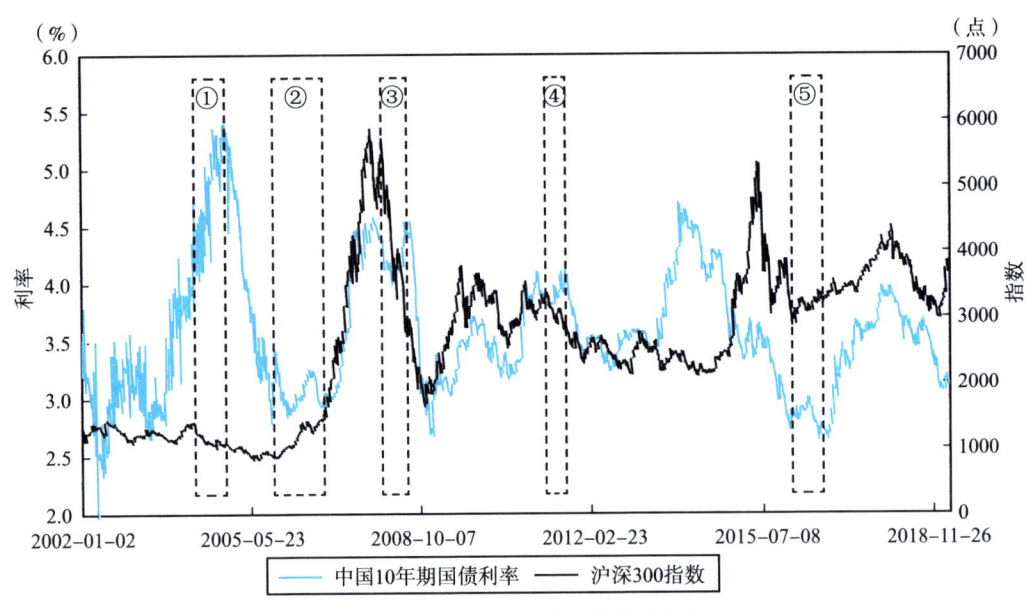

投资交易笔记（三）
2016~2018 年中国债券市场研究回眸

图 6-23-2　利率与股票指数的比较

资料来源：万得资讯（Wind）。

考虑到领先幅度和领先周期这两个要素，可以找到大概 5 个时期中，股对于债的领先性较为显著，分别如图 6-23-2 所示。

第①时期（2004 年 4~11 月）：沪深 300 股票指数的最高点出现在 2004 年的 4 月初，大概在 1400 点附近，随后持续下行，运行到 2004 年 11 月初，已经回落到了 1050 点附近。从 4 月初到 11 月初，沪深 300 指数已经累计下跌了 7 个月时间，累计下跌了 25%，应该说形成了较为明显的价格拐点。而从 11 月开始，长期利率也触顶后开始回落，应该可以说在这一过程中，股票指数的价格折点领先于利率拐点，领先周期为 7 个月，领先下跌幅度已经达到了 25%，形成了较为明显的先行折点信号。

第②时期（2005 年 12 月~2007 年 1 月）：沪深 300 股票指数的最低点出现在 2005 年的 12 月初，大概在 850 点附近，随后持续回升，运行到 2006 年 12 月底，已经涨至 2000 点附近。此期间，沪深 300 指数已经累计上涨了 12 个月时间，累计上涨了 135%，应该说形成了非常明显的价格拐点。同时期中，利率反复盘整震荡，从 2017 年 1 月开始，长期利率才正式突破上行，步入了熊市路径。应该可以说在这一过程中，股票指数的价格折点领先于利率拐点，领先周期为 12 个月，领先上涨幅度已经达到了 135%，形成了非常明显的先行折点信号。

第③时期（2008 年 1~8 月）：沪深 300 股票指数的最高点出现在 2008 年的 1 月初，

大概在 5700 点附近，随后持续回落，运行到 2008 年 8 月初，已经回落到 2400 点附近。此期间，沪深 300 指数已经累计下跌了 7 个月时间，累计下跌幅度达到了 60%，应该说形成了非常明显的价格拐点。同时期中，利率反复盘整震荡，从 2008 年 8 月开始，长期利率才正式突破下行，步入了牛市路径。应该可以说在这一过程中，股票指数的价格折点领先于利率拐点，领先周期为 7 个月，领先下跌幅度已经达到了 60%，形成了非常明显的先行折点信号。

第④时期（2011 年 4~9 月）：沪深 300 股票指数的最高点出现在 2011 年的 4 月初，大概在 3300 点附近，随后持续回落，运行到 2011 年 9 月初，已经回落到 2800 点附近。此期间，沪深 300 指数已经累计下跌了 5 个月时间，累计下跌幅度达到了 15%，应该说形成了较为明显的价格拐点。同时期中，利率依然走高，从 2011 年 9 月开始，长期利率才正式突破下行，步入了牛市路径。应该可以说在这一过程中，股票指数的价格折点领先于利率拐点，领先周期为 5 个月，领先下跌幅度为 15%，形成了较为明显的先行折点信号。

第⑤时期（2016 年 2~10 月）：沪深 300 股票指数的最低点出现在 2016 年的 2 月初，大概在 2900 点附近，随后持续回升，运行到 2016 年 10 月中旬，已经涨至 3300 点附近。此期间，沪深 300 指数已经累计上涨了 8 个月时间，累计上涨幅度达到了 14%，应该说形成了较为明显的价格拐点。同时期中，利率依然下行，从 2016 年 10 月开始，长期利率才正式突破上行，步入了熊市路径。应该可以说在这一过程中，股票指数的价格折点领先于利率拐点，领先周期为 8 个月，领先下跌幅度为 14%~15%，形成了较为明显的先行折点信号。

从上述比较中能够清晰地观察到，股票指数的变化确实更多地是领先或同步于债券市场的折点变化，领先周期分布在 5~12 个月，价格变化的领先幅度也分布在 15%~135% 之间。相比于商品，股票指数对于债券利率的拐点领先性更强一些。见表 6-23-2。

表 6-23-2　　　　股票指数拐点领先于利率拐点的五次比较

序号	股指拐点	拐折幅度（%）	拐折周期	利率拐点	简述
1	2004 年 4 月	-25	7 个月	2004 年 11 月	相关性很强。股指领先或同步于利率，2013 年下半年至 2015 年上半年时期例外（双熊或双牛）
2	2005 年 12 月	135	12 个月	2006 年 12 月	
3	2008 年 1 月	-60	7 个月	2008 年 8 月	
4	2011 年 4 月	-15	5 个月	2011 年 9 月	
5	2016 年 2 月	15	8 个月	2016 年 10 月	

资料来源：万得资讯（Wind）。

第三节
中国利率与美国利率的比较

相比于其他资产与利率的比较，中美利率之间的互相比较其实不值一提，但是鉴于市场对此具有较高的关注度，笔者在此部分也简单做一拐点比对。见图6-23-3。

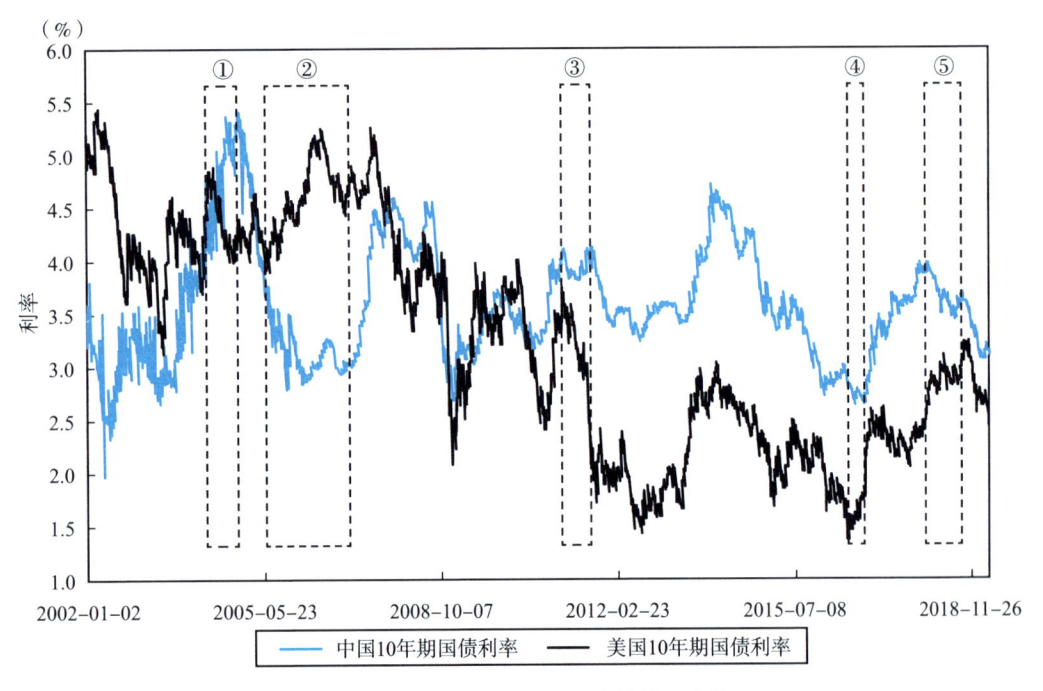

图6-23-3 中、美两国利率的关系比较

资料来源：万得资讯（Wind）。

2002~2018年期间，笔者选取了以上5个时期作为拐点领先的比对样本，其他时期从领先幅度以及领先周期角度来看，很难体现出领先性，更多为同步性关系。

第①时期（2004年6~11月）：美债利率的最高点出现在2004年的6月，大概在4.80%附近，随后持续回落，运行到2004年11月底，已经回落至4.10%附近。此期间，美债利率已经累计回落了6个月时间，累计回落了70个基点，应该说形成了较为明显的价格拐点。从2004年11月开始，中国利率才正式突破下行，步入了牛市路径。应该可以说在这一过程中，美债利率折点领先于中国利率拐点，领先周期为6个月，领先下跌幅度为70个基点，形成了较为明显的先行折点信号。

第②时期（2005年6月~2007年1月）：美债利率的最低点出现在2005年的6月，大概在4.00%附近，随后持续回升，运行到2006年12月底，已经回升至4.70%附近。此期间，美债利率已经累计回升了19个月时间，累计回升了70个基点，应该说形成了较为明显的价格拐点。从2007年1月开始，中国利率才正式突破上行，步入了熊市路径。应该可以说在这一过程中，美债利率折点领先于中国利率拐点，领先周期为19个月，领先回升幅度为70个基点，形成了较为明显的先行折点信号。

第③时期（2011年2~9月）：美债利率的最高点出现在2011年的2月，大概在3.70%附近，随后持续回落，运行到2011年8月底，已经回落至2.20%附近。此期间，美债利率已经累计回落了7个月时间，累计回落了150个基点，应该说形成了非常明显的价格拐点。从2011年11月开始，中国利率才正式突破下行，步入了牛市路径。应该可以说在这一过程中，美债利率折点领先于中国利率拐点，领先周期为7个月，领先回落幅度为150个基点，形成了非常明显的先行折点信号。

第④时期（2016年7~10月）：美债利率的最低点出现在2016年的7月，大概在1.30%附近，随后持续回升，运行到2016年10月，已经回升至1.80%附近。此期间，美债利率已经累计回升了3个月时间，累计回升了50个基点，应该说形成了一定的价格拐点意义。从2016年10月开始，中国利率才正式突破上行，步入了熊市路径。应该可以说在这一过程中，美债利率折点领先于中国利率拐点，领先周期为3个月，领先回升幅度为50个基点，形成了一定意义上的先行折点信号。

第⑤时期（2018年1~11月）：这次不同于以往，是中国利率领先于美国利率率先发出了拐点。在此期间，中国利率已经从4.00%附近回落了10个月时间，回落至3.50%附近。中国利率拐点领先于美国利率拐点约10个月，领先回落幅度约50个基点，形成了一定意义上的先行折点信号。

总体来看，以往美债拐点领先于中债拐点，但是也会出现中债拐点领先于美债拐点。何者领先，这与两国经济周期的非同步性以及政策的非同步性密切相关。见表6-23-3。

表 6-23-3　　美国利率拐点和中国利率拐点的五次比较

序号	领先品种	利率拐点	拐折幅度（bp）	拐折周期	利率拐点	简述
1	美债利率	2004 年 6 月	-70	6 个月	2004 年 11 月	有一定的相关性。美债利率多数领先中债利率，但是也有中债利率领先美债利率的情况
2	美债利率	2005 年 6 月	70	19 个月	2007 年 1 月	
3	美债利率	2011 年 2 月	-150	7 个月	2011 年 9 月	
4	美债利率	2016 年 7 月	50	3 个月	2016 年 10 月	
5	中债利率	2018 年 1 月	-50	10 个月	2018 年 11 月	

资料来源：万得资讯（Wind）。

相比于上述股票、商品与中国利率比较，美债与中债利率的比较更为困难，因为这毕竟是两个不同经济体之间的比较，而股票、商品以及中国利率都是植根于中国经济体内的比较，笔者更相信他们内在之间具有逻辑相关性，这种逻辑相关性要比中、美比较强得多。

从上述三者的比较结果来看，大致可以得出以下基本认识：

（1）如果从领先于中国利率的关系强弱角度看，笔者更倾向于"股票＞商品＞美债"的排序。

（2）单纯从股票和中国债券的关系看，除去 2013 年下半年至 2015 年上半年时期，两者具有很强的"跷跷板"效应，股票折点领先或同步于债券折点。如果从领先角度来看，领先幅度至少要达到 15% 以上的变化，领先周期在 5~12 个月。

（3）单纯从商品与中国债券的关系看，两者也具有一定的跷跷板效应，商品折点领先或同步于债券折点。如果从领先角度来看，领先幅度至少要达到 8% 以上的变化，领先周期在 4~11 个月。

（4）单纯从中债和美债的关系看，两者之间多数表现为同步变化关系，即便存在一些拐点领先时期，何者领先并不一致，但是从领先幅度来看，至少应该达到 50 个基点以上的变化。

（5）从实践运用角度来看，领先的幅度和领先的周期都是重要的观察因素。但是由于领先周期并不稳固，所以这种所谓的先行性意义很难运用在利率的实践交易中，只能是当你看到这种拐折点发生后，提高一些警惕性。

第七篇
漫谈与随笔

在本篇内容中,笔者将零零散散的一些知识点汇总于此,这些知识点是对于上述各种基本面分析框架的有机构成部分,但是又很难作为一个独立的体系而存在。供广大读者参考。

| 第二十四章 |

CPI 的构成及其权重调整对预测造成的干扰

2016~2018年三年中,都出现了一个有趣的现象,每年初各类分析机构都会对于当年的居民消费价格指数(CPI)做出预测,但是每到春节过后(3~4月份时期),就会出现集体性下调 CPI 预期的行为。

例如2016年初,市场分析机构对于 CPI 的预期出现了极大分歧。1月份 CPI 增速为1.8%,2月份 CPI 增速为2.3%,临近3月份 CPI 公布前夕(4月11日公布3月份 CPI 数据),市场主流预期在2.5%~2.6%,更有甚者预测到2.8%~3.0%,但是实际发布数据为2.3%。

2017年初,市场多数分析机构对于当年 CPI 的预期水平在2.0%以上,但是却发现实际运行中 CPI 屡屡低于预期,至4月份,不少机构开始下修当年 CPI 预期水平,最终却发现居民消费价格指数(CPI)实际运行水平只有1.5%。

2018年初,相似的故事上演,年初市场主流预期认为当年的 CPI 水平在2.3%~2.5%附近,结果至4月份开始又纷纷下修预期,调整为2.0%附近,最终全年居民消费价格指数实际运行值是2.1%。连续三年,相似的故事以相似的韵律在重复上演:年初高估,春节后下修。

诚然,这种预期值与实际运行值的偏差有宏观经济判断失误的原因,但是不可否认的是,另一个技术性的因素也构成了重要的影响。

即从2016年开始,国家统计局对于 CPI 构成因子以及各子项目的权重做出了一定的调整,这种调整打破了以往市场分析人士的经验框架,对于季节性变化的比较出现了较大的偏差,从而导致了预测水准的失常。

按照制度规划,国家统计局编制的居民消费价格指数(CPI)权重调整有"五年一大调、一年一小调"的基本原则。每五年进行一次基期轮换,前三轮基期分别为2000年、2005年和2010年,2016年则正好是"五年一大调"的时间。

每五年进行 CPI 基期轮换和权重构成调整是有其合理性的。伴随经济的进步与发展,居民的生活方式不断在发生新的变化,原来的 CPI 篮子已经不能很好、真实地反映居民的生活,其各个构成部分在居民消费支出中的比重也势必发生变化,因此每五年进行 CPI 篮子构成因素的调整以及对各个构成因素的权重进行调整是合乎情理的。

2016 年伊始做出的 CPI 调整,主要涉及两个技术性因素的改变:

(1) 对 CPI 的构成分类口径进行了重新调整;

(2) 对于构成 CPI 各个细项的权重进行了调整。

一、CPI 构成分类口径的调整

惯例意义上,经常将 CPI 划分为"CPI 的食品项目"和"CPI 的非食品项目"。2016 年之前,CPI 的食品项目由 16 个子项目构成,占据 CPI 整体权重约 33%,CPI 的非食品项目由 7 个子项目构成,占据 CPI 整体权重约 67%。其具体构成如表 7-24-1 所示。

表 7-24-1　　　　　　　　2016 年之前 CPI 构成分项

食品（权重 33%）	非食品（权重 67%）
1. 粮食	1. 烟酒及用品
2. 淀粉	2. 衣着
3. 干豆类及豆制品	3. 家庭设备用品及维修服务
4. 油脂	4. 医疗保健和个人用品
5. 肉禽及其制品	5. 交通和通信
6. 蛋	6. 娱乐教育文化用品及服务
7. 水产品	7. 居住
8. 菜	
9. 调味品	
10. 糖	
11. 茶及饮料	
12. 干鲜瓜果	
13. 糕点饼干	
14. 液体乳及乳制品	
15. 在外用膳食品	
16. 其他食品	

资料来源:万得资讯（Wind）。

2016年开始，国家统计局对CPI的如上归类进行了调整。为了方便表达，不妨将2016年之前的分类构成称为"老口径"，将2016年之后的分类构成称为"新口径"。

2016年国家统计局对原有分类进行了调整，首先将老口径食品项目构成中的"11. 茶及饮料""15. 在外用膳食品"调出食品项目，归并在非食品项目中，形成新的分类情况如表7-24-2所示。

表7-24-2　　　　　　　　　　2016年之后CPI构成分项

食品（权重20%）	非食品（权重80%）
1. 粮食	1. 烟酒及用品
2. 淀粉	2. 衣着
3. 干豆类及豆制品	3. 居住
4. 油脂	4. 生活用品及服务
5. 肉禽及其制品	5. 交通和通信
6. 蛋	6. 教育文化和娱乐
7. 水产品	7. 医疗保健
8. 菜	8. 其他用品和服务
9. 调味品	9. "11. 茶及饮料"
10. 糖	10. "15. 在外用膳食品"
11. 干鲜瓜果	
12. 糕点饼干	
13. 液体乳及乳制品	
14. 其他食品	

资料来源：万得资讯（Wind）。

读者可能会发现食品与非食品的权重也出现了较大幅度的调整，食品项目权重从33%一举降低到了20%，令人惊讶。但是，这实际上主要是由于挪出项目所导致的，原来存在于食品项目中的"11. 茶及饮料"以及"15. 在外用膳食品"，合计占据的权重就达到了7%以上。在不考虑其他子项目权重调整的情况下，新口径下的食品项目权重就要从原来的33%降低到26%附近，再考虑到国家统计局对于新口径食品项目中各个子项目的权重微调，因此CPI食品项目的权重调整只有5%~6%，是一个合理的调整幅度。

另外需要注意的是，老口径中的"11. 茶及饮料"和"15. 在外用膳食品"被调入了新分类中的非食品项目中,但是并不清楚这两项会被归并在非食品项 1~8 中的哪个项目中,因此笔者将这两项单列在非食品栏目中。

细心的读者可能还会发现,国家统计局在发布细项表时,还出现过一个"食品烟酒"项目,这实际上是国家统计局所做的另一种分类,划分为"食品烟酒类"与"非食品烟酒类"。前者不过是在老口径中的食品项目中加入了非食品项目中的"烟酒及用品"。

因此当前的 CPI 分类是如下两套体系:

(1)"食品"项目和"非食品"项目,前者权重为 20%,后者权重为 80%。具体表达即前述表 7-24-2 所显示。市场分析者更关注该种分类,利用该种分类的构成和权重来进行研究分析。

(2)"食品烟酒"和"非食品烟酒"项目,这种分类是 2016 年以来国家统计局的一种新型分类,目前在市场研究分析中,并不作为主要关注点。这种新型分类的构成如表 7-24-3 所示。

表 7-24-3　　　　　　　　2016 年之后 CPI 构成的"新型"分类

食品烟酒(权重约 30%)	非食品烟酒(权重约 70%)
1. 粮食	1. 衣着
2. 淀粉	2. 居住
3. 干豆类及豆制品	3. 生活用品及服务
4. 油脂	4. 交通和通信
5. 肉禽及其制品	5. 教育文化和娱乐
6. 蛋	6. 医疗保健
7. 水产品	7. 其他用品和服务
8. 菜	
9. 调味品	
10. 糖	
11. 干鲜瓜果	
12. 糕点饼干	
13. 液体乳及乳制品	
14. 其他食品	

续表

食品烟酒（权重约30%）	非食品烟酒（权重约70%）
15. 烟酒及用品	
16. "11. 茶及饮料"	
17. "15. 在外用膳食品"	

资料来源：万得资讯（Wind）。

其中，需要说明的是，按照"烟酒及用品"权重为 3.5%、"茶及饮料"权重为 0.8%、"在外用膳食品"权重为 6%~7%估测，"食品烟酒"项目的权重大概在 30%附近，则"非食品烟酒"项目权重在 70%附近。

二、CPI 构成中"食品"项目与"非食品"项目历史环比数据的重塑

在实际的市场分析预测中，分析人员依然采用"食品"项目和"非食品"项目的划分方式，前者对应权重为 20%，后者对应权重为 80%。

但是难点就在于两类项目的环比数据需要重新塑造。食品与非食品两类项目中的环比存在明显的季节规律性，这是分析预测未来 CPI 的重要前提。

2016 年之前的食品项目环比是存在历史序列值的，但是那时的食品项目构成是 16 个子项目合成，2016 年后的食品项目子项目构成与之并不相符，因此 2016 年前的食品项目环比数据序列与 2016 年之后的食品项目环比数据序列内涵不同、口径不同，不能进行序列比较。更为困难的是国家统计局并没有按照 2016 年之后的新口径追溯调整 2016 年之前的历史环比序列数据。

2016 年初很多分析师就是采用 2016 年之前的食品项目以及非食品项目环比序列数据来近似代替模拟未来时期的环比增速，并赋予 20%和 80%的权重，这样导致了预测值严重偏离了合理性。

为了做到同口径可对比，对于分析师而言，就必须要按照 2016 年之后的食品以及非食品项目构成口径，对 2016 年之前的环比序列进行重新调整与重塑，这个过程是较为困难的，也是非常重要的。

为了调整与重塑历史环比数据，首先要将 CPI 的一级分项划分为食品项目和非食品项目两个，各一级分项进一步由二级子项目构成。进而进入下列步骤：

（1）确定 CPI 构成各二级子项目的权重；

（2）度量各二级子项目的月环比变化；

（3）各二级子项目的月环比变化率乘以各二级子项目在 CPI 中的权重；

（4）食品项目的环比等于食品项二级子项目的环比按照所占权重进行加权合成；非食品项目的环比等于非食品项二级子项目的环比按照所占权重进行加权合成。

这个过程中最关键的部分就是要确定 CPI 构成各组成部分的权重。2016 年之前的 CPI 各组成部分的权重市场分析者大致已经了解，但是 2016 年调整后的权重并不清晰，从种种公开数据揣测，笔者将新、旧权重数据做了一些归纳，仅仅供分析参考。见表 7-24-4。

表 7-24-4　　　　　　CPI 子项目权重分布构成（模拟估测）

2016 年调整后分类	调整前权重（1000）	调整后权重（1000）
一、食品烟酒	360.9	308.2
1. 谷物	31.8	24.9
2. 薯类	1.5	1.2
3. 豆类	4.8	3.8
4. 食用油和食用油脂	13.9	10.9
5. 蔬菜及食用菌	32.9	25.8
6. 畜肉类和禽肉类	71.2	55.8
7. 水产品	24.1	18.9
8. 蛋类	10.3	8.1
9. 奶类	14.9	11.7
10. 干鲜瓜果类	24.3	19.1
11. 糖果糕点类	12.2	9.6
12. 其他食品	13.1	10.3
13. 饮料	7.9	8.1
14. 烟草	20.7	21.2
15. 酒类	12.4	12.7
16. 饮食服务	64.9	66.4
二、衣着	92	94.1
三、居住	147	172.8
1. 租赁房房租	16.3	19.2

续表

2016年调整后分类	调整前权重（1000）	调整后权重（1000）
2. 住房保养、维修及管理	52	61.1
3. 水、电、燃料及其他	60	70.5
4. 自有住房折算租金	18.7	22.0
四、生活用品及服务	73.7	64.1
1. 家具及室内装饰品	13.2	11.5
2. 家用器具	18.8	16.4
3. 家用纺织品	5.5	4.8
4. 家庭日用杂品	16.3	14.2
5. 个人护理用品	14.1	12.3
6. 家庭服务	5.8	5.0
五、交通和通信	112.5	126.3
1. 交通	59.5	66.8
2. 通信	53	59.5
六、教育、文化和娱乐	124.6	127.4
1. 教育	67.9	69.4
2. 文化和娱乐	56.7	58.0
七、医疗保健	66.9	72.4
1. 医疗器具及药品	46.8	51.8
2. 医疗服务	20.1	20.6
八、其他用品和服务	22.4	34.3

资料来源：万得资讯（Wind）。

需要格外注意的是，表7-24-4中的蓝色部分子项目所构成的就是"食品"项目，剩余部分则是"非食品"项目，阴影部分的权重总和即为20%，即对应新口径下的食品项目权重。

为了对食品项目和非食品项目的历史环比数据进行重塑，笔者将上述表格排列进行重新组合，见表7-24-5。

表 7-24-5　　CPI 项目调整以及各项目权重分布（模拟估测）

大分类	2016 年调整后分类	调整后权重（1000）
食品	一、食品	199.9
	1. 谷物	24.9
	2. 薯类	1.2
	3. 豆类	3.8
	4. 食用油和食用油脂	10.9
	5. 蔬菜及食用菌	25.8
	6. 畜肉类和禽肉类	55.8
	7. 水产品	18.9
	8. 蛋类	8.1
	9. 奶类	11.7
	10. 干鲜瓜果类	19.1
	11. 糖果糕点类	9.6
	12. 其他食品	10.3
非食品	二、衣着	94.1
	三、居住	172.8
	四、生活用品及服务	64.1
	五、交通和通信	126.3
	六、教育、文化和娱乐	127.4
	七、医疗保健	72.4
	八、其他用品和服务	34.3
	九、饮料	8.1
	十、烟草	21.2
	十一、酒类	12.7
	十二、饮食服务	66.4

资料来源：万得资讯（Wind）。

国家统计局公布了上述各个项目（包括子项目）的历史环比数据，可以用这些子项目的历史环比乘以各子项目所对应的最新权重，就可以得到新口径下"食品"项目、"非食品"项目的重塑环比值，这个新计算出来的环比值和 2016 年前国家统计局所公布的食品环比、非食品环比并不一致，存在一定的差异。

例如，重塑 2015 年 10 月份新口径下的食品环比，需要将 1~12 个食品子项目环比按照各自对应的权重进行加权平均，得出的数据就是在新分类口径（20%权重）下的2015年食品项目环比。

重塑2015年10月份新口径下的非食品环比，同理，需要将二至十二这11个项目环比按照各自对应的权重进行加权平均，得出的数据就是在新分类口径（80%权重）下的2015年10月份非食品项目环比。

需要指出的是，上述对于食品项目的新环比合成方式没有问题，但是对于非食品项目的新环比合成方式存在一定的瑕疵，因为并没有采用二级子项目的环比以及权重来进行加权平均，只是采用了一级子项目的环比和权重来进行加权平均，由于一级子项目的环比本身就是由下面二级子项目环比乘以各自权重加权合成的，考虑到2016年后可能调整了二级子项目的构成和相应权重，因此上述算法是存在一定瑕疵的。但是考虑到二级子项目环比数据的可得性因素，只能采用如上做法，虽然并不完善，但是近似反映了实际情况。

用上述方法，可以做出新老口径食品、非食品环比的差异性对比，在此笔者仅仅列出食品项目环比在新、老口径中的不同，以2006~2015年每年同期2月份食品项目环比为例，新、老口径下的当月环比差异如表7-24-6所示。

表7-24-6　　　　　新、老口径下食品项目环比的差异　　　　　单位：%

年份	新口径食品项目环比 （2月份）权重对应20%	旧口径食品项目环比 （2月份）权重对应33%
2006	1.89	1.8
2007	3.31	2.7
2008	8.68	7.1
2009	1.00	0.8
2010	3.78	3.3
2011	4.40	3.7
2012	-0.59	-0.3
2013	3.03	2.7
2014	1.73	1.7
2015	3.25	2.9

资料来源：万得资讯（Wind）。

旧口径的食品环比项目就是国家统计局所公布的历史数据，新口径的食品环比项目就是通过上述方法计算而出的新数据。

分析师在预测 2016 年 2 月份食品项目环比数据时，如果只是照本宣科参考国家统计局所公布的旧口径环比数据，那么势必会造成显著误差，这时应该更多地去参考新口径环比数据，并进行模拟运算。

正是在这个背景下，2016 年很多市场分析者高估了当年 CPI 增速的预期，对于 2016 年一季度的金融市场在预期层面起到了较大的干扰效应。随后的 2017~2018 年度中，这一干扰效应依然在潜移默化产生着影响。

| 第二十五章 |

房地产行业与债券市场

2011～2013年期间，宏观经济似乎成为金融市场中的鸡肋话题，股票市场与宏观经济走向出现了较大的背离，股票投资者基本都是以"自下而上"的模式来对待股票投资（即从微观个股入手挑选标的，而不再从宏观角度入手），因此宏观研究步入了一个尴尬的境地，其用武之地多在债券市场中。因此2011～2013年期间，权益股票市场基本放弃了宏观研究对其操作的指引。

相对于股票研究的复杂性，债券市场研究框架相对较为清晰、单一，宏观研究对于债券市场的指引一直居于最重要的地位，"自上而下"的投资分析框架一直是债券市场投资者的准则。

如果非要寻找一种"自下而上"的分析模式，那么中微观行业中的房地产行业无疑是债券投资者最为关注的内容，没有之一。

房地产行业是各国经济发展的重要支柱之一，但是在中国经济发展中似乎占据着更为重要的地位。房地产的行业变化一方面构成了中国宏观经济的重要动力与支柱，另一个更重要的方面在于其一直作为融资需求的最大主体，也构成了影响利率的重要因素。

那么为什么房地产行业与债券利率有那么密切的关联性呢？大概可以从价与量两个方面去寻找关联性。

房地产行业的三个最重要的行业景气度指标分别是：价格、销售量以及开发投资规模。

一、房地产的价格与社会通货膨胀率具有一定的关联性

究竟什么是通货膨胀？理论学界有很多争论，一个最大的争议就是资产价格要不要计算在社会通货膨胀率指标中，这里所谓的资产价格其一是指股票市场价格，另一个对中国而言更重要的是房地产价格。

这种争论甚至蔓延到货币政策层面，即货币政策究竟应不应该关注资产价格的变化，而对其做出反应？对于这个问题无论是美联储官员还是中国人民银行官员都做出过

思考，但是至今并无定论。例如，格林斯潘就曾表述过："所谓资产泡沫是很难确定的，除非它破了"。原中国人民银行行长助理张晓慧也曾撰文论述过货币政策与资产价格的关系。无论理论上如何争论，但是在实践操作层面，货币政策更为关注的价格信号依然是 CPI 或 PPI。

CPI 与 PPI 本质更多反映的是实体经济运行中的价格信号，而房地产价格却具有双重属性，一方面反映着实体经济运行的供求关系，另一方面也具有资本品的特征，具有预期推动的属性在其中。从道理上说，其价格信号的变化更为敏感，也更为剧烈一些。

如果将 70 个大中城市新建住宅价格指数的同比增速与 CPI、PPI（考虑到两者长期以来的方向同步性，为简化方便可以采用 CPI 与 PPI 按照各自权重加权平均而成的综合通货膨胀率指数）来进行对比，示意如图 7-25-1。

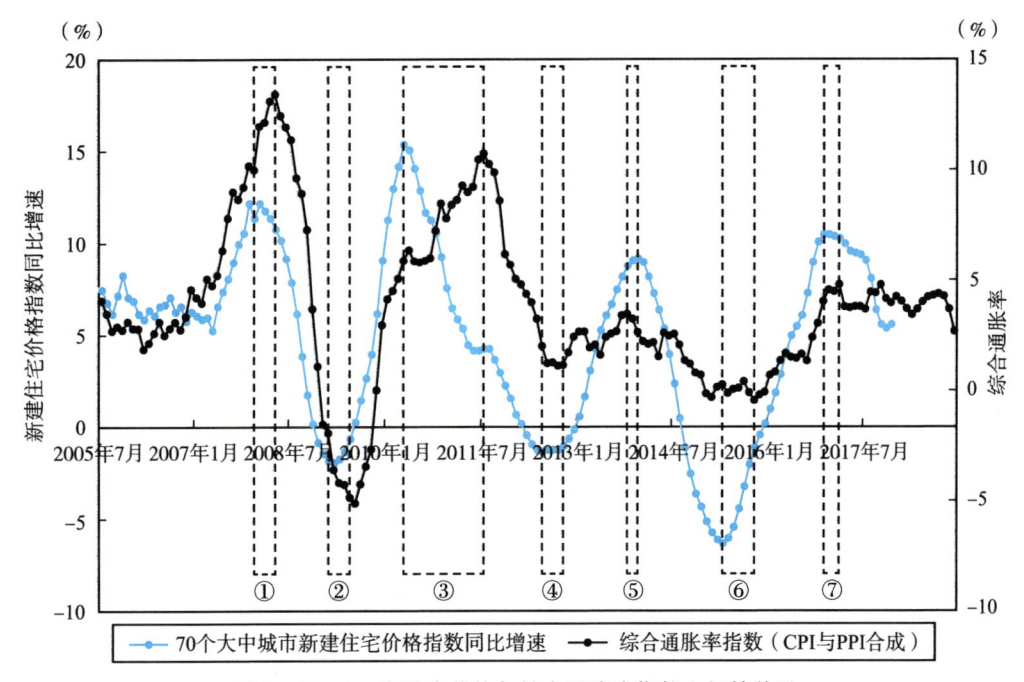

图 7-25-1 房地产价格与综合通胀率指数之间的关系

资料来源：万得资讯（Wind）。

从图 7-25-1 可以看出，确实在现实运行中，房价指数的同比增速会在拐点上领先于由 CPI 和 PPI 合成的综合通货膨胀率指数，但是每次领先的周期并不相同，其具体分布时滞如表 7-25-1 所示。

表 7-25-1　　　　　　　　　房地产价格领先于通胀率的比较

序列	顶/底	房价拐点时间	综合通胀率拐点时间	领先时间
1	顶	2007 年 11 月	2008 年 4 月	5 个月
2	底	2009 年 3 月	2009 年 7 月	4 个月
3	顶	2010 年 4 月	2011 年 7 月	15 个月
4	底	2012 年 6 月	2012 年 9 月	3 个月
5	顶	2013 年 12 月	2013 年 10 月	-2 个月
6	底	2015 年 4 月	2015 年 10 月	6 个月
7	顶	2016 年 12 月	2017 年 10 月	10 个月

资料来源：万得资讯（Wind）。

可以看出，在 2005~2017 年期间（数据可得），房价的增速拐点多领先于综合通货膨胀率拐点（除去第 5 次时期），但是两者的时滞周期并不相同，甚至差异很大。

无论从逻辑上（房地产价格具有资本品和商品的双重属性，更为敏感领先）还是实证检验上（2005~2017 年的 7 轮拐点检验），都可以看出房价对于综合通货膨胀率的领先性。

当这种关联性建立后，就自然而然可以得出房地产市场与债券利率之间具有密切关联性的结论。

二、房地产销售与开发投资对于消费需求和固定资产投资需求具有重要影响

构成宏观经济需求有"三驾马车"，其中两大需求（消费、固定资产投资）都与房地产行业具有重要联系。房地产销售的情况直接影响了消费状况（社会零售品消费总额），而房地产开发投资的情况又直接影响了固定资产投资的变化。

首先观察与分析社会消费品零售总额的构成与影响要素。

社会消费品零售总额是指企业（单位）通过交易售给个人、社会集团的非生产、非经营用的实物商品金额，以及提供餐饮服务所取得的收入金额。该指标所涉及的商品包括售给个人用于生活消费的商品，也包括售给社会集团用于非生产、非经营的商品。

按照消费类型分，可以分为商品零售和餐饮收入；按照经营单位所在地分，可以分为城镇和乡村。2010 年以来，社会消费品零售总额中商品零售和餐饮收入占比平均为 8.7∶1.3；城镇与乡村占比平均为 8.5∶1.5。另外从趋势观察来看，社会消费品零售总额的趋势与商品零售以及城镇地区消费更相似。

而商品零售方面,按照属性归类,又可以分为基础性消费、消费升级类、与房地产周期更相关的消费以及其他项。根据 2017 年限额以上单位数据,基础性消费占比超过一半,消费升级占比二成,与房地产周期更相关的内容占比一成。

基础性消费指吃穿用行等基本生活用品,包括粮油、食品、饮料、烟酒类(吃)、服装鞋帽针纺织品类(穿)、日用品类(用)、汽车类和石油及制品类(行)。消费升级类包括通信器材类、体育与娱乐用品类、中西药品类等。与房地产相关的消费包括家用电器和音像器材类、建筑及装潢材料类和家具类。

随着我国人均 GDP 水平的不断提高、人口增速下滑,基础性消费实际增速下滑是常态。而短周期内波动较大,容易产生年度波动的项目主要是两类,一是产品价格频繁波动的石油及制品类、金银珠宝类;二是消费量占比较大也较易波动的,包括汽车类,与房地产周期相关的建筑及装潢材料类、家具类、家用电器和音像器材类。从这种定性描述中,可以看出近些年来,房地产周期对于内需消费的影响还是较为重要的。见图 7-25-2。

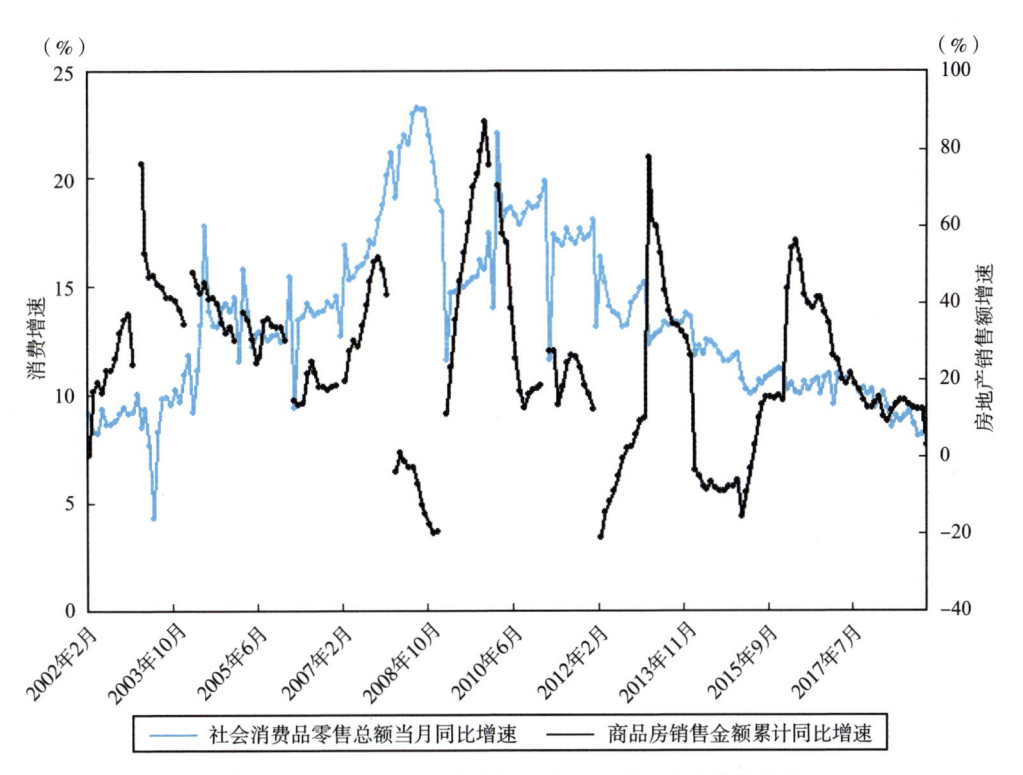

图 7-25-2 房地产销售额增速与内需消费具有强相关性

资料来源:万得资讯(Wind)。

其次，房地产开发投资是固定资产投资的重要组成部分。笔者曾提及，在三大需求中考虑到利率对于重资本需求最为敏感的属性，固定资产投资需求的变化是影响利率最主要的因素，其重要程度要远超过其他两者。

中国的固定资产投资主要由三大支柱构成，分别为制造业投资、房地产开发投资以及基础设施建设投资，三大支柱在固定资产投资总量中的占比较为均衡，各自占比在25%~30%之间。见图7-25-3。

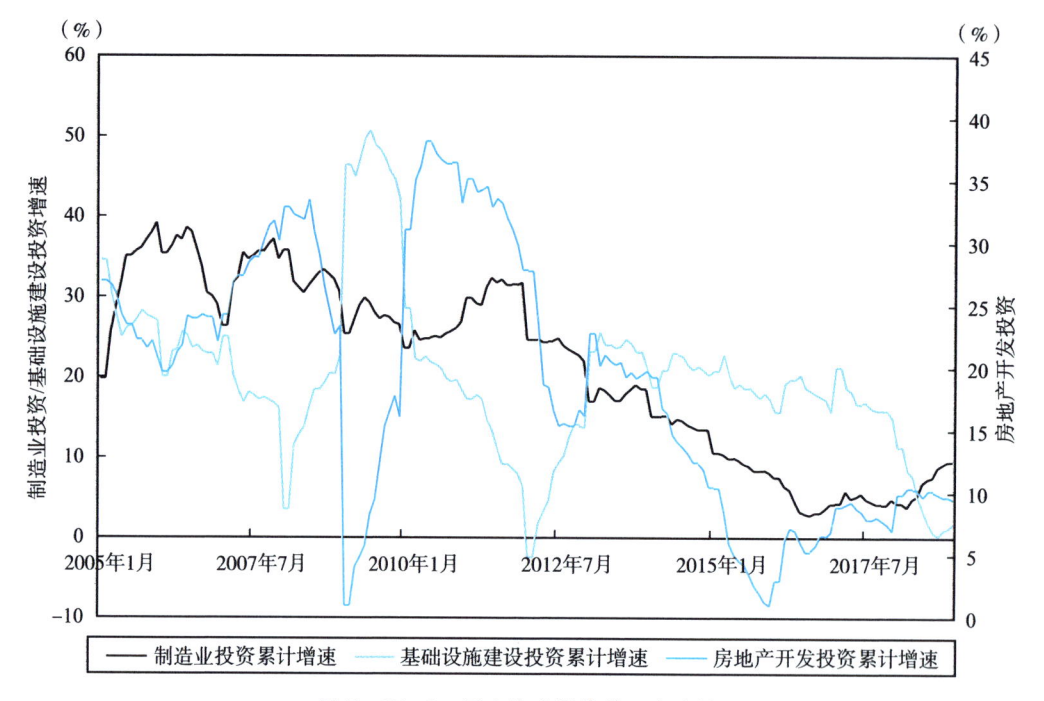

图7-25-3 固定资产投资的三大支柱

资料来源：万得资讯（Wind）。

从三大投资支柱的领先指标来看，通常的市场研究有以下结论：
（1）房地产开发投资增速的领先指标是房地产销售面积增速；
（2）制造业投资增速的领先指标是企业盈利增速；
（3）基础建设投资增速的领先指标是政策支持力度。

固定资产投资的三大支柱构成在变化节奏、方向以及幅度上均有差异，在很多时期呈现此消彼涨的关系。

考虑到三个构成部分权重相当，在假定三者变化幅度相对均衡的情况下，只要三大支柱中两者变化方向一致，则基本可以决定固定资产总投资增速的方向。

因此，虽然房地产投资在固定资产投资中占据重要的地位，但是并非为决定性的地位，单纯凭借房地产投资增速的方向无法决定固定资产总投资的方向。

三、房地产行业所反映的融资量与利率之间具有重要的关系

在上述内容中，单纯分析房地产行业对于实体经济走向的影响，可以从通货膨胀、消费、固定资产投资角度来展开。需要说明的是，房地产行业对于上述各个因素是具有重要影响作用的，但并非具有唯一性或关键性的影响作用。

有兴趣的读者不妨将 10 年期国债利率的月均值水平与固定资产投资累计同比增速或房地产开发投资累计同比增速做一图示比较，也很难看出利率与固定资产投资增速之间具有密切关联性。

但是，由于固定资产投资，尤其是房地产开发投资具有资本密集型属性，其活动变化所代表的融资需求程度会更为紧密地连接在利率走势上，因此如果从房地产行业所内含的融资需求角度去理解其对利率的影响是更为直接、有效的一个角度。

房地产行业的融资需求有各种不同的形式，贷款、债券、股票、非标等模式都可以作为房地产行业的融资渠道，但是很难区分某个渠道中房地产行业的占比规模，从简单化角度出发，笔者选择非标资产作为具体分析标的，来描述房地产行业融资规模与利率之间的关系。

之所以以非标融资（委托贷款、信托贷款以及未贴现银行承兑汇票）为分析标的，主要是基于非标融资的成本较高，基本运用在收益率较高的行业（比如房地产领域）或预算软约束的领域（比如地方政府平台企业经济活动领域）。事实上，房地产开发领域和地方政府平台企业经济活动领域均是以土地为核心的经济活动，因此可以将非标融资与土地经济活动构建关系，即非标融资在主体意义上可以反映土地经济领域的融资活动。

而与土地经济相关的经济活动基本可以反映在基础建设投资和房地产开发投资领域，因此可以观察非标融资规模增速与上述两个活动的关系，如图 7-25-4 所示。

从图 7-25-4 可以清晰地看到，社会融资总量中的非标资产存量同比增速与房地产开发投资和基建投资增速具有密切的相关性。房地产投资和基建投资的增速相结合能够较为清晰地解释非标融资规模增速的变化方向。

而非标融资规模的增速与利率走向又具有显著的相关性，如图 7-25-5 所示。

这两次背离时期较长，事实上恰好对应着前文所介绍的房价指数增速与综合通货膨胀指数增速的背离时期（第3次、6次、7次背离时期）。

这样来看，房价指数虽然与利率走向具有一定的关联性，但是相比于综合通货膨胀指数（CPI与PPI），其相关性要明显弱很多。

2. 房地产开发投资增速走向与利率走向存在逻辑上的相关性

房地产开发投资活动是一种资本密集型的经济活动，其过程需要资金融通，对资金的需求量较大。房地产开发投资活动通过融资需求这一链条与利率走向产生了内在逻辑连接。

房地产开发投资增速与10年期国债利率的月均值关系示意见图7-25-7。

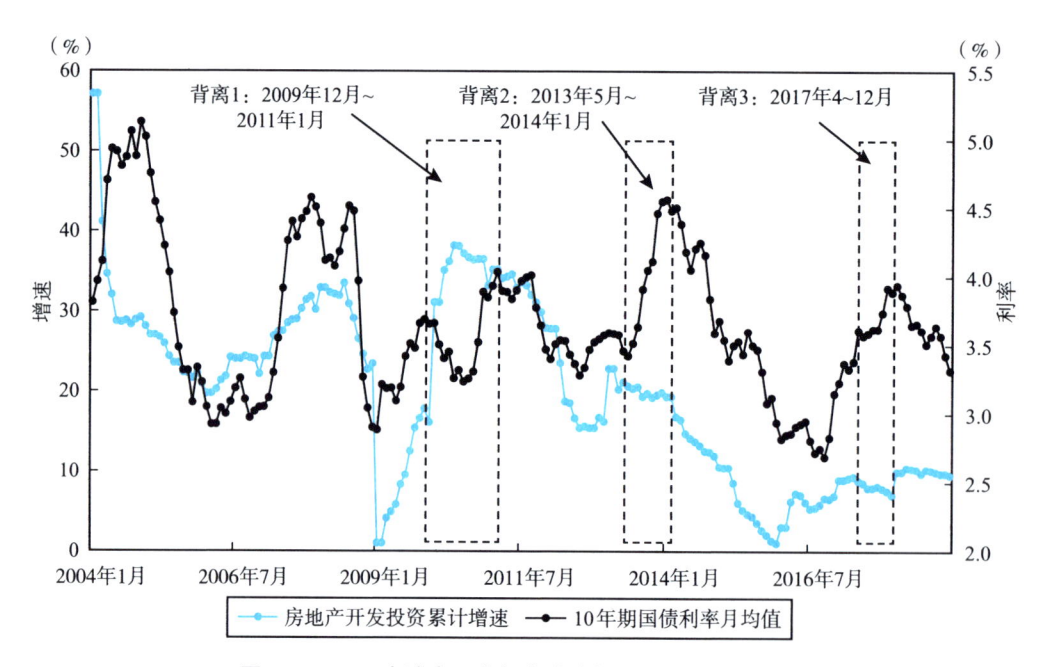

图7-25-7 房地产开发投资增速与长期利率走势关系

资料来源：万得资讯（Wind）。

总体来看，两者具有方向上的大体正相关性，但是存在三个显著背离时期，分别是：2009年12月~2011年1月、2013年5月~2014年1月以及2017年4~12月。

与经济名义增长率指标相比，房地产开发投资增速与利率方向之间的相关程度要弱不少。但是在笔者的印象中，"房地产开发投资（以及销售面积增速）与利率走向出现背离"似乎总发生在每轮熊市（或牛市）的尾端时期。

房地产行业作为最市场化的行业，率先出现了拐折变化，可以视为趋势尾端的一个重要信号，显示着市场经济活动中最市场化的部分在产生着微妙变化，这种变化虽然未必能同步影响到利率市场，但是可视为一个积极、前瞻的"转折信号"，值得投资者关注与跟踪。

通过如上分析，可以看出房地产行业（价格、销售、投资）要素与利率走向确实具有内在逻辑上和数据实证上的相关性，虽然存在一些模糊的时滞关系，也许密切程度并不合意，但是趋势关联性很强。因此，房地产行业适合作为自下而上的重点分析行业，与债券市场研究之间来进行相互印证。

房地产行业对利率影响的重要性还体现在其变化的信号、传导链条较为清晰，易于观察跟踪。

一般情况下，市场研究与分析人士用以下链条来跟踪推导房地产行业对于利率市场的影响：

政策信号显现→房地产行业要素发生变化（销售情况→价格指标→开发投资情况）→固定资产总投资、通货膨胀率→利率。

后面的传导链条以及实证效果在前文中均有所涉猎，由于房地产行业的政策信号较为清晰、明显、可见，因此房地产行业的任何一次政策变化都会引发利率市场投资者的极度关注。

以房地产行业政策信号为触发，会形成房地产行业内部指标要素间的传导（比如销售领先于开发投资），最终叠加上房地产行业要素指标（主要是销售、投资、价格）与债券市场之间的关联性，就合成了一套自下而上的分析思路，这一分析思路在债券市场投资中也具有非常重要的意义。

从经验来看，上述分析链条的第一环节在于对政策信号的把握。房地产行业的政策信号主要包含以下几项：（1）房地产开发贷款的政策；（2）房地产销售端关于契税、首付比例、房贷利率折扣类政策；（3）房地产限购以及限贷类政策；（4）房地产落户（鼓励或限制）类政策。

上述任何一类政策的突然出台发布都会对利率市场造成瞬间性的心理冲击，其后也会对房地产自身行业指标形成实质性的促进或约束，进而对利率市场形成实质性的影响。

例如，在2018年度中，面对经济的不景气以及利率的不断下行，中途也经历过多次对于房地产政策信号的反应波动，这些信号（或传言、预期）都曾引发过投资者的关注、跟踪，成为在当期引发投资交易者关注、不可被忽视的因素。

作为一份历史记录，笔者将2018年利率市场所经历过的一些有关房地产政策变化的信号、传言等内容标注在图7-25-8中，只是作为一个参考资料，供读者借鉴。

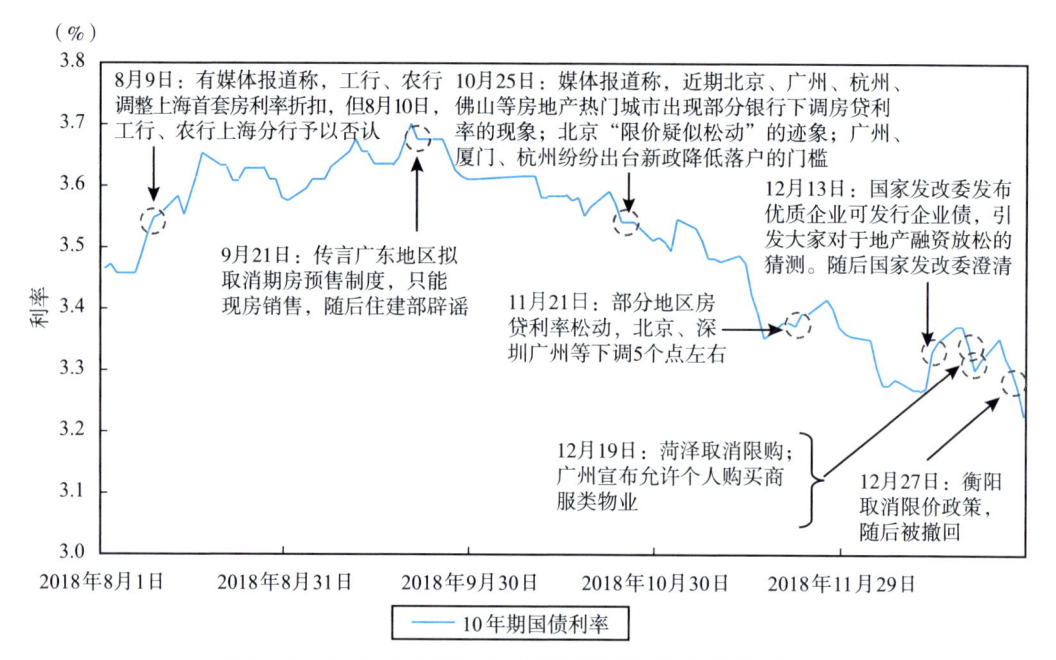

图7-25-8 2018年房地产等政策信息对于利率市场的影响

资料来源：万得资讯（Wind）。

| 第二十六章 |

固定资产投资的领先意义

在本书的各类中短期（3~6个月时间维度）分析框架中，"通胀+增长"和"货币+信用"无疑是两个核心分析框架。

这两个分析框架事实上的本质都指向融资需求的变化，因为在假设政策层面稳定的前提下，融资需求的变化决定利率的方向，这就是典型的利率内生性体现。

从融资需求角度出发，市场格外关注金融货币数据，比如2012年前的广义货币供应量（M2）、2015年后的社会融资总量。

金融数据一方面本质就是融资需求量的最终反映，另一方面可以前瞻性地预示名义经济增长速度，因此备受债券投资者的关注，特别是2017年以来，社会融资总量数据的变化牵动了几乎各个金融市场投资者的焦点。

一般市场分析都将社会融资总量增速作为名义经济增长速度的领先指标，所有的分析起点都是从社会融资总量起步的。但是在本章中，笔者希望探讨的是：什么因素是社会融资总量的先导指标。

社会融资总量本身是一个供需结合而成的结果，供给端来自货币政策、监管政策这些外生因素，需求端来自实体经济活动。因此探求社会融资总量的前导性指标就又要从政策角度和实体经济活动角度出发。这里单纯从实体经济活动角度去探寻社会融资总量的先行指标。

所有的融资需求都是实体经济活动的结果和表现，实体经济活动对应着三大需求：投资需求、消费需求以及外需。

从直观逻辑感受来看，对于金融资本需求最大的活动自然是投资活动，因此固定资产投资活动很可能是社会融资总量的先行指标。首先看图7-26-1。

2003~2018年以来，可以观察到12次拐折时期，这12次所谓的拐点有的表现很明显，有的表现并不那么明显。甚至越到后期，读者越会发现，宏观经济指标的变化不再呈现出2012年前的"起"与"落"之别，只体现为"落"与"平"的分化。

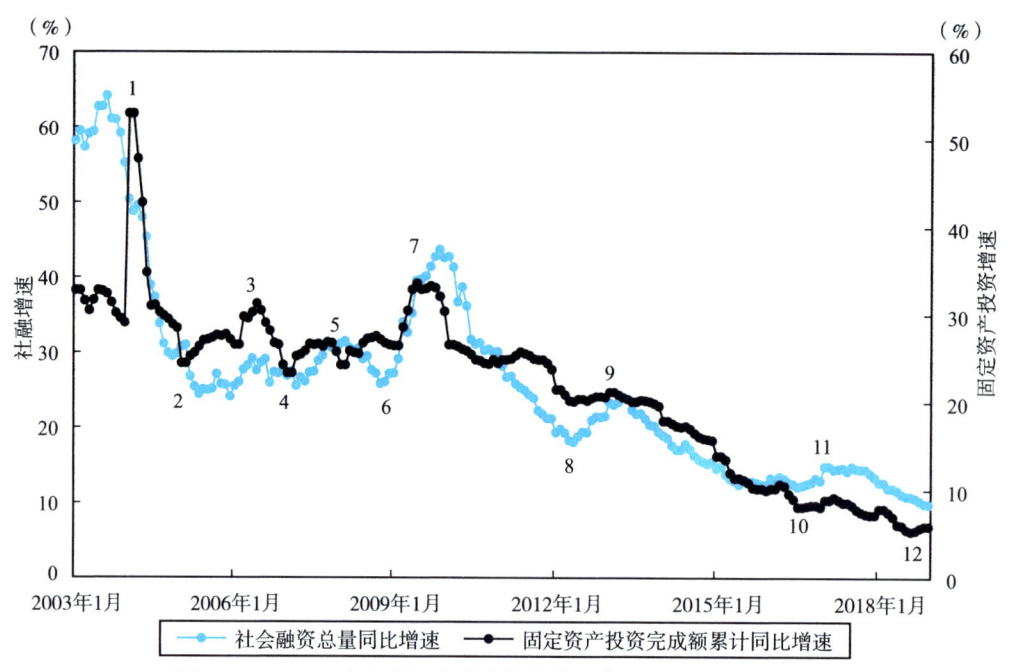

图 7-26-1　固定资产投资增速与社会融资总量增速之间的关系

资料来源：万得资讯（Wind）。

综合比较这 12 个所谓的拐点时期，按照发生的先后，笔者整理对应关系如表 7-26-1 所示。

表 7-26-1　固定资产投资增速与社会融资总量增速拐点之间的对应关系

顶部转折点	固定资产投资增速顶部	社融增速顶部	固投领先于社融
1	2004 年 2 月	2003 年 8 月	-6 个月
3	2006 年 6 月	2006 年 7 月	1 个月
5	2007 年 10 月	2008 年 2 月	4 个月
7	2009 年 6 月	2009 年 11 月	5 个月
9	2013 年 2 月	2013 年 4 月	2 个月
11	2017 年 3 月	2017 年 7 月	4 个月
底部转折点	固定资产投资增速底部	社融增速底部	固投领先于社融
2	2005 年 2 月	2005 年 6 月	4 个月
4	2007 年 2 月	2007 年 3 月	1 个月
6	2009 年 2 月	2008 年 10 月	-4 个月

续表

底部转折点	固定资产投资增速底部	社融增速底部	固投领先于社融
8	2012年5月	2012年5月	0个月
10	2016年7月	2016年7月	0个月
12	2018年8月	2018年12月	4个月

资料来源：万得资讯（Wind）。

可以大致看出，多数时期，固定资产投资增速的拐折点发生在社会融资总量增速的拐折点之前，12次拐折点的先后关系是：

有8次体现为固定资产投资增速拐点领先于社会融资总量增速拐点；有2次体现为固定资产投资增速拐点同步于社会融资总量增速拐点（8、10）；还有2次体现为社会融资总量增速拐点领先于固定资产投资增速拐点（1、6）。

总体结论符合之前的逻辑感受，即大多数时期固定资产投资活动的拐点领先于社会融资总量增速的拐点，而领先的时间周期平均在3~4个月左右。

从逻辑关系来梳理，上述数据验证似乎也是合理的，唯一有些与常识逻辑差异的在于难以看出供给政策端对于社会融资总量增速拐点的影响。

常规的推理逻辑大致应该如此：社会融资总量是一个供需结果，供给受到货币政策、监管政策等因素的影响，需求是受到经济活动影响（固定资产投资是影响权重最大的部分）。鉴于货币政策对经济活动的不对称性影响（货币政策治理经济过热的效果要强于其治理经济过冷的效果），因此从逻辑上应该显示为在顶部拐点区域（即增速从高处回落时期），社会融资总量增速的拐点应该领先于固定资产投资增速的拐点，在底部拐点区域（即增速从底部回升时期），固定资产投资增速拐点应该领先于社会融资总量增速的拐点。

但是，现实数据印证多体现为后者，供给端的影响效应体现并不明显。

无论如何，可以大致认为固定资产投资增速（折点）是领先于社会融资总量增速（折点），考虑到社会融资总量增速又是名义经济增速的领先指标，那么一个自然而然的结论就是固定资产投资是整体经济名义增长率的先行指标。是否如此呢？

笔者分别将固定资产投资增速和社会消费品零售增速、出口金额增速、进口金额增速以及名义GDP增速相比较，限于篇幅所限，仅仅描述固定资产投资增速与名义GDP增速的关系，如图7-26-2所示。

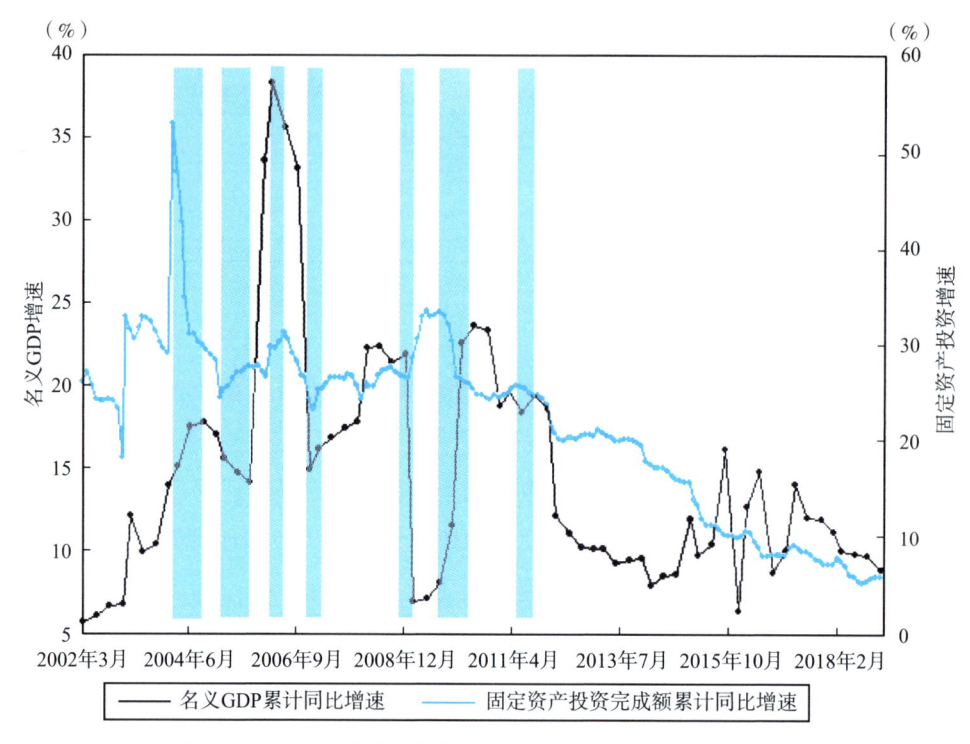

图 7-26-2　固定资产投资增速与名义 GDP 增速之间的关系

资料来源：万得资讯（Wind）。

可以发现，在 2012 年前，周期波动性较为明显，而且固定资产投资增速的拐点都发生在名义 GDP 的拐点之前，和上述逻辑推理结论相似。

但是 2012 年后，周期波动性明显弱化了，固定资产投资增速再也没有出现"起"与"落"的差异，只是体现为"落"与"平"的区别，但是每当固定资产投资增速平稳后，名义 GDP 增速依然会出现边际上的改善迹象。

总体来说，固定资产投资可以作为一系列经济活动的先行指标，它的拐折意味着社会融资总量、名义 GDP 都可能会发生相同方向的拐折，即便这几年以来其先导意义有所弱化，但是方向指示意义依然不容忽视。

当把固定资产投资增速作为名义经济增长和社会融资总量的分析起点，还可以进一步延伸到更前端，就像本书前面内容所介绍的：

中国的固定资产投资主要由三大支柱构成，分别为制造业投资、房地产开发投资以及基建投资，三大支柱在固定资产投资总量中的占比较为均衡，各自占比在 25%～30% 之间。

从三大投资支柱的领先指标来看,通常的市场研究有以下结论:

(1) 房地产开发投资增速的领先指标是房地产销售面积增速;

(2) 制造业投资增速的领先指标是企业盈利增速;

(3) 基础建设投资增速的领先指标是政策支持力度。

如果用示意框架图来显示全部的传导关系,大致如图 7-26-3 所示。

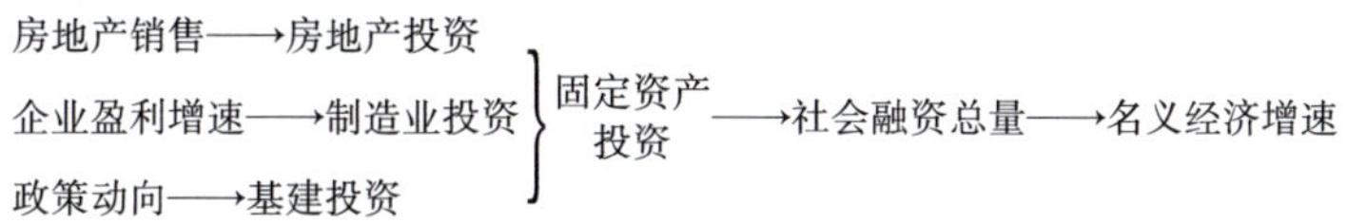

$$\left.\begin{array}{l}房地产销售\longrightarrow房地产投资\\企业盈利增速\longrightarrow制造业投资\\政策动向\longrightarrow基建投资\end{array}\right\}固定资产投资\longrightarrow社会融资总量\longrightarrow名义经济增速$$

图 7-26-3　以固定资产投资增速为核心的传导链条

第二十七章

债市绕口令：曲线不陡，熊市不走；曲线不平，牛市不停

之所以想写这样一个相对较为有趣的主题，主要是受到 2017 年第四季度债券熊市尾端杀跌行情所启发。

自 2002 年以来，笔者已经目睹经历了五轮债券市场的"熊牛"转换，基本上每轮熊市尾端都会出现一轮莫名其妙的恐惧性杀跌格局，往往这个时期就会出现基本面因素失效的状况，最终都会出现一轮急速的收益率曲线熊市增陡走势，这种表现变化是否有一些规律性的内容呢？

回溯 2002～2018 年期间的 10 年期国债利率曲线变化，可以划分出五个非常清晰的牛熊周期，分别为：

（1）2003 年 7 月（熊市起点）～2004 年 10 月（熊市尾端、牛市起点）～2006 年 6 月（牛市尾端）；

（2）2006 年 10 月（熊市起点）～2008 年 7 月（熊市尾端、牛市起点）～2009 年 5 月（牛市尾端）；

（3）2010 年 7 月（熊市起点）～2011 年 9 月（熊市尾端、牛市起点）～2012 年 6 月（牛市尾端）；

（4）2012 年 8 月（熊市起点）～2013 年 12 月（熊市尾端、牛市起点）～2016 年 8 月（牛市尾端）；

（5）2016 年 9 月（熊市起点）～2017 年 12 月（熊市尾端、牛市起点）～2018 年 12 月（暂时无法定论牛市尾端）。

其中，需要说明的是：首先，由于采用历史数据回溯的方式，因此无法断言 2018 年 12 月份是一个牛市的尾端；其次，2009 年 5 月～2010 年 5 月期间，虽然存在利率起伏，但是整体波动剧烈，难以做出清晰的"牛熊"划分，可暂不考察。

从图 7-27-1 来看，能够回溯清晰定义的是 5 轮熊市和 4 轮牛市（暂无法定论

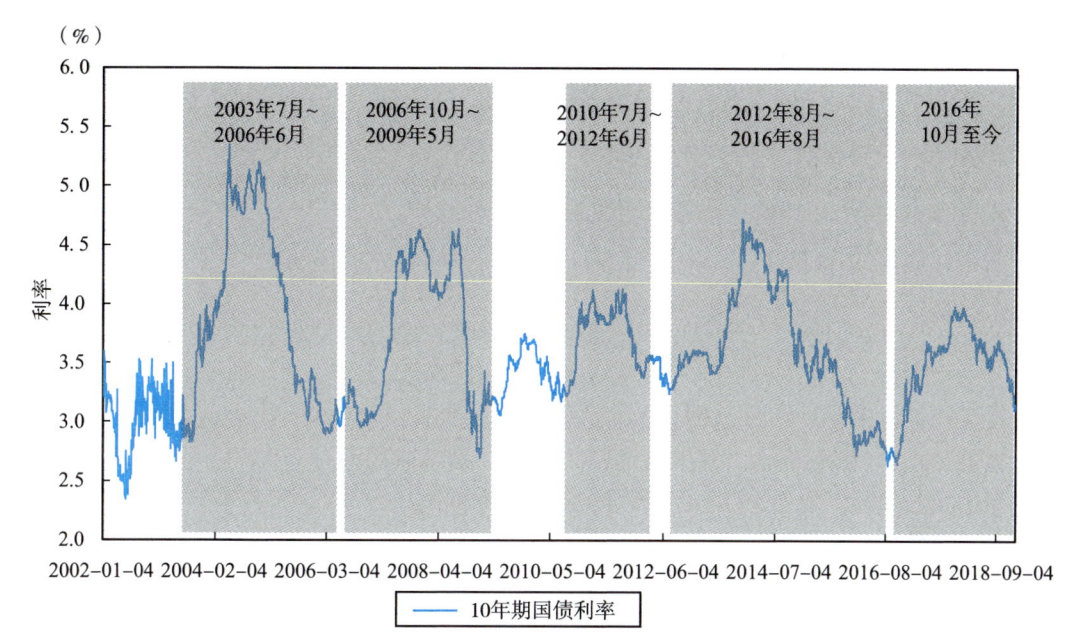

2018年以来的牛市是否到了尾端,因此不构成完整的牛市周期)。

图7-27-1 2002~2018年5轮牛熊周期

资料来源:万得资讯(Wind)。

下面分别考察在牛熊市中收益率曲线的平陡变化。在《投资交易笔记(续)》蓝皮书中笔者阐述过考察利差曲线均以流动性最好的期限品种作为采样标的,因此可采用(10年期国债利率-1年期金融债券利率)的利差作为平陡考察曲线。

1. 第一轮周期(2003年7月~2006年6月)

熊市时期(2003年7月~2004年10月),利差曲线一路走陡,最终以"熊陡"终结熊市;牛市时期(2004年10月~2006年6月),利差曲线一路走平,最终以"牛平"终结牛市。

2. 第二轮周期(2006年10月~2009年5月)

熊市时期(2006年10月~2008年7月),利差曲线经历了"陡—平—陡"三种形态变化,最终以"熊陡"终结熊市;牛市时期(2008年7月~2009年5月),利差曲线经历了"平—陡"两种形态变化,最终以"牛陡"终结牛市。

3. 第三轮周期(2010年7月~2012年6月)

熊市时期(2010年7月~2011年9月),利差曲线经历了"陡—平—陡"三种形态变化,最终以"熊陡"终结熊市;牛市时期(2011年9月~2012年6月),利差曲线先后经历了"平—陡"两种形态变化,最终以"牛陡"终结了牛市。

4. 第四轮周期(2012年8月~2016年8月)

熊市时期(2012年8月~2013年12月),利差曲线先后经历了"平—陡"两种形态变化,最终以"熊陡"终结熊市;牛市时期(2013年12月~2016年8月),利差曲线先后经历了"平—陡—平"三种变化形态,最终以"牛平"终结了牛市。

5. 第五轮周期(2016年9月~2018年12月)

熊市时期(2016年9月~2017年12月),利差曲线先后经历了"平—陡"两种变化形态,最终以"熊陡"终结"熊市"。

综合上述,一个直观性的结论就是:

熊市时期,最终曲线形态都是"熊陡",5次熊市全部符合该特征;牛市时期(4次完整的牛市),则有分化,其中最终以"牛平"终结收尾的有2次(分别为2006年6月和2016年8月),最终以"牛陡"形态终结收尾的有2次(分别为2009年5月和2012年6月)。

据此考察结论,笔者编出如下的"绕口令":

曲线不陡,熊市不走(债券熊市的终结均以曲线陡峭化为同步特征,历史5次熊市中验证概率100%);曲线不平,牛市不停(债券牛市的终结多以曲线平坦化为同步特征,历史4次牛市中验证概率只有50%)。

"曲线不陡,熊市不走;曲线不平,牛市不停"即为上述历史数据回溯所得到的直观性结论。那么这种形态变化是否具有一些逻辑层面的解释呢?

每次熊市尾端为什么都会出现收益率曲线的"熊市增陡"形态变化呢?这与每次熊市尾端的基本面与政策面因素背离造成投资者情绪恐慌、杀跌抛售有关,而其中最受冲击的当属长期品种。

若干次债券大熊市尾端时期经常出现的现象就是经济基本面与政策面因素的脱节,由于政策面因素往往滞后于经济基本面因素,所以会有一个两者的背离时期:基本面因素已经开始下行,但是政策面(往往又以货币政策为代表)依然处于收缩过程中。这个时期市场投资者的心态崩溃,开始质疑基本面因素对于债券投资交易的指导作用,往往在此时会见到"基本面已经失效"的言论充斥市场。信心的崩溃导致投资者大幅杀跌止损,又以长久期债券品种最为受伤,因此造成了收益率曲线的"熊市增陡"走势。而在杀跌止损之后,会自然而然地发现政策因素又开始与基本面因素相弥合。在政策由紧至松且基本面依然在下行过程中的双重背景下,债券市场开始走入牛市格局。综上可表述为"曲线不陡,熊市不走"。

债券牛市尾端则表现不同。曲线以"牛平"形态终结债券牛市，多发生在经济基本面因素还没发生显著变化，但是货币政策因素已然率先转向，例如 2006 年 6 月份和 2016 年 8 月份；曲线以"牛陡"形态终结债券牛市，多发生在经济基本面因素率先发生显著变化，而货币政策因素滞后变化的背景下，例如 2009 年 5 月份和 2012 年 6 月份。

考虑到近些年以来，经济基本面因素（以通货膨胀和实际经济增长因素为典型代表）已经缺乏了显著弹性，很难看出显著性波动，因此很有可能货币政策波动的弹性远大于经济基本面波动的弹性，更多会体现为经济基本面尚未出现显著性变化，但是货币政策转换的迹象显著。因此笔者认为未来牛市尾端，曲线以"牛平"形态终结债券牛市的概率要更大一些，因此可以"近似"表述为"曲线不平，牛市不停"。

第二十八章

工业需求总指数与工业需求调色板

经济之道，在于供需，供给易见，而需求难测，是故需求胜供给。

所谓经济增长率的数据，实为供需结合之产物，中间以价格作为桥梁贯通。以往供给曲线富于弹性，因此增长率可近似代表需求，但是供给侧改革后，供给曲线刚性收缩，需求强弱判断变得越发困难。

以工业增加值与 PPI（总值、分行业数据等）为分析工具，以衡量需求变化为目的，可以构建"工业需求调色板""工业需求总指数（总值与各个分行业指数）"，投资者可以更快捷方便地了解总需求以及各个行业需求变化状况。

一、构建需求扩散总指数与需求变化调色板

量价分析可以判断产品需求的变化方向，而工业产品需求的变化又预示着未来终端需求和经济的变化。具体来说，可以以 PPI 当月同比增速为"价"，以工业增加值（IP）当月同比增速为"量"，价量配合来判断产品需求的变化：

(1) 价涨量增——表明需求向好；

(2) 价跌量增——表明需求预期向好；

(3) 价涨量缩——表明需求预期弱化；

(4) 价跌量缩——表明需求弱化。

依据量价反映需求的基本原则，可以构建工业需求分析的三个指数类工具，分别为工业需求变动调色板、工业需求变动色带图以及工业需求总扩散指数。

可以通过工业需求变动调色板清楚地看到每个行业在每个时期的需求变化；可以通过工业需求变动色带图看清所有工业行业需求变化的总量或占比；可以通过工业需求总扩散指数了解整体工业行业需求变化的趋势。

以工业需求总扩散指数为例，工业需求总扩散指数直观地显示了整体工业的需求情况。2011~2015 年，总扩散指数经历了长达 5 年的下行，随后在 2016 年，总扩散指数

触底回升表明需求有所回暖,同期,与之对应的是经济需求的回暖和 10 年期国债利率的上行。见图 7-28-1。

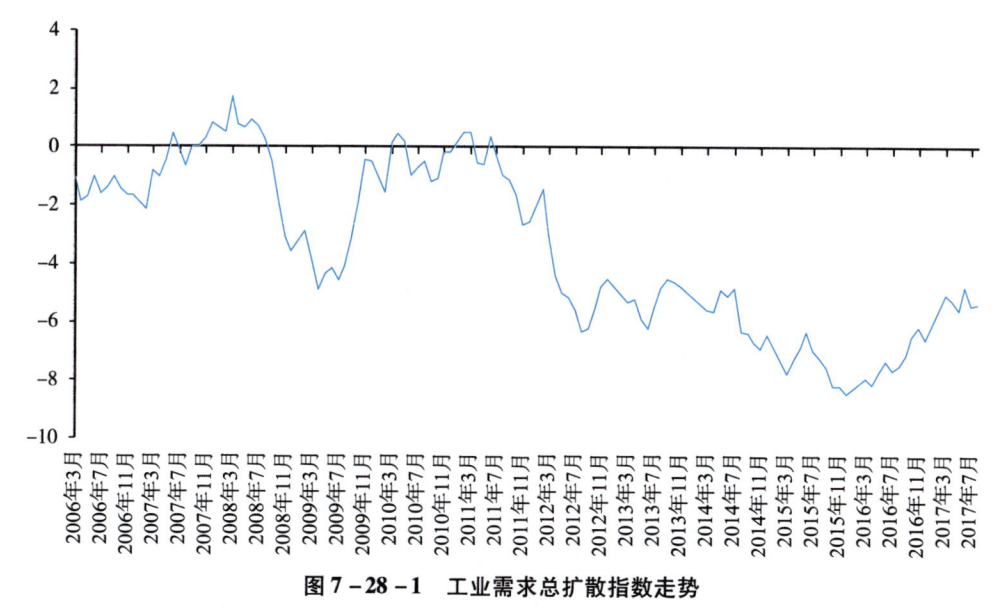

图 7-28-1 工业需求总扩散指数走势

资料来源:万得资讯(Wind)。

在构建工业需求变动调色板时,可以将表达分为四种颜色,每一种颜色代表了某一行业在该时期的需求变化情况。

具体来说:(1) PPI 和 IP 同比同时上升,表明需求向好,则标记为深灰;(2) PPI 同比下降而 IP 同比上升,表明需求预期向好,则标记为浅灰;(3) PPI 同比上升而 IP 同比下降,表明需求预期弱化,则标记为浅蓝;(4) PPI 和 IP 同比同时下降,表明需求弱化,则标记为深蓝。见表 7-28-1。

表 7-28-1　　　　　　　　　　　变化说明

PPI 同比	IP 同比	标记颜色	需求变化情况
上升	上升	深灰	需求向好
下降	上升	浅灰	需求预期向好
上升	下降	浅蓝	需求预期弱化
下降	下降	深蓝	需求弱化

在上述基本设定原则下,可以标注出以下各个工业领域子行业的色调变化情况,如

图 7-28-2 所示。

行业	2006年3月	2006年4月	2006年5月	2006年6月	2006年7月
煤炭开采和洗选业	8.08* (12.9)	5.36 (16.6)	4.42 (12.4)	3.39 (15.9)	2.81 (12.7)
石油和天然气开采业	32.78 (1.9)	18.91 (2.6)	20.26 (8.6)	27.83 (7.7)	26.07 (0.7)
黑色金属矿采选业	-2.93 (36.9)	-6.66 (25.2)	-6.2 (30.1)	-4.34 (33.8)	-3.62 (34.7)
有色金属矿采选业	17.12 (17.3)	17.32 (25.7)	23.74 (19.8)	26.43 (16.2)	29.81 (16.1)
非金属矿采选业	3.14 (36.8)	1.24 (36)	1.27 (26.2)	2.96 (20.8)	3.23 (25.7)
木材加工及木、竹、藤、棕、草制品业	2.01 (27.6)	2.04 (19.2)	2.09 (21.1)	2.07 (26.8)	1.86 (23.5)
造纸及纸制品业	0.73 (19.9)	1.11 (20.1)	0.44 (18.7)	0.64 (18.3)	0.91 (18.1)
石油加工、炼焦及核燃料加工业	20.4 (4)	19.96 (8.6)	18.44 (7.1)	26.44 (5.7)	23.15 (7.8)
化学原料及化学制品制造业	-1.69 (17.9)	-2.3 (16.9)	-1.62 (21.8)	0.31 (22.7)	0.78 (18.8)
化学纤维制造业	-1.78 (16.8)	-1.97 (15)	-0.96 (18.8)	0.63 (22.3)	2.33 (14.1)
橡胶和塑料制品业	0 (0)	0 (0)	0 (0)	0 (0)	0 (0)
非金属矿物制品业	1.4 (26.6)	1.5 (20.7)	1.53 (20.2)	1.46 (22.3)	1.35 (22.4)
黑色金属冶炼及压延加工业	-8.6 (12.7)	-9.22 (14.7)	-7.4 (18.9)	-4.25 (30.1)	-2.74 (25.1)
有色金属冶炼及压延加工业	15.38 (25.5)	16.63 (25.4)	25.34 (23.1)	26.82 (22.5)	26.97 (22.8)
金属制品业	-0.47 (22)	-0.68 (16.4)	0.29 (18.2)	0.51 (24.5)	1.21 (24.3)

(接下页)

(接上页)

行业	2006年3月	2006年4月	2006年5月	2006年6月	2006年7月
通用设备制造业	0.06 (23.9)	-0.01 (20.6)	-0.81 (21.5)	-0.13 (22.2)	-0.29 (22.2)
铁路、船舶、航空航天和其他运输设备制造业	-0.55 (19.4)	-0.6 (23.8)	-0.74 (27.7)	-0.66 (22.2)	-0.67 (18.5)
电气机械及器材制造业	4.26 (18.2)	5.3 (14.9)	8.05 (13.1)	8.94 (13.3)	9.18 (14.8)
仪器仪表制造业	-0.9 (23.5)	-0.83 (19.9)	-0.54 (17.5)	-0.83 (18.1)	-0.53 (15.6)
废弃资源综合利用业	-2.35 (25.6)	0.67 (7.6)	1.92 (25.2)	3.04 (30.3)	3.88 (39)
金属制品、机械和设备修理业	0 (0)	0 (0)	0 (0)	0 (0)	0 (0)
农副食品加工业	-2.19 (20.7)	-2.33 (24.2)	-2.5 (24.2)	-1.45 (23.4)	-0.62 (17.5)
食品制造业	0.94 (24.3)	0.92 (19)	1.3 (20.3)	0.81 (24.5)	1.15 (22.6)
酒、饮料和精制茶制造业	0.63 (21.2)	0.39 (16.4)	0.3 (18.2)	0.46 (20.1)	0.37 (15.4)
烟草制品业	0 (7.3)	-0.24 (3.6)	0.04 (17.5)	-0.09 (19.6)	0.01 (16.3)
纺织业	2.75 (16.5)	2.51 (13.1)	2.66 (15.8)	1.99 (15.7)	1.71 (14.2)
纺织服装、服饰业	1.31 (20.2)	1.23 (17.9)	1.03 (17.4)	1.18 (20)	0.73 (16.8)
皮革、毛皮、羽毛及其制品和制鞋业	1.06 (23.3)	0.72 (17)	1.19 (16)	1.14 (15.2)	1 (15.5)
家具制造业	-0.28 (24.1)	-0.01 (20.5)	-0.27 (22.9)	0.45 (25.7)	-0.02 (19.6)
印刷和记录媒介的复制业	-0.38 (17.7)	-0.25 (15.5)	-0.59 (14.9)	-0.25 (14.8)	-0.44 (15.2)

(接下页)

(接上页)

行业	2006年3月	2006年4月	2006年5月	2006年6月	2006年7月
文教、工美、体育和娱乐用品制造业	1.42 (14.4)	0.02 (11.5)	1.36 (15.3)	1.6 (14.7)	2 (10)
医药制造业	−0.77 (18.9)	−1.28 (13.9)	−1.68 (12.8)	−2.29 (15.7)	−2.2 (13.5)
专用设备制造业	1.29 (25.7)	1.04 (21.5)	1.01 (23.4)	0.9 (22.3)	0.83 (21.9)
汽车制造业	0 (0)	0 (0)	0 (0)	0 (0)	0 (0)
计算机、通信和其他电子设备制造业	−3.33 (27.9)	−3.67 (26.8)	−3.53 (22.9)	−3.79 (24.5)	−3.19 (19.7)
其他制造业	1.3 (16)	1.94 (15.4)	2.91 (18.4)	2.61 (14.3)	2.89 (13.2)
电力、热力生产和供应业	3.28 (13.6)	3.36 (11.9)	2.86 (11.1)	1.68 (13.2)	2.06 (11.6)
燃气生产和供应业	6.01 (9.4)	6.71 (11.5)	6.76 (21.5)	7.75 (17.6)	7.14 (14.3)
水的生产和供应业	6.18 (8.4)	6.39 (8.1)	6.51 (6.9)	7.26 (8)	6.82 (6.8)

图7−28−2 工业需求变动调色板

注：*表示当月该行业的PPI增长，括号内数字表示该行业当月的IP增速。
资料来源：万得资讯（Wind）。

从工业需求变动调色板来看，投资者可以清楚地看到每个行业在每个时期需求变化的具体情况。通过工业需求变动调色板，分析者可以直观地感受到行业本身需求的变化以及所有工业行业需求随着时间的轮动。

在构建工业需求变动色带图时，可以采用两种不同的构建方法：

（1）根据工业需求调色板，分别统计每一时期四种颜色的行业总数，再形成色带图；

（2）根据工业需求调色板，将每一时期属于同一颜色的行业权重进行加总，四种颜色依次计算，再形成色带图。

无论采用哪一种方法，均可以清楚地看到，每一时期所有工业行业需求变化的总量或占比，如图7−28−3、图7−28−4所示。

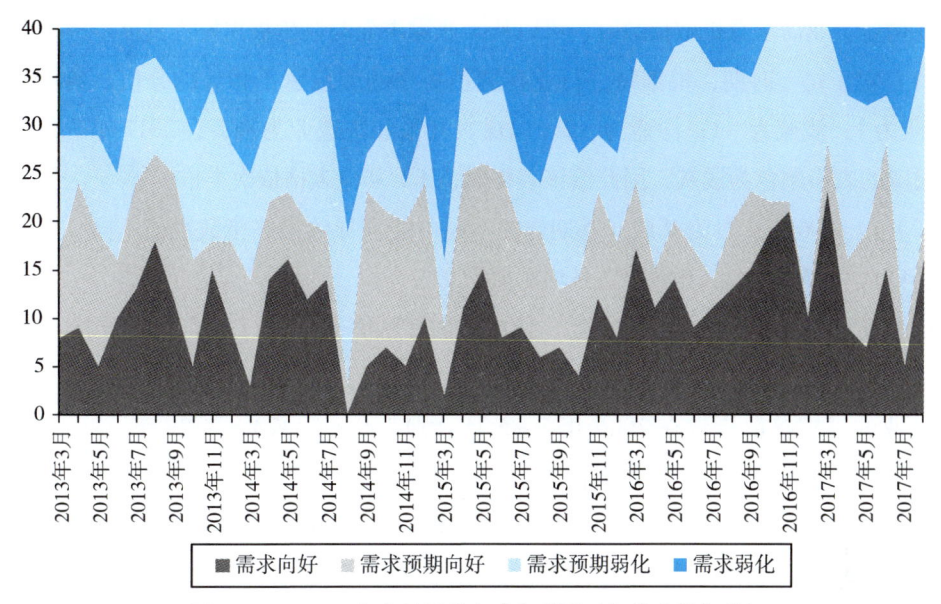

图 7-28-3　工业产品需求变动色带图（行业个数加总）

资料来源：万得资讯（Wind）。

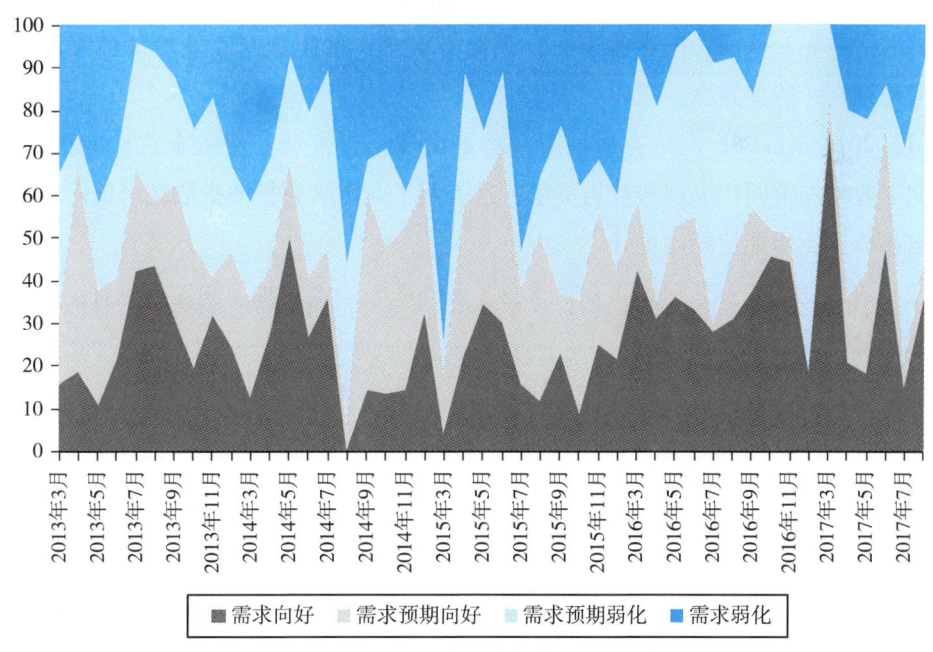

图 7-28-4　工业产品需求变动色带图（行业权重加总）

资料来源：万得资讯（Wind）。

在构建工业需求总扩散指数时，可以从工业需求变动调色板出发，具体步骤如下：

（1）对于每一时期，根据每一行业在调色板中的颜色赋予相应的分值，其中深灰为2；浅灰为1；浅蓝为-1；深蓝为-2。以煤炭开采和洗选业为例，在2017年7月，该行业所对应的表格颜色为浅灰，因此给该表格赋值1，其他表格依次类推。

（2）以2006年2月为基期（基期选择不同可能会导致最终指数数值不同，但不影响指数趋势），所有行业在2006年2月均赋值为0。

（3）对于每一行业，从基期开始，依次累加其赋值，形成行业需求扩散指数。以煤炭开采和洗选业为例，在2006年3~5月分别赋值为-2、1和-2，那么，煤炭开采和洗选业的需求扩散指数在2006年3~5月分别为0+（-2）=-2、（-2）+1=-1和（-1）+（-2）=-3，依次类推。

（4）对于每一时期，按照行业权重分别调整其对应的行业需求扩散指数，然后将经过权重调整的行业扩散指数加总得到该时期的工业需求总扩散指数（剔除掉不合理的数据，例如，其他采矿业的PPI同比在现阶段始终为0），依次类推得到工业需求总扩散指数的时间序列。

那么为什么不直接采用工业增加值同比数据来表示总需求的变化，而是采用工业需求总扩散指数呢？从两者的走势来看，工业需求总扩散指数与工业增加值走势基本一致，但是存在一些差异性，例如：

（1）2016年以来，经济有所回暖，需求出现上行带动工业需求总扩散指数上升，而同期工业增加值同比表现却较为平稳，这表明工业需求总扩散指数在当前阶段对于需求的描述较工业增加值同比更好。

（2）在考虑PPI变化后，工业需求总扩散指数较工业增加值同比能更有助于投资者理解工业的基本面情况。

以2009年前后为例，工业增加值同比于2008年11~12月达到阶段性低点，而工业需求总扩散指数在同期见底回升后，又于2009年4月继续下行并达到低点，同期工业增加值同比虽有下行但并未破前期低点。

造成这一差别的主要原因是大部分工业行业的PPI同比在这一时期出现了下行。PPI同比出现下行而IP同比却出现上行并不能代表当前需求向好，只能代表预期需求向好，所以在2008年12月后，工业需求总扩散指数并未出现明显上行，随后在2009年2~4月，IP同比又出现下行，此时工业需求总扩散指数自然再度创出新低。见图7-28-5。

图 7-28-5　工业需求总扩散指数与工业增加值走势的比较

资料来源：万得资讯（Wind）。

二、工业需求衡量指标的上、中、下游分析

全面认清一个事物，需要从多个角度对其进行分析。以工业体系需求传导为依据，分别针对于工业体系中的上、中、下游进行分析判别，构建上、中、下游的需求色带图和上、中、下游需求扩散总指数，可以令投资者更好地了解各层级需求的变化状况。

首先将存在工业增加值指标与 PPI 指标的 40 个行业分为上、中、下游三个大类，具体分类情况见图 7-28-6。

上游	中游	下游
煤炭开采和洗选业	木材加工及木、竹、藤、棕、草制品业	农副食品加工业
石油和天然气开采业	造纸及纸制品业	食品制造业
黑色金属矿采选业	石油加工、炼焦及核燃料加工业	酒、饮料和精制茶制造业
有色金属矿采选业	化学原料及化学制品制造业	烟草制品业
非金属矿采选业	化学纤维制造业	纺织业
其他采矿业	橡胶和塑料制品业	纺织服装、服饰业
	非金属矿物制品业	皮革、毛皮、羽毛及其制品和制鞋业

（接下页）

（接上页）

黑色金属冶炼及压延加工业	家具制造业
有色金属冶炼及压延加工业	印刷和记录媒介的复制业
金属制品业	文教、工美、体育和娱乐用品制造业
通用设备制造业	医药制造业
铁路、船舶、航空航天和其他运输设备制造业	专用设备制造业
电气机械及器材制造业	汽车制造业
仪器仪表制造业	计算机、通信和其他电子设备制造业
废弃资源综合利用业	其他制造业
金属制品、机械和设备修理业	电力、热力生产和供应业
	燃气生产和供应业
	水的生产和供应业

图 7-28-6　工业行业上、中、下游分类

资料来源：万得资讯（Wind）。

采用上述同样的方法，可以分别构建上、中、下游三大类行业的需求扩散指数（如图 7-28-7 所示）的调色板以及色带图。

图 7-28-7　上、中、下游工业需求扩散指数走势

资料来源：万得资讯（Wind）。

三、需求衡量指标与投资市场的结合

当进入到分行业层面,构建出 40 个工业体系子行业的需求扩散指数后,可以与金融市场策略相结合,研究利率与需求扩散总指数、分行业股票指数与子行业需求扩散指数的相关性,最终目标是寻求策略与宏观的结合。

从利率的研判来看,工业需求总扩散指数与 10 年期国债收益率的走势基本相符,两者有着较高的相关性,这说明工业需求总扩散指数能作为基本面的指标之一来研判利率走势。

以 2015 年 12 月~2017 年 8 月为例,工业需求总扩散指数自 2015 年 12 月到达底部,随后逐步回升,这表明终端需求的持续向好,需求的走强支撑着利率上行,这一时期,工业需求总扩散指数与 10 年期国债收益率的相关系数达到了 0.888。

从行业需求扩散指数与股票指数的关系来看,两者主要存在两点联系:(1)行业需求扩散指数与其对应的行业股票指数有着较强的相关性;(2)与利率相比,股票的结构更为复杂、影响因素更多,行业需求扩散指数并不能主导股票指数的走势,但能影响股票指数的走势。

1. 从工业需求的角度看利率的变化

通过比较工业需求总扩散指数(通过价格指标和经济增长类指标合成)和 10 年期国债收益率的走势,可以发现自 2006 年以来,两者虽无法做到亦步亦趋,但也大同小异。

将 2006 年 3 月~2017 年 8 月划分为 7 个时期,分别计算工业需求总扩散指数与 10 年期国债收益率的相关性,整体上来看,两者的相关系数大部分时间均高于 0.60,最高达到了 0.90,这说明工业需求总扩散指数可以作为解释利率方向的指标之一。

以 2015 年 12 月~2017 年 8 月为例,在此期间,以工业增加值同比为代表的经济增长类指标波动非常小,拉长时间来看,这一时期的工业增加值同比数据基本维持在一条直线上,与此同时,10 年期国债收益率完成了触底反弹,振幅达到了约 100bp。

淡定的经济增长类指标与高涨、活跃的利率水平形成了鲜明的对比,工业增加值同比与 10 年期国债收益率的相关系数只有 0.459,似乎从基本面出发已无法解释这段时期利率水平的变动。但是从工业需求总扩散指数的角度来看,工业需求总扩散指数自 2015 年 12 月到达底部,随后逐步回升,这表明终端需求的持续向好,需求的走强支撑着利率上行,这一时期,工业需求总扩散指数与 10 年期国债收益率的相关系数达到了 0.888,这说明工业需求总扩散指数能作为基本面的指标之一来研判利率走势。见图 7-28-8。

票指数的走势看出。

由于篇幅所限，这里仅仅举出两个范例示意图，见图7-28-9、图7-28-10。

图7-28-9 煤炭开采行业需求扩散指数与煤炭开采行业股票指数走势

资料来源：万得资讯（Wind）。

图7-28-10 饮料制造行业需求扩散指数与饮料制造行业股票指数走势

资料来源：万得资讯（Wind）。

第二十九章

近二十年间中国债券市场的发展与变迁

2002年笔者接触债券市场，从最开始的观察，到参与，再到后面的反思，至今已经十八个年头，这十八年中国债券市场也经历了天翻地覆般的变化，无论是从交易品种、交易模式，还是从分析思路方面，都呈现出日渐成熟的局面。

一、研究分析思路的变迁

2002年至今，债券市场投资分析的思路框架大致出现过几次飞跃式的变化，研究分析的范畴从单一化走向多元化，至今市场的探索完善的步伐依然没有停止。

1. 以单一通胀率为主分析因素的时期：2002~2008年

2008年之前的债券市场几乎只有一个分析因素，那就是居民消费价格指数（CPI）。这几年时间内，债券市场投资者核心关注点只有该指标，究其原因在于2008年之前中国的实际经济增长速度几乎从没有出现过波动，始终保持在高增长环境中，GDP持续维持在10%以上，几乎没有感受过经济衰退的压力。

但是在GDP增速保持高增长的同时，中国的通货膨胀率指标——CPI却呈现出较为明显的波动性，2004年、2007年均出现过较为严重的通货膨胀现象。因此债券市场投资者的关注焦点主要集中在对CPI指标的分析预测与解读上。

在这些年时期，市场对于CPI的分析从微观至宏观，从实物至货币，甚至衍生到天气等领域，可以说建立了一整套对于通货膨胀预测的指标框架体系。

在笔者印象中，记忆较深的内容有以下几点：（1）对于猪肉价格周期的研究（鼎盛时期出现在2007~2008年）；（2）对于蔬菜价格周期的研究；（3）对于粮食生产因素的研究；（4）对于石油价格的研究；（5）货币对CPI传导效应的研究。更有一些研究内容辐射到了拉尼娜、厄尔尼诺以及太阳黑子等这类气候周期因素，可谓百花齐放、百家争鸣。

应该说2002~2008年期间对于居民消费价格的研究思路与预测模式已经基本成型，

总体来看，分析思路或框架的变迁都是以内生性因素为研究焦点，进而推演这些因素会否引发货币政策的变化或反应，从而对利率走向产生影响，从上述思路的不断拓展中，市场也不断演化出"名义增速定利率""货币+信用风火轮"等具体化的分析模式，对于近些年指导投资交易行为产生了重要的指导意义。

应该说，2002年至今市场对于利率的研究依然还是从内生性角度入手，利率的外生属性依然没有居于分析研究领域的主流，这与最近10年时间以来美国市场的变化似乎有所分化。

2009年以来，美国不断通过各种政策抚平金融危机所留下的创伤，其经济基本面的变化并不剧烈，市场利率的变化更多地会受到政策因素的驱动，无论是联邦基金利率的调整还是量化宽松政策调整。因此这些年以来，美国利率的变化更多地体现出了外生属性。

那么中国是否也会步入美国的这种特征环境呢？笔者认为是完全有可能的。

假如，未来中国的经济基本面环境更趋于稳定，缺乏了周期性大幅度波动，那么则意味着以美林时钟为代表的"名义增长率"分析框架失效。

假如，未来我们的债务杠杆水平更趋于稳定，缺乏了宏观金融数据的剧烈波动，那么以"货币+信用"为代表的分析框架也会走入穷途，无法再应用在实际市场操作中。

假如，未来中国的融资工具、模式更趋多元化，伴随衍生产品的不断壮大，已经无法有效地统计出信用、货币这类涉及金融"量"方面的数据，那么以"货币+信用"为代表的分析框架也依然会失去用武之地。

总体来看，政策用来熨平经济波动，经济波动越平缓，政策对于各类金融资产价格的指引性越强。

在某种意义上看，经济波动越平缓，则意味着利率的内生属性越发收敛，外生属性自然增强，外部经济政策、金融政策对于利率的影响力就越大，利率的外生属性就越强。

从美国2008年后的经历来看，似乎正越发走向上述情形，美联储政策对于金融资产价格的影响越发增强。

如果这种情形发生，那么对于诸多市场投资者的考验就是，在利率外生属性不断增强的背景下，如何进行有效的分析与操作？

这可能是未来利率市场分析研究的一个挑战，笔者从懵懂的感觉中揣测，这可能对债券操作模式提出了更高的要求，即从交易波段思维转化为投资配置思维。

借助于短期经济波动而频繁进出博取资本利得的空间将显著收缩，而着眼于中长期投资配置的做法将是未来债券市场的操作主流。

无论如何，利率属性从以内生性为主体走向以外生性为主体，很可能是未来的一个趋势。这一变局何时到来，又该如何应对？我们拭目以待。

二、投资品种的变迁

2002 年以来，市场机构对于投资交易品种与标的的选择在不断拓展深化。

从纯利率品种（国债、政策性金融债券）为主，不断拓展到了信用债券、利率衍生品以及期货等品种。截至当前，债券品种的交易活跃度不断增强，可交易品种不断丰富。从笔者这些年的经历与观察来看，市场投资者对于交易品种与标的的选择与拓展经历了以下几个阶段。

2008 年为"分水岭"。

2008 年之前，市场主体交易品种为纯利率品，主要以国债、政策性金融债券为主。国债的主力券种为 7 年期国债，10 年期品种寥寥无几。2007 年特别国债的发行扩充了长期国债品种的市场容量，10 年期品种才开始作为基准品种被市场投资者所接纳，也就是从 2007 年以来，10 年期国债利率的定价才开始相对精准。而政策性金融债券在 2008 年前也是缺乏长期基准品种的，主要是以 3 年期、5 年期政策性金融债券作为交易主力品种。

因此，2008 年前市场投资交易者的主要关注品种是 7 年期国债、3~5 年期的政策性金融债券以及 1~3 年期的中央银行票据。这些基本都是纯利率品种，信用品种的交易非常清淡，即便存在，也基本是一些质地非常优良的 AAA 级企业债券。

此外，2006 年推出的利率互换品种也是一个里程碑式的内容，这标志着中国利率衍生品的发展开始起步。

2008 年后，伴随全球金融危机爆发，中国为此推出了"四万亿"刺激措施，大量的信用债券开始创设发行，短期融资券、中期票据、城投债券等品种从 2009 年后大量供给发行，极大丰富、加速了我国的信用品市场发展。从此开始，信用债券日渐成为债券市场中重要的一类交易投资品种。但是需要强调的是，2009 年开始起步发展的信用债券类型基本上是以高等级信用品为主导的，几乎可以说，当时的投资者在交易信用债过程中，并不特别关注所谓的信用风险。

在这一阶段中，国债期货在 2013 年"横空出世"，与利率互换相仿，其作为一类衍生品，很快吸引了各个金融领域投资者的关注，由于其连续公开的市场交易特征，其走势变化为各领域金融从业者了解中国利率的变化提供了清晰的信号和平台。

2008 年后，伴随信用品的发展与壮大，市场投资者对于交易品种的偏好进入了利率债与信用债并驾齐驱的时期。

市场将大有可为，面临不小的潜在需求。

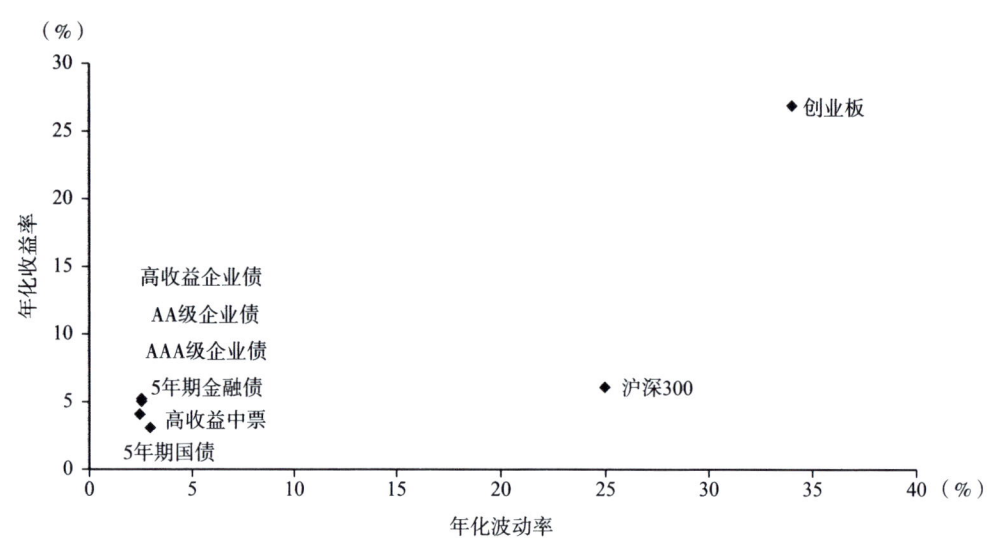

图 7-29-3　中国市场基础金融产品收益率与波动率分布构成

资料来源：万得资讯（Wind）。

笔者认为，如果将 2008~2009 年企业信用品种的发展壮大作为中国债券市场大发展的第一个里程碑，那么在未来，高收益债券市场的发展壮大将是第二个重要的里程碑。在最近两年（2017~2018 年）中，笔者也目睹了高收益品种不断地发展壮大，这是起点，也是未来发展的基础。见图 7-29-4。

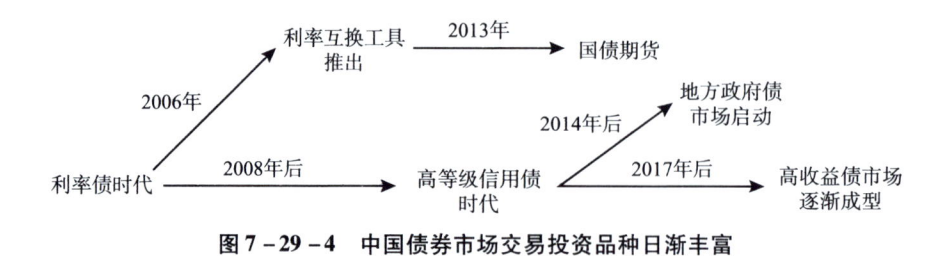

图 7-29-4　中国债券市场交易投资品种日渐丰富

三、活跃机构类型的变迁

如果从债券市场参与机构的类型变迁来看，这些年来也能够看出越来越多类型的机构不断地成为不可忽视的活跃力量。

早些年间（2008年之前），债券市场的主力与活跃机构是商业银行，主要是商业银行的自营账户在频繁的交易、投资。2008年前很少看到其他类型的机构活跃于债券市场。这是一个被银行自营交易与投资力量主导的市场，而且由于金融账户会计分类原则还没有规范化实施，多数机构在此时期采用的是成本计价的记账原则。

2008年后，公募基金成为债券市场中的一支不可忽视的活跃力量，且相比银行，其具有股、债轮动的更大视角，特别是2009年的"股牛债熊"行情显示出公募基金的灵活性，在这一股债切换过程中，公募基金的敏感度超越了商业银行。从此公募基金也成为债券市场中一支重要的活跃力量。

2013年伴随影子银行以及利率市场化进程的推进，以银行理财为主体的资管类机构（包括银行资管、券商资管、保险资管）横空出世。2013年开始，债券市场的主力参与机构一举被资管机构所占据，银行自营日渐式微，银行资管成为债券市场中最主要的参与机构，直至2016年，资管行业不断壮大发展，几乎成为债券市场的决定性力量。2006年底至2018年的金融监管过程一度导致了资管行业的短暂休整，但是至今为止，以银行资管为代表的资管力量依然是中国债券市场的重要支柱。

2013年推出的国债期货产品是非常重要的，这一工具打破了债券市场对于一些机构的资金门槛限制，令各种类型的投资者都能进入到债券市场，与利率共舞。其中包括了私募、股票投资者、大宗商品投资者以及个人投资者。

特别是伴随2014～2016年接近三年的牛市进程，几乎各类投资者都可以参与到债券市场投资与交易中，越来越多不同类型的投资者进入到这一市场中，对于债券市场的分析判断思路是一个极大的促进。

传统的债券投资者更多的会从债券市场自身特征角度出发来分析研究债券市场，更拘泥于对一些细节问题的分析，比如债券的发行量、金融监管指标对于债券市场的影响、资金的季节性波动等。

越来越多的非传统债券投资者进入后，他们可能未必很了解债券市场的一些细节特征，但是更容易从大类宏观角度来看待利率的变化，从而令投资研究思路越发化繁为简，债券市场价格的宏观属性得以增强，抛弃了一些单一微观因素的局限影响。面对不同类型的投资机构共存的市场，研究分析已经不再拘泥于微观细节的影响，而更应该侧重于宏观大势的判断，这对于研究分析具有很重要的促进意义。

2018年伴随债券通业务的开拓以及中国债券市场纳入国际债券指数构成，可以想象的是在不远的将来，海外投资机构也会加速进入中国债券市场，成为中国债券的积极参与者，债券市场的对外开放伴随人民币国际化进程将加速展开，未来是一个海内外、各类型投资机构共聚一堂的市场格局。

海外投资者的不断进入会将中国债券市场越发融入到国际潮流中，这时不只国内的经济基本面状况会影响中国利率，全球的经济状况、政策变化都会对中国利率产生或多或少的影响，债券分析研究将步入一个更为广阔的空间和天地中，我们拭目以待。见图 7-29-5。

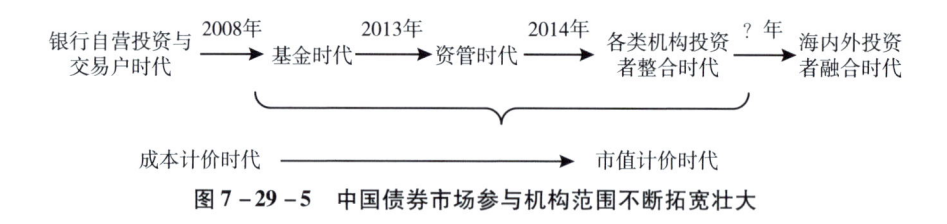

银行自营投资与交易户时代 →（2008年）基金时代 →（2013年）资管时代 →（2014年）各类机构投资者整合时代 →（？年）海内外投资者融合时代

成本计价时代 ——————→ 市值计价时代

图 7-29-5　中国债券市场参与机构范围不断拓宽壮大

上述从研究分析思路、投资交易标的、投资交易活跃机构的三个角度对于中国债券市场这近 20 年的发展变迁历程进行了简要介绍。可以看到，债券市场的厚度、深度与广度在飞速发生着变化，而且可以预期的是未来这种变化速度依然还会持续，中国的债券市场必然是中国乃至世界金融市场最重要的构成部分之一。

参考文献

［1］董德志著：《投资交易笔记——2002～2010年中国债券市场研究回眸》，经济科学出版社2011年版。

［2］董德志著：《投资交易笔记（续）——2011～2015年中国债券市场研究回眸》，经济科学出版社2016年版。

［3］〔美〕弗兰克·J.法博齐编著，任若恩、李焰等译：《固定收益证券手册（第六版）》，中国人民大学出版社2005年版。

［4］〔美〕艾伦·格林斯潘著，余江译：《动荡的世界》，中信出版社2014年版。

［5］孙国峰著：《第一排：中国金融改革的近距离思考》，中国经济出版社2012年版。

［6］盛松成、翟春著：《中央银行与货币供给》，中国金融出版社2015年版。

［7］中华人民共和国国家统计局编：《中国主要统计指标诠释》，中国统计出版社2010年版。